Sheryl London · Petersilie auf dem Dach

SHERYL LONDON

Petersilie auf dem Dach

Blumen · Obst · Gemüse

in jedem freien Winkel

PIETSCH VERLAG STUTTGART

Einbandgestaltung: Siegfried Horn
Umschlagzeichnung: Kathi Ember

Die englische Originalausgabe ist erschienen
bei Rodale Press, Emmaus, Pennsylvania/USA
unter dem Titel ›ANYTHING GROWS!‹

Die Übersetzung ins Deutsche besorgte
Herrmann Leifeld

Zeichnungen: Kathi Ember

ISBN 3-613-50034-5

1. Auflage 1987

Satz und Druck: Druckerei Joh. Illig, 7320 Göppingen.
Bindung: Großbuchbinderei E. Riethmüller, 7000 Stuttgart 1.
Printed in Germany.

Inhalt

Widmung

Für Susan Lone, die die Erde liebt und alles, was darauf wächst.

Und für Flora Roth, deren langjährige Freundschaft mich aufrechterhalten hat wie der beste aller Gemüsegärten.

Dank und Anerkennung

Ich stehe in der Schuld der folgenden Menschen, die sich die Zeit nahmen und die Mühe machten, mir bei diesem Buch zu helfen und es wachsen zu lassen: Dank geht an meine Lektorin Anne Halphin und an Debbie Fry, ihre Assistentin und Meistergärtnerin, für ihr Talent und ihre Fähigkeit, auszuwählen und zu organisieren, und für ihr Wissen darum, was erforderlich war und was weggelassen werden sollte. Dank gilt weiterhin meiner Assistentin Tina Gonzalez, die durch ihre Begeisterung und mit Geduld mein Bleistiftgekritzel auf Stapeln gelber Notitzblöcke entziffern konnte. Sie hat mir viel moralische Unterstützung zuteil werden lassen, und vielleicht kommt sie eines Tages sogar dahin, auch Würmer zu mögen. Ich danke meinem Mann Mel London, der seit 38 Pflanzzeiten mit mir lebt, der den Kompost vertrauensvoll wendet und der an jeder Ernte Anteil genommen hat.

»Wenn Du eine Stunde lang glücklich sein willst, betrinke Dich. Wenn Du ein Wochenende glücklich sein willst, heirate. Wenn Du eine ganze Woche lang glücklich sein willst, schlachte Dein Schwein und iß es. Aber wenn Du ein Leben lang glücklich sein willst, werde Gärtner«.

David Burpee
(W. Atlee Burpee Co.)

Einleitung

Gärtner gibt es in so vielen Formen und Farben wie die Blumen und das Gemüse, das sie anbauen. Da sind die Stadtbewohner, die ihr Leben lang in Groß- oder Kleinstädten wohnen. Da sind diejenigen, die in »Schlafstädten« in den Vororten leben, und da sind die echten Landbewohner, die in der Regel genügend Land für einen großen Garten haben. Es sieht so aus, als ob alle Gärtner, woher sie auch kommen, zumindest eine Gemeinsamkeit haben. Das universelle Merkmal von Gärtnern ist eine natürliche Großzügigkeit, eine Bereitschaft, nicht nur den Ertrag ihrer Mühen, sondern auch ihr Wissen mit anderen zu teilen. In diesem Geist des Informationsaustausches und des Miteinanderteilens von Ideen wurde dieses Buch geschrieben.

Warum gärtnern wir?

In diesem Buch treffen Sie auf Menschen aus verschiedenen Gegenden des Landes und aus allen Lebensbereichen, die beweisen, daß Gärten trotz räumlicher und zeitlicher Beschränkungen blühen und gedeihen können. Wie wir leben diese Gärtner in Großstädten, Kleinstädten, Vororten und auf großen Bauernhöfen. Es sind fantasiereiche, erfinderische Menschen, die einfallsreiche Lösungen für ihre Probleme gefunden haben. Sie haben Möglichkeiten entdeckt, umweltbedingte Beschränkungen und Grenzen zu überwinden, und sie haben alle Arten von unkonventionellen Plätzen gefunden, um Nahrung anzubauen; was aber am wichtigsten ist, sie haben scheinbar unwirtliche Plätze in Denkmäler ihrer eigenen Entschlossenheit verwandelt. Sie haben persönlich über feindliche Kräfte triumphiert. Ich habe mich oft gefragt, warum wir alle gärtnern und was das Gärtnern für uns bedeutet; ich glaube, unsere Gründe dafür sind so verschieden wie wir selbst. Für einige von uns bedeutet ein Garten eine Verbindung zu den verstreichenden Jahreszeiten, durch die wir uns des Universums bewußt werden und eine Chance erhalten, unsere Verwandschaft mit lebenden Wesen – Vögeln, Insekten und anderen Kreaturen – auszudrücken, die darin wohnen. Ein Garten appelliert auch an unsere Sinne: er hat Farbe, Form, Textur, Geruch und selbst Geräusche, die beispielsweise zu hören sind, wenn die Blätter im Wind rascheln. Er ist eine Art unbemalter Leinwand, auf der wir die Spuren des eigenen Ich hinterlassen. Für andere bedeutet ein Garten in einer alles andere als idealen Umgebung eine Herausforderung, und sie bekommen das Gefühl, etwas geleistet zu haben, wenn der Garten gedeiht. Und vielleicht gibt es für das Gärtnern sogar noch einen anderen Grund, und zwar einen Grund, dessen sich viele Menschen absolut nicht bewußt sind. In den Vereinigten Staaten gibt es verschiedene entrechtete Völkergruppen, die ein tiefgehendes und grundlegendes Verlangen spüren, ihr kulturelles Erbe durch Besitz eines Stücks lebendigen Landes fortzusetzen. Irgendwie ist das Gefühl der Sicherheit, das man verspürt, wenn man seine eigene Nahrung auf einem kleinen Grundstück anbaut, in der heutigen Welt verlorengegangen, und einige von uns müssen dieses Gefühl wieder finden.

Für die meisten von uns ist das Gärtnern jedoch eine Art von selbstverschriebener Präventivmedizin, die gegen alle Übel hilft. Ein neues Blatt bildet sich. Eine Blüte geht auf, verblüht und wird zu einer Frucht. Wir graben im Boden und erwecken ein Samenkorn zum Leben. Die wachsenden Pflanzen ändern sich dauernd und sind niemals statisch. Der Garten hat heilende Kräfte, deren wir uns vielleicht nicht einmal bewußt sind, aber plötzlich, bei der Gartenarbeit, scheinen wir uns zu lockern. Spannungen lösen sich. Unsere Muskeln fühlen sich nicht mehr so verkrampft an. Wir verspüren Linderung durch eine kühle Brise auf unseren heißen Gesichtern, wir atmen den Geruch der Erde tief ein und haben das Gefühl des Wohlergehens und der Harmonie mit der Welt. Wenn wir uns einsam fühlen, gibt er uns Tröstung. Wenn wir allein sein wollen, finden wir auch Einsamkeit. Wenn wir ihn lassen, wird der Garten zu einem Zufluchtsort, einer Oase.

Meine erste Erfahrung mit dem Gärtnern, vor 25 Jahren, war wie das Auftauchen aus einem verschwommenen Traum. Ich stellte plötzlich fest, daß ich mit nassen und verschmutzten Blue jeans auf den Knien lag. Bei einem Blick auf meine sorgfältig manikürten Fingernägel sah ich, daß sie eingerissen und mit brauner Erde verschmiert waren. Feuchte und graue Haarsträhnen bedeckten meine Augen, so daß ich nur verschwommen sehen konnte. Ich war wieder ein glückliches, freies Kind, das im Schmutz spielte. Zufällig und insgeheim hatte ich wieder etwas von dem Spaß und der Freude entdeckt, die ich seit meiner Kindheit nicht mehr gekannt hatte. Das Gärtnern, so erkannte ich, ist nur eine Art Deckmantel, eine für Erwachsene akzeptable Möglichkeit, die Augenblicke einer glücklichen Kindheit wieder einzufangen. Ich wußte sofort, daß ich für immer an der Angel hing.

Im Gespräch mit Freunden und Bekannten fand ich andere Gärtner aus der Stadt und aus den Vororten, die wie ich nie einen richtigen Bauernhof aus der Nähe gesehen hatten. Für den größten Teil unseres Lebens haben wir alle unsere Nahrung als gegeben hingenommen. Aber in den letzten Jahren, in denen wir uns mehr und mehr bewußt wurden, wie teuer das Öl ist und wie weit die Nahrung transportiert werden muß, um uns in den Städten zu erreichen, haben sich unsere Überlebensinstinkte verstärkt. Als Hobbygärtner kann jeder von uns auf seine eigene kleine Weise erfahren, wie zufriedenstellend es ist, das System zu bekämpfen, indem man die Verpackungs-, Transport- und Werbungskosten meidet, die an jedem Stück gekaufter Nahrung hängen. Wir werden weniger abhängig vom Handel und autarker, wenn wir uns nicht darauf verlassen müssen, daß uns jemand aus einer Entfernung von Hunderten von Kilometern mit Frischnahrung beliefert. Vielleicht ist es an der Zeit, einmal neu darüber nachzudenken, wie notwendig es beispielsweise wirklich ist, im Sommer Brokkoli oder Tomaten in Kühlwagen den ganzen Weg von Kalifornien nach New York zu transportieren. Wenn wir unser eigenes Gemüse anbauen, bekommen wir frischere, schmackhaftere und billigere Nahrung. Und abgesehen von der Frische und dem besseren Geschmack erfahren wir, was es bedeutet, Gemüse anzubauen, und kommen zu einem besseren Verständnis in Hinsicht auf die Probleme der Landwirtschaft. Außerdem bleiben weniger Reste auf dem Tisch zurück, denn wer wollte schon einen Zweig Petersilie auf seinem Teller lassen, die er selbst gezogen hat?

Wer gärtnert?

Wenn man Statistiken glauben kann, hat das Gärtnern heute eine größere Anziehungskraft als jemals zuvor. Nach einer Gallup-Umfrage aus dem Jahr 1981 blüht das Gärtnern derzeit wieder auf, wie es seit vierzig Jahren nicht mehr der Fall war. Viele Menschen, die heute gärtnern, erinnern sich wahrscheinlich nicht mehr an die Zeit nach dem Angriff auf Pearl Harbor, der den Auftakt zu massiven Bemühungen in den Vereinigten Staaten bildete, die die restlichen vier Jahre des Zweiten Weltkriegs anhielten. Es war ein Zeitraum, in dem die Menschen Gemüsegärten als persönlichen Beitrag zur Kriegsanstrengung anlegten, während die Farmer in den Krieg zogen und die Lebensmittel knapper wurden. Es war eine begeisternde gemeinsame Anstrengung, ein nationales Engagement für einen von Grund auf guten Zweck. Nach einem aus dieser Zeit stammenden Artikel in der Zeitschrift »Life« gab es im Jahr 1943 etwa 18 Millionen solcher Gärten. Die Menschen entdeckten alle möglichen unerwarteten und ungewöhnlichen Plätze für den Gemüseanbau. Selbst der berühmte Copley Square in Boston war umgepfügt und bepflanzt.

Heute, in den achtziger Jahren, sind unsere Gärten »Siegesgärten« in einem anderen Sinn. Unser Gegner ist dieses Mal der wirtschaftliche Abschwung. Nach Angaben des US-Landwirtschaftsministeriums befassen sich mehr Amerikaner mit dem Gärtnern in irgendeiner Form als mit dem Volkssport Baseball: gut 80% aller Haushalte. In der schon erwähnten Gallup-Umfrage wurde außerdem festgestellt, daß 47% der Haushalte in den Vereinigten Staaten – das sind 38 Millionen Haushalte – im Jahr 1981 Gemüsegärten angelegt hatten, vier Millionen Haushalte mehr als im Jahr davor. Die Umfrage zeigte weiterhin, daß zusätzlich zu den traditionellen Gemüsegärten in 7 Millionen Haushalten Gemüse in Behältern oder in Verbindung mit Blumenbeeten angebaut wurde. Daraus wird deutlich, daß das Gärtnern sich wieder einen festen Platz im Leben des Menschen verschafft hat.

Natürlich geht die Rechnung bei der Kleingärtnerei nicht mehr auf, wenn man die Kosten des eigenen Zeitaufwands berücksichtigt. Aber es ist nachgewiesen, daß es immer noch billiger ist, Gemüse für den Hausverbrauch anzubauen, als es zu kaufen. Nach der Gallup-Umfrage ergab 1981 eine Investition von etwa 20 Dollar für Samen und Vorräte in einem durchschnittlichen Garten Gemüse im

Wert von etwa 400 Dollar. Eine andere Statistik verleiht diesem Buch weiteren Schwung: In der Umfrage gaben viele Leute nicht an, sie wollten nicht gärtnern, sondern sie hätten keine Zeit oder keinen Platz für einen Garten und hätten mit Sicherheit einen Garten, wenn sie mehr Zeit bzw. Platz hätten. Nun, ich hoffe, wo ein Wille ist, kann dieses Buch einen Weg zeigen. Ein guter Gärtner kann etwa 5 Kilogramm Gemüse pro Quadratmeter ziehen, und diese Ernte läßt sich mit Intensivmethoden verdreifachen.

Meine eigene Entwicklung als Gärtnerin ging im Verlauf der Jahre inmitten eines fürchterlichen Mangels an Platz, Zeit und gärtnerischem Wissen vonstatten. Vor 25 Jahren war ich ein völliger Neuling. Ich glaubte, »Blaukorn« sei ein blaugefärbtes hochprozentiges Getränk. Das einzige Gras, das ich kannte, sproß aus den Sprüngen im Gehwegpflaster. Gemüse war immer in Plastik eingewickelt und wurde im Supermarkt gekauft. Ich glaubte, Tomaten müßten mehlig sein und nach nichts schmecken. Kräuter, so nahm ich an, wuchsen in abgelegenen exotischen Gegenden, vielleicht irgendwo an der asiatischen oder afrikanischen Gewürzhandelsroute, und bis sie mich erreichten, mußten sie trocken und spröde sein und sich in diesen kleinen Glasflaschen befinden. Die Erde betrachtete ich nur als Planet. Schmutz und Erde waren etwas, das in der Reinigung aus meinen Kleidern entfernt werden mußte. Grobe Übertreibungen? Zum Teil schon. Trotzdem, der echte Stadtbewohner, die völlige »Stadtmaus«, betrachtet die Dinge möglicherweise immer noch so.

DER STADTGÄRTNER

Abgehärtet durch die Realitäten einer feindlichen Umgebung für Menschen und Pflanzen, sind wir zu einer Art von Gärtnerarmee überall im Land geworden. Wir haben unsere Gärten angelegt, und sie gediehen und wurden zu einer Huldigung an den unbezähmbaren Geist, den Einfallsreichtum und die Findigkeit, die uns alle zu Überlebenskünstlern macht, die die Zähne zusammenbeißen und sich weigern aufzugeben. Und ist es nicht wunderbar, wie wir diese Oasen inmitten der von allen Seiten einwirkenden zerstörerischen Einflüsse schaffen konnten? Einige von uns haben die leblose, verdichtete Erde auf ungeliebten und lieblosen, mit Abfall übersäten Straßen angereichert und diese Orte zu heimlichen Gärten gemacht, die sich den Weg ins Leben erkämpfen. Einige von uns haben an unwahrscheinlich kalten, lichtlosen Stellen gepflanzt, die für jedes Wachstum den sicheren Tod zu bedeuten scheinen, aber wir stellen fest, daß diese Pflanzen mit etwas Pflege gedeihen. Ich war in der Tat immer erstaunt darüber, daß so viele Pflanzen tatsächlich dort gedeihen,, wo vorher nur Verwahrlosung und Vernachlässigung herrschte.

DER LANDGÄRTNER

Der Landgärtner auf der anderen Seite hat möglicherweise viel Platz für einen Gemüsegarten und ist wahrscheinlich mit mehr Erfahrung gesegnet als seine Brüder und Schwestern in der Stadt. Die Menschen auf dem Land sind keine Neulinge, was das Gärtnern angeht; sie haben im allgemeinen reichlich Platz hinter dem Haus, wo sich ein großer traditioneller Garten mit säuberlichen Reihen von Gemüseprodukten befindet, die im richtigen Abstand nach den Angaben auf dem Samenpäckchen gesetzt worden sind. Aber diese Menschen haben möglicherweise niemals die Freuden und Vorteile eines oder mehrerer kleiner Gärten erfahren. Während für einige von uns der erste Schritt darin besteht, genügend Platz für einen Garten zu finden, sollten andere, die jede Menge Platz haben, daran denken, ihre Gesamtproduktion zu erhöhen, indem sie auf den brachliegenden Flächen ihres Landes gärtnern. Es ist weniger verschwenderisch, zu lernen, wie man größere und ununterbrochene Erträge aus einem kleinen Garten zieht, als einen großen Garten aus Zeitmangel zu vernachlässigen. Und die Zeit ist immer der springende Punkt.

So bleibt der Garten beherrschbar

Bei dem geschäftigen Leben, das wir führen, haben wir alle das Gefühl, keine Zeit zu haben, sei es in der Stadt, in den Vororten oder auf dem Land. Das Gärtnern auf kleiner Fläche gestattet eine hingebungsvollere Pflege und verleiht uns eine größere Kontrolle über die Sache. Es scheint einem nicht aus der Hand zu gleiten. Wer jede Menge Pflanzen hat, muß demzufolge lernen, in kleinerem Maßstab zu denken, denn die Vorteile eines Minigrundstücks sind offensichtlich: geringere Ausgaben für Samen oder Keimlinge und Dünger, eine kleinere Fläche, auf der Unkraut zu jäten oder zu gießen ist, die Zufriedenheit, einen sorgfältig ausgedachten Plan zur Verlängerung der Anbauzeit durchzuführen, neue Techniken wie beispielsweise der senkrechte Anbau, keine weiteren verschwenderische Überproduktion an ergiebigen Pflanzen wie die Tomaten oder Zucchini, die als Überschuß weggegeben werden müssen, weniger Arbeit und daher mehr Zeit für andere Dinge. Ein Garten sollte vor allem Spaß machen und kostenwirksam sein. Er sollte nicht zu einer Belatung werden.

Ob wir viel zu tun haben oder einfach nur von Natur aus faul sind, die meisten von uns wollen nicht die physische Belastung auf sich nehmen, die für die Pflege eines großen, weit offenen Grundstücks erforderlich ist. Nach Zeitungsberichten geht in den achtziger Jahren der Trend beim Gärtnern dahin, daß es um so besser ist, je kleiner der Garten ist. Aber die Vorstellung von einem kleinen Garten gibt es schon seit langer Zeit. Charles Dudley Warner, ein Mitarbeiter von Mark Twain, hat nie herabsetzend von kleinen Plätzen gesprochen. Er sagte einmal über einen Garten: »Wie klein er auch von der Fläche her ist, er ist 6000 km tief, und das ist ein schöner Besitz!« Auf großen Flächen kann jeder Wassermelonen oder Mais ziehen, aber die speziellen Techniken des »Gemüseanbaus im Blumentopf« haben wir möglicherweise vernachlässigt. Vielleicht hat der Überfluß uns verschwenderisch gemacht, und die Gärtner auf dem Land können durchaus ein paar Tricks von ihren Vettern in der Stadt lernen, die irgendwie zurechtkommen müssen. Unter Berücksichtigung dieser Überlegung gelten die Ideen und

Methoden, die in diesem Buch beschrieben sind, durchaus auch für kleinere, potentiell produktive Flächen, an deren Nutzung bislang weder Land- noch Stadtbewohner gedacht haben.

Erfahrung und Zuversicht

In den Jahren seit »Blaukorn« habe ich »geistigen Diebstahl« begangen, Millionen von Fragen gestellt und jede Menge Bücher über das Gärtnern gelesen. Es war eine äußerst niederschmetternde Erfahrung, weil ich feststellen mußte, daß jeder irgend etwas von einem Anfänger hat, wenn es um das Gärtnern geht. Wir können immer etwas von dem anderen lernen. Ich stellte fest, daß ein Dachgärtner möglicherweise eine Menge über das Gärtnern in Behältern weiß, dafür aber nichts über den Anbau direkt im Boden. Auf der anderen Seite hat ein Gemüsegärtner mit einem großen traditionellen Garten möglicherweise nie einen kleinen Intensivgarten gehabt oder auf Kleinstflächen oder in Behältern gegärtnert. Ich habe außerdem entdeckt, daß wir wie Austauschstudenten aus einem fremden Land sind, die voneinander lernen, wie man fremde Ideen für das eigene, persönliche Herumprobieren nutzt.

Eine weitere Entdeckung, die ich auf meinem Weg von der Anfängerin zur Expertin machte, geht darauf hinaus, daß es besonders auf dem Gebiet des organischen Gärtnerns praktisch keinerlei definitive Regeln und exakte Formeln gibt. Alle gestandenen Gärtner schworen auf ihre eigenen Erfahrungswerte und Formeln, die den Methoden ihrer gleichermaßen erfolgreichen Nachbarn unweigerlich widersprechen. Jedes gute Buch über das Gärtnern ist daher nur eine Sammlung persönlicher Erfahrungen, ein Stab in einem Staffellauf, der an den nächsten übergeht, der ihn dann weiterträgt. In diesem Sinne ist das vorliegende Buch das Resultat meiner eigenen Versuche (plus der persönlichen Erfahrungen anderer), Lösungen für gärtnerische Probleme zu finden. Was ich in meinen eigenen Gärten – der eine auf einem windumwehten Dach in der Stadt und der andere im Sand und in der Gischt am Meeresufer – gelernt habe, wird Sie hoffentlich inspirieren und ermutigen, die eigenen Fallen zu überspringen und in Vergnügen zu verwandeln. Wo Ihr Garten auch sein mag, sein Umfang wird nur durch die Frage begrenzt, wieviel Arbeit Sie sich machen wollen. Frischer Salat oder »traumhafte« Tomaten, die in einem Behälter auf dem Dach eines Hauses in der Stadt gezogen wurden, schmecken genausogut wie Salat oder Tomaten, die von einem Bauernhof oder aus einem Vorort stammen. Wer einfallsreich ist, findet Mittel und Wege, fast alles an jedem beliebigen Ort anzubauen.

Alles, sagen Sie?

Ja.

Aber Sie können keinen Mais im Blumentopf anbauen.

Oder etwa doch?

Was Anfänger wissen müssen

Ein paar ermutigende Worte für den Anfänger: Gemüse zu ziehen ist viel leichter, als aus den meisten Informationen hervorgeht. Tatsache ist, daß ich erfolgreich alle möglichen Dinge angebaut habe, bevor ich erfuhr, daß das in der Gegend, in der ich wohnte, gar nicht möglich war. Die möglichen Stolpersteine sind in diesem Buch zwar überbetont, aber ich habe sie absichtlich herausgestellt, damit sie leichter zu erkennen und zu meiden sind. Außer einen inspirierenden Funken auszulösen, will ich Ihnen die Gründe für die hier vorgestellten Verfahren und Methoden nennen. Die Kenntniss des »Warum« hinter dem »Wie« der Anbauverfahren ist es, die aus einem braunen einen grünen Daumen macht. Gärtner sollten es wie große Küchenchefs machen, die auch nur selten ein Rezept buchstabengetreu befolgen, sobald sie die Grundlagen des Kochens beherrschen. Auf dieselbe Weise, in der Küchenchefs ein Gefühl für die Gerichte entwickeln, die sie kreieren, lernen auch Gärtner, die Regeln anzupassen, sobald sie sie kennen. Sobald wir den grundlegenden Bedarf einer Gemüsesorte kennen, können wir uns die Freiheit nehmen und experimentieren.

Nehmen Sie also all meine Ratschläge mit gewissen Vorbehalten entgegen und schneiden Sie sie auf ihren eigenen Garten und ihr eigenes Klima zu. Gesunder Menschenverstand ist das beste Gegenmittel gegen Verwirrung. Begriffe und Sprache in der Gärtnerei sind nicht genormt. Rille, Furche und Reihe bedeuten fast dasselbe. Auch die Pflanzhinweise auf den Samenpäckchen sind meistens nicht einheitlich. Die eine Firma empfiehlt für Karotten einen Abstand von 30 cm, während die andere 35–40 cm vorschlägt. Wenn Sie sich dann einer der verschiedenen Intensivmethoden bedienen, können sich die Abstände wiederum verändern. Keine Angst vor Experimenten – die gehören zum Spaß an der Gartenarbeit. Wir können es uns leisten, durch frühes Pflanzen ein paar Risiken einzugehen, weil nur etwas Samen und bestenfalls ein wenig Zeit auf dem Spiel steht und wir ohne weiteres neu pflanzen können, wenn die Wetterbedingungen besser sind. Wie wir außerdem noch sehen werden, gibt es im kleineren Maßstab viel mehr Möglichkeiten, das Wetter zu umgehen, so daß es für den Gärtner arbeitet. Die Chance, die ersten zarten Erbsen oder den ersten selbstgezogenen Salat ein paar Wochen früher zu bekommen, ist das Risiko wert.

Die beiden Schlüssel zum Erfolg beim Gärtnern sind erstens das Wissen, wie Pflanzen wachsen und was sie brauchen, um zu wachsen, und zweitens das Wissen, welche Umweltbedingungen man anzubieten hat und wie man sie modifizieren kann, um den Pflanzen das Leben zu erleichtern. Der sogenannte grüne Daumen ist nicht viel mehr als eine Berücksichtigung der folgenden Tatsachen:

- ☐ Der Hauptzweck jeder Pflanze besteht darin, sich durch Samenerzeugung fortzupflanzen. Wenn man eine Pflanze wie beispielsweise eine Tomate um der Frucht willen anbaut, sorgt man dafür, daß die Natur ihren Lauf nimmt. Wenn man aber eine Pflanze um der Blätter oder Wurzeln willen anbaut, versucht man die Reife hinauszuzögern oder zu verhindern (etwa indem man bei Basilikum die Knospen abknipst, um die Blattproduktion zu verlängern).

- ☐ Pflanzen haben unterschiedlich breite, hohe, tiefe und dicke Stengel, um ihrem letzten Lebenszweck gerecht zu werden – die Samenkapseln zu halten.
- ☐ Wenn eine Pflanze reift und stark genug wird, das zusätzliche Gewicht von Blüten und Früchten zu tragen, sammelt sie ihre Energie und blüht.
- ☐ Eine Pflanze blüht und trägt Frucht, bis sie genügend Samen für die folgenden Generationen geschaffen hat oder bis ihr normaler Lebenszyklus durch einen aus einer Reihe von Gründen, wie etwa Frost, unterbrochen wird.
- ☐ Keimung und Wurzelwuchs richten sich nach dem Zustand des Bodens. Die Wurzeln entwickeln sich, um Feuchtigkeit und Nahrung für das pflanzliche Wachstum zu liefern und die Pflanze im Boden zu verankern.
- ☐ Wurzelwuchs und Abgabe von Nährstoffen aus Düngern werden behindert, wenn der Boden hart, vollgesogen oder luftlos ist. Jede Gemüse-, Obst- und Kräuterart hat ihre eigene Lieblingskombination aus Wärme, Licht, Wasser und Erde.
- ☐ Wo diese Lieblingskombinationen in der Natur gegeben sind, wachsen die Pflanzen im Überfluß.

Wenn wir an den Gemüseanbau mit genügender Neugier herangehen, um festzustellen, welche Kombination aus Umweltbedingungen für die einzelne Gemüsesorte am besten ist, und um diese Bedingungen möglichst genau mit unserem eigenen Klima und dem eigenen Boden nachzuahmen, können wir das beste Gemüse produzieren, das wir jemals gegessen haben und dabei noch jede Menge Spaß haben. Schauen Sie noch einmal auf Ihren Daumen, während Sie langsam die Seiten dieses Buches umblättern. Er wird schon langsam grün, oder? Und denken Sie an die Worte von M. C. Goldman, Chefredakteur der Zeitschrift »Organic Gardening«: »Glück ist durch keinerlei Planung zu ersetzen«.

KAPITEL 1

Sag mir wo...

Für Gärten gibt es keine Normgrößen. Sie sind an allen möglichen Orten zu finden, auf der Erde und selbst am Himmel, wie wir noch sehen werden. Suchen Sie und Sie werden einen Platz für Ihren eigenen Garten finden. Höchstwahrscheinlich hat er schon die ganze Zeit direkt vor Ihrer Nase gelegen. Die Suche nach einem Platz für Ihren Garten kann wie eine Schatzsuche sein, denn überall um uns herum liegen potentielle Gärten.

Diejenigen von uns, die Zugang zu etwas Land haben (ich bezeichne sie gern als »Erdgärtner«), verfügen in der Regel über eine bessere Ausgangsbasis. Wenn man nach einem Platz für den Garten sucht, ist es ein entschiedener Vorteil, in der Nähe eines eigenen oder gepachteten Stücks Terra firma zu wohnen. Ein Garten wächst auf einem kleinen Stück Land in der Stadt, in den Vororten, auf dem Land oder am Meeresufer. Der beste Platz für Ihren eigenen Garten liegt vielleicht in einem Vorhof, neben einer Veranda oder an einem Swimmingpool. Wenn Sie sehr viel Glück haben, erfreuen Sie sich vielleicht der Dreifachsegnung, daß Sie vor, hinter und neben dem Haus Platz zum Gärtnern haben. Sie könnten Ihren Garten auch auf einem Rasen, einem ehemaligen Parkplatz und sogar auf einem vernachlässigten Stück Land anlegen, das früher schon als Garten diente. Ihr Garten könnte ein winziges Fleckchen Erde neben Ihrem Wohnwagen sein. Er könnte aus einer Reihe von Pflanzen bestehen, die senkrecht an einem Zaun wachsen. Kurz gesagt, Ihr Garten könnte an jeder beliebigen Stelle sein, die Sie bislang gemieden haben, weil Sie dachten, die Wachstumsbedingungen seien dort nicht ideal. Aber nur wenige von uns sind mit idealen Bedingungen zum Gärtnern gesegnet. »Ideale« Bedingungen sind ein Mythos.

So wird der Rasen vor dem Haus produktiv

Traditionell haben die meisten von uns etwas, was als respektable Verbundenheit mit der Natur angesehen wird: Wir haben einen Rasen vor dem Haus. Natürlich könnten wir einen sonnigen Teil dieses Rasens umgraben, um Platz für einen Gemüsegarten zu schaffen. Aber Traditionen sterben nur schwer aus. »Außerdem«, so überlegen wir, »was sagen die Nachbarn dazu«? Zweifellos haben die Nachbarn nicht das geringste dagegen, sobald sie sehen, daß man auf dem Rasen einen Garten anlegen kann, der hübsch genug ist, um es mit einem Blumenbeet aufzunehmen (wie das gemacht wird, erkläre ich in Kapitel 4). Und das braucht noch

nicht alles zu sein. Einige der Zierbüsche könnten eigentlich auch Obst produzieren, und den Weg zur Garage kann man mit Petersilie oder Salat säumen. Natürlich muß man dabei mit ein paar gewohnten Traditionen brechen, aber das hat schon immer zu einem wirklich kreativen Prozeß gehört. Außerdem ist es an der Zeit, daß wir unser vorsinflutliches Verhältnis zu dieser alten heiligen Kuh – dem Rasen – ändern und damit anfangen, diesen nutzlosen Energieverbraucher in eine nützliche Fläche für den Nahrungsanbau umzuwandeln.

Wir brauchen nicht all unsere Rasenflächen auf einmal aufzugeben, um Gemüse anzupflanzen, obgleich einige der in diesem Buch erwähnten Gärtner das getan haben, wie später zu sehen sein wird. Aber es ist mit Sicherheit richtig, daß das Gerät, die Düngemittel, der Samen, die Insektizide, die Pflege, das Mähen, das Rasenschneiden, die Bewässerung und selbst die Arbeitsstunden allein gerechnet, also all das, was wir auf unseren Rasen verschwenden, besser darauf verwandt würde, etwas Eßbares anzubauen, und zwar besonders angesichts der Tatsache, daß wir diese makellosen Rasenflächen so liebevoll pflegen und sie dann kaum betreten mögen, weil wir Angst haben, das Gras zu ruinieren. Warum sollten wir stattdessen nicht diesen einfachen alten Vorgarten in eine neue Art von Landschaft verwandeln, in der sich etwas Rasen und ein paar Blumen mit Nahrung verbinden? In einer Zeit, in der wir uns alle daran gewöhnen, einigermaßen mit weniger zurechtzukommen – weniger Energie, weniger Ressourcen und weniger Platz –, ist es langsam angebracht, eßbare Dinge in die grundlegende Konzeption mit Rasen und Landschaft einzubeziehen und sie wie Ziergewächse zu behandeln.

Selbstversorger in der Stadt

Joe und Joyous Mahaffey leben in dem letzten Privathaus, das noch an der Hauptdurchgangsstraße eines Geschäftsbezirks mitten in Denver steht. Ihr Standard-Einfamilienhaus ist durch den Bauboom in dieser gedeihenden Stadt zu dieser einzigartigen Position gelangt.

Joe und Joyous sind beide pensioniert, und Joe ist der Gärtner der Familie. Sein Garten erstreckt sich über die beiden Schmalseiten des Hauses, wo er seinen Anfang nahm. Im Verlauf der Jahre hat er sich auch auf die Rasenflächen vor und hinter dem Haus ausgebreitet.

»Es gefällt uns jetzt in der Stadt, aber wir mögen auch das, was draußen auf dem Land so leicht wächst«, sagt Joe. »Jetzt, wo wir beides haben, brauchen wir keinerlei frisches Gemüse zu kaufen. Als wir 1975 rein zufällig damit anfingen, hatte niemand hier in der Innenstadt einen Nutzgarten. Wir beschlossen, anstelle einer verkümmernden Hecke an dem Eisenzaun an der Hausseite Erbsen und Bohnen zu setzen, und damit fing alles an.« Heute umfaßt ihr Garten zwei Grundflächen, die eine 1,8 m breit und 6 m lang und die andere 2,4 m breit und 4,5 m lang.

»Ursprünglich«, erklärt Joe, »begannen wir mit dem Garten nicht aus wirtschaftlichen Gründen, sondern einfach aus Spaß an der Sache. Obwohl es nicht unsere Absicht war, hat der Garten im Verlauf der Jahre unsere Ausgaben für Lebensmittel drastisch reduziert. Nach Abzug der Tomaten, die wir selbst essen und noch verschenken, bekommen wir beispielsweise noch gut 60 l frischen Tomatensaft im Jahr – und das ist nicht übertrieben!« Das Stück mit Tomaten ist 1,8×3 m groß und enthält 24 Pflanzen. Ein paar weitere Pflanzen sind noch auf dem restlichen Garten verteilt. Joe und Joyous bauen sechs verschiedene Tomatensorten an. »Außer Rhabarber und Spargel, die ja jedes Jahr wiederkommen, ziehe ich alles aus Samen«, erklärt Joe. Tomaten und Paprika setzt er im Haus an, Kohl, Mais, Salat, Bete und Spinat sät er direkt aus.

»Wir haben sechs verschiedene Salatsorten – alle von unterschiedlicher Farbe«, fährt Joe fort. »Meiner Ansicht nach sehen sie genauso hübsch aus wie Blumen. Das Stückchen mit Mais dort drüben ist 2,4×2,4 m groß und produziert wirklich den besten Zuckermais. Anstelle der Zuckererbsen setzen wir nach der Ernte Stangenbohnen und ein paar Gurken. Wir ziehen auch Paprika und jede Menge Obst. Wir haben drei Obstbäume: einen Pflaumen-, einen Kirschen- und einen Apfelbaum. Wir haben Himbeerhekken, die wir dauernd beschneiden müssen, damit sie nicht alles überwuchern. Aber die selbstgemachte Himbeermarmelade lohnt die Extraarbeit auf jeden Fall!«

Joe sagt, daß er mit seinen Rüben nicht viel Glück gehabt hat, aber der Salat macht sich hervorragend. Das gilt auch für den Spinat.

Braucht man für einen solchen Garten viel Zeit? Eigentlich nicht, sagt Joe. Auf dem Höhepunkt der Saison höchstenfalls ein paar Stunden am Tag, in der Regel weniger.

Wie es denn mit dem Klima in Denver sei, wollte ich wissen. Bildet es eine Einschränkung für das, was die Mahaffeys anbauen können? Joes Antwort: »Wegen der Wasserknappheit können wir hier in Denver nur jeden dritten Tag gießen, aber mit Mulch ist das kein großes Problem. Wir haben auch eine kurze Vegetationsperiode. Der letzte Frost liegt etwa Mitte Mai, so daß unsere Warmwetterpflanzen wie die Tomaten zu der Zeit in den Boden kommen. Aber das Wetter schlägt hier einige Kapriolen. In der letzten Woche gab es ein paar Wirbelstürme, und in einem Jahr wurden wir fast von Hagel erschlagen. Ein paar Pflanzen wurden vom Wind beschädigt, aber sie erholten sich wieder und wuchsen und produzierten weiter. Das macht einen zuversichtlich!«

Andere Plätze für Gärten

Eine andere Vorstellung, deren Zeit abgelaufen ist, ist die, daß der Gemüsegarten aus einem Stück bestehen muß. Verteilen Sie den Reichtum. Man kann Gemüse am Hausfundament entlang pflanzen, zusammen mit Blumen in Beete setzen, Wege damit säumen und sie ringförmig um einen Baum herum anordnen. Man kann die Bodenbedeckung an einem Abhang entfernen und terassenförmig auf mehreren Ebenen Kräuter, Gemüse oder Erdbeeren anbauen. Schauen Sie unter Ihr Bett, in den Wandschrank oder unter die Spüle – dort lauern keine Einbrecher, aber es findet sich möglicherweise ein guter Platz, um Bohnenkeimlinge oder (wenn es feucht und dunkel ist) Pilze zu ziehen. Selbst diese ungenutzten »Problemecken«, in denen kein Leben möglich erscheint, können für die Nahrungsproduktion herangezogen werden. Am ehesten findet man einen ungeahnten Platz für einen Garten, wenn man in seiner Vorstellung davon, was und wo ein Garten sein sollte, flexibel ist. Suchen Sie und probieren Sie ein paar neue Möglichkeiten aus. Platz ist überall.

Um Ihre eigene Vorstellungskraft in Gang zu bringen, folgen hier ein paar Beispiele dafür, was möglich ist:

- Bauen Sie eine Reihe von Hochbeeten, wenn der Boden in einem schmalen Gang neben dem Haus verdichtet ist.
- An einem Spalier auf einem schmalen Streifen Erde an einer Garage können Sie so viele Tomaten ziehen, daß Sie den ganzen Sommer über genug haben.
- Ein Holz- oder Maschendrahtzaun mit nur 30 cm Platz davor trägt eine ganze Ernte saftiger Zuckererbsen, wie man sie in keinem Laden kaufen kann. Und wenn es warm wird, kommen an die Stelle der vertrockneten Erbsenranken kernlose Gurken, die auf den Märkten sehr teuer sind.

Niedrige Nahrungsmittelpreise gehören längst der Geschichte an, und die Preise steigen immer noch weiter. Selbst wenn bereits ein Standardgarten vorhanden ist, kann die Erhöhung der Gesamtproduktion durch Schaffung von mehr Nutzfläche nur zum eigenen Krieg gegen die Lebenshaltungskosten beitragen. Außerdem besteht dann die Möglichkeit, den Hauptgarten zu verkleinern. Auf jeden Fall ist man um so besser dran, je mehr man anbauen kann. Vielleicht wollen Sie den zusätzlichen Platz für einen Spezialgarten nutzen, etwa als Anbaufläche für eine »Versuchsküche«, auf der Sie mit dem Anbau von Gemüse für die etwas exotischere Feinschmeckerküche experimentieren. Wenn der Garten nahe am Haus unter Ihren Augen liegt, haben Sie eine bessere Kontrolle darüber, und die Pflege wird auch leichter.

Außer im Garten hinter dem Haus wächst Gemüse an vielen Stellen. Hier begrenzt Salat den Gehweg, Tomaten wachsen an Spalieren auf einem kleinen Fleckchen neben der Garage, und anderes Gemüse teilt sich den Platz mit Blumen.

Wo gärtnert man ohne Land?

Manch einer, der auf der Erde Platz für einen Garten sucht, muß möglicherweise zunächst mit alten Traditionen brechen, während andere Versteck spielen müssen, um einen solchen Platz zu finden. Auf der anderen Seite haben Apartmentbewohner und andere Menschen ohne Land (ich nenn sie gern »Himmelsgärtner«) einen scheinbar wesentlichen Nachteil: sie müssen ihren eigenen Boden kaufen oder selbst herstellen. Was aber auf den ersten Blick wie ein Nachteil aussieht, ist oft eine versteckte Segnung, denn Himmelsgärtner (oder wer sonst noch in Behältern gärtnert) haben die Geschwindigkeit auf ihrer Seite. Sie können von vornherein eine fruchtbare Bodenmischung nach Maß herstellen, ohne darauf warten zu müssen, Problemboden nach und nach zu verbessern. Gehen Sie eine beliebige Straße in einer beliebigen Stadt entlang und schauen Sie nach oben – Sie finden viele Morgen Land, die nur darauf warten, von Himmelsgärtnern in Anspruch genommen zu werden. Hier sind nur ein paar Beispiele für Gärten, die ich dort gesehen habe, wo den Menschen keinerlei Land zur Verfügung stand:

- ☐ Mit Behältern bestandene Dächer von Wohn- und Bürogebäuden.
- ☐ Mit Gemüse bepflanzte Kisten hinter Wasserbehältern auf Dächern der Stadt.
- ☐ Balkone mit Tontöpfen an Hochhäusern.
- ☐ Ein »Himmels«-Garten über einer Garage.
- ☐ Ein weiterer Garten auf dem Vordach eines Theatereingangs.
- ☐ Ein Balkonkastengarten vor den Fenstern eines Stadthauses.
- ☐ Ein Behältergarten an einer Straßenlampe und ein anderer an einem Baum in einem Hinterhof.
- ☐ Eine mit Plastikmülleimern bestandene Dachkante, von der dunkelrote Tomaten und ein paar vorwitzige Zucchini herabhingen.
- ☐ Alte Gummihandschuhe, die mit Kräutern bepflanzt waren und an einer Wäscheleine auf dem Dach eines Mietshauses hingen.

Platz ist hinter jeder Steinfassade, und sei es nur für eine Salatpflanze in einem Topf. Ganz egal, wo Sie leben, Ihr Garten kann so ausgeklügelt sein, wie Sie es sich leisten können, oder so bescheiden erfinderisch, wie Sie ihn zu entwerfen in der Lage sind. Gemüse hat keine Rassen- oder Klassenvorurteile; es ist sehr demokratisch – und wächst gleichermaßen für jedermann. Unabhängig davon, wieviel Geld sie haben, wo Sie leben oder wie Sie leben, können Sie sich einen bescheidenen Behältergarten mit einem ganz individuellen Charme anlegen. Ein Behältergarten ist nicht nur etwas für Himmelsgärtner ohne Land. Hier sind beispielsweise ein paar Möglichkeiten, Behälter und platzsparende Gebilde in Verbindung mit einem großen Gemüsegarten zu nutzen:

- ☐ Warum soll man im Regen hinten im Garten Petersilie pflücken, wenn sie auch als Begrenzung für einen Rosenbusch oder um ein Blumenbeet in der Nähe der Vordertür wächst?

Kusters Parkplatzgarten

Mein Mann und ich sind Teilhaber an einer Dokumentarfilmgesellschaft. Bei einem unserer Aufträge filmten wir in der Fernsehstation KBTV in Denver. Wir hatten ein paar Geräte im Wagen gelassen, und ich ging hinaus, um sie zu holen. Statt jedoch durch die Hintertür, durch die wir gekommen waren, über den Parkplatz zu gehen, ging ich durch den Vordereingang hinaus und stand plötzlich vor einer grünen Oase mit einem Schild in Druckbuchstaben: Kusters Inflationsgarten. Bill Kuster arbeitet als Meteorologe für die Fernsehstation und ist ein freundlicher und hingebungsvoller Gärtner.

Bill kam ursprünglich aus Fernville, Pennsylvania, einem 100-Seelen-Örtchen, »wenn man Hunde, Katzen und Kinder mitzählt«. Er ist ein geborenes Landkind. Er erzählte mir, daß er 13 Jahre als Meteorologe in Philadelphia gearbeitet und seinen ersten kleinen Nutzgarten direkt an der Independence Mall gehabt hätte. Als er nach Denver kam, brauchte er wieder einen Gemüsegarten. Vor vier Jahren entfernte er auf dem Parkplatz einen Teil des Asphalts und legte diesen hier an. Eine Firma am Ort brachte ihm eine Fuhre guten Mutterboden. Bill läßt alle zwei Jahre eine sorgfältige Bodenanalyse durchführen und trifft dann die entsprechenden Maßnahmen. Er arbeitet etwa 6 Stunden in der Woche im Garten, und zwar zwischen seinen Sendungen um 12 und 17 Uhr.

Bill Kuster ist so gefesselt von kleinen Nutzgärten, daß er sie auf zwei Arten fördert. Jeden Tag um 17 Uhr berichtet er seinen Zuschauern über die Fortschritte in seinem Garten. »Wetter und Garten sind zwei zusammengehörende Dinge, also können meine Zuschauer zusammen mit mir gärtnern«, erklärt er. Eine Samenverkaufsgesellschaft stellt Päckchen mit vier verschiedenen Gemüsesamen zur Verfügung, und Bill gibt sie an alle weiter, die einen eigenen Garten anlegen wollen. Die Fernsehstation unterstützt dieses Programm jetzt seit drei Jahren und hat in dieser Zeit mehr als 50 000 Samenpäckchen an interessierte Zuschauer abgegeben.

Der Parkplatzgarten ist in zwei Abschnitte unterteilt. In dem einen Abschnitt kann man auf einer Bank an einem kleinen Holztisch sitzen; der andere Teil ist ein winziger, hervorragend angelegter Nutzgarten von etwa 4,8×6 m. Durch die Mitte des Gartens schlängelt sich ein Weg aus sechseckigen Steinen, so daß der Gärtner von beiden Seiten an seine Pflanzen herankommt. Mittelpunkt des Gartens ist ein Zwergapfelbaum. Er ruft den Effekt eines gutangelegten Miniaturparks mit Blick auf eine nahegelegene Farm hervor – aber die gesamte Szene hat liliputanische Ausmaße! Trotzdem fand ich bei genauerem Hinsehen Zwiebeln, Bohnen, Auberginen, Zucchini, Gurken, Karotten, Kürbisse, Tomaten, Radieschen, Petersilie und Schnittlauch auf dieser »Farm«. Die einzelnen Gartenfelder sind mit großen Bildern gekennzeichnet, auf denen das Gemüse abgebildet ist, das dort eines Tages zu ernten sein wird. Bills Garten ist ein lebendiger Beweis dafür, daß man in der Tat überall alles mögliche anbauen kann.

- ☐ Warum sollte man nicht einen Behälter mit den Lieblingsküchenkräutern bepflanzen und ihn am Hintereingang bei der Küche aufstellen? Für den Koch der Familie ist das wunderbar bequem.
- ☐ Bohnen können hübsch sein; sie sollten nicht nur in den Hinterhof verbannt werden. Bohnen, die an einem spitz nach oben zulaufenden Gestell aus Draht in einem Zierbehälter aus Beton wachsen, sehen auf einer Penthouse-Terasse oder im Vorgarten eines Reihenhauses gleichermaßen elegant aus, und zwar besonders, wenn es sich um eine Abart wie die Feuerbohne mit ihren hübschen roten Blüten handelt.
- ☐ Weinreben, die sich über eine Laubenkonstruktion ranken, können als Schattenspender für einen Picknicktisch oder einen Autoabstellplatz dienen und spenden auch bei einem Dachgarten in der Stadt, einem großen Garten auf dem Land oder in einem Hinterhof in der Vorstadt praktischen Schatten.

Auf wenig Platz kann man mit etwas Vorstellungskraft und Know-how große Mengen an Gemüse, Kräutern und Obst ziehen. Bei den neuen Pflanztechniken ist das Wuchsverhalten der einzelnen Gemüsesorten berücksichtigt, so daß mehr Pflanzen auf einer gegebenen Fläche Platz finden. Und eine ganze Reihe neuer kompakter Abarten, die jetzt auf dem Markt sind, scheinen selbst den kleinsten Raum noch zu vergrößern. Man braucht daher kein großes Stück Land mehr, um einen produktiven Garten zu bekommen. Man kann sich einen ganz winzigen Freiraum schaffen, wo man an einer frischgezogenen Karotte knabbert, wenn das alles ist, was man will; man kann aber auch zentnerweise Gemüse für den eigenen Tisch aus mehreren kleinen Gärten ernten, die auf dem ganzen Grundstück verteilt sind.

Aber selbst wenn der Platz gefunden ist, nörgelt eine innere Stimme vielleicht immer noch:

- ☐ . . . aber bei mir wächst nichts, ich habe keinen grünen Daumen.
- ☐ Wo ich wohne, ist keine Sonne.
- ☐ Auf dem Dach ist es zu windig.
- ☐ Meine Erde ist zu hart.
- ☐ Der Grundwasserspiegel ist zu hoch.
- ☐ Die Sonne ist zu heiß.
- ☐ Das ist zuviel Arbeit.
- ☐ Mir fehlt die Zeit!

Wenn man diese Probleme jedoch eins nach dem anderen genau untersucht, verschwinden die Entschuldigungen und Vorwände wie Dampf in der Atmosphäre. Es gibt keine Entschuldigungen dafür, nicht zu gärtnern. Für alles gibt es eine Lösung, selbst für das Problem der fehlenden Zeit. Ich kann natürlich nicht allen Ernstes behaupten, daß ein Garten völlig allein wächst, aber er wächst fast allein, wenn man ihn gut plant, klein hält und ihm am Wochenende oder vor oder nach der Arbeit etwas Zeit schenkt. Denken Sie daran, in der Natur wachsen die Pflanzen ganz von allein überreichlich, und Ihre Gartenpflanzen werden Ihnen

Auf diesem Balkon finden sich Kübel mit Tomaten, Auberginen und Kürbissen, Hängetöpfe mit Erdbeeren und Kräutern und (gut am Geländer befestigte) Kästen mit Blattsalat und Blumen.

ein wenig Unterstützung tausendfach danken. Und dieser Dank ist die Mühe durchaus wert.

Ob Sie also auf der Terrasse, im Hinterhof oder auf dem Dach gärtnern wollen, ob sie Pfeffer oder Pfefferminze anbauen wollen, mit ein wenig Einfallsreichtum können Sie es. Lassen Sie sich also etwas einfallen, und zwar genügend, um ein paar Regeln zu brechen – oder sie zumindest leicht zu biegen – und Ihren eigenen unkonventionellen Gartenplatz zu finden. Vergessen Sie all Ihre alten Ausreden, denn das Neue ist es, das unsere Gärten gedeihen läßt. Auf den nächsten Seiten zeige ich ein paar Kriterien auf, nach denen Sie aus den Ihnen zur Verfügung stehenden Plätzen für einen Garten den besten auswählen können.

So schlägt man dem Wetter ein Schnippchen

Das Wetter. Ein universelles Thema, zu dem jeder etwas zu sagen hat. Wenn es heißt, daß alle über das Wetter reden und niemand etwas dagegen tut, wollen wir damit eigentlich sagen, daß uns nichts anderes übrig bleibt, als zusammen mit Sonnenschein und milden Brisen den von See kommenden Nebel, den vom Himmel stürzenden Regen und den gegen unsere Fenster schlagenden Wind einfach hinzunehmen. Einfacher hinzunehmen ist natürlich das Geschenk eines hellen, klaren, sonnigen Tages.

MAKROKLIMA UND MIKROKLIMA

All diese nicht zu ändernden Wetterbedingungen sind Teil von großräumigen Wetterverläufen, die durch Wolkenbewegungen, Bergketten, Täler und Flüsse – die Topographie des gesamten Gebiets – beeinflußt werden. Dieses sogenannte Makroklima ist es, über das der Wetterfrosch im Fernsehen spricht, wenn er etwas sagt wie: »Von den Bergen zieht eine Kaltfront heran...« Der Bauer beschäftigt sich wie der Fernsehmeteorologe mit dem Makroklima. Er sucht den Himmel dauernd nach Wetteranzeichen ab. Er prüft die Windrichtung und schaut nach den Wolken, um zu sehen, ob sie weiß und bauschig oder dunkel und drohend sind. Der Meteorologe bedient sich zwar genauerer und wissenschaftlicher Hilfsmittel, aber er untersucht die gleichen Bedingungen, die der Bauer mit seinen Blicken nach oben abschätzt. Häufig sind die Rückschlüsse, die der Bauer zieht, fast so genau wie die des Meteorologen. Wie genau sie aber das Wetter auch vorhersagen können, ändern können sie es auch nicht.

Die Großwetterlage über unseren Gärten können wir zwar nicht ändern, aber wir können etwas tun, um die klimatischen Bedingungen in bestimmten Bereichen unseres Gartens zu beeinflussen. Was wir ändern können, wenn wir es verstehen, ist das Mikroklima, kleine Bereiche, die durch die einzigartige Wechselwirkung zwischen Sonnenlicht, Wärme und Kälte und den verschiedenen Gegenständen entstehen, die die Wärme und das Licht entweder ausstrahlen, absorbieren oder reflektieren. Eine Oase in der Wüste ist ein drastisches Beispiel für ein Mikroklima. Aber diese »Taschen« mit einem einzigartigen Klima treten auch dort auf, wo wir leben, und werden manchmal auch als »Kleinwetter« bezeichnet. Verursacht werden sie durch das Zusammenwirken von Hügeln und Tiefland, vorherrschender Windrichtung, Sonne und Schatten. All diese Faktoren bilden einen wesentlichen Einfluß für die Entstehung eines Mikroklimas, das uns für den Anbau von Gemüse vor ganz bestimmte (und oft weniger als ideale) Bedingungen stellt.

Bereiche mit Mikroklima gibt es überall, nicht nur unten auf dem Erdboden. Wind und Sonne betreffen auch den Himmelsgärtner, obgleich die Umstände dort etwas anders sind. Indem wir das Mikroklima ändern, wird das Wetter »handlicher«, so daß wir es beherrschen und steuern können..

DAS MIKROKLIMA IN IHREM GARTEN

Bei der Planung des Gartens müssen Sie als erstes einen Rundgang unternehmen, und die bei Ihnen gegebenen Mikroklimata lokalisieren, um sie dann zu analysieren und zu entscheiden, was Sie damit machen. Nehmen Sie ein Notizbuch und einen Bleistift mit, damit Sie alles aufschreiben können, was von Interesse sein könnte. Diesen Rundgang machen Sie am besten dreimal am Tag – morgens, mittags und am späten Nachmittag. Mit einem Zollstock oder Bandmaß läßt sich die Größe eines möglichen Anbauplatzes schnell feststellen. Schreiben Sie die Zahlen auf – Sie brauchen sie sie später noch.

Als ich mir die Stellen ansah, an denen ich meine eigenen Gärten anlegen wollte, hatte ich mehrere Kennzeichnungsetiketten für Pflanzen dabei (ein Blatt Papier an einem Eislöffel aus Holz oder Zahnstocher tut es auch). Auf den Schilchen vermerkte ich mit einem wasserfesten Stift die folgenden Symbole:

☼ Sonne

◐ Sonne/Schatten

● Schatten

und setzte die Schildchen dann an die entsprechenden Stellen, indem ich mir die jeweilige Tageszeit notierte. Am Ende des Tages sammelte ich alle Schildchen ein und zählte die Anzahl der Sonnenstunden an den jeweiligen Stellen zusammen. Mit dieser Methode lassen sich die Gesamtsonnenstunden an verschiedenen Stellen recht einfach und genau feststellen. Damit weiß man dann sowohl, was man anbauen kann, als auch, wo es am besten wächst. Hier sind noch ein paar Dinge, die Sie sich bei Ihren Rundgängen notieren sollten:

- ☐ Prüfen Sie den Winkel, in dem das Sonnenlicht einfällt, und achten Sie darauf, welche Stellen das meiste Licht bekommen.
- ☐ Denken Sie daran, daß sich der Sonnenstand mit den Jahreszeiten ändert; die Sonne steht im Winter am tiefsten und im Sommer am höchsten. Daran sollten Sie besonders denken, wenn Sie Ihren Rundgang zu Beginn des Frühjahrs machen. Wenn die Tage im Sommer länger werden, bekommen möglicherweise sogar winzige verborgene Ecken genügend Sonne.
- ☐ Beachten Sie außerdem, daß Ihr Haus oder ein benachbartes Gebäude sowie auch in der Nähe stehende Bäume zu bestimmten Tageszeiten Schatten werfen. Auf einem Dach wäre etwas Schatten natürlich willkommen, aber in einem kleinen Hinterhof kann er ein Nachteil sein.
- ☐ Machen Sie sich mit der Lage Ihres künftigen Gartens vertraut. Die Nordseite liegt fast immer im Schatten, und die Südseite bekommt am meisten Sonne. Auf der Ost- und Westseite ist es ebenfalls recht hell. Die Ostseite ist jedoch etwas kühler, weil ein Teil der Sonnenwärme dazu gebraucht wird, die Kälte der vorangegangenen Nacht zu beseitigen. Zusätzliche Wärme finden Sie am späten Nachmittag an einer Südwand.
- ☐ Achten Sie bei Ihrem Rundgang auf Temperaturänderungen. Schreiben Sie auf, wo es wärmer oder kühler ist. Kühle Stellen können dadurch verursacht werden, daß ein Baum einen tiefen Schatten wirft, daß die Stelle tiefer liegt, oder daß dauernd eine kühle Brise geht. Warme Stellen finden sich auf abfallendem Boden (oben ist es wärmer als unten), hinter einem natürlichen Windschutz aus Büschen oder Ranken oder einfach aufgrund der Tatsache, daß die Sonne direkt einstrahlt.

Ein Bauer bedient sich der gleichen Art von Informationen, die Sie auf Ihren Rundgängen sammeln. Sein Maßstab ist größer, aber das Mikroklima auf seinem

Land setzt sich aus den gleichen Elementen wie Ihres zusammen. Der Südhang eines Hügels ist beispielsweise wärmer und trockener, während der Nordhang kühler und feuchter ist. Der Bauer weiß aus Erfahrung, daß die einzelnen Seiten des Hügels verschiedene Pflanzen tragen oder zumindest verschiedene Pflanzzeiten erfordern. Er weiß, daß Hänge Einfluß auf die Entwässerung sowie auf Sonne- und Windeinwirkung auf die Pflanzen ausüben. Sein Land ist in der Regel den Elementen von allen Seiten ausgesetzt, und wenn er die beste Anbaustelle sucht, schaut er nach einem sanften Hang, der abseits der vorherrschenden Windrichtung liegt. Der Bauer weiß, daß anhaltender Wind eine Belastung für seine Pflanzen darstellt und den Boden schnell austrocknet. Er ist sich bewußt, daß flache oder tiefliegende Stellen bei schwerem Regen versumpfen, und daß sich dort in klaren und ruhigen Nächten Nebel und Frost ansammeln. Der Bauer kann auf verschiedene Weise etwas gegen sein Mikoklima tun. Er kann Wälle als Schutz vor dem Wind anlegen. Er kann höhergelegenen Boden dazu nutzen, empfindliche, wärmeliebende Pflanzen anzubauen. Und er kann im Frühjahr die Ausaat an einem Nordhang ein paar Wochen lang hinausschieben.

In kleinerem Maßstab können wir Gärtner unser Mikroklima, wo es auch sein mag, viel einfacher ändern und steuern. Wir können die Sonne einfangen und Wärme an kühlen Stellen sammeln, und wir können den Wind zähmen, wo er eine Bedrohung darstellt. Wir können den Schatten aufhellen und die brennende Sonne filtern. Und wir können die Luft mit Feuchtigkeit und Schatten kühlen, wo sie zu heiß ist.

Wenn im Sommer die Schlagzeile in der Zeitung lautet, »es ist so heiß, daß man Spiegeleier auf dem Gehweg braten kann«, dann heißt das eigentlich, daß eine Betonfläche genügend Hitze sammeln und abstrahlen kann, um Eier zuzubereiten. Und aus der eigenen Erfahrung wissen wir alle, daß verschiedene Flächen und Farben Hitze und Licht unterschiedlich absorbieren und reflektieren. Ich hatte mal modische Tennisshorts mit einem schwarzen und einem weißen Bein. Wenn ich sie trug, war die schwarze Seite immer zu warm, während die weiße Seite immer angenehm war. Dadurch erfuhr ich am eigenen Leib nicht nur, warum Tennisspieler weiße Kleidung bevorzugen, sondern auch, daß weiße Flächen die Hitze reflektieren, statt sie zu absorbieren. Bevor Sie die Veränderung Ihres Mikroklimas in Angriff nehmen, sollten Sie noch ein paar weitere Dinge in Ihrem Notitzbuch vormerken.

DIE ANBAUZEIT

Unserem Gemüse könnte nichts gleichgültiger sein als Frost im Winter. Mit Ausnahme weniger Arten, sind die meisten Gemüsesorten in unseren Gärten einjährig und halten, wie der Begriff schon sagt, den Winter über sowieso nicht. Sie werden jedes Jahr im Frühjahr neu ausgesät und sterben beim ersten harten Herbstfrost oder kurz danach ab. Wenn die Nächte länger werden, kommen die Reste der diesjährigen Pflanzen auf den Komposthaufen, um ein paar Monate später als Bodenanreicherung für die nächste Generation frisch gesetzter Samen wiedererweckt zu werden. Wichtig für Gemüse ist die Anzahl von Tagen zwi-

Auf schattige Stellen wird für sonnenliebende Pflanzen wie Mais mehr Licht reflektiert. Ein Kegel aus Dachpappe auf einem Stab schafft ein warmes Fleckchen für eine zarte Jungpflanze. Wärmeliebende Pflanzen wie Tomaten werden auf die Südseite einer gemauerten Wand gepflanzt.

schen dem letzten Frühjahrsfrost, wenn die Erde sich zu regen beginnt, und dem ersten starken Herbstfrost, wenn es abstirbt und seiner Bestimmung entgegengeht. Diese Zeitspanne wird als Anbauzeit oder auch als Vegetationszeit bezeichnet. Da sie überall im Land unterschiedlich ist, gibt es Klimazonenkarten, mit deren Hilfe man die Durchschnittszeit zwischen dem letzten und ersten Frost des Jahres feststellen kann. Das sind natürlich nur ganz allgemeine Anhaltspunkte, weil die Wetterbedingungen von Jahr zu Jahr schwanken und weil die vielen Mikroklimata in den einzelnen Zonen natürlich nicht berücksichtigt werden können.

Klima und Geographie schaffen Wetterschemata, die sich stark unterscheiden. Der Wetterverlauf hängt von so vielen Variablen ab, daß sich die Vegetationszeit an zwei Stellen, die nur wenige Kilometer voneinander entfernt sind, um bis zu 20 Tage unterscheiden kann. Dieser Unterschied könnte beispielsweise durch einen beträchtlichen Höhenunterschied verursacht werden. Und dazu kommen noch viele andere Faktoren ins Spiel, wie beispielsweise, ob die Gegend an der Küste oder im Binnenland liegt. Es ist eine Tatsache, daß einige Gemüsearten Wärme brauchen, während andere nur in einem kühleren Klima mit einer gewissen Anzahl von Tageslichtstunden gedeihen. Zusätzlich beeinflußt der Unterschied zwischen Tages- und Nachttemparaturen die Pflanzzeit und das Wuchsverhalten. Unter Berücksichtigung dieser Faktoren wollen wir uns jetzt ein paar spezifische Möglichkeiten ansehen, verschiedene Arten von Mikroklimata zu modifizieren.

Besonders Himmels- und Strandgärtner sollten sich mit den folgenden Vorschlägen befassen, was man beispielsweise gegen brennend heiße Sonne, heftigen Wind, Schatten und Gischt oder Rauch in der Luft tun kann. Die Hinweise sind direkt oder indirekt für jedes Gartenumfeld gültig.

WÄRME UND LICHT FÜR KÜHLE GÄRTEN

Zunächst ein paar Vorschläge, wie Sie eine schattige oder kühle Stelle für Gemüse und Kräuter einladender machen können:

- ☐ Versuchen Sie, für empfindliche Pflanzen Wärme zu speichern, wenn die Stelle ein paar Stunden am Tag Sonne bekommt. Streichen Sie einen sauberen Metallbehälter – ein Faß, einen Warmhaltebehälter, eine Badewanne – innen schwarz und füllen Sie ihn mit Wasser. Das Wasser absorbiert bis zu 95% der Sonnenwärme während des Tages und strahlt sie in der Nacht dann langsam wieder an die Umgebung ab. Stellen Sie die Behälter zwischen oder möglichst nahe an die Pflanzen. Probieren Sie diese Methode zum Schutz empfindlicher Pflanzen bei plötzlichen nächtlichen Kälteeinbrüchen und zur Verlängerung der Vegetationszeit.
- ☐ Je nach Farbe und Dichte absorbieren Steine, Felsen, Mauerwerk und Betonflächen von Wänden und Böden in der Nähe des Gartens die Sonnenwärme und geben etwa 50% wieder ab. Mit Öffnungen lassen sich die gleichen Materialien als Windschutz zur Ableitung kalter Luft oder zur besseren Luftzirkulation verwenden.
- ☐ Pflanzen Sie wärmeliebende Pflanzen wie Tomaten und Auberginen bei kühlem Klima vor eine Südwand, um die niedrigstehende Frühjahrssonne einzufangen. Dort ist es mehrere Grad wärmer als an einer freieren Stelle, die nur ein paar Meter weiter weg liegt.
- ☐ Mit schwarzer Dachpappe, die zu einem Kegel geformt und auf einen Stock gesetzt wird, läßt sich eine warme Stelle für kälteempfindliches Gemüse schaffen. Setzen Sie die Kegel wie Schirme zum Schutz über Setzlinge (achten sie aber darauf, daß die Stöcke lang genug sind, damit die Kegel die Pflanzen nicht ganz bedecken und im Dunkeln halten).
- ☐ Auch nach Süden abgewinkelte Pflanzenkästen mit Glasabdeckung fangen das verfügbare Sonnenlicht ein. Sie dienen zur Anzucht von empfindlichen Setzlingen und verlängern die Vegetationszeit. In Kapitel 13 finden sich Hinweise zum Bau und zur Nutzung solcher Pflanzkästen.
- ☐ Da die Temperaturen je nach geographischer Breite und Höhe variieren, müssen Erdgärtner besonders auf die physikalische Regel achten, daß warme Luft emporsteigt und kalte Luft nach unten sinkt. Setzen Sie daher wärmeliebende bzw. frühe und späte Pflanzen auf höhergelegenen Grund, wo sie die meiste Sonne bekommen. Vermeiden Sie es, an tiefgelegenen Stellen zu pflanzen, wo sich der Frost in der Regel hält. Dachgärtner können ihr Gemüse in der Regel früher aussetzen, weil die Gärten höher liegen.
- ☐ Ein weiterer Trick besteht darin, wärmeliebende Pflanzen in Hochbeete zu setzen. Dadurch daß sich die Erde schneller erwärmt und im Frühjahr schneller austrocknet als in einem normalen Garten, kann man früher pflanzen. Natürlich müssen Sie daran denken, daß diese Beete auch im Sommer, wenn es warm wird, schneller austrocknen; decken Sie sie gut mit Laub oder Stroh ab.

- □ Mit Hilfe von Hochbeeten kann eine kurze Vegetationszeit auch in nach Norden gelegenen Gärten verlängert werden. Bei einer kurzen Vegetationszeit ist es außerdem nützlich, anstelle von Samen Setzlinge von frühen Arten zu pflanzen.
- □ Machen Sie es wie die Engländer. Sie pflanzen viele empfindliche wärmeliebende Gemüsesorten in Behälter auf Rädern. So können die Pflanzen, wenn plötzlich Frost zu erwarten ist, leicht an einen anderen Platz gebracht und am nächsten Tag wieder in die Sonne gerollt werden.
- □ Pflanzenschützer, diese unschätzbaren, vielförmigen Geräte, fangen nicht nur die Wärme ein und halten die Erde warm und feucht, sondern schützen auch vor den Gefahren kalter Winde. Nützlich sind sie auch, um das Auswaschen von gerade ausgelegtem Samen oder von empfindlichen kleinen Setzlingen zu verhindern (siehe auch Kapitel 10).
- □ Eine schwarze Kunststoffolie über einem Gartenbeet absorbiert die Wärme der Sonne, erstickt das Unkraut und sorgt gleichzeitig für eine schnellere Keimung. Denken Sie aber daran, die Folie zu entfernen, wenn der Samen keimt. Durchsichtige Plastikfolie läßt die Sonnenstrahlen durchdringen, führt aber auch zu vermehrtem Unkrautwuchs.
- □ Gepflasterte Gehwege, Innenhöfe aus Mauerwerk oder Beton, Wintergärten, Bitumendachpappe oder dunkle unglasierte Fliesen nehmen Sonnenenergie auf und strahlen sie wieder ab.
- □ Hier ist eine Überraschung für Stadtgärtner. Staub und Smog halten die Wärme über längere Zeiträume, und nach Sonnenuntergang dauert es länger, bis es kühler wird. Aufgrund dieser atmosphärischen Bedingungen ist es in der Stadt oft wärmer als in den Vororten oder auf dem Land, wo die Luft sauberer ist. Stadtgärtner haben damit den Vorteil, daß sie länger wärmeliebende Pflanzen anbauen können.
- □ Wo es bewölkt, schattig oder im Sommer allgemein kühl ist, kann man mit einer weißen Wand, die nach Süden zeigt, Licht und Wärme reflektieren. Für Pflanzen, die (wie beispielsweise Melonen) viel Wärme benötigen, erhält man eine wärmere, hellere Stelle, indem man ein dünnes weißes Holzbrett oder eine weißgestrichene Schindel direkt neben die Pflanze stellt.
- □ Auch mit Aluminiumfolie auf Sperrholz oder einer anderen festen Unterlage kann man dunkle Stellen in Nord-, Ost- oder Westlage aufhellen. Achtung: Wenn die Sonne richtig scheint, muß der Reflektor entfernt werden, damit die Pflanzen nicht gebraten werden.
- □ Weniger fleißige Gärtner können versuchen, einen Reflektor zu kaufen. Manchmal findet man fertige Sonnenreflektoren, mit denen Sonnenanbeter ihre Sonnenbräune vertiefen können. Diese Reflektoren werden an zwei Stellen auseinandergeklappt und ergeben ein dreiseitiges Gebilde, das für Pflanzen eigentlich nützlicher ist als für die menschliche Haut.
- □ Auch mittels hellfarbiger Wände, spiegelähnlicher Silberfolie oder Reflektoren, wie sie noch von Fotografen und Filmemachern verwendet werden, kann man schattige Bereiche aufhellen. Sie werden auf der Ost- und Westseite des Gartenbereichs aufgestellt, um das Licht zu bündeln.

- □ Bereiche, die durch wandernde Schatten, häufigen Nebel oder generellen Schatten während bestimmter Tageszeiten zu wenig Sonne erhalten, werden für Blattgemüse, Wurzeln und bestimmte Kräuter wie Kerbel und Petersilie reserviert. Da sich die frühen Gemüsearten genetisch etwas von den späteren Arten unterscheiden, benötigen sie zur Reife nur kürzere Tage bzw. weniger warme Tage. Diese frühen Arten nimmt man auch für Stellen, die nur teilweise Sonne erhalten.
- □ Behälter und Hängekörbe bieten den großen Vorteil der Mobilität. Sie können vom Schatten in die Sonne und wieder zurück transportiert werden, wann immer das erforderlich ist.

SO WIRD DER WIND NUTZBAR GEMACHT UND GEZÄHMT

Es gibt nichts Erfrischenderes als eine kühle Brise an einem heißen Tag. Aber bei einem Sommersturm können aus diesen erfreulichen sanften Luftbewegungen starke Böen werden, denen große Pflanzen, die nicht mit einem Pfahl gestützt sind, ohne weiteres zum Opfer fallen. Am gefährlichsten sind aber die kalten Winde aus Norden oder Westen. Besonders im Frühjahr und im Herbst kann es durch dauernden Wind zu schnellem Verdunsten von Wasser aus den Blättern und zum schnellen Austrocknen des Bodens kommen, wodurch das Wachstum von wärmeliebenden Pflanzen verlangsamt wird. Im extremen Fällen kann starker Wind wachsende Pflanzen total zerstören. Es gibt aber mehrere Möglichkeiten, die kühlende und austrocknende Wirkung starker Winde zu verhindern.

Ein Windschutz kann in Ihrem Garten den Umschwung zum Besseren einleiten. Um wirkungsvoll zu sein, muß sich der Windschutz zwischen dem anhaltenden Wind und den zu schützenden Pflanzen befinden. Die wirkungsvollste und attraktivste Art, den Wind zu zähmen, ist im allgemeinen eine Reihe von Bäumen oder Büschen in einem gewissen Abstand vor dem Garten auf der dem vorherrschenden Wind zugewandten Seite. Diese Methode funktioniert ausgezeichnet sowohl auf großen, offenen Flächen als auch als Schutzschild für kleinere Gärten. Auch Zäune ergeben einen wirkungsvollen Windschutz, wobei allerdings durchlässige Zäune wie beispielsweise Jägerzäune weitaus besser als massive Zäune oder Wände funktionieren. Ein durchlässiger Zaun verlangsamt die Geschwindigkeit des hindurchstreichenden Windes. Bei einer massiven Wand wird der Wind einfach nur abgelenkt und darüber hinweggeleitet, ohne daß er merklich verlangsamt wird.

Probieren Sie es mit einigen der folgenden Ideen für Dach-, Strand-, Stadt- und Landgärten, kurz gesagt, wo immer der Wind das Wohlergehen Ihres Gemüses und Ihrer Blumen bedroht:

- □ Nehmen Sie als natürlichen Windschutz immer Bäume und Büsche, die Wind vertragen können. Das sind in der Regel die dickeren Gewächse mit ledrigen Blättern wie japanische Stechpalmen oder Liguster. Auch Tamariske, Lorbeer, Wacholder, Sauerdorn sowie Japan- und Schwarzkiefer ergeben einen ausgezeichneten Windschutz.

Oben: Eine Reihe Blaubeerbüsche ergibt einen lebenden Windschutz für einen Garten in einer Gegend mit starken Winden. Rechts: Ein durchlässiger Zaun wie dieser hier verlangsamt den Wind besser als eine feste Mauer. Unten: Auf Dächern und in Patios ergibt eine Reihe Gurken am Spalier oder Kürbispflanzen in Kübeln einen effektiven Windschutz.

- □ Die Kraft des Windes wird durch versetzte Anordnung von Bäumen oder Büschen in zwei Reihen besser gebrochen als von einer einzelnen Reihe.
- □ Filtern Sie den Wind mit Gitterkonstruktionen, Spalieren oder Maschendraht. Lassen Sie daran blühende oder fruchttragende Ranken emporwachsen und schaffen Sie so einen lebenden Zaun. Trauben, Stangenbohnen und kletternde Erbsenarten eignen sich alle gut dafür (diese Spaliere sind außerdem unerläßlich, wenn man auf kleinen Dachterassen oder winzigen Balkonen oder Hinterhöfen Platz sparen will; (mehr darüber in Kapitel 11).
- □ An der Küste sind robuste, niedrige Gebüsche, die mit der Küstenlinie und dem Horizont harmonisieren, weniger anfällig gegenüber den stürmischen Mereswinden als hohe Pflanzen mit ausgeprägt vertikaler Form. Die Strandpflaume ist eines meiner Lieblingsgewächse, und Gelee oder Marmelade aus ihren Früchten sind für mich eine seltene und ganz besondere Köstlichkeit. Ein guter, kräftiger Baum für Gärten an der Küste ist die graublättrige russische Olive.

- ☐ Wenn Sie an der Küste einen Windschutz aus Pflanzen anlegen wollen, achten Sie darauf, was von Natur aus dort wächst. Schauen Sie nach den Wildpflanzen mit grauen, silbrigen, zähen, lederartigen Blättern. Graben Sie kleine Pflanzen aus und bringen Sie sie dorthin, wo Sie einen Windschutz benötigen. Achten Sie aber darauf, daß es sich bei den Pflanzen nicht um gefährdete Spezies handelt.
- ☐ Gruppieren Sie Gefäße, in denen rankende Pflanzen an einem Stützspalier wachsen, in Innenhöfen, auf Balkonen oder sonstwo zu einer schnell transportierbaren Hecke. Dadurch erhält man einen Windschutz und schafft gleichzeitig einen sanften, blättrigen Hintergrund; außerdem kann man sich mit einer solchen Pflanzengruppe etwas Abgeschiedenheit verschaffen oder den Blick auf eine Garage, einen Komposthaufen, ein nahegelegenes Gebäude oder eine sonstige Beleidigung für das Auge verstellen.
- ☐ Für Gärtner in der Stadt ergeben sich manchmal Probleme durch hohe Gebäude. Die besonderen Luftzugbedingungen in der Stadt mit ihren hohen und niedrigen Gebäuden können einen kleinen Hinterhof in einen Windkanal verwandeln, für den Gärtner eine Situation, als wenn er in einer Schlucht lebt, in der sich der Wind fängt. Mit einem Windschutz läßt sich der Zug im Hof verlangsamen.
- ☐ An Stellen, an denen starke, böige Winde eine Gefahr darstellen, kann man die Pflanzen außerdem eng zusammensetzen, damit sie sich gegenseitig stützen. Das funktioniert beispielsweise ganz gut bei Mais, Paprika und Tomaten. Achten Sie aber darauf, daß die Luft ordnungsgemäß um die Pflanzen zirkulieren kann, damit sich keine Pilze bilden.
- ☐ Wenn Sie auf einem windigen Dach oder Balkon mit viel Nachmittagssonne gärtnern, werden Sie feststellen, daß Küchenkräuter wie Salbei, Thymian und Rosmarin windfest sind und sich anzubauen lohnen.
- ☐ Obstbäume sind ebenfalls sehr windfest. Der Wind übernimmt sogar die Funktion des Bestäubens der Blüten.
- ☐ Zu den bezauberndsten und billigsten Windbarrieren, die sich überall auf dem Land oder in der Stadt verwenden lassen, gehören Riesensonnenblumen. Sonnenblumen teilen ihren Reichtum an Samenkernen gleichermaßen mit Vögeln und Menschen, wodurch sie zu einem köstlichen, eßbaren Windschutz für alle werden.

SO FILTERT MAN DIE SONNE UND KÜHLT DIE LUFT, WENN ES ZU HEISS IST

Gemüse liebt zwar die Sonne und kann nicht ohne sie existieren, es kann aber auch zuviel des Guten bekommen. Ein wichtiger Punkt, an den man immer denken sollte, ist, daß eine Kombination aus Wärme und feuchter Luft etwas ganz anderes ist als eine Mischung aus Wärme und einer trockenen Brise. Wenn die Sonne vom Himmel herabbrennt und es trocken ist, schützt man sein Gemüse am besten vor Sonnenbrand, indem man über den Pflanzen eine Art Sonnenfilter an-

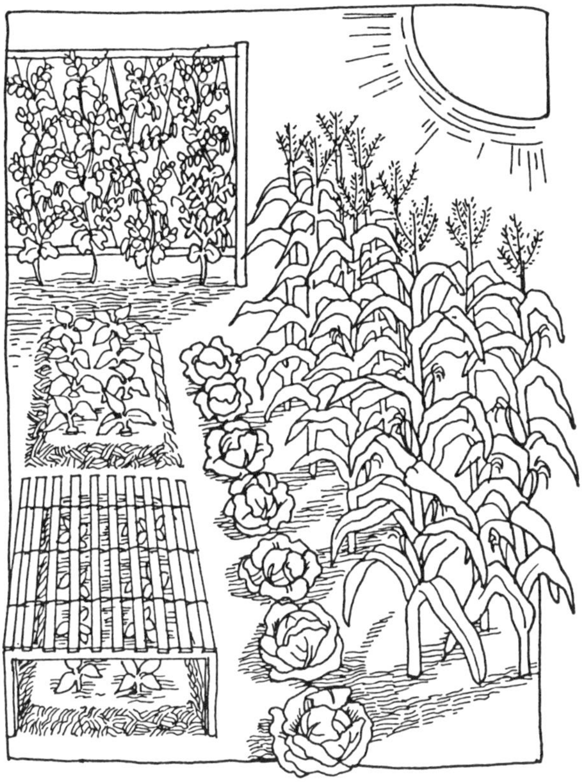

Drei Arten, die Sonne zu filtern, wenn es zu heiß ist (im Uhrzeigersinn von rechts): Sonnenliebender Mais kommt auf die Südseite des Gartens und gibt Pflanzen wie Kohl, die es gern kühler haben, etwas Schatten; ein Hochbeet mit Setzlingen wird mit Leisten bedeckt, in deren Schatten sich die Pflanzen an das Leben im Freien gewöhnen können; Klettererbsen kommen zum Schutz vor der heißen Nachmittagssonne auf die Westseite des Gartens.

bringt und die Luft durch Feuchtigkeit kühlt. Wenn Sie in der Nähe der Küste, an einem Strom, See oder Fluß wohnen, haben Sie sicher beobachtet, wie verdunstendes Wasser die Hitze verringert und für Kühlung sorgt. Wenn es in Ihrem Garten zu heiß wird und die Pflanzen häufig zu verwelken scheinen, können Sie mittels folgender Vorschläge durch Schatten oder Feuchtigkeit ein kühleres Klima schaffen:

- □ Schattenspendende Bäume, die nicht zu dicht und nicht zu nahe am Garten stehen, und Ranken auf einer speziellen Konstruktion, lassen die Luft zirkulieren und bieten gleichzeitig Schutz vor der Hitze. Man kann beispielsweise Stangenbohnen auf der Westseite des Gartens pflanzen, um ihn vor der heißen Nachmittagssonne abzuschirmen.
- □ Pflanzen Sie Salat oder andere Pflanzen, die in der Wärme schießen, im lichtdurchsetzten Schatten von Bäumen und Büschen.
- □ Nehmen Sie für die heißesten Stellen im Garten wärmeliebende Gemüsearten – eßbarer Eibisch, Auberginen, Melonen und Limabohnen brauchen alle viel Wärme, wenn sie richtig gedeihen sollen.
- □ An Stellen, an denen es keine Bäume gibt, lassen sich die Pflanzen mit Gitterkonstruktionen vor der heißen Sonne schützen.

- ☐ Pflanzen Sie an solchen baumlosen Stellen hochwachsende, wärmeliebende Pflanzen wie Mais. Sie können bei heißem Wetter den nötigen Schatten für Salat und Kohl bieten, die es gern etwas kühler haben.
- ☐ In heißem Klima setzt man Gemüse in Gefäße an einen Swimming Pool oder fließende Gewässer, wo sie durch die Wasserverdunstung etwas Kühlung erhalten.
- ☐ Pflanzen sie in heißen Klima auf der Nordseite Ihres Grundstücks, wo es schattiger ist. Die Nordseite eignet sich gut für Minze, Brokkoli oder Boysenbeeren.
- ☐ Da Wärme und Licht von nackten Wänden reflektiert werden, bedecken Sie eine solche Wand in der Nähe des Gartens mit rankenden Pflanzen wie Spaghettikürbis oder Gurken. An einem Spalier vor einer solchen Wand vergelten Gurken- und Kürbisranken es Ihnen mit ihrem kühlen grünen Laub, gefolgt von hellen gelben Blüten und schließlich den Früchten. Denken Sie daran, die größer werdenden Kürbisse mit Schlingen zu stützen, weil sie durch ihr Gewicht sonst von den Stielen abgerissen werden, bevor sie reif sind.
- ☐ An Stellen, die wie Dächer der heißen Sonne schutzlos ausgeliefert sind, ist das Gießen eine tägliche Pflicht, um die Luft und das Gemüse zu kühlen. Gießen Sie aber am frühen Morgen oder am Abend, um die Pflanzen wieder zu beleben. In der Tageshitze zu gießen, hat nicht die entsprechende Wirkung, weil die Sonne dann am stärksten ist und das Wasser zu schnell verdunstet.
- ☐ Durch häufiges Abspritzen eines Daches, einer Terrasse oder eines Innenhofes mit Betonboden wird die Luft kühler. Die gleiche Wirkung erreichen Sie, wenn Sie Wasser um Ihre Pflanzen herum versprühen.
- ☐ Mulchen Sie alles, was Sie können. Das ist der beste Weg, Wurzeln und Erde dort kühl zu halten, wo die Pflanzen es am meisten brauchen. Wenn Sie an einem heißen Tag Ihre Handgelenke unter kaltes Wasser halten oder die Füße in einem Bach mit kühlem Wasser baumeln lassen, verringern Sie Ihre Körpertemperatur genug, um sich weiter wohl zu fühlen. Genau das wollen auch die Wurzeln der Pflanzen.

Umweltverschmutzung: Wie groß ist das Problem wirlich?

Auf die Frage des Bürgermeisters von Denver hin, was er von der frischen, sauberen Luft dieser Stadt halte, verteidigte John V. Lindsay, der ehemalige Oberbürgermeister von New York, den Ruf seiner Stadt tapfer mit den Worten: »Ich würde sagen, sie ist gut, aber ich habe einfach kein Vertrauen in Luft, die ich nicht sehen kann«. So schlagfertig die Antwort auch sein mag, die Umweltverschmutzung ist nicht zum Lachen. Gärtner sind zu Recht besorgt, wenn sie sich die Frage stellen, ob Schadstoffe sie durch das Gemüse, das sie anbauen und essen, erreichen können. Die Wahrheit ist doch, daß alle möglichen Arten von Verschmutzung die negativen Nebenprodukte dessen darstellen, was als »Fortschritt« bezeichnet wird. Eine mobile Gesellschaft entrichtet ihren Zoll an Abgase, Ruß, Rauch, Staub und die sorglosen und gedankenlosen Schurken in der Industrie, die Giftmüll vergraben und die unsichtbaren, schleichenden Folgen der »Liebeskanäle« verursacht haben.

Und keiner von uns ist vor Umweltverschmutzung sicher. Der Bauer draußen auf dem Land leidet unter Schadstoffen, die aus Kunstdünger und Insektiziden in das Grundwasser einsickern. Gärtner in der Stadt wiederum haben mit Autoabgasen und anderen Partikeln sowie verschmutzter Erde zu kämpfen.

Als Hobbygärtner sowie als Bürger brauchen wir unsere Gärten nicht aufzugeben. Wir müssen aber ein Bewußtsein für unser gärtnerisches Umfeld entwikkeln, plus eine kämpferische Einstellung und eine Kenntnis der Vorsichtsmaßnahmen, die wir treffen können, wenn wir in einem zweifelhaften Umfeld gärtnern. Beachten Sie einfach die folgenden Hinweise, bevor Sie einen neuen Garten anlegen:

- ☐ Stellen Sie fest, was in Ihrem Boden ist. Schicken Sie eine Probe zur Untersuchung an die nächstgelegene Untersuchungsstelle.
- ☐ Legen Sie Ihren Garten nicht an einer vielbefahrenen Straße an, um Verschmutzung durch Autoabgase zu vermeiden. Die Menge der Schadstoffe nimmt mit der Entfernung von der Straße ab.
- ☐ Legen Sie einen Komposthaufen an, um die Bodenfruchtbarkeit zu verbessern. Gute, fruchtbare organische Erde, die konstant besser wird, verdünnt eventuell vorhandene Schadstoffe.
- ☐ Verwenden Sie keinen Klärschlamm aus städtischen Abwässern; er könnte Schwermetalle enthalten. Nehmen Sie weiterhin kein Gras von Rasen, der mit Unkrautvernichtungsmitteln behandelt worden ist.
- ☐ Waschen Sie sämtliches Gemüse, und zwar besonders Blattgemüse, sorgfältig, auch wenn Sie keine Pestizide in Ihrem Garten verwenden.
- ☐ Kohl, Salat, Brokkoli und Blumenkohl sind durch ihre äußeren Blätter geschützt, die weggeworfen werden. Maiskörner sind durch Hülsen, Erbsen und einige Bohnenarten durch Schoten geschützt. Alle eignen sich gut für Gemüsegärten, wenn die Luft Schadstoffe enthalten kann.
- ☐ Fruchttragende Gemüsesorten wie Tomaten und Auberginen entgehen in der Regel der Bodenverschmutzung, weil sie durch Blätter geschützt sind. Das gilt auch für die schnellwachsenden eßbaren Schotenerbsen. Alle Wurzelarten sollten gewaschen und geschält werden.
- ☐ Streuen Sie im Winter kein Steinsalz an vereisten Wegen und Fahrbahnen. Das gelöste Salz sickert in den Boden und kann Anbauflächen verschmutzen. Nehmen Sie stattdessen ein Ersatzmittel wie Sand, Asche oder Katzenstreu und stellen Sie ein paar Eimer voll bereit, um Wege, Stufen und Fahrbahnen auf ungefährliche Weise zu enteisen. Streu und Sand verbessern die Textur des Bodens, indem sie zu einer besseren Drainage und Durchlüftung beitragen.

- ☐ Nehmen Sie niemals Erde oder Laub aus der Nähe vielbefahrener Straßen mit nach Hause, um es im Garten, in Pflanzengefäßen oder im Komposthaufen zu verwenden.
- ☐ Der Wasserschlauch ist Ihr Freund. Wenn die Natur nicht tut, was sie soll, wird schädlicher Schmutz durch häufiges Abspritzen beseitigt.
- ☐ Geben Sie Ihren Sorgen klar und deutlich Ausdruck. Unterstützen Sie aktiv all diejenigen, die sich für die Rettung unserer Umwelt engagieren. Tragen Sie dazu bei, die Umweltverschmutzung aufzuhalten, bevor sie unserem Gärtnern ein Ende setzt.

Platzwahl für den Garten

Bei der Entscheidung, wo ein Garten angelegt werden soll, steht an erster Stelle die Überlegung, daß der beste Platz derjenige ist, der am Tag sechs bis acht Stunden Sonne hat. Die meisten Gemüsearten brauchen mindestens den halben Tag Sonne, um zu gedeihen. Ohne Sonne wachsen sie langsam und werden klein und schwächlich. Sie sehen dürr und spärlich aus und schließlich werden die Blätter gelb und fallen ab. Wenn es bei Ihnen neblig oder wolkig ist, oder wenn dauernd Smog herrscht, brauchen Ihre Pflanzen eher acht bis zehn Stunden direktes Sonnenlicht am Tag. Aber verzweifeln Sie nicht, wenn die Sonne bei Ihnen nicht so lange scheint. Es gibt eine Menge Gemüsearten wie etwa Salat und Kohl, Kräuter wie Petersilie und Schnittlauch, die mit vier Stunden Sonnenlicht am Tag zurechtkommen. Wenn Ihr Garten teilweise im Schatten liegt, ist eine sorgfältige Plazierung der Pflanzen die wesentliche Voraussetzung für den Erfolg. Hier sind ein paar grundlegende Faustregeln:

- ☼ Sonne: Direkte Sonne von morgens bis abends oder zumindest acht Stunden täglich, am ehesten aus Süden oder Südwesten. Pflanzen Sie in diesem Teil des Gartens blühende und fruchttragende Gemüsearten wie Tomaten, Paprika und Auberginen.
- ◐ Sonne/Schatten: Vier bis sechs Stunden direkte Sonne oder teilweise Sonne mit einer Schutzabdeckung, beispielsweise durch das Laub von Bäumen oder eine Gitterkonstruktion bei sehr heißem Wetter. In der Regel östliche Lage mit Morgensonne oder westliche Lage mit Nachmittagssonne. Wurzel- und Blattgemüse wie Rettich, Beete, Spinat und Salat gedeihen hier recht gut.
- ● Schatten: Kein oder möglicherweise nur etwas direktes Sonnenlicht in den frühen Morgenstunden. Es handelt sich hier um eine Nordseite, wobei es von der geographischen Lage abhängt, was man hier anbauen kann. In Kalifornien lernte ich eine Frau kennen, die an der schattigen Nordseite ihres Hauses Boysenbeeren zog. In New York habe ich in einer schattigen Ecke ein Fleckchen, auf dem Minze gedeiht. Sie können versuchen, reflektiertes Licht einzufangen, wie es weiter vorn in diesem Kapitel beschrieben wurde. Wenn das alles nicht hilft, können Sie hier immer noch Ihren Komposthaufen anlegen!

Die Himmelrichtung, in der Ihr Garten liegt, bestimmt nicht immer die Lichtmenge, die er erhält. Eine Südlage in der Stadt bedeutet nichts, wenn andere Gebäude im Süden die Sonne verdecken. Und eine Nordlage heißt nicht, daß Sie nicht gärtnern können, vorausgesetzt, Sie haben viel Licht von oben oder helles reflektiertes Licht. Denken Sie außerdem daran, daß die Sommersonne höher steht und die Tage länger sind; das bedeutet, daß insgesamt mehr Licht als zu anderen Jahreszeiten zur Verfügung steht. Das insgesamt verfügbare Sonnenlicht wird anhand der Zeitdauer gemessen. Ein längerer oder kürzerer Tag kann das Wuchsverhalten einiger Pflanzen stärker beeinflußen als die Temperatur.

Weitere Überlegungen

Achten Sie bei der Wahl der zu bepflanzenden Stellen darauf, daß ein in der Nähe stehender Baum nicht zu einem unsichtbaren Feind wird. Die Baumwurzeln können sich unterirdisch bis in den Garten erstrecken und den Pflanzen Feuchtigkeit und Nahrung streitig machen. Wenn Sie dieses Problem vorher sehen, müssen Sie es mit zusätzlicher Nahrung und Wasser wettmachen, damit Ihr Gemüse und der Baum zufrieden sind, und auf flachwurzelnde, schattenfeste Gemüsearten wie Salat zurückgreifen, wenn Sie in Gefäßen oder an einzelnen Stellen unter einem Baum pflanzen wollen. Die Lage des Grundstücks ist eine weitere Sache, die einiger Überlegung bedarf. Hänge beeinflußen die Oberflächenentwässerung. Ebene oder tiefer liegende Stellen versumpfen bei schwerem Regen und können auch gefrieren. Wenn Sie irgendwelche Zweifel haben, können Sie an verdächtigen Stellen einen einfachen Drainagetest durchführen. Graben Sie ein paar 45 cm tiefe Löcher. Füllen Sie sie mit Wasser und lassen Sie sie abtrocknen. Füllen Sie sie ein weiteres Mal. Wenn die Löcher nicht nach 12 Stunden völlig ausgetrocknet sind, muß der Boden vor dem Pflanzen noch etwas bearbeitet werden. Arbeiten Sie viel organisches Material ein, um die Drainage zu verbessern. Sie können dafür auch Maurersand nehmen (aber keinen Strandsand, der ist zu salzhaltig). Wenn Sie Himmelsgärtner sind, müssen Sie noch ein paar weitere Überlegungen anstellen.

- ☐ Denken Sie daran, daß ein Kubikmeter Erde ungefähr vierhundert Kilogramm wiegt, und daß die meisten Balkone für eine Höchstbelastung von etwa zweihundertsiebzig Kilogramm pro Quadratmeter ausgelegt sind.
- ☐ Stellen Sie, um eine übermäßige Belastung zu vermeiden, große Gefäße an tragende Wände, weil die meisten Dächer nicht dafür ausgelegt sind, die schweren Lasten zu tragen, die ein wohldurchdachter Garten verursachen kann. Wenn Sie ehrgeizige Pläne haben, konsultieren Sie am besten einen Statiker oder Architekten, der Ihnen sagen kann, wie Sie die Lasten verteilen müssen, damit die zulässige Belastung nicht überschritten wird.
- ☐ Verwenden Sie in Ihren Pflanzgefäßen eine leichte Mischung, und zwar sowohl, um die Erde besser an Ort und Stelle transportieren zu können, als auch, um zu verhindern, daß sich der Balkon vom Haus löst oder daß tragende Teile unnötig belatet werden (ganz zu schweigen von der Mobilität).

- Die einfachste Möglichkeit, die Erde leichter zu machen und die Textur einer Mischung für Gefäßpflanzen zu verbessern, besteht in der Zugabe von Terlit – einem vulkanischen Eruptivgestein – oder Vermiculit – aufgeblähter Glimmererde – und Torfmoos zum Mutterboden (auf Seite 185 finden Sie ein paar Tips, wie man Bodenmischungen leichter macht).
- Eine weitere sicherheitstechnische Überlegung richtet sich auf die Dachbrüstungen. Laut Gesetz müssen Dachterassen von 120 cm hohen Brüstungen umgeben sein. Wenn das bei Ihnen nicht der Fall sein sollte, sorgen Sie besser dafür, bevor ein Unfall passiert. Windböen und Blumentöpfe sind ohne Brüstungen eine tödliche Kombination.

Bei der Planung eines Dachgartens vergessen die meisten Leute ein paar ganz einfache Dinge. Das Offensichtliche wird irgendwie immer übersehen.

- Wie kommen Sie auf das Dach? Denken Sie daran, daß alles, was Sie für Ihren Garten brauchen, auf dem gleichen Weg heraufkommt wie Sie.

In der Stadt tritt manchmal ein weiteres Problem auf – Diebstahl und Vandalismus. Je nach Art und Lage Ihres Gartens müssen Sie sich möglicherweise mit diesem Ärgernis beschäftigen. Frei zugängliche Gärten können eine Versuchung für Vorübergehende darstellen. Aber wenn man sich darauf einstellt, hat man schon halb gewonnen. Hier sind ein paar Vorsichtsmaßnahmen:

- Tarnen Sie alles, was Sie anbauen, hinter einer dichten Sichtblende, die den Blick auf den Garten versperrt – wie etwa einer Reihe hoher Blumen oder Büsche mit Dornen.
- Interessierte Nachbarn, und zwar besonders Kinder, die sich viel im Freien aufhalten, sind stolz auf Ihre Mühen, wenn sie irgendwie beteiligt sind. Beschenken Sie Ihre jungen »Wachhunde« gelegentlich mit einem Kürbis oder ein paar Tomaten.
- Kaufen Sie, wenn das Stehlen zu einem echten Problem wird, ein Schild mit dem Bild eines böse knurrenden Schäferhundes, auf dem steht: Vorsicht! Bissiger Hund!

Gelegentlich werden Gemüsepflanzen von Rowdies ausgerissen oder zerstört. Aber eine psychologische Sperre wie ein Warnzeichen ist manchmal wirkungsvoller als ein Zaun mit Eisenspitzen oder ein Stacheldrahtzaun.

Das Wie und Warum des Wachstums- und Lebenskreislaufs bleibt ein Geheimnis des Universums. Einen Garten zu haben, ist eine Möglichkeit, das Wunder des fortlaufenden Prozesses von Geburt, Wachstum, Tod und Wiedergeburt zu erfahren, und diese Erfahrung sollte man sich keinesfalls entgehen lassen.

Wie überall im Leben trifft man bei einem Garten auf Hindernisse und unerwartete Probleme. Aber mit den Problemen kommen auch die Freuden und Herausforderungen, die entsprechenden Lösungen zu finden. Einen Garten zu besitzen, ist eine Freude, die wir alle kennenlernen sollten, und zwar ohne Rücksicht auf die Hindernisse, die vorher zu bewältigen sind. Der Lohn ist die Mühe wert.

KAPITEL 2

Neue Anbauflächen Möglichkeiten für Erdgärtner

Niemand sagt, daß Sie hinter Ihrem Haus keinen großen, konventionellen Garten anlegen sollten, wenn Sie das bevorzugen und die Zeit und den Platz sowie die Neigung dafür haben. Aber diese traditionelle Art des Gärtnerns bedeutet, daß Sie während der gesamten Saison hart arbeiten müssen – was in Ordnung geht, solange Sie die Zeit dafür und vom Winter her genügend Energie und Ehrgeiz haben. Aber wenn dann die Julihitze, das Unkraut und die Sommerferien ihren Tribut zu fordern beginnen, bedeutet ein so großer Garten einfach zu viel Arbeit, und viele Leute werden dann zu Arbeitsverweigerern.

Die neueren Kleingartentechniken mit ihren minimalen Anbauflächen machen es möglich, all die harte Arbeit zu Beginn zu erledigen. Ein bequemer, begehbarer Garten, der so angelegt ist, daß Sie die Routinearbeiten immer dann erledigen können, wenn Sie gerade mal etwas Zeit haben, versetzt Sie in die Lage, trotz aller beruflichen Anspannung zu gärtnern. Die Methoden, die ich auf den folgenden Seiten vorstelle, lassen sich entweder einzeln oder kombiniert anwenden – Sie können wählen, wie Sie den Ihnen zur Verfügung stehenden Raum am besten und produktivsten nutzen wollen. In diesem und im folgenden Kapitel wollen wir uns mit den fünf grundlegenden Alternativen oder Zusätzen zu dem Garten mit langen Reihen befassen.

Hochbeete: Die im allgemeinen mit dem »Intensivanbau«, d. h. der Produktion großer Erträge auf kleinen Flächen, assoziierten Hochbeete sind auch ein Segen in Gärten mit schlechter Drainage. Sie werden manchmal in Verbindung mit Behältern ohne Boden verwendet.

Behälter ohne Boden: Als Modifizierung des Intensivanbaus werden diese Konstruktionen manchmal dazu verwendet, auf einer harten Oberfläche (wie einem Dach oder einem gepflasterten Innenhof) einen Garten anzulegen; weiterhin werden damit Hochbeete im Garten eingefaßt. Behälter ohne Boden können alle möglichen Formen haben.

Freiformbeete und Punktbepflanzung: Es gibt viele Alternativen zu einem manikürten Rasen oder Garten mit langen Reihen. Wenn Ihr Boden mit organischem Material angereichert ist, können Sie in einer Vielzahl von Formen wie etwa Kurven, freien Formen, breiten Reihen, kleinen Fleckchen oder größeren kreisförmigen Flächen intensiv gärtnern. Wenn Sie diese kleinen Gärten in irgendeiner Hofecke oder in der Nähe der Küchentür anlegen, bedeutet das viel weniger Arbeit als traditionellere Gärten.

Nahrung zwischen Blumen: Wenn Sie Gemüse und Kräuter zwischen die Zierpflanzen setzen, schaffen Sie sich eine »Eßlandschaft«.

Beliebige Behälter: Sie lassen sich überall einzeln oder in Verbindung mit allen hier genannten Möglichkeiten verwenden. Über das Gärtnern in Behältern sprechen wir im nächsten Kapitel.

Hochbeete und Behälter ohne Boden

Die Idee der Beete stammt ursprünglich von Bauernhöfen, deren Land schlecht entwässert wurde. Die Landwirte lernten, zur Verbesserung der Entwässerung Furchen zwischen die Pflanzreihen zu pflügen, wodurch die Pflanzen auf erhöhtem Grund wuchsen. Wenn erhöhte Anbauflächen nicht eine der ältesten Ideen in der Geschichte des Gärtnerns gewesen wären, wenn sie nicht mit einigen Abwandlungen bereits im alten China, in den Tagen des römischen Reiches, im alten Babylon und im Verlauf der Jahrhunderte in verschiedenen europäischen Ländern verwendet worden wären, hätten die Gärtner von heute wahrscheinlich aus purer Notwendigkeit Hochbeete erfunden. Das Hochbeet bildet eine perfekte Deckung des heutigen Bedarfs an kleinen, hochproduktiven Gärten. Heutzutage sind Hochbeete praktisch ein Synonym für eine bis ins einzelne festgelegte organische Anbaumethode, die unter der reichlich schwerfälligen Bezeichnung »die biodynamische/französische Intensivmethode« bekannt ist. Manchmal wird sie einfach als »die Methode« bezeichnet und manche Gärtner kennen sie als die

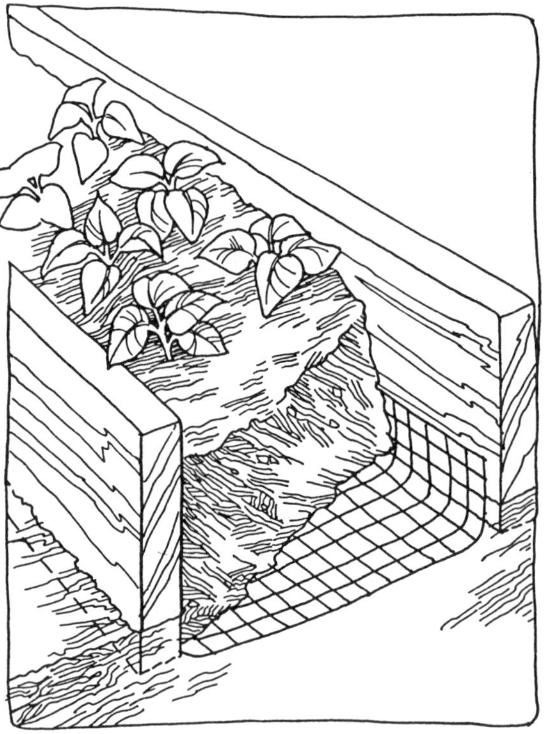

Um Maulwürfe von Karotten und Beten fernzuhalten, wird die zu bepflanzende Stelle 45 bis 60 cm tief ausgehoben; in die Grube kommt Maschendraht und darauf dann die Erde.

»chinesische Methode«, eine Variation des gleichen Grundthemas. Hinter dem Intensivanbau mit Hochbeeten steht der Wunsch, auf der Fläche, die normalerweise für einen traditionellen Reihengarten verwendet würde, einen drei- bis viermal größeren Ertrag zu erzielen. Die erhöhten Erträge werden erzielt, indem man die Pflanzen in tief aufgelockerter, organisch angereicherter Erde sehr eng zusammensetzt. Das erstmalige Anlegen von Hochbeeten macht viel Arbeit, aber sobald sie einmal gebaut sind, bedeuten die Beete viel weniger Pflegearbeit im Garten. Zwischen den Beeten werden feste Wege angelegt, und weil man nie auf die Beete tritt und dadurch die Erde verdichtet, braucht man nicht mehr jedes Jahr zu graben und den Boden tief aufzulockern.

»Die Methode« beruht auf grundlegenden organischen Prinzipien, die Anfang der vierziger Jahre von J. I. Rodale in den Vereinigten Staaten bekanntgemacht und im Jahr 1966 durch den verstorbenen Alan Chadwick, einen britischen Gartenbaufachmann an der Universität von Kalifornien in Santa Cruz, zu einem Anbausystem entwickelt wurden. Dieses System besteht aus folgenden Grundelementen:

- ☐ Tiefes oder »doppeltes« Umgraben. Das ist die härteste Arbeit beim intensiven Gärtnern. Der Boden wird bis in eine Tiefe von etwa 60 cm aufgelockert und mit großen Mengen Kompost oder Dünger verbessert (Einzelheiten finden sich in Kapitel 9).
- ☐ Anlegen von Hochbeeten. Diese erhöhten Stellen treten von allein auf, wenn die Erde aufgelockert wird und große Mengen von organischem Material zugegen werden. Die Beete sind so schmal, daß der Gärtner von beiden Seiten an die Pflanzen herankommt, ohne auf die lockere, krümelige Erde treten zu müssen. Weil die Erde so locker ist, können die Wurzeln der Pflanzen tief unten nach Nährstoffen und Feuchtigkeit suchen.
- ☐ Die Pflanzen werden nicht mehr konventionell in Reihen mit weiten Abständen gesetzt, sondern eng nebeneinander plaziert. So bringt man mehr Pflanzen auf einer gegebenen Fläche unter, das Unkraut hat wenig Platz zum Wachsen, und die überstehenden Blätter der eng zusammenstehenden Pflanzen beschatten und kühlen die nackte Erde, so daß man weniger gießen muß.
- ☐ Bepflanzen mit einer zweiten Feldfrucht. Es gibt mehrere Möglichkeiten, unterschiedliche Pflanzen in ein Beet zu setzen, um kleine Flächen auszunutzen. Um erfolgreich verschiedene Pflanzen auf demselben Beet zu ziehen, muß man das Wuchsverhalten sowie den Nährstoff- und Kulturbedarf der Pflanzen kennen. Sie können beispielsweise Pflanzen mit unterschiedlichen Reifezeiten, tief- und flachwurzelnde Pflanzen, wärmeliebende und niedriger wachsende, schattenfeste Pflanzen sowie verschiedene Arten von Pflanzen mit ähnlichem Nährstoffbedarf gleichzeitig auf demselben Beet anpflanzen.
- ☐ Fortlaufendes Bepflanzen. Durch dieses wiederholte Aussäen von Gemüse kann man kontinuierlicher ernten. Die Idee dabei ist, eine neue Fruchtart auszusetzen, sobald die vorhergehende abgeerntet ist, damit der Boden in der Vegetationszeit zu keinem Zeitpunkt brachliegt.

Strikt intensiv arbeitende Gärtner legen ihre Hochbeete so an, daß die Seiten der Luft ausgesetzt sind und wallförmig leicht abfallen. Andere Gärtner ziehen es wiederum vor, die Beete irgendwie einzugrenzen, um hübschere und abwechslungsreichere Formen zu bekommen. Diese Einfassungen sind Behälter ohne Boden.

Behälter ohne Boden kommen in Form von Rahmen für Hochbeete oder als Pflanzgefäße auf einer harten Oberfläche in Frage. Man kann sie in jeder beliebigen Form und Größe bauen und überall dort hinsetzen, wo genügend Sonne für den Anbau von Gemüse ist. Man kann sie auch dort verwenden, wo ein Mikroklima modifiziert wird, um eine früher unbenutzte Stelle sinnvoll zum Gärtnern zu nutzen.

Gemüsepflanzen sind wunderbar anpassungsfähig und wachsen zufrieden auf jeder beliebigen geometrisch geformten Fläche: lange Rechtecke, Quadrate, Dreiecke oder Kreise. Einzeln oder kombiniert können diese Formen den Garten erweitern oder ihn veredeln. Sie können einen hübschen, ordentlichen Garten ergeben, der zu schön ist, um versteckt zu werden, einen Garten, der stolz direkt vor dem Haus liegt. In Kapitel 4 zeige ich Ihnen eine einfache Möglichkeit, Formen zu entwerfen und zu kombinieren.

VORTEILE VON HOCHBEETEN UND BEHÄLTERN OHNE BODEN

Hochbeete und Behälter ohne Boden haben viele Vorteile. Denken Sie nur einmal an die folgenden:

- ☐ Es wird ein gutes Gartenverhalten gefördert, weil der Gärtner das Gefühl hat, einen eng begrenzten Bereich im Griff zu haben.

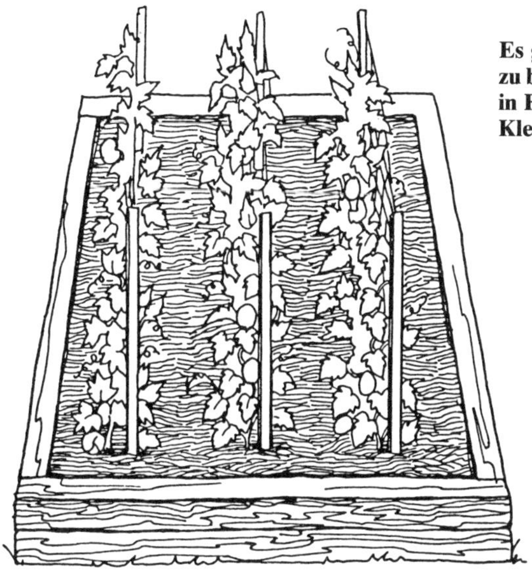

Es gibt viele Möglichkeiten, Hochbeete zu bepflanzen, nämlich in Reihen (links), in Feldern (Mitte) oder mit Spalieren für Kletterpflanzen (rechts).

- □ Die Erde in den einzelnen Behältern oder Beeten kann so gemischt werden, daß sie den ganz speziellen Nahrungsbedarf bestimmter Gemüsesorten deckt.
- □ Im Frühjahr bieten Hochbeete, eingefaßt oder nicht, noch einen Extravorteil. Die Erde erwärmt sich früher und wird früher trocken, was bedeutet, daß man in Hochbeeten früher als in normalen Gärten pflanzen kann. Denken Sie nur daran, sie in den Trockenperioden im Sommer gut gemulcht zu halten.
- □ Der Schutz vor Wildtieren ist einfacher. Statt einen großen, teuren Zaun um einen riesigen Garten zu bauen, kann man kleinere Bereiche einzeln eingrenzen. Wenn Wühlmäuse oder Maulwürfe beispielsweise ein Problem darstellen, kann man unter dem Beet und an den Seiten Maschendraht auslegen, durch den die Tiere nicht schlupfen können (siehe Zeichnung auf Seite 42). Es dürfte wohl fast unmöglich sein, auf der gesamten Fläche des Gartens von 6×9 m Maschendraht in den Boden einzubringen!
- □ Beete lassen sich genau abmessen, so daß Dünger- und Gießwassermengen leichter zu bestimmen sind. Man verschwendet nicht soviel.
- □ Wenn man die Beete genau abmißt und einzeln numeriert, ist es einfacher, über die Experimente Buch zu führen. Außerdem ist der wechselweise Anbau bei einem System mit numerierten Beeten einfacher.
- □ Die Wege zwischen den Beeten können mit Holzspänen oder Kieselsteinen befestigt werden, damit die Füße bei der Gartenarbeit trocken und sauber bleiben.
- □ Weil die Erde nicht durch dauerndes Darüberlaufen verdichtet wird, braucht man keine Ackerfräse oder sonstiges schweres Gerät. Man kann die gesamte Gartenarbeit mit kurz- oder langstieligem Gartengerät von den Seiten der Beete erledigen.

- ☐ Es ist einfach, in den einzelnen abgegrenzten Bereichen ein spezielles Mikroklima zu schaffen – mit zerlegbaren, provisorischen Konstruktionen kann man intensive Sonne filtern, zusätzliches Licht reflektieren oder das Gemüse vor dem Wind schützen.
- ☐ Transportable Plastikkonstruktionen lassen sich als Kleintreibhäuser einsetzen, um die Keimung bei kühlem Wetter zu beschleunigen. Ein Stück Plastikfolie ist schnell an den Seiten eines Behälters ohne Boden befestigt.
- ☐ Behäter ohne Boden machen es einfacher, natürliche Hindernisse zu überwinden. Man kann mit den Behältern einen Terrassengarten an einem Hügelabhang anlegen oder sie in einem Hof, in dem der Boden verdichtet ist oder verbessert werden muß, mit Mutterboden und Kompost füllen. Sie bieten außerdem eine gute Möglichkeit, wenn die Erde sehr sandig ist.
- ☐ Mit einer Rahmenkonstruktion, die die Erde hält, kann man an »unfruchtbaren« Stellen wie auf befestigten Flächen oder auf dem Dach einen Garten anlegen.
- ☐ Aufgrund ihrers guten Aussehens machen feste geometrische Formen die Landschaft in einem Vorgarten, an der Seite eines Hauses oder sonstwo interessanter.
- ☐ Gewollte Unterschiede in der Höhe der Beete sind ein wichtiges Designelement.
- ☐ Mit Behältern ohne Boden wird die Gesamtplanung flexibler. Es ist einfach, die ursprüngliche Anlage durch zusätzliche Beete zu vergrößern.
- ☐ Die Seitenwände der Behälter sorgen dafür, daß das Gemüse nicht durch Haustiere, Kinder, Karren und Schläuche zerdrückt oder zertrampelt wird.
- ☐ Wenn die Seiten von Hochbeeten durch Rahmen verstärkt werden, braucht man die Hochbeete nicht jedes Jahr neu zu formen. Bei heftigem Regen werden sie nicht abgetragen.
- ☐ Die Behälter lassen sich aus jedem beliebigen festen Material herstellen und können mit einer breiten Oberkante sogar eine doppelte Funktion als Sitzbank erfüllen – man kann sitzen, während man pflanzt, kultiviert oder Unkraut jätet. Man braucht nicht mehr zu knien – falls man dies nicht vorzieht –, und außerdem ist es eine große Hilfe für Leute mit Rückenproblemen.
- ☐ Man kann Hochbeete in Rollstuhlhöhe anlegen oder die Behälter zu hüfthohen Pflanzengefäßen stapeln.
- ☐ Am besten aber ist, daß sich Behälter ohne Boden aufgrund der Flexibilität bei Größe und Form an jede Art von Garten anpassen lassen – Dach, Balkon, Vorgarten oder Eingang, Hinterhof oder Innenhof.

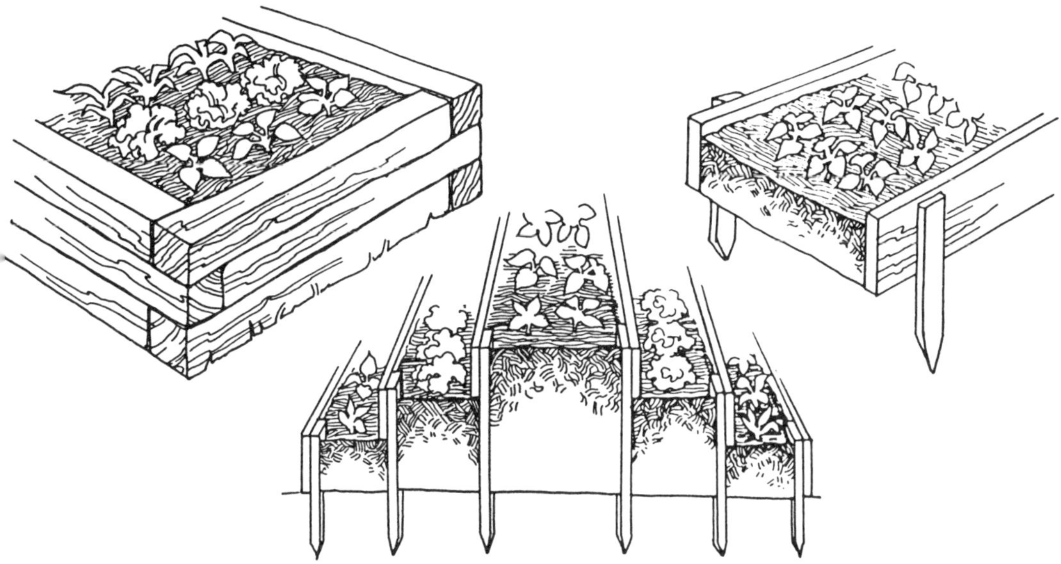

Hier sind drei Möglichkeiten, Hochbeete einzufassen (von links nach rechts): Verschränkt aufeinandergelegte Kanthölzer, Beet mit mehreren Ebenen und Befestigung der Bretter mit einfachen Holzpflöckchen, die in den Boden getrieben werden.

SO WERDEN BEHÄLTER OHNE BODEN GEBAUT

Hier sind ein paar Tips zur Planung und zum Bau Ihrer Behälter:

- □ Planen Sie zuerst die Anlage Ihres ganzen Gartens, wenn Sie beabsichtigen, mehr als einen oder zwei Behälter zu verwenden. Aber ganz gleich, wieviele Behälter Sie haben wollen, beginnen Sie nur einen oder zwei zur gleichen Zeit, damit Sie nicht vor einer größeren Unternehmung die Waffen strecken müssen.
- □ Die Rahmen der Behälter können beliebig lang sein, und die Höhe kann irgendwo zwischen 10 und 90 cm liegen. Wenn der Behälter auf einer festen Oberfläche steht, muß er höher sein. Wenn er auf der Erde steht, die bis in die Tiefe von 60 cm aufgelockert ist, kann er niedriger sein und bietet trotzdem genügend Platz für die Wurzeln.
- □ Ob Ihre Behälter quadratisch, rechteckig, dreieckig oder kreisförmig sind, sie sollten auf jeden Fall so klein sein, daß Sie von allen Seiten bis in die Mitte fassen können. Der durchschnittliche Mensch hat eine Reichweite von 75 cm, so daß kein Behälter breiter als 1,5 m sein sollte.
- □ Markieren Sie die Form Ihres künftigen Behälters auf dem Boden, bevor Sie ihn bauen. Zeichnen Sie die Form mit weißem Kalk in einem Trichter auf den Boden. Auf diese Weise stellen Sie sicher, daß der Behälter an den vorgesehenen Platz paßt, und außerdem können Sie feststellen, ob die gewählte Form sich in die Umgebung einfügt.
- □ Die Wege zwischen den Beeten sollten breit genug sein, daß Sie bei der Gartenarbeit bequem vor den Behältern knien können. Sie sollten weiterhin so breit sein, daß Sie eventuell eine Schubkarre benutzen können.

BAUMATERIAL

Hier können Sie Ihre Individualität beweisen, indem Sie ein Baumaterial wählen, daß Ihren Hochbeeten einen sehr persönlichen Stil verleiht. Haben Sie keine Angst, sich Ihre eigene einzigartige Kombination aus Material und Konstruktion zu schaffen. Sie können einen rustikalen Anblick, ein maßgeschneidertes formales Arrangement oder den bezaubernd formlosen Anblick wiederverwendeter Materialien wählen.

Schreiben Sie Altmaterial nicht einfach als »Abfall« ab. Es kann sehr attraktiv aussehen und spart viel Geld. Es gibt jede Menge kreative Arten, mit Dingen wie aufgerissenem Betonbelag, alten Bahnschwellen (achten Sie darauf, daß sie alt sind, damit keine für Pflanzen giftige Imprägnierung mehr austritt), alten Telefonmasten, alten Scheunenbalken (etwa 20×20 cm), großen Felsbrocken, alten Ziegeln und druckbehandeltem Holz, Behälter und Stützwände für Gartenbeete zu bauen.

Als neues Material kommen Betonblöcke, neue Ziegel, neue Bahnschwellen, druckimprägniertes Holz*) oder mit Kupfernaphthenat behandelte Kieferbretter in Frage. Wenn Sie sich bei Ihren Behältern für Holz entscheiden, sollten Sie an einige Dinge denken. Holz ist leichter zu verarbeiten als Ziegel, aber Ziegel sind dauerhafter als Holz, weil sie mit Mörtel verbunden und verankert werden. Der Bau einer Stützwand aus Ziegeln ist teurer und aufwendiger.

*) Bei druckimprägniertem Holz wird manchmal Pentachlorphenyl verwandt – wenn Sie druckimprägniertes Holz verwenden, sollten Sie eine Plastikfolie zwischen Holz und Erde legen, weil der Stoff für Pflanzen giftig ist. Machen Sie das gleiche bei neuen Eisenbahnschwellen, die mit Creosot behandelt worden sind, einer weiteren giftigen Substanz für Pflanzen. Kupfer- und Zinknaphthenat ist ein Holzschutzmittel, das für Pflanzen ungefährlich ist.

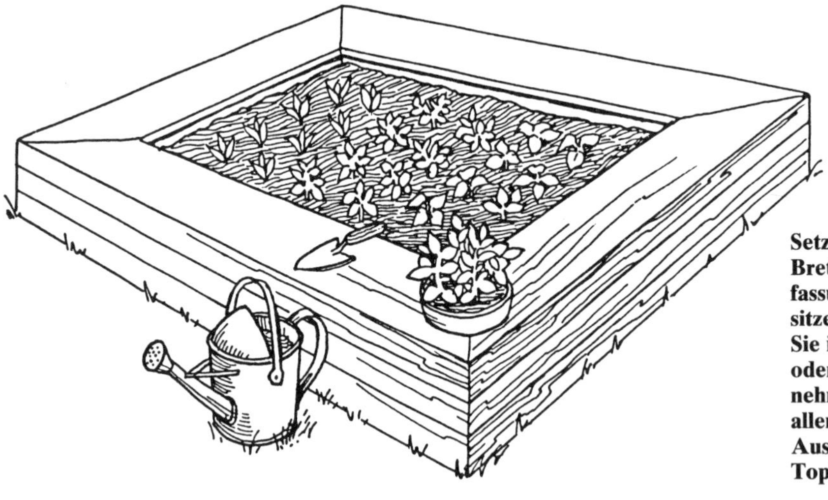

Setzen Sie ein breites Brett auf die Beeteinfassung, auf dem Sie sitzen können, wenn Sie im Garten arbeiten oder ein Sonnenbad nehmen. Lassen Sie in allen vier Ecken eine Aussparung für eine Topfpflanze.

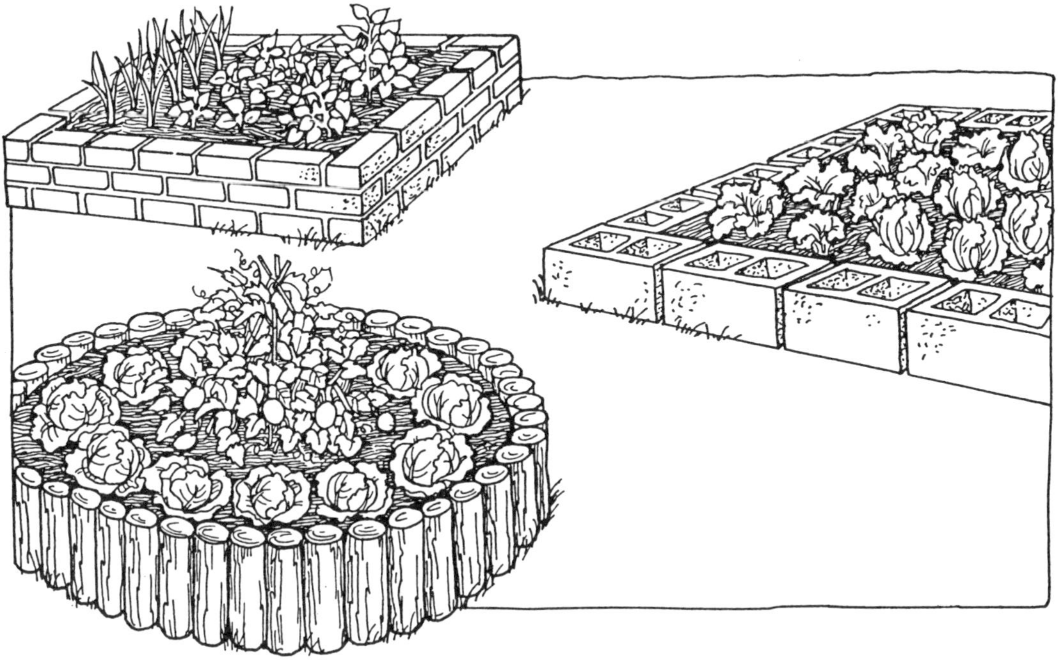

Nur ein paar Möglichkeiten zur Einfassung von Hochbeeten mit verschiedenen Baumaterialien: Kleine runde Pfostenstücke, Ziegelsteine, Hohlblöcke. Weitere Anbaufläche erhalten Sie, indem Sie die Löcher in den Hohlblöcken mit Erde füllen und Kräuter hineinpflanzen.

BAU DER BEHÄLTER

Behälter ohne Boden zu bauen ist nicht besonders schwer. Man baut dabei eigentlich einfach eine niedrige Wand um die vier Seiten eines Hochbeets. In bestimmten Fällen, wenn das Beet an einer Hauswand, an einem Zaun oder an einer Garage liegt, braucht man nur drei Seiten. Beachten Sie beim Bau eines Behälters einfach nur die folgenden Hinweise:

- ☐ Feuchte Erde an einer unbehandelten Oberfläche führt schließlich dazu, daß die Oberfläche verrottet oder Schimmel ansetzt.
- ☐ Lassen Sie etwa 7,5 cm Platz zwischen dem Beet und der Wand oder dem Zaun, und stecken Sie zum Schutz zwischen Wand und Beet ein paar Stücke druckbehandeltes Sperrholz oder schwere Polyethylenfolie. Achten Sie darauf, daß die Folie ein paar Zentimeter im Boden steckt.
- ☐ Wenn der Behälter an einer Hauswand angebracht werden soll, erweist es sich außerdem als nützlich, die Wand ein paarmal mit einer Bitumenmasse zu streichen.
- ☐ Die Behälterseiten müssen stark genug sein, um das Gewicht der dagegendrückenden Erde auszuhalten.

- ☐ Denken Sie daran, daß Holz im Falle eines Umzugs leichter zu demontieren ist als Mauerwerk.
- ☐ Holz verrottet mit der Zeit (aber was ist schon beständig?). Nehmen Sie Holz, das von Natur aus verrottungsfest ist (wie etwa Zeder oder Lärche) oder imprägnieren Sie es mit Cuprinol anstelle von Creosot, das für pflanzliches Leben gefährlich ist. Sie können auch druckimprägniertes Holz verwenden.
- ☐ Das Holz sollte (bei waagerechter Lage) mindestens 5 cm dick sein, damit es sich nicht durchbiegt.
- ☐ Wenn der Rahmen nur eine Brettbreite hoch ist (10 cm), kann er direkt auf den Boden gesetzt werden. Wenn der Behälter mehr als eine Brettseite hoch ist, muß er verstärkt werden.
- ☐ Tiefere Rahmen sollen Eck- und Seitenpfähle erhalten (siehe Zeichnung Seite 47).
- ☐ Stützpfähle können Sie nach Belieben auf der Innenseite oder der Außenseite der Bretterwände anbringen. Sie sind aber stärker, wenn sie außen angebracht werden. Nehmen Sie 5×10 cm starke Pfähle mit verzinkten Stahlnägeln, die nicht wegrosten. Versenken Sie die Pfähle 30 cm tief im Boden.
- ☐ Setzen Sie die Stützpfähle bei einer 45 cm hohen Wand im Abstand von etwa 1,2 m. Bei einer höheren Wand darf der Abstand nur 90 cm betragen. Versenken Sie außerdem das unterste Brett 5 cm tief im Boden.
- ☐ Wenn Sie ein 2,5 cm dickes und 15 cm breites Brett flach auf die Oberkante der Stützwände nageln, können Sie bequem bei der Gartenarbeit sitzen.
- ☐ Eine andere Möglichkeit, einen Rahmen anzufertigen, besteht in der Verwendung von kurzen Kanthölzern, die in den Größen 5×5 cm, 5×7,5 cm oder 5×10 cm erhältlich sind. Stellen Sie sie senkrecht Kante an Kante hin und schlagen Sie sie mindestens 30 cm tief in den Boden ein. Für diese Art von Behälter brauchen Sie mehr Holz; dafür lassen sich damit aber großartig kreisförmige Beete einfassen. Auch kurze Rundhölzer lassen sich auf diese Weise verwenden.
- ☐ Eisenbahnschwellen sind ein ausgezeichnetes Material für Gartenbeete und sehr beliebt. Sie ergeben zwar eine extrem starke Wand, sind aber recht schwer zu transportieren. Eine normale Schwelle ist etwa 15 cm hoch, 20 cm breit und 2,5 m lang.
- ☐ Druckimprägnierte Kanthölzer sind einfacher zu verarbeiten, weil sie kleiner und leichter sind. Sie sind in der Regel 10×10 cm stark und werden in verschiedenen Längen verkauft.
- ☐ Setzen Sie bei der Arbeit mit druckimprägniertem Holz oder Eisenbahnschwellen die unterste Schwelle halb in den Boden, um ein stabiles Fundament zu erhalten. Legen Sie die anderen dann an den Ecken des Beetes verschränkt darauf. Nageln Sie die Schienen beim Bau der Wand mit 30 cm langen Nägeln zusammen, damit sie nicht verrutschen.

Anlegen von Wegen

Verwenden Sie für die Wege zwischen Ihren Beeten alles, was verfügbar ist und gut aussieht. Ich habe festgestellt, daß ein Stück schwarze Plastikfolie als Unterlage das Unkraut erstickt und nicht durch den Weg wachsen läßt. Das hier aufgeführte Material bildet einen attraktiven strukturellen Kontrast und braucht nicht gefugt zu werden. Es handelt sich überwiegend um Belagsmaterial, das leicht zu verarbeiten ist; man braucht es praktisch nur aufzubringen. Belegen Sie also Ihre Wege mit Rinderspänen, Kies oder Steinen, Marmorsplittern, Sägemehl, Stroh, kleinen flachen Steinen, Kiefernadeln oder Rasenschnitt. Sie können alte Ziegelsteine in einem Muster in eine Sandschicht legen, um einen sehr attraktiven und dauerhaften Weg zu erhalten (siehe Zeichnung), oder Sie können einfach alte Holzbretter auslegen.

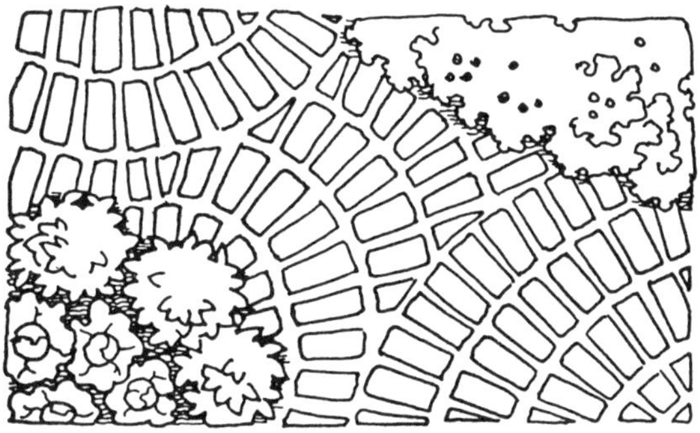

Im Muster auf einer Sandschicht verlegte Ziegel ergeben hübsche, dauerhafte Wege in einem Garten.

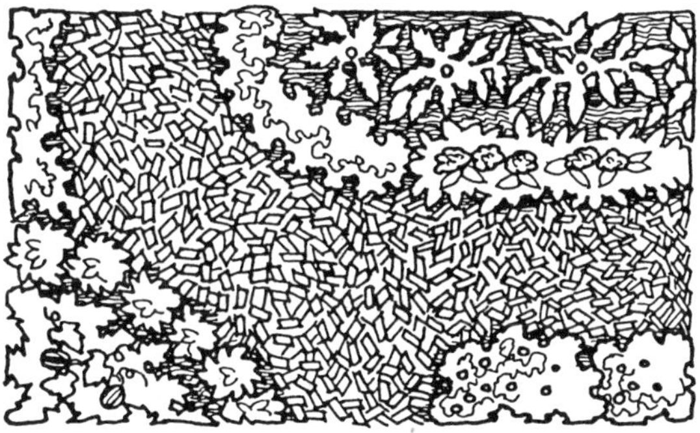

Damit der Weg unkrautfrei bleibt, wird schwarze Plastikfolie ausgelegt und mit zerkleinerte Rinde oder Stroh bedeckt.

Pflastern Sie Ihre Wege mit flachen Steinen, wenn Sie in einer felsigen Gegend wohnen.

Freiformbeete und Punktbepflanzung

Wir lieben unseren Rasen. Aber welcher Gärtner hat sich nicht zumindest gelegentlich schon als Sklave dieses Stücks nutzlosen grünen Grases gefühlt? Wenn Sie sich lebenslang nutzlose körperliche Arbeit ohne Ende auferlegen wollen, wenn Sie sich in eine Schlacht stürzen wollen, die mehr Maschinen und Werkzeuge erfordert, als Ihr Zahnarzt verwendet, dann bauen Sie Gras an.

Mit den steigenden Energiekosten in den letzten Jahren und einigen Änderungen in den persönlichen Prioritäten ist allerdings mittlerweile die Zeit gekommen, den Wert eines manikürten Rasens in Frage zu stellen, und viele Gärtner haben diese Frage bereits gestellt. Das soll nicht heißen, daß alle gemähten Rasenflächen aufgegeben werden sollen. Aber Sie können Ihren Rasen zumindest teilweise in einen höchst attraktiven und dekorativen Kräuter- bzw. Gemüsegarten verwandeln. Wenn Sie ein Haus gemietet haben und umziehen wollen, ist es ganz einfach, den Garten wieder mit Grassoden oder Rasensamen in einen Rasen zurückzuverwandeln. Und wenn Sie richtig bauen, lassen sich Spaliere und andere Stützen zerlegen und mitnehmen. Es ist einfach verschwenderisch und dumm, nur Gras anzubauen, wenn man für den gleichen Aufwand an Arbeit, Energie und Geld direkt vor der Haustür etwas Eßbares produzieren kann. Selbst wenn Sie einen großen Gemüsegarten haben, kann Ihnen ein kleiner Garten mit Küchenkräutern oder Salat direkt am Haus so manchen überflüssigen Schritt bei der Essensvorbereitung ersparen.

Wenn Sie schon immer einen konventionellen Reihengarten hinter dem Haus hatten, müssen Sie als einziges Hindernis die psychologische Sperre überwinden, Gemüse frei und offen vor dem Haus anzubauen., wo es bewundert und leicht gepflegt werden kann. Ein Gemüsegarten kann wirklich attraktiv sein, und Sie haben dann das doppelte Vergnügen all der frischen Nahrung. Bei einer Aufteilung des Gartenbereichs auf mehrere Stellen können Sie immer noch die gleiche Anbaufläche haben wie bei einem großen Garten hinter dem Haus, aber kleinere Flächen fördern die Experimentierfreude, und Sie können leichter ein wachsames Auge auf die Fortschritte einer neuen oder exotischen Gemüse- oder Kräuterart haben. Möglicherweise hören Sie zu Beginn ein paar Einwände von weniger mutigen Nachbarn, die nicht damit einverstanden sind, daß Sie mit der Tradition eines Vorgartens aus Zierbüschen, Blumen und Rasen brechen. Aber ich rate Ihnen, behaupten Sie sich in Ihrer Individualität und Ihrem Einfallsreichtum. Es besteht eine gute Chance, daß Ihr Beispiel Schule macht, wenn die Nachbarn sehen, wie attraktiv ein gut geplanter Gemüsegarten mitten in einer Rasenfläche vor dem Haus aussehen kann.

ÜBERLEGUNGEN

Der Schlüssel zu einem solchen Garten liegt natürlich in einer sehr sorgfältigen Planung sowie sorgfältiger Auswahl der Pflanzen. Sie können sich ohne weiteres einen Garten mit Freiformbeeten und Pflanzpunkten schaffen (und sogar Spaß dabei haben), wenn Sie die traditionellen Pflanzenreihen und Abstände verges-

Wer sagt, daß ein Garten rechteckig sein muß? In diesem Vorgarten enthält ein rundes Beet Erdbeeren, Karotten und einen Blaubeerbusch in einem Kübel, ein Freiformbeet am Gang entlang ist mit Blattsalat, Blumenkohl und Kapuzinerkresse bepflanzt und ein halbkreisförmiges Beet vor dem Haus enthält Tomaten, Buschbohnen und Kräuter.

sen und ein paar Intensivmethoden praktizieren. Bei Intensivanbau in hübschen Formen behält Ihr Rasen vor oder neben dem Haus sein schönes Aussehen und produziert ohne Unterbrechung Eßbares. Hier sind ein paar allgemeine Hinweise:

- ☐ Markieren Sie zunächst mit einem Stück Schlauch oder Seil auf dem Boden die ideale Form des Beetes und graben Sie dann innerhalb dieser Markierung.
- ☐ Pflanzen und bewahren Sie Extra-Sämlinge an einer geeigneten Stelle auf, damit Sie sie für sukzessives Pflanzen bereit haben und kein »Loch« lassen, wenn Sie eine Bete oder Rübe ziehen oder Salat schneiden.
- ☐ Ersetzen Sie geerntete Pflanzen entweder mit diesen Sämlingen oder mit eßbaren Blumen wie Kapuzinerkresse. In Kapitel 5 über die Pflanzplanung für kleine Gärten finden sich die Hinweise zur Planung von gleichzeitigem Anbau auf demselben Beet und für sukzessiven Anbau sowie die zeitliche Abstimmung, die erforderlich ist, um diese Hinweise einfach in die Praxis umzusetzen.
- ☐ Vergessen Sie die Ratschläge zu den Abständen auf der Rückseite der Samenpäckchen. Ob Sie in weiten Reihen oder in Blöcken pflanzen oder ob Sie in Dreieck- oder Kreisform aussäen, immer nutzen Sie kleine Flächen effizienter als mit einzelnen Reihen.
- ☐ Wenn Sie an mehr als einer Stelle gärtnern, haben Sie die Möglichkeit, mehrere »beste« Standorte für die spezifischen Gemüsesorten zu wählen: Sie können die wärmeliebenden Pflanzen in einer Gruppe anordnen oder teilweisen Schatten finden, den die Blattgemüse lieben.
- ☐ Der Fruchtwechsel für Ihre Pflanzen ist einfach: Transportieren Sie einfach alles, was Sie anbauen, von einem Ort zum anderen.

BEPFLANZUNGSPUNKTE

Ein Garten mit einzelnen Bepflanzungspunkten bedeutet in einfachen Worten, daß man Gemüse und Kräuter überall dorthin setzt, wo ein Fleckchen Erde und Sonnenschein ist, und zwar unter gleichzeitiger Ausnutzung des Prinzips des Zwischenfruchtbaus und des Mikroklimas. Hier handelt es sich wirklich um Gärtnern auf beschränktem Raum. Für den Neuling, der erst einmal mit dem Zeh die Wassertemperatur prüfen will, bevor er den Kopfsprung wagt, und für den der Gemüseanbau etwas völlig Neues ist, bilden Bepflanzungspunkte eine ausgezeichnete Einführung in die Technik des Gärtnerns. Versuche mit kleinen Fleckchen Kräutern und Gemüse unter den vorhandenen Blumen und Zierbüschen schaffen ein Bewußtsein der grundlegenden Erfordernisse und des Wuchsverhaltens eßbarer Pflanzen. Ein Anfang in kleinem Rahmen garantiert außerdem ein gewisses Maß an Erfolg. Wenn man dann beschließt, den Garten auf mehr Beete, Behälter oder gar eine Eßlandschaft auszuweiten, hat man schon eine gute Vorstellung von der zu investierenden Zeit und Arbeit und kann beurteilen, wieviel mehr man noch auf sich nehmen kann.

Um es noch einmal zu wiederholen, wichtig ist die Planung. Der einzige Nachteil, wenn man es so nennen möchte, besteht darin, daß die Ernte ein bißchen mehr Laufarbeit bedeutet. Aber Sie wußten doch sicher schon, daß man durch das Gärtnern still und leise zu körperlicher Betätigung kommt. Hier sind ein paar Möglichkeiten, potentielle Gärten zu entdecken und dann punktmäßig zu bepflanzen:

□ Schauen Sie sich Ihre Gartenlandschaft unter Berücksichtigung ganz bestimmter Pflanzen an und reservieren Sie die Punkte, die vom Frühjahr bis zum Sommer viel Sonne bekommen, für Paprika, Auberginen und Tomaten, und die Stellen, die im Frühjahr und Herbst sonnig, im Sommer schattig sind, für Blattgemüse, Kohl, Wurzelgemüse und bestimmte Kräuter.

□ Vergessen Sie die üppig rankenden und sich ausbreitenden Pflanzen wie Zucchini und Pfefferminze, die viel Platz wegnehmen. Nehmen Sie Gemüsearten, die speziell auf kleinen Platzbedarf hin gezüchtet wurden; das sind die gleichen Kompakt- und Zwergarten, die auch in Pflanzgefäßen gedeihen und die größte Wohltat für Kleingärtner sind (siehe Aufstellung »Gemüse für Pflanzgefäße und kleine Fleckchen« in Kapitel 6).

□ Betrachten Sie die vorhandenen Pflanzen in bezug auf die Pflanze, die Sie an einem gegebenen Platz anbauen wollen, und versuchen Sie eine Gemüseart zu wählen, die den gleichen Bedarf an Erde, Sonne und Pflege hat. Schalotten und eßbarer Eibisch faulen beispielsweise, wenn sie zu stark gegossen werden, aber Melonen sind immer durstig. Auberginen lieben die volle Sonne, und das gilt auch für Kapuzinerkresse; diese beiden wären daher eine gute Kombination für einen Bepflanzungspunkt.

□ Achten Sie darauf, daß sich die Pflanze an dem Bepflanzungspunkt mit ihren blühenden Nachbarn verträgt. Wenn eine bestimmte Zierpflanze beispielsweise immer von Schnecken befallen wird, dann wäre Salat, den die Schnekken lieben, über Nacht aufgefressen, wenn Sie ihn an die gleiche Stelle setzten.

□ Letztlich können Sie nach Herzenslust in kleinem Maßstab mit Zwischenfruchtanbau experimentieren. Bepflanzungspunkte bieten die idealen Bedingungen, um Kräuter und Blumen gemeinsam zu pflanzen, die günstige Wirkungen aufeinander ausüben. Sie können beispielsweise eine Tomatenpflanze mit Ringelblumen in Töpfen oder Bohnen mit Bohnenkraut umgeben. In Kapitel 6 ist über diese Pflanzen, die sich gegenseitig helfen, alles erklärt.

Jetzt wissen Sie zwar, woran Sie denken müssen, aber wo finden Sie den entsprechenden Platz? Überall! Überall, wo Sie den überraschenden Charme eines Streifens gekräuselter, saftiger smaragdfarbener Petersilie neben einem Klecks aus buttergelben Narzissen oder das Chaos feuriger Kapuzinerkresse über dem gekräuselten Rand zerbrechlichen eisgrünen Blattsalats genießen würden. Oder stellen Sie sich vor, wie die dunkelgrünen gekräuselten Blätter von jungem Spinat kranzförmig um hochgewachsene lavendelblaue Iris stehen, oder wie sich das fein verästelte Grün von Karotten und die rotdurchsetzten Blätter von Rote Bete mit den erwartungsvollen Gesichtern konfettifarbener Stiefmütterchen vermischt. Das sind nur ein paar Kombinationen, die Sie ausprobieren können. Behältergärtner aufgepaßt: Wer kein Fleckchen Erde hat, kann Erde in einem Gefäß zusammenfassen, das sich überall aufstellen und bepflanzen läßt, wie wir im nächsten Kapitel sehen werden.

Gärtnern im Kreis

Wenn Sie es mit einer Gartenform versuchen möchten, die strenger abgegrenzt ist als Freiformbeete oder Bepflanzungspunkte, aber trotzdem eine Abwechslung von dem herkömmlichen rechteckigen Garten darstellen, probieren Sie es doch einmal mit einem kreisförmigen Garten. Der Kreis ist eine besonders gefällige Form für einen kleinen Garten, der aus einem Rasen herausgeschnitten wird. Die Methoden des Gärtnerns im Kreis gehen auf einen Gartenbaufachmann namens Derald G. Langham zurück, der in den fünfziger Jahren eine Einladung nach Venezuela erhielt, um dort an Pflanzengenetik zu arbeiten. Er suchte nach einer Möglichkeit, die Reinheit von Samenstämmen zu bewahren, ohne daß sie sich bei heftigem Regen vermischten. Anstelle langer rechteckiger Beete wählte er die Kreisformen, um einen Saatzuchtbereich vom anderen zu trennen. Statt in Reihen zu pflanzen, bediente er sich der chinesischen Methode mit Balken und Furchen.

Ein Garten mitten in einer Rasenfläche kann zwar jede beliebige Form haben, aber bei Verwendung der Kreisform schafft man sich noch viele andere Möglichkeiten (sowohl für Pflanzgefäße als auch auf dem Rasen). Man kann die Gesamtgröße eines kreisförmigen Gartens erhöhen, indem man die Anzahl der Kreise vergrössert. Oder man kann einfach nur einen sehr großen Kreis entwerfen und im Innern in interessante freie Muster oder Segmente unterteilen, die durch Wege getrennt werden (was erforderlich sein dürfte, um alle Seiten der Beete zu erreichen). Ein Kreis ist die am wenigsten traditionelle Gartenform, aber in ihr steckt alles, was für kleine Gemüsegärten erforderlich ist. Ja, wenn man sich einen Kreisgarten maßstäblich verkleinert vorstellt, erkennt man, daß man die gleiche Form wie bei einem in der Mitte durchgeschnittenen Faß oder einem anderen runden Gefäß vor sich hat, das man irgendwie nicht als grundlegende Gartenform betrachtet.

Kreisgärten bieten die Vorteile einer guten Bewirtschaftung bei weniger Arbeit. Hier ist ein kurzer Abriß wesentlichen Vorzüge:

- ☐ Ein großer kreisförmiger Garten ist ein visuell attraktiver und psychologisch verlockender Ort. Umgeben von seinen Pflanzen kann der Gärtner in der Mitte stehen. Feinfühlige Gärtner bekommen möglicherweise ein Gefühl der Intimität mit den Pflanzen, was wiederum dazu führt, daß sie sich liebevoller um die Pflanzen kümmern. So wird der Kreisgarten zu einem magischen Schicksalskreis.
- ☐ Hohe und niedrige Pflanzen können zusammen wachsen, wobei die höchsten in der Mitte stehen und zu den Seiten hin immer niedriger werden.

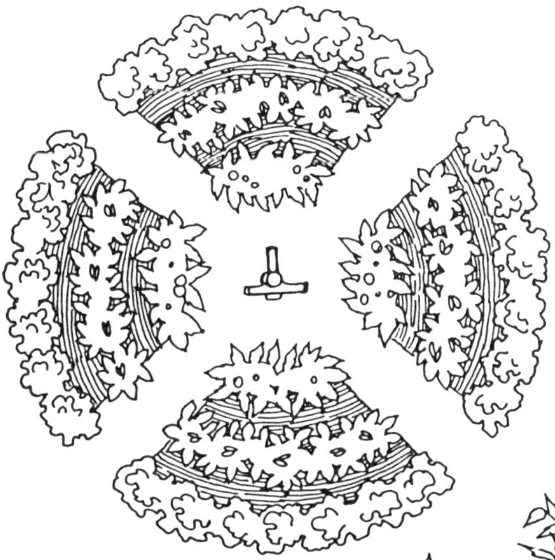

Oben: Ein Kreisgarten wird außen mit kleineren und zur Mitte hin mit höheren Pflanzen bepflanzt. In der Mitte dieses Gartens befindet sich ein Drehsprinkler. Unten: In trockenen Klimazonen werden die Pflanzen in Reihen mit Furchen dazwischen gesetzt, in denen sich wie auf dieser Seitenansicht das Regenwasser sammeln kann.

- ☐ Ein Kreis mit einem Durchmesser von bis zu einem Meter kann von außen bearbeitet werden, so daß keine Wege erforderlich sind.
- ☐ Essensreste und pflanzliche Abfälle können in der Mitte des Kreises untergegraben werden, so daß man seinen Kompost sofort an Ort und Stelle hat.
- ☐ Für das Begießen gibt es zwei Möglichkeiten. Bei einem kleinen Kreis (bis zu 1 m Durchmesser) kann man mit einem Schlauchwasserspender in der Mitte den Boden bewässern. Bei einem großen Kreis kann man einen drehbaren Sprinkler mit einstellbarem Wasserstrahl in der Mitte montieren und den gesamten Kreis automatisch besprühen.

Die Anlage eines kreisförmigen Gartens ist einfach. So wird es gemacht:

- ☐ Wählen Sie eine geeignete sonnige Stelle für Ihren Kreis. Das Ziel besteht darin, im Boden eine untertassenähnliche Vertiefung mit einem etwa 20 cm breiten erhöhten Wall als äußerer Begrenzung zu schaffen.
- ☐ Binden Sie zur Markierung des Kreises ein Stück Bindfaden, das halb so lang ist wie der gewünschte Durchmesser, an einen Pfahl und stellen Sie diesen Pfahl genau in die Mitte des vorgesehenen Kreises. Binden Sie an das andere Ende des Bindfadens eine Flasche mit engem Hals, die mit Kalk, Mehl oder Sand gefüllt ist. Halten Sie die Flaschenöffnung nach unten und gehen Sie am gespannten Faden im Kreis um den Pfahl (statt einer Flasche können Sie auch einen großen Trichter verwenden).

- ☐ Ziehen Sie mit einer Hacke und einer Harke die Erde vom Pfahl in der Mitte aus nach außen zu einem Wall. Das Kreisinnere hat jetzt die Form einer Untertasse oder eines Bassins, das etwa 4–15 cm unter dem ursprünglichen Bodenniveau liegt.
- ☐ Häufeln Sie bei einem größeren Kreis (2 m und mehr) die Mitte an und bilden Sie darum herum konzentrische Kreise aus Reihen und Furchen. Sie können die Mitte bepflanzen oder Ihren Komposthaufen dort verstecken.
- ☐ Wenn Ihr Kreis einen Durchmesser von mehr als 2,50 m hat, unterteilen Sie ihn mit vier Wegen in vier Teile, damit Sie besser an die so gebildeten Teile im Kreis herankommen.
- ☐ Es macht Spaß, wenn jedes Mitglied einer vierköpfigen Familie seinen eigenen Teil im Garten hat; dadurch wird ein sanfter Wettstreit zwischen den Familienmitgliedern gefördert, die um das beste Stück wetteifern (in Kapitel 4 finden sich genauere Hinweise zur Erweiterung eines kreisförmigen Gartens oder zur Anpassung des Kreises an andere Form in der Gartenlandschaft).
- ☐ Im Hinblick auf die Pflanzen für einen kreisförmigen Garten besagt eine Faustregel, daß in einem Kreis von 1 m Durchmesser so viele Pflanzen wie in einer 3 m langen Reihe unterzubringen sind. Die Tiefen- und Seitenabstände der Pflanzen hängen natürlich davon ab, welche Art von Gemüse angepflanzt werden soll. Ein Kreis dieser Größe kann 9 bis 10 Paprikapflanzen oder 4 große Tomatenpflanzen oder 6 Kohlköpfe oder 7 Blumenkohlköpfe oder einen Kräutergarten bzw. einen kleinen Salatgarten aufnehmen.
- ☐ Ein Kreis der doppelten Größe (2 m) bietet durchaus die Möglichkeit, Mais anzubauen (Mais braucht normalerweise sehr viel Platz). 12 Maispflanzen, zur besseren Bestäubung und gegenseitigen Unterstützung bei starkem Wind eng zusammengepflanzt, können einen Ertrag von 24 Maiskolben ergeben.* Vor und nach der Maisernte können frühkeimende Arten von Spinat, Rote Bete oder Salat an die gleiche Stelle gesetzt werden. Das ist eine Menge Nahrung aus einem Kreis von nur 2 m Durchmesser.
- ☐ Gemüse schmeckt und wächst genausogut in frei geformten oder kreisförmigen Beeten, als wenn es in starre, militärisch anmutende Formen gebracht wird; probieren Sie es also mal mit etwas anderem, wenn Sie das nicht bereits getan haben.

---

* Zwergmaisarten können noch enger zusammengesetzt werden und sind daher noch ertragreicher.

Gras, Blumen und Gemüse

Bernie Katz hat ein kleines, geschwungenes Gartenbeet aus seinem Rasen in Denver ausgeschnitten – und er zieht dort riesige Mengen an Gemüse. Auf der gegenüberliegenden Seite befindet sich ein weiteres Beet in der gleichen Form, das mit Blumen besetzt ist. Die beiden Beete machen einen ausgewogenen Eindruck, sie passen zueinander und sind gleichermaßen farbenfroh und hübsch. Der gesamte Rasen ist von einem schmiedeeisernen Zaun umgeben – und selbst der wird noch als Spalier für Zuckererbsen benutzt. Die Reihen für das Gemüse bilden keine geraden Linien, sondern folgen der Krümmung des Beetes, wodurch das Ganze für die Passanten auf der Hauptstraße noch anziehender wirkt. Viele Leute hielten an, um den Anblick zu genießen, wie auch ich es tat, als ich zufällig vorbeiging.

Bernie stellt Chemikalien für die Industrie her und befaßt sich nebenbei mit Immobilien. Das alte Haus hinter dem Garten gehört ihm; er hat es vor kurzem in kleine Mietwohnungen umgewandelt. Er lebt in einer der Wohnungen und macht die ganze Gartenarbeit selbst, teilt aber seine Ernte großzügig mit seinen Mietern. Als ich ihn fragte, warum er seinen Nutzgarten angelegt hätte, antwortete er, ihm gefalle die Gartenarbeit. Sie bedeute körperliche Betätigung und er genösse das frische Gemüse.

Der Garten, so sagte er, ist etwa 12 m^2 groß. Zur Bodenanreicherung verwendet er Torf und Schaf- und Kuhdung, den er von nahegelegenen Bauernhöfen holt. Bernie mulcht sein Gemüse mit Rasenschnitt und verwendet sowohl Samen als auch Setzlinge. Salat wächst unter der Eiche, wo er ihn den ganzen Sommer über ernten kann, ohne daß er schießt. Zwischen seine Blumen setzt er auch ein paar Kräuter, »weil sie so hübsch zusammen aussehen«.

Als ich Bernie fragte, ob er einen Rat für seine Mitgärtner hätte, kam sein trokkener Humor zum Vorschein. »Sie sollen jemand anstellen, der diese verflixt harte Arbeit tut«, erklärte er mir. Aber offensichtlich gefällt ihm die Gartenarbeit, sonst würde er sich nicht damit beschäftigen. Ich fragte mich, ob er unter Diebstählen zu leiden hätte, weil sein Garten direkt an einer Hauptstraße liegt. Er antwortete: »Nicht mehr, seit ich 5000 Dollar für diesen neuen Eisenzaun ausgegeben habe. Ich gehe davon aus, daß mich ein Kopf Salat dieses Jahr nur 200 Dollar kostet«.

Kostengünstig? Wer weiß? In zehn Jahren könnten 200 Dollar pro Kopf Salat im Supermarkt durchaus normal sein.

Nahrung zwischen den Blumen

Eine weitere Idee zur zeitgemäßen Selbstversorgung ist es, eßbare Pflanzen mit Zierpflanzen zu kombinieren. Für eine gesunde Gemüsepflanze braucht man genausoviel Platz, Sonnenschein und Düngemittel wie für eine Blume. Bei einem beschränkten Platzangebot besteht die Lösung darin, den Blumengarten zum Gemüsegarten zu machen und umgekehrt, d. h. in einer Art Eßlandschaft Nahrung zwischen den Blumen anzubauen.

Eine Eßlandschaft anzulegen, geht noch einen Schritt weiter, als hier und da etwas Gemüse zwischen die Blumen zu setzen. In einer Eßlandschaft *sind* die eßbaren Pflanzen die Blumen. Das ist ein größeres Projekt, aber es erfordert nur eine Änderung in der Denkweise, daß einzig und allein Zierbäume, -büsche, -ranken und -blumen dekorativ wirken. Man denkt an Blumen, pflanzt aber stattdessen Nahrung. Gemüse, Kräuter, fruchttragende Kletterpflanzen, Obstbäume und Beerenbüsche können von sich allein aus recht dekorativ wirken, wenn man sie kreativ nutzt. Hier sind ein paar Ideen für die Anlage Ihrer eigenen Eßlandschaft:

- ☐ Denken Sie an hübsch blühende Ranken an einem Zaun, pflanzen Sie stattdessen aber Bohnen mit baumelnden purpurfarbenden Hülsen, jadegrüne Zuckererbsen, gelbblühende Gurken oder einen Miniweingarten, in dem Büschel von karminroten und indigoblauen Trauben wie Juwelen glänzen.
- ☐ Denken Sie an winzige, sternenförmige weiße Blüten mit kleinen goldenen Augen in einem Korb vor Ihrem Eßzimmer, aber pflanzen Sie winzige Walderdbeeren und erleben Sie die gleichen weißen Blüten mit fingerhutgroßen aromatischen scharlachroten Beeren.
- ☐ Denken Sie daran, in einem Hain aus blühenden Bäumen zu sitzen, aber pflanzen Sie Zwergobstbäume, deren hübsche Frühjahrsblüten zu köstlichem Obst werden. So können Sie ihre Schönheit zweimal genießen.
- ☐ Denken Sie an blühende Hecken um Ihr Haus, aber nehmen Sie für diese Hecken ultramarinfarbene Blaubeeren oder rubinrote Himbeeren, die Sie später mit den Torten und Marmeladen belohnen, von denen Sie als Kind träumten.
- ☐ Denken Sie daran, Ihr Auge und Ihren Magen gleichzeitig zu erfreuen. Genau darum geht es nämlich beim Anlegen einer Eßlandschaft.

Jetzt aber an die Arbeit mit diesem Schlaraffenland. Vergessen Sie als erstes einmal die Vorstellung, daß Erfolg im Garten einzig und allein an der Menge der produzierten Nahrung gemessen wird. Mit einer Eßlandschaft können Sie ein formloses, natürliches, erfreuliches Umfeld schaffen, das Nahrung für den Bedarf oder den Geschmack einer kleinen Familie produziert, aber in bescheidenen Mengen mit minimaler Pflege und maximaler Schönheit. Denken Sie daran, daß Sie keinen Straßenverkaufsstand betreiben, sondern nur ausreichend köstliches Gemüse, Kräuter und Obst möchten, das zur Freude Ihrer Familie genau zum richtigen Zeitpunkt frisch gepflückt wird. Ihr Hauptziel heißt Qualität und nicht Quantität. Der eigentliche Trick besteht darin, die Pflanzen an ihr Umfeld anzu-

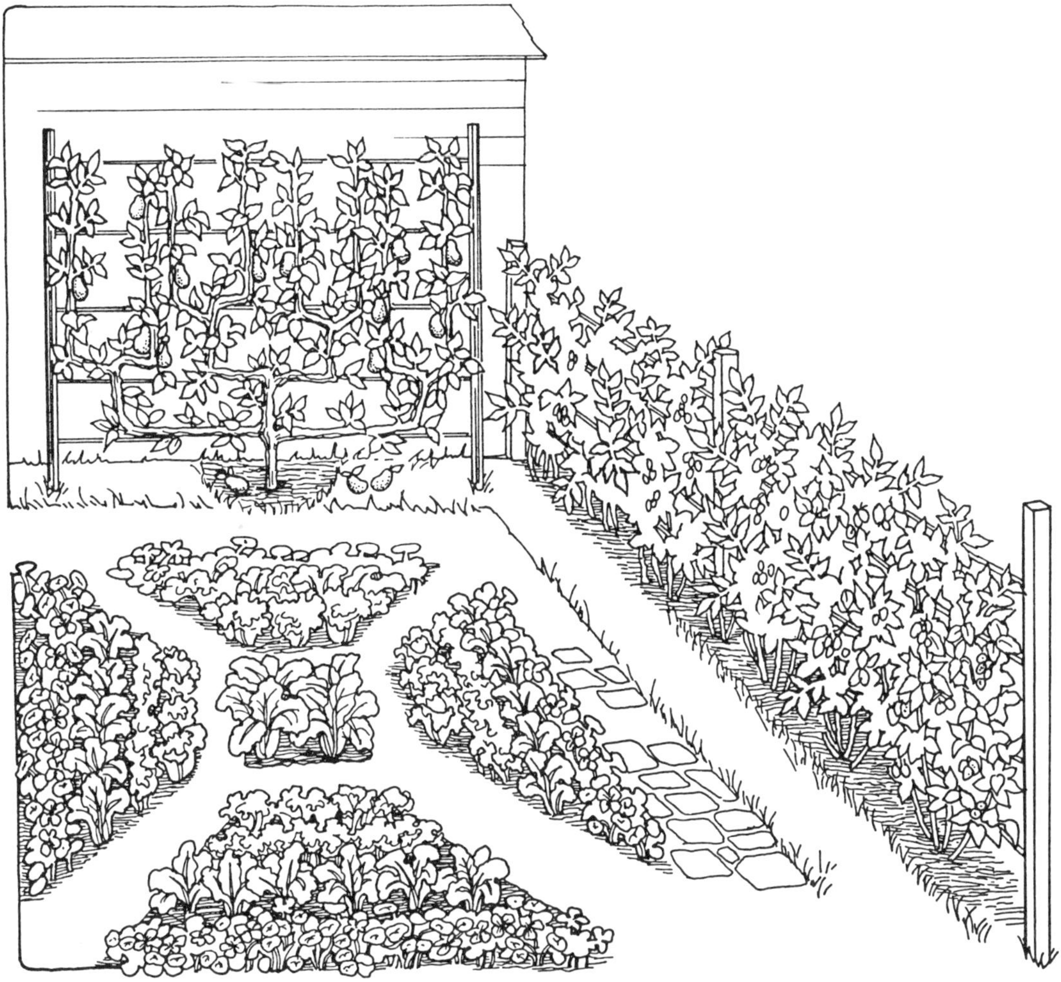

Gemüse anstelle von Zierpflanzen schaffen in diesem Hinterhof eine farbenprächtige Eßlandschaft. An der Garagenwand wächst ein Zwergbirnbaum an einem Spalier, die Hecke rechts besteht aus Himbeeren, und der hübsche geometrische Garten enthält rotstieligen Mangold, zwei unterschiedliche Arten Blattsalat und eine Einfassung aus Ringelblumen.

passen, damit sie weniger Pflege benötigen, und Pflanzen zu verwenden, die einem doppelten Zweck dienen, nämlich hübsch auszusehen und gleichzeitig Nahrung zu produzieren.

ÄSTEHTIK UND NÄHRWERT

Hier sind ein paar Tips zur Planung Ihrer Eßlandschaft:

- ☐ Schaffen Sie sich Ihre Eßlandschaft in der gleichen Weise wie eine normale Gartenlandschaft. In den Hintergrund kommen hochwachsende Gemüsepflanzen, dann die mittelhohen Pflanzen und schließlich die niedrigsten oder kriechende Pflanzen im Vordergrund (Angaben über Höhe und Breite der ausgewachsenen Pflanzen sind auf den Samenpäckchen oder Pflanzenzetteln zu finden).
- ☐ Denken Sie außer an Höhe und Durchmesser auch an andere Charakteristika wie Frucht- und Blütenfarbe und Laubtextur – so wie Sie es auch bei Blumen machen.
- ☐ Setzen Sie tiefwurzelnde Pflanzen neben flachwurzelndes, sich ausbreitendes Gemüse oder kriechende Kräuterarten. Wenn die Wurzeln geerntet werden, sind die Löcher schnell wieder zugedeckt.
- ☐ Setzen Sie Akzente: Ein paar vertikale Blickfänger sind wichtig für eine gute Anlage. Eine Betonung der Vertikalen läßt sich mit Zwergobstbäumen oder vertikalen Stützkonstruktionen für Kletterpflanzen wie Melonen oder Tomaten erreichen. Sie können aber auch richtig kreativ werden und entdecken, welch überraschenden Charme Gurken oder Erbsen entwickeln, die über den Rahmen eines alten Sonnenschirms oder einen abgestorbenen Baum gezogen werden. Oder Sie lassen Ihre Gemüsepflanzen an den Stengeln von Riesensonnenblumen emporranken.
- ☐ Zäune und Wände können als Stütze für Kletterpflanzen, wärmeliebende buschige Pflanzen wie Auberginen und Paprika sowie Obstbäume dienen, die vor eine Wand plaziert und durch Ziehen und Binden der Seitenäste zu Spalieren gezogen werden können. Wenn die Wand aus Ziegelsteinen oder Kalksteinen besteht, profitiert das Obst außerdem von der aufgenommenen und gespeicherten Wärme.
- ☐ Beerentragende Büsche wie Blaubeerbüsche und Dornensträucher wie Brombeeren oder Himbeeren können zu hübschen Hecken gezogen werden; auch Kletterpflanzen können auf diese Weise zurechtgeschnitten und gezogen werden.
- ☐ Achten Sie beim Pflanzen darauf, daß Platz für Pflege und Ernte bleibt.

Hier sind ein paar Vorschläge, wie Sie Zierpflanzen gegen Gemüsepflanzen austauschen können:

- ☐ Im Bereich des Hausfundaments werden in der Regel immer wieder die gleichen uninteressanten buschigen immergrünen Gewächse gepflanzt. Warum versuchen Sie es stattdessen nicht einmal mit einer »Kohlhecke«? Beginnen Sie mit hochgewachsenem Rosenkohl im Hintergrund – die Pflanzen sehen wie Minipalmen mit winzigen grünen Kohlköpfen an den Stielen unter einem Dach aus graugrünen Blättern aus. Davor kommt tiefgrüner Grünkohl und davor wiederum eine Abgrenzung aus abwechselnd gesetzten roten und grünen Kohlarten.

Pflanzen mit doppeltem Zweck

Die folgende Aufstellung zeigt eine Auswahl an Nutzpflanzen unter landschaftsgärtnerischen Aspekten. P bedeutet perennierend; V steht für Pflanzen, die vertikal in die Höhe wachsen oder an einer Wand spaliert werden können. Einen Großteil der Pflanzen (wie etwa Blattsalat) gibt es in einer Vielzahl von Laubformen und Farben.

Bodenbedeckungen und niedrige Pflanzen
Rüben
Zwergkohlarten
Karotten
Blumenkohl
Rote Zichorie
Krannbeeren P
Blattsalat, alle Arten
Erdnüsse
Radieschen
Rucola
Sauerampfer P
Spinat
Erdbeeren (Wald- und Garten-) P
Steckrüben

Eßbare Blumen
Gartennelken
Schnittlauchblüten
Taglilien
Ringelblumen
Senfkrautblüten
Kapuzinerkresse
Stiefmütterchen
Rosen P
Kürbisblüten
Sonnenblumen (Kerne) V
Veilchen

Kräuter
Basilikum
Gurkenkraut
Kamille
Schnittlauch P
Liebstöckel
Majoran
Minze P*
Oregano P
Petersilie
Rosmarin P+
Salbei P+
Estragon P
Thymian P

Spitzer Wuchs
Knoblauch #
Lauch
Zwiebeln #

Ranken
Stangenbohnen V
Gurken V
Trauben V, P
Melonen V
Kürbis V
Zuckererbsen V
Tomaten V

Buschige Gewächse
Artischocken
Spargel P
Buschbohnen
Rosenkohl
Kohl (rot und grün)
Mangold (rot-/weißstielig)
Dill
Auberginen (violett/weiß)
Meerrettich P
Grünkohl
Senfkraut
Eßbarer Eibisch
Paprika (gelb, rot, grün, scharf und edelsüß)
Rhabarber P
Kürbis (Buschart)

Hecken
Brombeeren P #
Blaubeeren P
Mais V
Johannisbeeren (rot und schwarz)
Stachelbeeren P §
Himbeeren P §
Hagebutten P §

Obstbäume
Die meisten Zwergsorten von Obst- und Nußbäumen (überwiegend P, V)

* Minze kommt am besten in einen Kübel.
\+ Rosmarin und Salbei werden in warmem Klima buschig.
\# Das Blattwerk von Zwiebeln und Knoblauch stirbt zwar ab, bevor die Pflanze reift, aber die Pflanzen bekommen schöne purpurfarbige Blüten. Bauen Sie ein paar um dieser Blüten willen an. Grüne Zwiebeln können gezogen werden, bevor sie völlig reif sind, wenn das Laub noch grün ist.
§ Mit Dornenbüschen kann man einen Bereich abgrenzen und einzäunen, weil sie nicht leicht zu durchdringen sind.

☐ Kreieren Sie eine fiedrige, farnartige Stelle mit Karotten oder Spargel (wenn der Spargel gestochen ist, verwachsen die Pflanzen zu einem feinen, filigranen Blattwerk). Pflanzen Sie gleichzeitig Buschbohnen oder großblättrige Buschzucchini und lassen Sie etwas sonnige, farbenfrohe, rundblättrige Kapuzinerkresse für den Salat sich über eine Abgrenzung ergießen.

☐ Geben Sie Ihren Grillplatz nicht auf, wenn sich die Nachbarn beschweren. Pflanzen Sie als Windschutz gegen den Qualm in U-Form drei Reihen verschiedener Maisarten – frühen, mittleren und späten – oder pflanzen Sie

Rasenloser Garten

»Sie erkennen das Haus, wenn Sie es sehen, weil es in der Straße das einzige ohne Rasen ist«, sagte Ruth Linter, in ihrem Ort besser bekannt als »Großmutter mit dem grünen Daumen«. Wir folgten ihren Anweisungen und fanden Ruth und ihren Mann Clarence zwischen Kohlköpfen und japanischen Orangen, wo eigentlich der Rasen vor einem typischen Einfamilienhaus hätte sein sollen. Aber es war kein einziger Grashalm zu sehen!

Die kleine, lebhafte Dame bezeichnet sich selbst als »zwanglose, faule, aber organische Gärtnerin«, die »immer experimentiert und Neues ausprobiert«. Außerdem hat sie offensichtlich keine Angst davor, mit ein paar Traditionen zu brechen, die sie für unpraktisch hält. »Ich halte nichts von Rasen«, sagt sie. »Ein Rasen bringt einfach nichts. Es ist dumm, Land, Zeit und Energie auf Gras zu verschwenden, wenn man nicht viel Platz hat. Ökologisch ist das einfach nicht richtig.« Wenn man ihren Garten so ansieht, verschwendet die Großmutter mit dem grünen Daumen mit Sicherheit keinen Platz. Jedes Fleckchen Erde auf ihrem Grundstück ist nutzbar gemacht, und der Garten zieht sich auf allen vier Seiten um das Haus. Das Gärtnern paßt zu ihrer persönlichen Meinung von einem »ausgewogenen Leben«, und sie glaubt, daß jeder Mensch einen Gemüsegarten haben sollte. Eine Reise nach Holland in den sechziger Jahren, so behauptet sie, war der Anlaß für sie, wie die Holländer in kleinen Gärten vor dem Haus Gemüse, Obst und Blumen zu ziehen.

»Die Erde, die wir hier haben, wird als Adobe bezeichnet«, sagt sie, »eine Art feiner Ton, der jede Menge Humus benötigt, damit er krümelig wird und die Feuchtigkeit hält.«

Obgleich Ruth behauptet, eine sehr zwanglose Gärtnerin zu sein, die im Garten arbeitet, »wann immer ich Zeit habe«, macht es ihr die fast ununterbrochene Vegetationsperiode in diesem subtropischen Bereich des südkalifornischen Zitrusgürtels leicht, zwanglos zu sein. »Kaltwetterpflanzen kommen von September bis Dezember in den Boden und sind zwei bis drei Monate später reif. Setzlinge von Warmwetterpflanzen können je nachdem, ob es sich um frühe oder späte Sorten handelt, jederzeit zwischen März und Juni ausgepflanzt werden, und die Ernte beginnt etwa im Juli.

Wir nutzen unseren Garten nicht immer bis zum Letzten, weil unser Gefrierschrank normalerweise voll ist. Wir sind nur zu zweit, wissen Sie, und haben reichlich Gemüse für zwei Personen; mit dem Obst und den Beeren sogar mehr als genug. Wissen Sie, daß Sie es an einer Stelle im Schatten, wo sonst nichts wächst, mit Boysenbeeren versuchen können?« Ruth Linter tut es. Auf der Nordseite des Grundstücks wirft das Haus Schatten,

Auf jedem Zoll des Grundstücks wächst Nahrung. Auf dem Bild auf der vorhergehenden Seite steht Ruth Linter an einer japanischen Mispel, die in einem 30 cm breiten Streifen Erde gedeiht. Das Foto oben zeigt den »Hof« mit Gemüse, Obst und Kräutern.

und dort wachsen die Boysenbeeren, und zwar an einem Spalier, damit sie leichter gepflückt werden können. An einer anderen Stelle im Garten wachsen kernlose Trauben an einem Zaun empor, und in einem Topf neben dem Gehweg gedeihen Stachelbeeren an einem Gerüst, damit sie aus dem Weg bleiben.

Außer den Beeren sind etwa 30 Obstbäume in ihrem »Hof« beheimatet. Eine japanische Mispel wächst an einem Spalier an der Südwand und scheint in einem nur 30 cm breiten Streifen Erde zu gedeihen. Die beiden einzigen anderen normal großen Bäume sind ein Avokado- und ein Walnußbaum. Bei den übrigen Bäumen handelt es sich um Zwerg- oder Halbzwergarten. Kirschen, Pfirsiche, Aprikosen, Nektarinen, Persimonen, Pflaumen, Limonen, Mandarinen, japanische Orangen, Tangerinen und Feigen – all das gedeiht üppig hier an der Küste, sogar mitten in der Stadt.

Eine Zierhecke aus eßbaren Natalpflanzen begrenzt den Vorgarten. Auf sonnige Fleckchen sind rote Johannisbeeren, Guaven und eine Passionsfrucht verteilt. Da gibt es einen Zaiger-Zwergmandelbaum und einen Beverly-Hills-Apfelbaum, eine Sorte, die in dieser Gegend gut wächst und drei Ernten im Jahr ergibt. Weiterhin finden sich drei Buschkirschen, die »irgendwie nach Krannbeeren schmecken und eine großartige Marmelade ergeben«, und ein Golden-Delicious-Apfel, auf den drei andere Apfelsorten aufgepfropft worden sind. An der Seite des Hauses, wo sich der Boden zur Fahrbahn hin absenkt, befindet sich ein terrassenförmig angelegtes Stück mit Erdbeeren. Selbst die Fahrbahn ist mit einer schmalen Reihe Kräuter eingefaßt.

Wie kommt Ruth zu diesem veritablen Obstsalat von einem Garten und zu diesem Überreichtum an Gemüse auf einer so kleinen Fläche? Ganz einfach, sagt sie. »Wir kommen an gealterten, unkrautfreien Stierdung, Pilzkompost und Rotholzkompost mit zusätzlichem Stickstoff heran und haben außerdem dauernd unseren eigenen Komposthaufen. Marienkäfer und Gottesanbeterinnen bekommen wir von einem Insektuarium. Gegen Ameisen und Ungeziefer auf den Obstbäumen nehme ich jede Menge Whiskey, und wir haben drei Junghennen, die die Schnekken in unserem Garten fressen. Man muß immer daran denken, daß auch die Fachleute nicht alles wissen. Wenn es funktioniert, ist es gut. Für mich ist nur wichtig, daß alles wächst. Die Natur läßt die Pflanzen wachsen, nicht der Mensch. Man hilft ihnen nur auf die eigene Weise und im Einklang mit der guten Erde.«

Riesensonnenblumen und naschen Sie an ihren Samenkörnern. So erhalten Sie einen eßbaren Zaun.

- ☐ Rhabarber mit seinen großen, ins Auge fallenden Blättern kann als prächtiges, teures tropisches Ziergewächs durchgehen. Umgeben Sie ihn mit Erdbeeren und schon wachsen die Zutaten zu einer perfekten Torte genau nebeneinander.
- ☐ Setzen Sie überall Grenzlinien aus Gemüse, denn eine Grenzlinie ist für einen Garten das, was ein Schmuckband für ein Paket ist: eine optische Aufwertung. Fassen Sie Gehwege mit rubinrotem Mangold, purpurfarbenen Buschbohnen oder exquisit blühendem eßbarem Eibisch ein. Setzen Sie an die Stelle von Holzapfelbäumen ein paar Bäume mit Edeläpfeln.
- ☐ Beschatten Sie Ihren Vordereingang wie in Jugoslawien mit Weinreben oder bauen Sie eine geschlossene Konstruktion, an der sie emporranken können. Einer meiner Nachbarn hat draußen im Garten eine Dusche aus einer Holzgitterkonstruktion, die mit Weinreben überzogen ist. Er pflückt, wäscht und ißt die Trauben beim Duschen – ein wahrlich paradiesisches Leben, wenn es jemals eines gegeben hat.
- ☐ Fünf oder sechs verschiedene Arten von Blattsalat mit ihren verschiedenen Texturen und Grünschattierungen können zusammen angepflanzt werden. Zusammen sehen sie mit ihren Farben und kontrastierenden Formen so schön aus wie jedes Blumenbeet. Man könnte beispielsweise einige der folgenden Arten miteinander kombinieren:
  Ruby – hell- bis dunkelgrüne gekräuselte Blätter mit dunkelroten und purpurfarbenen Stellen
  Eichenblatt – mittelgrüne, eichenblattförmige Blätter
  Black-Seeded Simpson – blasse gelbgrüne Blätter
  Eissalat – gekräuselte hellgrüne Blätter
  Bibb – Rosetten aus üppigen grünen ovalen Blättern
  Romaine – aufrechtstehende, torpedoförmige Köpfe in hell- bis dunkelgrüner Farbabstufung.

Wie Sie sehen können, kann es sowohl für den Neuling als auch für den erfahrenen Gärtner zu einer fesselnden und unwiderstehlichen Herausforderung werden, die Landschaft abzuernten und Gemüsepflanzen als Blumen zu betrachten. Es gibt nur eine wesentliche Gefahr – Sie könnten ein Bild kreieren, das zu schön ist, um es zu zerstören. Deshalb hier ein paar Tips, wie Sie zu Ihren Pflanzen kommen und sie auch essen:

- ☐ Wählen Sie Pflanzen, die lange Zeit Frucht tragen, und die auch während des Wachstums attraktiv bleiben: Die Arten, die immer wieder nachwachsen, wie etwa Mangold, alle Arten von Paprika – lieblich und scharf, grün, rot und gelb –, Blattsalat, Buschbohnen und Buschkürbis sowie Kletterpflanzen.
- ☐ Lernen Sie, Kletterpflanzen durch Kletterpflanzen zu ersetzen; setzen Sie Gurken, wenn die Zuckererbsen zur Neige gehen. Kletterpflanzen sind fast eine Garantie, wenn die Produktion immer weitergehen soll.

- ☐ Ersetzen Sie Pflanzen, die wie etwa Rettiche oder Bete schnell reifen und total abgeerntet werden, immer wieder durch Keimlinge, die Sie in Reserve halten. Mit Hilfe der Aufstellung »Pflanzen mit doppeltem Nutzen« können Sie sich vorstellen, wie Gemüsepflanzen anstelle von Zierpflanzen aussehen, und diese Vorstellung in die Praxis umsetzen. Die Gemüsepflanzen sind dort in Kategorien zusammengefaßt, die auf der jeweiligen Verwendung zur Landschaftsgestaltung beruhen.
- ☐ Hängekörbe sollten freigiebig eingesetzt werden, um Akzente zu setzen, denn überall, wo sie hängen, verleihen sie dem Bild eine weitere Dimension. Das gleiche gilt für Pflanzgefäße – sie machen eine starke architektonische Aussage und akzentuieren gleichzeitig die Landschaft. Weil sie so flexibel einsetzbar sind, kann man mit ihnen jede leere Stelle auffüllen, an der Gemüse geerntet worden ist. Wenn Pflanzgefäße leicht sind und vor guten eßbaren Dingen überfließen, bilden sie in der Tat eine bewegliche Festmahlzeit und akzentuieren die Landschaft mit gutem Geschmack (in doppelter Hinsicht).

KAPITEL 3

Pflanzgefäße – Gärten für alle Gelegenheiten

Unter einem Gefäß versteht man laut Definition alles, in dem etwas enthalten ist. Der Begriff an sich weist schon auf Mobilität und Unbeständigkeit hin – es sei denn, daß Gefäß ist so groß und wiegt so viel, daß man es kaum bewegen kann. In bestimmten Gegenden können extrem schwere Gefäße ein entschiedener Vorteil sein, wie beispielsweise auf Gehwegen in der Stadt, wo die Gefäße es manchmal schaffen, »sich davonzumachen«. Gärten aus Gefäßen eignen sich außerdem für das unbeständige Leben von Leuten, die immer nur vorübergehend eine Wohnung oder ein Haus mieten oder im Wohnwagen leben – man kann sie mitnehmen, wenn man umzieht. Pflanzgefäße machen Gärten möglich, wo sie sonst nicht in Frage kämen. In Innenhöfen, an Eingängen, auf Schiffsdecks, Balkonen, Dächern, bei extremen Wetterbedingungen oder schlechter Erde und Entwässerung; in all diesen Fällen sind Pflanzgefäße die perfekte und manchmal die einzige Lösung. Es gilt also, neben der dauerhaften Eßlandschaft den Garten aus veränderlichen, beweglichen Pflanzgefäßen in die Überlegungen einzubeziehen.

Die Art von Gefäßen, die Sie wählen, richtet sich nicht nach dem zur Verfügung stehenden Geld, sondern kann so unterschiedlich und kreativ sein, wie es Ihre Vorstellungskraft erlaubt (unter der Überschrift »Fundstellen für Ausrangiertes« weiter hinten finden Sie ein paar Ideen für sehr billige Gefäße). Pflanzgefäße brauchen nur zwei grundlegende Bedingungen zu erfüllen:

- ☐ Sie müssen groß genug sein, um die gewünschte Pflanze in voll ausgewachsenem Zustand aufzunehmen.
- ☐ Sie müssen in der Lage sein, die Erde zu halten, und müssen überschüssiges Wasser ablaufen lassen.
- ☐ Bei so einfachen Grundbedingungen kann eigentlich jeder, der bereit ist, ein wenig Zeit auf die Pflege einer Gemüsepflanze zu verwenden, irgendeinen Gemüsegarten haben. Selbst das kleinste Einkommen reicht für ein paar Pflanzgefäße!
- ☐ Außer einer besseren Kontrolle über das Umfeld der Pflanzen sorgen Pflanzgefäße für Pfiff und Auflockerung, wo immer sie auch stehen. Sie können eine Art Schaukasten kreieren, indem Sie Gefäße auf verschiedene Ebenen gruppieren, um Höhe zu schaffen (und Platz zu sparen). Sie können eine langweilige oder öde Stelle verschönern oder einen Problembereich an einer Straße oder einem Gehweg verstecken. Vorder-, Rück- und Seiteneingänge machen einen freundlicheren Eindruck und sagen »Willkommen«, wenn sie

Hier ist eine hübsche Ansammlung von Holzkübeln, die Sie selbst bauen oder kaufen können (im Uhrzeigersinn von rechts): Ein Kübel auf einem fahrbaren Untersatz, ein quadratischer Rotholzkasten mit gezapften Seitenteilen, ein Behälter aus aufeinandergestapelten und zusammengeleimten Holzbalken und zwei einfache, mit Latten verzierte Holzkästen. Die Kästen müssen nicht quadratisch sein – ein dreieckiger Kasten eignet sich perfekt für eine Ecke, und kleine Flächen lassen sich gut mit rechteckigen Gefäßen ausfüllen.

mit einem gut gepflegten Gefäß mit etwas Frischem und Schmackhaften verschönert sind.

□ Natürlich sind an jedem Ort andere Herausforderungen zu bewältigen. Gartenbau war beispielsweise sicherlich das letzte, an das die Städtebauer dachten, als sie Balkone und Dachterassen entwarfen, aber viele Hochhausbewohner haben es mit Pflanzgefäßen geschafft, die speziellen umweltbedingten Hindernisse, denen sie sich gegenübersahen, zu überwinden. Zweibeinige Gemüsediebe und vierbeinige Gartenplünderer bleiben zwar auf der Erde zurück, aber dafür müssen Hochhausgärten mit der Gewalt der Elemente fertig werden. Sie werden von blattausreißenden Winden gepeitscht und von der sengenden Sommersonne gebraten, während ein ständiger Rußregen auf sie niedergeht. Aber dagegen läßt sich etwas tun. Niemand hat je einer Gurke oder Tomate erklärt, daß sie eigentlich nur auf der Erde wachsen sollte. Wenn man den Pflanzen in Gefäßen gibt, was sie an Wasser, Erde und Sonne benötigen, wenn man die richtigen Arten wählt und die Pflanzen in einen Behälter mit der richtigen Größe setzt, wachsen und produzieren sie überall – selbst auf einem Dach oben am Himmel.

Die Tatsache, daß Pflanzgefäße transportabel sind, bedeutet weiterhin, daß man seine Eßlandschaft von einer Stelle an die andere transportieren und somit trotz räumlicher Beschränkungen sonnige Fleckchen an abgelegenen Stellen nutzen kann.

Hilfreiche Tips zur Wahl von Pflanzgefäßen

Weil die Erde nicht tief ist und den Pflanzenwurzeln daher nur beschränkt Platz zur Verfügung steht, sind Pflanzen, die nicht in der Erde wachsen, vollkommen davon abhängig, was Sie ihnen geben und wie Sie für sie sorgen. Es gibt daher einige spezielle Dinge, auf die Sie unabhängig davon achten müssen, ob Sie Gemüse in einem gefundenen, gekauften oder selbstgebauten Gefäß auf der Erde oder auf einem Dach ziehen. Achten Sie also auf die folgenden Hinweise, bevor Sie die Pflanzen in die Gefäße setzen:

- ☐ Genauso, wie Sie einen Fuß der Größe 42 nicht in einen Schuh der Größe 36 zwängen können, muß die Behältergröße auf die Tiefe der Wurzeln und die Größe der ausgewachsenen Pflanze zugeschnitten sein. Es ist absolut nicht möglich, Mais mit seinen tiefreichenden und sich ausbreitenden Wurzeln dazu zu bringen, in einem Blumentopf von 20 cm Ähren zu tragen und zu blühen, obgleich er in einem solchen Topf eine attraktive Laubpflanze sein könnte. Die richtige Art von Mais läßt sich jedoch in einem großen Gefäß ziehen (mehr Informationen zu Gemüsearten und Gefäßgrößen finden Sie am Ende von Kapitel 6 unter »Gemüse für Gefäße und beengte Stellen«).
- ☐ Falls Sie auch Obstbäume in Gefäßen ziehen wollen, sollten Sie wissen, daß Sie außer für Feigen, die den kleinsten Topf brauchen, in den ihre Wurzeln noch passen, für jeden Zwergobstbaum einen dickwandigen 300-Liter-Behälter (85 cm tief und 90 cm Durchmesser) benötigen. Wenn Sie den Baum spalieren wollen, brauchen Sie für das Gefäß ein 120 cm hohes Spalier für die gezogenen Äste. Beerenbüsche lassen sich in halben Fässern von mindestens 60 cm Tiefe unterbringen.
- ☐ Viele erfahrene Behältergärtner ziehen Holzgefäße vor. Nasses Holz quillt auf und trägt somit zu einer verlangsamten Verdunstung bei (bei Pflanzgefäßen wichtiger als bei normalen Gärten). Holzgefäße halten extreme Temperaturunterschiede aus und werden in einer Vielzahl von Stilrichtungen, Formen und Größen angeboten (siehe Abbildungen). Holz ist außerdem problemlos, wenn man seine eigenen Gefäße bauen will. Lärche und Eiche halten zwar am längsten, sind aber auch die teuersten Hölzer. Kiefer ist eine akzeptable Alternative.
- ☐ Streichen Sie alle Gefäße aus Holz innen und außen mit Cuprinol, damit sie länger halten.
- ☐ Mit zwei oder drei Schichten Silikon (ein wetterfester Dichtungs- und Schutzfilm mit großer Flexibilität) auf der Innenseite hält jedes Holzgefäß viel länger als sonst.

Einzelne Kästen lassen sich um der Flexibilität willen auf viele verschiedene Arten gruppieren und arrangieren. Hier sehen Sie rechteckige Kästen mit Blattsalat um einen Zwergobstbaum, eine Kastenpyramide mit Kräutern und kleinere Kästen auf den Stufen.

- ☐ Nutzen Sie den Vorteil verschiedener Formen, wenn Sie Holzgefäße bauen oder kaufen. Sechseckige Gefäße lassen sich hübsch zu einem Verbund gruppieren; dreieckige Gefäße sind besonders nützlich für Ecken.
- ☐ Achten Sie darauf, daß die Ecken der Gefäße mit Winkeleisen und Messingschrauben und nicht mit Nägeln verstärkt sind, weil die Gefäße auseinanderfallen, wenn die Nägel und Beschläge wegrosten.
- ☐ Eisen- oder Aluminiumbänder an Tonnen und Fässern sind in der Regel am ehesten hinüber. Streichen Sie diese Bänder also mit Rostschutzfarbe, um die Lebenserwartung der Fässer zu verdoppeln. Sichern Sie die Bänder oder Reifen mit L-förmigen Faßnägeln. Messingreifen, die die hölzernen Dauben zusammenhalten, sollten lackiert werden.
- ☐ Wenn sich die Metallbänder aufgelöst haben, das Holz aber noch gut ist, kann Ihnen eine Eisenwarenhandlung ein altes Faß vielleicht neu bereifen.
- ☐ Wenn Sie auch nicht mit Hammer und Nägeln umgehen können, so können Sie doch immer noch Kästen für Ihre Pflanzen aus 5×5 cm starken Hölzern zusammenleimen (siehe Abbildung auf Seite 69).
- ☐ Pflanzgefäße aus Beton sind robust, bedeuten aber aufgrund ihres Gewichts eine Belastung für Dächer und Balkone. Solche Gefäße verwendet man am besten nur auf dem Erdboden.

- ☐ In Behältern aus GFK und undurchlässigem Hart- und Weichplastik trocknet die Erde nicht so schnell aus wie in Tontöpfen, aber sie haben in der Regel keine Entwässerungslöcher, für die Sie dann sorgen müssen. Erhitzen Sie einen Eispickel oder Schraubenzieher ein paar Minuten lang in einer offenen Flamme und durchbohren Sie damit dann die Seiten des Behälters etwa zweieinhalb Zentimeter über dem Boden. Machen Sie auch ein oder zwei Löcher in den Boden. Ziehen Sie dabei zum Schutz der Hände Gartenhandschuhe an.
- ☐ Unabhängig von dem Material, aus dem sie gemacht sind, müssen alle Behälter ausreichend entwässert werden. Achten Sie darauf, daß im Boden der Gefäße in Abständen von etwa 15 cm Wasserablauflöcher von gut 1 cm Durchmesser sind, und zwar unabhängig davon, ob Sie die Gefäße kaufen, bauen oder irgendwo finden.
- ☐ Kunststoff- und Tontöpfe halten mehrere Jahre lang, wobei der Kunststoff allerdings schließlich austrocknet und durch die Hitze der Sonne Risse bekommt. Tontöpfe sind hübsch und bilden mit ihren natürlichen Farben eine Ergänzung zum Laubwerk der Pflanzen. Die Erde wird darin allerdings schneller trocken als in Kunststoffgefäßen. Tontöpfe können springen, wenn sie bei kaltem Wetter im Freien bleiben.
- ☐ Meiden Sie Gefäße aus dünnem Metall, weil sie die Wärme schnell aufnehmen und an heißen Tagen die Pflanzenwurzeln »kochen« können. Außerdem rosten sie durch den Kontakt mit der feuchten Erde schnell.
- ☐ Einige der hübschesten Gefäße, die ich jemals gesehen habe, waren ursprünglich Schornstein- und Abflußrohre. Wenn Sie sich nicht mit den begrenzten Formen und Größen von Tontöpfen zufriedengeben wollen, sondern billige, dauerhafte und hübsche Gefäße mit dem Aussehen von Ton haben möchten, eröffnen Ihnen Schornstein- und Abflußrohre völlig neue Möglichkeiten. Es gibt sie glasiert und unglasiert, rund, länglich, rechteckig, quadratisch oder leicht geschwungen in Baumaterialhandlungen (weitere Informationen siehe Seite 78).
- ☐ Hohlziegel sind hochgradig porös und trocknen schnell aus; sie sollten also vor dem Befüllen und Bepflanzen mit Polyurethan glasiert werden.
- ☐ Wenn Sie nicht gern Geld in Gefäße aus härterem, dauerhafterem Material investieren wollen, können Sie es mit Behältern aus Preßpappe versuchen. Diese billigen Gefäße sind in verschiedenen Größen erhältlich; sie wiegen nicht viel und lassen sich leicht transportieren. Ihr Nachteil besteht darin, daß sie wahrscheinlich nicht länger als eine Saison halten.
- ☐ Styroportöpfe sind eine andere Art von Leichtgefäßen, die sich besonders für Dachgärten eignen. Die Töpfe sind weiß, so daß um die Wurzeln der Pflanzen herum keine Hitze aufgenommen wird. Styroportöpfe sind bei einer Reihe von Quellen erhältlich.
- ☐ Gefäße aus dunklem Material absorbieren mehr Wärme als hellfarbene Behälter. Dunkle Gefäße bieten bessere Ausgangsbedingungen für Keimlinge und halten außerdem die Wärme für Gemüsepflanzen wie beispielsweise Tomaten. Autoreifen lassen sich in kleine warme Fleckchen für Pflanzen ver-

Nur eine kleine Auswahl aus den vielen industriell gefertigten Pflanzkübeln (im Uhrzeigersinn von rechts oben): Ein glasierter Tontopf, unglasierte Terrakottatöpfe, ein halbes Faß, ein Rotholzkübel, Plastiktöpfe, verschiedene Abfluß- und Schornsteinrohre und Töpfe aus gepreßtem Papierbrei.

wandeln. Bei heißem, trockenem Wetter kann zusätzliche Hitze allerdings schädlich sein. Verwenden Sie hellfarbene Gefäße, wenn es in der Gegend, in der Sie leben, warm ist.

- ☐ Setzen Sie bei befestigten Oberflächen (Innenhöfe, Dächer oder Hofeinfahrten) große Behälter auf Leisten, so daß unter dem Gefäß 2,5 bis 5 cm Luft ist. Der Platz ist erforderlich, damit die Luft zirkulieren, das Wasser richtig ablaufen und Sie unter den Behältern saubermachen können.
- ☐ Etwas erhöht stehende Gefäße verhindern auch, daß die Wurzeln beispielsweise in die Dachoberfläche eindringen und Risse verursachen, durch die das Wasser schließlich in die darunter befindliche Wohnung läuft.

Füllen Sie Ihre Gefäße folgendermaßen, um zu verhindern, daß die Erde beim Begießen ausläuft, und um sich selbst eine Menge Arbeit zu ersparen. Geben Sie zunächst 2,5 oder 5 cm Tonscherben, Kies oder Styroporstückchen in den Behälter und decken Sie das Ganze mit einer Lage aus porösem Isoliermaterial aus Fiberglas oder mit mehreren Lagen aus alten Nylonstrümpfen oder Vorhängen ab. Darauf kommen 5 cm Torfmoos, damit die Wurzeln dort Feuchtigkeit bekommen, wo sie sie am meisten benötigen, und schließlich wird der Behälter bis 5 cm unter den oberen Rand mit der gewünschten Erdmischung gefüllt.

Ein Garten aus Abfalleimern

Jahrelang konnte ich ihn nur als »Mike von unten«; wir gärtnerten auf unserer Dachterrasse, während er zwölf Stockwerke unter uns auf dem Dach seines Mietshauses in alten Abfalleimern das saftigste Gemüse zog. Schließlich lernte ich Mike Tyna, Maler von Beruf und begeisterter Gärtner, kennen, und wir tauschten Informationen und Tips aus, obgleich unsere Probleme sich etwas voneinander unterschieden.

»Vor 15 Jahren«, sagt er, »begann ich auf dem Absatz einer Feuerleiter mit einer Holzkiste Basilikum und Tomaten, die eine Nachbarin gepflanzt hatte. Sie hatte Angst, daß sie eine Vorladung von der Feuerpolizei bekommen würde und bat mich, die Kiste auf das Dach zu tragen. Ich schaute mich um, und das Dach kam mir schlicht und einfach wie verschwendete Anbaufläche vor; so fing es an.« Sein üppiger Garten besteht aus Gefäßen in einer Vielzahl von Formen und Farben, alle irgendwo in der Stadt oder bei der Arbeit gesammelt.

Er nimmt 20-l-Plastikeimer, in denen früher Farbe war, und 15-l-Behälter aus Feinkostgeschäften (in denen vorher Kohl- und Kartoffelsalat war). Außerdem führt er Gefäße für Industriereinigungsmittel einer neuen Verwendung zu – besonders die Eimer für Seife. Sie halten etwa 5 bis 6 Jahre, sagt er. Mike bohrt zwei bis vier Löcher gut 2 cm über dem Boden in alle seine Gefäße, damit das Wasser ablaufen kann. Er besorgt sich Erde bei der Arbeit im Freien und von Straßenbaustellen und gibt Vermikulit zu.

Mike hat es geschafft, sein Hobby Angeln mit dem Gärtnern zu verbinden; er verwendet Angelgerät als Spalier für sein rankendes Gemüse und als eine neue Art von Taubenschutz. »Die Tauben sind wirklich ein Problem«, beschwert sich Mike. »Ich bezeichne sie als fliegende Ratten.« Um sie aus dem Garten fernzuhalten, verwebt Mike Angelschnur in eine Art »Fadenspiel«, das seinen Garten umspannt. Dieser gewebte »Zaun« bildet eine fast unsichtbare Barriere, durch die die Tauben nicht fliegen können. Sein Hobby kommt ihm auch gerade recht zum Düngen. Nach jedem Angelausflug füllt er Fischabfälle und Wasser in einen Eimer mit Deckel, der bis zum Ende der Anbauzeit stehen bleibt. Vor dem Winter gibt er dann in jedes seiner 50 Pflanzgefäße etwas von dieser Mischung. Durch den Deckel auf dem Eimer ergeben sich auch keine Geruchsprobleme.

Seine sämtlichen organischen Küchenabfälle kommen wieder in die Erde. Er kompostiert sie, indem er sie einfach in den Eimern untergräbt. In Anbetracht der Tatsache, daß Mike nur eine Stunde täglich im Garten arbeitet und die Pflanzen mit einem langen Schlauch wässert, ist das Ergebnis erstaunlich. Er setzt Knoblauch und Ringelblumen als Zwischenfrüchte und baut im Fruchtwechsel an, indem er die Pflanzen in den einzelnen Eimern jedes Jahr auswechselt. In seinem Garten finden sich Brokkoli, Salat, Kürbisse, Blumenkohl, Zwiebeln, Knoblauch und frische Kräuter wie Petersilie, Dill, Basilikum und Oregano für die italienische Küche.

Als wir zu einem der Pflanzgefäße gingen, lachte er. »Ich ziehe keine Zuccini, ich baue Keulen an! Hier, nehmen Sie diese – das ist eine der kleineren.« Ich nahm sie mit nach oben und wog sie. Sie kam auf gut 1100 Gramm!

Die Kunst, Pflanzgefäße zu organisieren

Die Leute, die man manchmal auf dem Land oder in der Stadt den Müll anderer Leute durchwühlen sieht, sind durchaus nicht alles Landstreicher oder Exzentriker. Es kann sich durchaus um Gärtner handeln, die sich ihren Weg durch ein Paradies für Leute suchen, die mit allem etwas anfangen können. Im Sperrmüll nach Pflanzgefäßen oder anderen Dingen zu suchen, ist eine einfallsreiche Art und Weise, eine Herausforderung anzunehmen. Als erstes braucht man ein Auge und einen Verstand, die einen Gegenstand losgelöst von seiner üblichen Funktion betrachten können, und zweitens muß man in der Lage sein, sich vorzustellen, wie man den glücklichen Fund einer neuen Verwendung zuführen kann. Eine der Hauptfreuden der Suche nach Gartengefäßen im Sperrmüll besteht darin, zufällig einen glücklichen Fund zu machen, handle es sich um einen fertigen Behälter oder um verschiedenes gebrauchtes Material, aus dem sich völlig neue Gefäße oder andere Konstruktionen für den Garten herstellen lassen.

Auf den Sperrmüll zu gehen, ist eine Kunst, für die man keinen praktischen Grund wie etwa Geldmangel braucht. Wenn Sie den Spaß jedoch vor sich selbst oder vor Ihren skeptischen Freunden rechtfertigen müssen, brauchen Sie nur zu sagen, Sie hätten die edle Absicht, etwas für die Wiederverwertung zu tun. Im Prinzip ist es das gleiche wie beim Kompostieren – nichts Nützliches zu verschwenden, selbst wenn man Millionär ist.

Wenn Sie in der Nachbarschaft verlauten lassen, daß Sie nach verwertbarem Material suchen, bekommen Sie möglicherweise Hinweise auf Stellen, die vor solchem Material nur so überquellen, beispielsweise Abbruchhäuser, Schiffsdocks und Eisenbahnhöfe oder Lagerhöfe von Abbruchfirmen. Das sind die günstigen Gelegenheiten, die Baumaterialien, die Sie selbst sammeln und abtransportieren. Mit diesen Materialien können Sie improvisieren – Gartenwege, Terrassenbeläge, Windschutz, Gartenmöbel, Pflanzkästen, Gefäße und Kisten, Lauben – alles, was Sie sich vorstellen und zur Verschönerung Ihres Gartens selbst bauen können.

Teure Gefäße und Gartenkonstruktionen garantieren keine besseren Ernten als gefundene Gegenstände. Denken Sie daran, daß die Franzosen mit ihrem weltweiten Ruf als Kunstkenner alle umgebauten, wiederverwendeten Objekte als »l'art trouvé« oder »Sperrmüllkunst« bezeichnen. Wenn Sie also den Müll anderer Leute durchwühlen und für einen exzentrischen Landstreicher gehalten werden, schauen Sie vertrauensvoll auf und sprechen französisch. Es klingt irgendwie besser, wenn man sagt »Je cherche l'art trouvé«, als wenn man erklärt »ich suche nach Ausrangiertem für meinen Garten«.

TRAGBARE PFLANZGEFÄßE AUS SCHORNSTEIN- UND ABFLUSSROHREN

Schornstein- oder Abflußrohre ergeben tolle Geäße für einen streng geometrisch angelegten Garten. Ich habe damit meinen Kräutergarten am Strand angelegt. Die Pflanzgefäße werden folgendermaßen hergerichtet:

- ☐ Mittels einer diamantbestückten Steinsäge wird das Rohr auf die gewünschte Länge zugeschnitten.*)
- ☐ Nach dem Schneiden wird der Innenumriß des Rohres auf einem 5 cm dicken Stück Holz (vorzugsweise Rotholz oder cuprinolbehandelte Kiefer) angezeichnet und ausgesägt. Bei großen Pflanzgefäßen muß man möglicherweise zwei Stücke Holz zusammenleimen.

* Wenn man freundlich darum bittet, macht das manchmal auch der Verkäufer.

Kräutergarten aus Schornsteinrohren

In meinem Garten am Strand ziehe ich Kräuter in Schornsteinrohren mit den Maßen 20×20×60 cm, die abgewinkelt bis zur Hälfte im Boden stecken. Nur die Gefäße mit Minze haben einen Boden, damit die kräftigen Wurzeln sich nicht zu weit ausbreiten. Die anderen Rohre sind unten offen. Mit Hilfe dieser Gefäße kann ich die Erdmischungen auf den Bedarf der einzelnen Kräuter abstimmen. Als ich zu Beginn die Erdmischung für den Kräutergarten zusammenstellte, rechnete ich 170 l Torf plus 11 kg getrockneten Kuhdung und eine großzügige Schaufel voll Holzasche auf 7 qm. Man könnte auch 2¼ kg Kalk plus 2¼ kg Knochenmehl plus 45 kg Kompost nehmen und das Ganze mit Sand oder Vermikulit leichter machen.

Alle überwinternden Kräuter bleiben an Ort und Stelle, und mit den verschiedenen Jahreskräutern experimentiere ich jedes Jahr neu. Nur die Pfefferminze wächst an einer gesonderten Stelle, weil sie sich so stark ausbreitet. Die abgewinkelten Schornsteinrohre fungieren als Abgrenzung für ein Hochbeet mit Gemüse, das dann neben die eigentlichen Kräuter gesetzt werden kann. Ein Ziegelweg teilt das Beet und trennt die Kräuter, die volle Sonne benötigen von denen, die gefilterte Sonne oder überwiegend Schatten brauchen. Durch den Weg kann ich auch von beiden Seiten an dem Gemüsebeet arbeiten.

In der Aufstellung mit den Käutern in Kapitel 6 ist der Grundbedarf meiner Lieblingskräuter dargestellt.

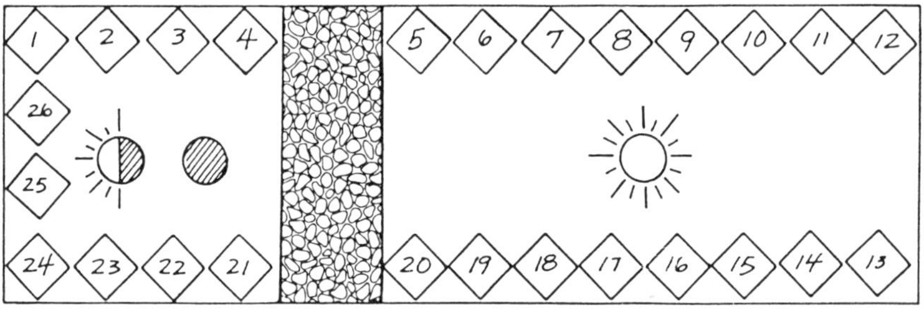

1 Zitronenmelisse, 2 Kerbel, 3 Liebstöckel, 4 Petersilie, 5 Rosmarin, 6 Oregano, 7 Schnittlauch, 8 dunkles Basilikum, 9 Estragon, 10 Thymian, 11 grünes Basilikum, 12 Gurkenkraut, 13 Fenchel, 14 Salbei, 15 Koriander, 16 17 süßer Majoran, 18 Dill, 19 französischer Sauerampfer, 20 Bohnenkraut, 21 italienische Petersilie, 22 Knoblauch, 23 Gartenkresse, 24 Kamille, 25 grüne Minze, 26 Pfefferminze.

- ☐ In das Holz werden zwei bis fünf Löcher mit gut 1 cm Durchmesser gebohrt, damit das Wasser ablaufen kann. Die Anzahl der Löcher hängt von der Größe des Behälters ab.
- ☐ Der Holzboden wird mit Epoxid- oder Silikonkleber in der gewünschten Höhe im Rohr befestigt (je nach Größe der Wurzeln der Pflanzen).

TRANSPORT SCHWERER GEFÄSSE

Große Behälter, die aus dauerhaftem Material bestehen und mit Erde gefüllt werden, können mehrere Gemüsepflanzen oder selbst einen Obstbaum oder Beerenbusch aufnehmen. Große Behälter brauchen auch nicht so oft gegossen werden wie kleine Töpfe. Aber ihre Beweglichkeit wird eingeschränkt, wenn man nicht weiß, wie man diese Schwergewichte transportieren soll, ohne sich dabei zu verheben. Auf folgende Weise kann man sich den Transport erleichtern:

- ☐ Mäßig schwere Töpfe lassen sich transportieren, indem man einen Sack oder Teppich darunterlegt und sie über den Boden zieht.
- ☐ Transportieren Sie einen Behälter immer vor dem Gießen, weil er dann leichter ist. Ein mit Erde gefüllter 30-cm-Topf kann knapp 30 kg wiegen. Ein mit Erde gefüllter Holzkasten von 45 cm im Quadrat wiegt bis zu 90 kg. Ein Baum in einem Behälter von $1{,}2 \times 1{,}2 \times 0{,}6$ m mit etwa 1 cbm Erde wiegt mehr als eine Tonne. Wenn die Erde naß ist, sind die Behälter beträchtlich schwerer.

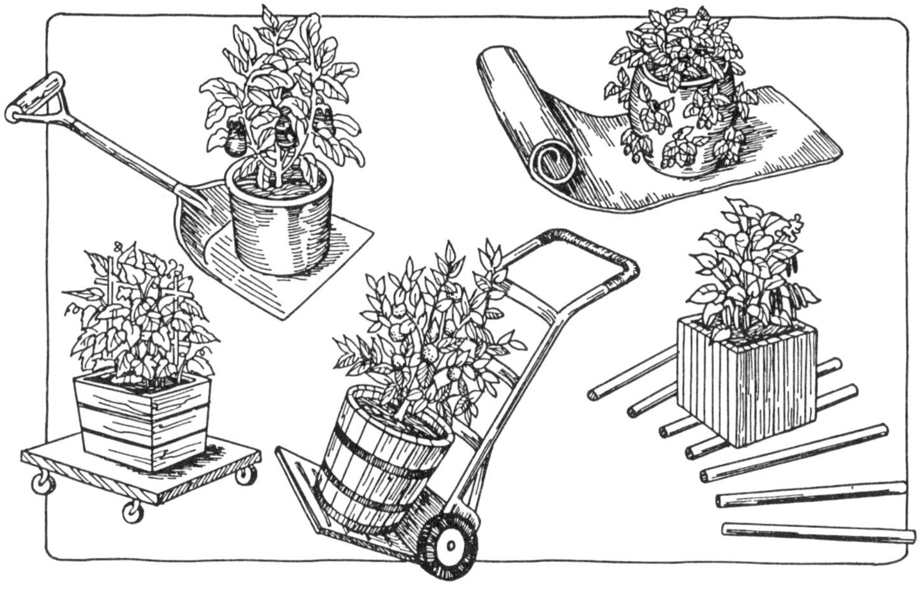

Schwere Kübel lassen sich auf Brücken ziehen, über Pfähle oder Besenstiele rollen (um Ecken herum fächerförmig ausbreiten), mit einer Sackkarre transportieren, von vornherein auf eine Platte mit Rädern stellen und auf einer breiten Schaufel ziehen.

Fundstellen für Ausrangiertes

Wo	*Was*	*Wozu*
Haushalts- und Eisenwarengeschäfte	Schüsseln, Wannen, Töpfe, Waschkörbe, Durchschlagsiebe, Kühltaschen	Styroporkühltaschen mit Plastikhülle eignen sich auch gut zum Ansetzen von Samen
Tapetengeschäfte	Plastikwannen zum Anfeuchten von Tapeten	Eine 10 cm tiefe Wanne mit den Maßen 80×15 cm ergibt einen perfekten leichtgewichtigen Blumenkasten
Gaststättenausrüster	Schwere Plastikabfallbehälter, Eimer und Plastiksäcke, große Töpfe, Schüsseln, Vorratsbehälter	
Bäckereien	Butterbehälter, Eierverpackungen, Milchbehälter, Milchbehälter aus Plastik	
Großküchen (Restaurants, Krankenhäuser, Schulen)	5-l-Dosen, Plastikgefäße, Mariniergefäße, Öldosen	
Bürobedarfsgeschäfte	Abfallkörbe, beschädigte Aktenschrankschubladen	Aktenschrankschubladen ergeben gute tiefe Pflanzbehälter
Bauhöfe	Betonblöcke, Schornsteinrohre, Abflußrohre, Eisenbahnschwellen, Ziegelsteine, Schiefer	Betonblöcke können als Einfassung für den Komposthaufen dienen
Garagen und Gebrauchtwagenhändler	Alte Traktor- und Autoreifen, Öldosen	Reifen speichern die Sonnenwärme – perfekt für Melonen, Tomaten, Paprika und andere wärmeliebende Pflanzen

□ Bauen Sie für sehr schwere Gefäße eine bewegliche Plattform aus 25 mm starkem Holz. Die Plattform sollte, wie in der Zeichnung, aus 3 zusammengenagelten Brettern bestehen. Montieren Sie Laufräder mit 5 cm Durchmesser (vorzugsweise aus Nichtmetall) unter die Plattform. Lassen Sie den Behäter zur Luftzirkulation, zur Verstärkung des Bodens und zum besseren Transport darauf stehen.

□ Einen Busch oder Baum in einem Topf transportiert man am bestem mit einer Sackkarre. Eine Sackkarre kann man mieten oder kaufen und manchmal auch bei einem Geschäft oder einer Spedition in der Nachbarschaft bzw. bei einem Hausmeister ausleihen. Die breite Auflagefläche gleitet leicht unter einen schweren Topf, die Griffe sind zum Körper angewinkelt, und das Ganze läuft auf zwei kräftigen Rädern.

Lebensmittelmärkte	Hölzerne Packkisten, Körbe in allen Größen und Formen, Plastikmilchbehälter, Beerenkörbe	Offene Körbe mit einem schweren schwarzen Plastikbeutel auskleiden und den Beutel durchlöchern, damit das Wasser ablaufen kann. In manchen Supermärkten muß man bezahlen, während andere froh sind, ihre überschüssigen Gefäße loszuwerden. Salat wächst in Beerenkörben – stellen Sie einen solchen Korb mitten auf den Tisch und ernten Sie Ihren Salat wirklich frisch!
Abbruchfirmen	Badewannen und Spülen	In Wannen und Spülen kommt unten eine Schicht Kies
	Toiletten, Waschbecken, Kühlschränke	Ein auf den Rücken gelegter Kühlschrank ohne Tür ergibt einen schönen Pflanzbehälter
	Alte Ziegel, Installationsrohre	Mit Rohren lassen sich Spaliere bauen
Sperrmüll	Alte Schuhe, Stiefel und Handschuhe, alte Schubläden, Kochtöpfe	Ausgefallene Gefäße für Paprika und kleine Tomaten
	Plastik- oder Tontöpfe mit abgestorbenen Pflanzen	Alte Tontöpfe ausschrubben, trocknen und sterilisieren; in nicht vorgeheizten Backofen stellen und auf 100 Grad erwärmen. Eine Stunde im Ofen und dann über Nacht abkühlen lassen
	Alte Schirme, Schirmständer	Ranken auf bezugslose Schirme ziehen
	5-l-Kanister	Kanister oben mit der Schere abschneiden, um kleine Pflanzkübel zu erhalten
	Trittleitern	Flach auf den Boden legen, zwischen die einzelnen Stufen Kräuter pflanzen
	Räder mit Speichen	Für Kletterpflanzen
	Fahrradkörbe aus Draht	Mit Moos auskleiden und aufhängen

□ Mit einer breitflächigen Schaufel kann man ein Pflanzgefäß leicht anheben und über den Boden ziehen.

□ Beim Bau der Pyramiden bewegten die ägyptischen Sklaven schwere Steine auf Rollen von den Steinbrüchen zu den Bauplätzen. Mit dieser Methode in einer weniger grandiosen Form können Sie selbst die schwersten Gefäße bewegen. Legen Sie drei oder vier Metallstäbe oder Rohre von 5 cm Durchmesser, runde Holzpflöcke oder Besenstiele parallel zueinander auf den Boden. Schieben Sie eine breitblättrige Schaufel unter das Gefäß, heben Sie es auf die Rollen und schieben Sie es darüber hinweg bis zum Ende. Legen Sie die jeweils hintere Rolle nach vorn und wiederholen Sie den Vorgang, bis das Gefäß langsam aber sicher dorthin gekommen ist, wohin Sie es haben wollen.

Recycling auf dem Dach

Er bezeichnet sich selbst als »Aufzugfarmer«, und das ist er in der Tat, denn seine Farm am Himmel besteht aus einer schmalen, windumwehten Dachterrasse an drei Seiten eines siebzehnstöckigen Gebäudes, die nur mittels eines Aufzugs erreichbar ist, der direkt in das Penthouse führt. Er ist offensichtlich auch der König der Behältergärtner, weil er in Gefäßen in jeder vorstellbaren Größe, Form, Farbe und Art Gemüse zieht. Der unkonventionelle Stewart Mott – Philanthrop, politischer Aktivist und größter Aktionär bei General Motors – kann es sich zwar durchaus leisten, sein Gemüse in schönen, handgeschnitzten Rotholzkästen zu ziehen, ist aber ein praktisch veranlagter Mann, der der Ansicht ist, man müsse das auf den Straßen liegende Abfallmaterial einer neuen Verwendung zuführen. Alte Reifen, Holzpaneele, Türen, Milchbehälter, Transportkästen – alles wird umfunktioniert und dient als Pflanzkübel.

Weil Stewart Mott extrem beschäftigt ist, hat er Robert Wong, einen Gartenbaustudenten, angestellt, der ihn im Garten vertritt. Wie viele andere Leute glaubt Stewart Mott, daß Dächer potentielle Nahrungsanbauflächen sind, die zur Zeit noch vergeudet werden, und er und Robert Wong wollen offensichtlich den Beweis antreten, daß Städter ohne große Kosten einen Großteil Ihrer Nahrung ganz nah bei ihrer Behausung anbauen können.

Das Dach ist ein regelrechtes Füllhorn, das diesen Anspruch bekräftigt. Ich zählte mehrere verschiedene Sorten von gut 30 Gemüsearten, 33 verschiedene Kräuter und 7 Arten von Obstbäumen, dazu ein paar Weinranken und eine Sammlung von Beerenbüschen.

Alle Pflanzen werden aus Samen gezogen, der in Dosen keimt, in denen das Futter der drei frei herumlaufenden großen Katzen war. Robert Wong mußte eine Abdeckung für die Anzuchtkästen konstruieren, damit die Katzen nicht in der Erde herumwühlten und die Setzlinge zerstörten. Das zum Abdecken verwendete Netz hat noch eine zweite Funktion – es dient als Spalier für Gurkenranken.

Die Nordseite des Daches, der windigste Abschnitt, erhält teilweise Schutz durch einen Palisadenzaun. Hier liegt, eingefaßt von Hohlböcken, der Mittelpunkt der Wiederverwertungsoperation – der Komposthaufen. Kompost entsteht aus alter Topferde, den Essensresten von 9 Leuten und den zerkleinerten Resten der vielen Ziersträucher und Blumen, die sich ebenfalls in Pflanzkübeln auf der Terrasse befinden. »Aber ich muß darauf achten«, sagt Robert, »daß die Pflanzen nicht mit Krankheitskeimen verseucht sind, die sich sonst ausbreiten würden. Einmal hatte jemand sorgloserweise von einem Virus befallene Tomaten und Kürbisranken in den Haufen gegeben, und die nächsten Pflanzen, die den Kompost bekamen, verwelkten.

Ein anderes Problem war die Schimmelbildung«, fuhr Robert fort. »Wir setzten die Pflanzen eng aneinander, und bei heißem Wetter in Verbindung mit der Brüstung und wahrscheinlich fehlender Luftzirkulation gingen unsere Melonen an Welke ein. Seit damals wissen wir, daß wir sie an Stellen pflanzen müssen, an denen die Luft besser zirkulieren kann; jetzt ist alles in Ordnung.«

Der Komposthaufen hat die Abmessungen 90×90×80 cm und ist auf drei Seiten eingefaßt. Im Frühjahr wird eine Seite angebaut, und der neue Kompost wird vom Grunde des Haufens weggenommen und in die Pflanzkübel gegeben. »Wir haben eine Bezugsquelle für echten Dung; in der Stadt ist das wie Gold. Wir bekommen ihn aus dem Stall, in dem die Polizeipferde stehen. Wir bringen Säcke, unsere eigenen Schaufeln, die eigene Muskelkraft und einen Lastwagen mit. Der Preis stimmt auch; für Selbstabholer kostet es nichts. Für einige Pflanzen nehmen wir als Mulch Alkaligras, das auch nicht weggeweht wird, wenn es feucht ist. Und wo wir gerade beim Wind sind, es gibt zwar eine ständig qualmende Müllverbrennungsanlage, aber der Wind bläst das

meiste davon, und eventuell anfallender Ruß wird mit einem Schlauch abgewaschen.«

Robert Wong und Stewart Mott sind der Meinung, daß »Gärtnern auf dem Dach viel Spaß macht, aber auch harte Arbeit bedeutet angesichts der Menge, die wir in einer Saison anbauen. Außerdem ist es eine Herausforderung, für 9 Leute Gemüse, Beeren und Kräuter zu produzieren, noch etwas für Geschenkkörbe übrig zu haben und nie mit dem Aufzug nach unten fahren zu müssen, um im Supermarkt diese minderwertigen, geschmacklosen Gemüsereproduktionen zu kaufen. Jede Mahlzeit mit unseren frischen Produkten bestätigt uns in der Ansicht, daß die harte Arbeit sich wirklich lohnt.«

Pflege- und Nahrungsbedürfnisse von Behälterpflanzen

Die Bodenmischung ist bei Behälterpflanzen um einiges wichtiger als bei Pflanzen, die direkt im Boden wachsen. Sie muß leicht, aber fruchtbar sein, und sie muß leicht abtrocknen, aber trotzdem Feuchtigkeit und Nährstoffe für die Wurzeln halten. Das sind die gleichen Forderungen, wie sie auch an normale Erde gestellt werden, allerdings mit einer großen Ausnahme: Pflanzen in Behältern haben weitaus weniger Erde zur Verfügung. Es liegt an Ihnen, dafür zu sorgen, daß die Behälterpflanzen die Nahrung und Feuchtigkeit bekommen, die sie benötigen. Ihre eingesperrten Wurzeln und die begrenzte Bodenmenge können für ein gutes Wachstum nicht genügend bereitstellen. Die Erde muß sehr sorgfältig ausgewählt, regelmäßig angereichert und in einem Spitzenzustand gehalten werden, wenn Sie gute Erträge erzielen wollen.

Die folgenden Tips könnten den ganzen Unterschied ausmachen zwischen Gemüsepflanzen, die gut wachsen und produzieren, und schwächlichen Pflanzen, die nur vor sich hin vegetieren:

- ☐ Ausgangspunkt für den Erfolg ist eine speziell zusammengestellte leichte Bodenmischung (weitere Informationen finden sich in Kapitel 8).
- ☐ Lassen Sie beim Befüllen des Behälters oben 5 bis 8 cm Platz für Bodenzusätze wie Kompost, für eine Lage Mulch, und damit beim Gießen die Erde nicht überläuft.
- ☐ In einem fertigen Behältergarten sollten Sie die Erde jahreszeitlich erneuern oder bei sukzessiver Bepflanzung mehr Kompost, Dung oder anderen organischen Dünger zugeben.
- ☐ Wenn die Pflanzen im Herbst verbraucht sind, zieht man sie heraus, um die Erde aufzulockern. Geben Sie in jeden Topf eine Kombination aus organischen Düngemitteln mit den drei Hauptnährstoffen (Stickstoff, Phosphor und Kalium), und zwar eine halbe Kelle Blutmehl, eine Kelle Knochenmehl und eine halbe Kelle Grünsand. Geben Sie gesunde abgefallene Blätter dazu, die sich über den Winter zersetzen, sowie etwas Torfmoos und getrockneten Kuhdung. Zusätzliches Vermikulit oder Perlit trägt ebenfalls dazu bei, verdichtete Erde im Behälter aufzulockern. Arbeiten Sie das Material gut ein, und lassen Sie die Erdoberfläche über den Winter rauh und unbedeckt.
- ☐ Zusätzliche Nahrung in Form eines Flüssigdüngers wie beispielsweise Fischemulsion, die in der Vegetationsperiode alle 7 bis 10 Tage gegeben wird, stellt sicher, daß die Wurzeln reichlich Nährstoffe erhalten. Aus Töpfen sickern die Nährstofe leicht mit dem ablaufenden Wasser aus und müssen häufiger ergänzt werden als im Erdboden.
- ☐ Wasser, Wasser und nochmals Wasser. Das ist ein weiterer großer Unterschied zwischen Pflanzgefäßen und dem Erdboden. Natürlich hängt die Häufigkeit des Gießens von der Größe und Art des Behälters, dem Bedarf der einzelnen Pflanzen, den Umweltbedingungen und dem Kleinklima ab, das Sie schaffen, um die Feuchtigkeit zu bewahren und Ihre Pflanzen vor Wind oder zuviel Sonne zu schützen. Auf jeden Fall aber trocknet die Erde in Gefäßen im Freien sehr schnell aus, und das Gießen kann zur täglichen Pflicht werden.
- ☐ Prüfen Sie die obere Schicht der Erde täglich, indem Sie Ihre Hand oder ein Stück Zeitungspapier oder ein Papiertuch darauf drücken. Wenn das Papier sofort feucht wird, brauchen Sie nicht zu gießen.
- ☐ Achten Sie beim Gießen darauf, daß Sie sorgfältig gießen, so daß die Erde gesättigt ist und das Wasser unten aus dem Behälter auszulaufen beginnt.

- □ Feines Absprühen mit den Schlauch wäscht nicht nur den Schmutz vom Dach, sondern bedeutet auch eine Wiederbelebung für verwelkende Pflanzen.
- □ Durch Aufstellen von Gefäßen in Gruppen wird die Luftfeuchtigkeit im Umkreis erhöht und eine schnelle Verdampfung verhindert. Auch mit Mulchschichten bleibt die Feuchtigkeit länger in der Erde. Aber denken Sie daran, je kleiner der Behälter, desto häufiger muß gegossen werden.
- □ Hüten Sie sich davor, zuviele Pflanzen in einen Behälter zu setzten. Zusammengedrängte Pflanzen beschatten einander und behindern die Blütenproduktion. Direkt im Erdboden können die Pflanzen sich in andere Richtungen ausbreiten, aber in Behältern bleibt ihnen nur übrig, sich über die Seiten zu ergießen.
- □ Peinlich genaue Pflege ist unerläßlich, weil die Behälter in der Regel an deutlich sichtbaren Stellen wie auf Terassen, Stufen oder Einfahrten stehen.

BESONDERE HINWEISE ZUM ANBAU VON KRÄUTERN IN GEFÄSSEN

Die meisten Küchenkräuter wachsen in einem Topf, der einen Durchmesser und eine Tiefe von jeweils etwa 12 cm hat und etwa 1 l Erde faßt. Bis auf wenige Ausnahmen (die in der Aufstellung am Ende von Kapitel 6 aufgeführt sind) handelt es sich bei dieser Größe um das absolute Minimum.

- □ Inn größeren Behältern und im Erdboden werden die Pflanzen natürlich größer und kräftiger.
- □ Einige kopflastige Kräuter benötigen feste Töpfe oder Gefäße mit flachem Boden, die nicht so schnell umkippen.
- □ Denken Sie bei der Wahl von Gefäßen daran, daß Tontöpfe die Feuchtigkeit aufnehmen und besonders gut für bestimmte Kräuter sind, die trockenere oder sandige Erde vorziehen. Holz- oder Plastiktöpfe halten die Erde länger feucht und eignen sich für Kräuter, deren Wurzeln mehr Feuchtigkeit benötigen.
- □ Gehen Sie beim Entwurf eines Kräutergartens davon aus, zuerst perennierende Pflanzen zu setzen und dann Behälter mit einjährigen Pflanzen darum herumzugruppieren, wenn sie die gleichen Bedürfnisse haben. Denken Sie daran, daß bewegliche Gefäße dem wählerischen Bedarf mancher Kräuter an Sonne entgegenkommen. Manche Kräuter bevorzugen hellen Sonnenschein; andere gedeihen nur in gefilterter Sonne oder im Schatten.
- □ Eine einfache Möglichkeit, empfindliche perennierende Pflanzen im Freien in Behältern zu überwintern, besteht darin, einen Styroportopf über die Pflanze zu stülpen, eine Plastiktüte an mehreren Stellen zu durchlöchern, damit Luft hineinkommt, und die ganze Pflanze darin einzuwickeln.

Nachdem Sie jetzt die Grundlagen des Gärtnerns in Behältern kennen, wollen wir uns ein paar kreative Möglichkeiten anschauen, diese Behälter vom Boden wegzubekommen, um noch mehr Platz zu sparen.

Aufwärts mit den Pflanzen!

Sie werden jede Menge neuer Plätze für Pflanzgefäße entdecken, wenn Sie damit beginnen, nach oben zu schauen und nicht mehr horizontal, sondern vertikal zu denken. Eine Vielzahl speziell konstruierter Behälter kann Ihrem Garten dabei helfen, nach oben zu wachsen. Ein klassisches Beispiel ist der Blumenkasten, der auf einem Balkon, einer Veranda oder einer Decksreling steht oder vor einem Küchenfester in bequemer Reichweite für die Gießkanne hängt. Auch die an Draht aufgehängten Behälter – Hängekörbe in allen Stilrichtungen, Formen und Materialien – können für den erforderlichen dekorativen Akzent sorgen und jedem Garten einen besonderen Charme und Verschönerungseffekt verleihen. Es gibt Fässer, Pyramiden und Erdbeerpflanzgefäße, die traditionsgemäß für Erdbeeren verwendet werden, aber genausogut mit Salat oder Kräutern bepflanzt werden können. Über einem Zaun oder an einer Wand können Sie einen Garten in Form einer »wachsenden Wand« schaffen (siehe Seite 90). Hier sind ein paar Dinge, die Sie über die einzelnen Arten solcher Behälter wissen sollten.

BLUMENKÄSTEN

Blumenkästen bieten Zoll für Zoll mehr Wirkung für weniger Arbeit und sind eine Aufwertung für das Äußere und das Innere eines Hauses (und in der Regel für die gesamte Straße). Vielleicht sind Sie versucht zu glauben, daß etwas so Charmantes wie ein Blumenkasten illegal sein muß. Das ist zwar nicht der Fall, aber in manchen Städten gibt es bestimmte Verordnungen über Blumenkästen (zum Teil auch für andere Pflanzgefäße), wenn Sie an der Vorderseite von Gebäuden angebracht sind. Wenn Sie daran denken, Blumenkästen aufzustellen, sollten Sie an ein paar einfache Dinge denken, die zum größten Teil der Sicherheit dienen.

- ☐ Fensterbank und Fensterrahmen müssen in Orndung sein. Jedes Gewicht an einem verrotteten Holzrahmen ist eine Gefahr.
- ☐ Das Fenster darf nicht zu einem Fluchtweg gehören, d. h. ein Notausgang oder anderer Ausgang aus dem Gebäude darf nicht versperrt werden.
- ☐ In manchen Städten darf das Fenster nicht mehr als fünf Stockwerke über der Straße liegen und muß in bezug auf öffentliche Gehwege etwas zurückgesetzt sein (damit nicht die Köpfe von Passanten begossen werden).
- ☐ Der Kasten muß sicher am Fensterrahmen befestigt werden. Das beste Material für Fensterblumenkästen ist Holz oder Fiberglas. Metallkästen rosten schnell und absorbieren Wärme, die die Wurzeln der Pflanzen verbrennen kann. Zur Befestigung der Kästen mit nichtrostendem Material spannt man mehrere Reihen Klavierdraht zwischen Messingösen, die am Fensterrahmen befestigt werden. Wenn der Kasten aus Holz ist, kann er mit einem Paar langer Haken am Fensterrahmen befestigt werden.

Nur wenige Dinge sehen im Herbst trauriger aus als ein ehemals farbenfroher Blumenkasten mit den braunen, durch den Frost verwelkten Überresten der rei-

Ein Behältergarten auf einem Dach kann viel mehr sein als nur eine Anzahl von Töpfen in einer Reihe. In diesem Garten gedeihen Kräuter und Blumen in einem Kasten an der Brüstung, Gurken in Kästen ranken an einem Spalier empor und verbergen ein Abluftrohr, eine Laube aus Weinreben in Töpfen bietet Schatten an einem heißen Nachmittag, und Töpfe mit Salat verschönern ein Regal direkt vor dem Fenster.

chen Gaben des Sommers. Um den Kasten aufzumöbeln und auch in der kalten Jahreszeit etwas Freude daran zu haben, werden zuerst die abgestorbenen Pflanzen einschließlich Wurzeln entfernt. Dann kommt eine Lage Torfmoos und getrockneter Kuhdung dazu, um die Erde für das nächste Jahr anzureichern. Schließlich werden immergrüne Gewächse eingesetzt, die über die Kante des Blumenkastens herabhängen.

HÄNGEKÖRBE

Neben ihrer Beweglichkeit haben diese Gefäße einen ganz besonderen Vorteil, nämlich den, daß sie als Sichtschirm dienen können und auf freundliche Weise für eine gewisse Privatsphäre sorgen. Ihre unmittelbare Wirkung reicht von einem ruhigen, schmückenden Charme, wenn sie von der Vorderkante einer Ve-

Hier sind ein Drahtkorb, ein doppelter Drahtkorb (mit Sumpfmoos auskleiden), ein rundes Pflanzgefäß aus Holz und ein Plastiktopf mit fest sitzendem Untersetzer gezeigt. An Befestigungsmöglichkeiten für Hängetöpfe gibt es (von vorn) Wirbel aus dem Angelzubehör, Karabinerhaken von einer Hundeleine und Haken aus einem gebogenen Nagel und Lochband.

randa herabhängen, bis zum Unerwarteten und Spektakulären, wenn sie in verschiedenen Höhen angeordnet und aufgehängt werden. Noch besser aber ist, daß sie eine Menge Vergnügen für Ihre Größe bieten. Bevor Sie aber einen Hängekorb mit Pflanzen aus den Listen am Ende von Kapitel 6 bepflanzen, sollten Sie noch ein paar Dinge wissen.

Körbe: Treffen Sie Ihre Wahl auf der Grundlage von Dauerhaftigkeit, Fassungsvermögen und geringem Gewicht. Die größten Behälter sollten aus leichtem Kunststoff oder Drahtgeflecht sein, das mit Sumpfmoos ausgekleidet wird. Denken Sie daran, daß das Gewicht zunimmt, wenn die Pflanzen größer werden. Auch das zusätzliche Gewicht von Erde und Wasser muß berücksichtigt werden. Befestigungsmaterial: Die Befestigung muß natürlich stark genug sein und gut gesichert werden, damit sie das volle Gewicht des wassergetränkten Korbes trägt. Ein gefüllter Korb von 30 cm Durchmesser, der im trockenen Zustand etwa 5,5 kg wiegt, wird 2 bis 3 kg schwerer, wenn die Erde naß ist. Bei drehbarer Aufhängung können Sie die Pflanzen beliebig zur Sonne drehen und haben es leichter beim Gießen, beim Düngen und bei der Pflege.

Gießen und Düngen: Der Feuchtigkeitsverlust geht bei völlig freihängenden

Pflanzgefäßen immer schneller vor sich, aber das Ausmaß, in dem die Erde trocknet, hängt von der Größe und dem Material des Korbes und von seinem Standpunkt ab. In einem Korb, der in der heißen Sonne oder in einem anhaltenden trockenen Wind hängt, trocknet die Erde natürlich schneller aus als in einem Korb, der im sonnendurchsetzten Schatten eines Baumes hängt. Bei warmem Wetter oder an windigen Stellen müssen Sie möglicherweise täglich gießen, aber wenn Sie über die Moosauskleidung noch zusätzlich eine perforierte Kunststoffolie legen, bevor Sie die Erde zugeben, können sie den Feuchtigkeitsverlust reduzieren. Die wöchentliche Gabe eines verdünnten Flüssigdüngers sorgt dafür, daß Ihre Pflanzen gut wachsen.

BEPFLANZEN EINES OFFENEN DRAHTKORBES

Hängende Pflanzgefäße aus Kunststoff oder Keramik können in gleicher Weise bepflanzt werden wie Töpfe, die auf dem Boden stehen. Für offene Körbe aus Draht, Maschendraht und Holz braucht man jedoch eine besondere Methode. Ein offener Korb wird folgendermaßen bepflanzt:

- ☐ Weichen Sie zunächst mehrere Stücke grünes Moos in Wasser ein. Drücken Sie das Wasser aus, und formen Sie aus dem Moos eine etwa 2 cm dicke Schicht in der Größe des Korbbodens.
- ☐ Drücken Sie etwas Moos auf den Boden des Korbs, und ziehen Sie es etwas nach außen durch den Draht, um ihn zu verbergen. Legen Sie die Seiten ebenfalls derart aus, wobei sich die Moosschichten überlappen und etwa 4 cm über den Korbrand hinausragen sollen. Wenn Sie Erdbeeren, Blattsalat oder Kräuter pflanzen wollen, machen Sie in gleichmäßigen Abständen an den Korbseiten Löcher und schieben die einzelnen Pflanzen vorsichtig mit dem Kopf voran von innen nach außen hindurch. Die Wurzeln bleiben innen im Korb. Dann wird der Korb mit einer leichten Erdmischung gefüllt, und auf die Oberseite kommen noch ein oder zwei weitere Pflanzen. Kleine Gurken und Tomaten wachsen in diesen Körben ebenfalls recht gut, sollten aber nur auf der Oberseite gepflanzt werden (das gilt auch für Körbe aus Kunststoff, Ton oder Holz).

ERDBEERKÜBEL

Diese großen Gefäße haben rundherum vorstehende Taschen, in die jeweils eine Pflanze gesetzt wird. Dadurch wachsen mehr Pflanzen auf dem gleichen Raum. Erdbeerkübel eignen sich sehr gut für Erdbeeren, die sich horizontal ausbreiten und viel Platz benötigen, können aber auch als eleganter visueller Akzent dienen, wenn sie mit flachwurzelnden Kräutern oder Gemüsearten bepflanzt sind.

Wenn man die kleinen Tricks nicht kennt, die das Wasser daran hindern, aus den vielen Taschen zu schießen, kann es frustrierend sein, Erdbeerkübel zu bepflanzen; wenn man aber weiß, wie es gemacht wird, ist die Sache ganz einfach. Und so wird es gemacht:

Der klassische Erdbeerkübel stellt eine traditionelle Möglichkeit dar, die Pflanzen vom Boden wegzubekommen.

- ☐ Bedecken Sie die Wasserlöcher im Boden mit einer Scherbe von einem alten Tontopf.
- ☐ Schneiden Sie eine alte Strumpfhose oder Sackleinen in so viele Stücke, wie der Kübel seitlich Taschen hat; die Stücke müssen etwas größer sein als die Taschenöffnungen.
- ☐ Machen Sie in die Mitte der Gewebestücke ein Loch und ziehen Sie die Wurzeln der Pflanzen hindurch, so daß sich eine Art »Kragen« um die einzelnen Pflanzen bildet. Das Gewebe sorgt dafür, daß keine Erde aus den Taschen herausläuft, wenn der Behälter gegossen wird.
- ☐ Für die zentrale Entwässerung brauchen Sie jetzt eine Papprolle von Papierküchentüchern oder, bei größeren Kübeln, eine größere Papprolle wie für den Postverstand.
- ☐ Stellen Sie die Rolle aufrecht in die Mitte des Kübels, den Sie anschließend bis in Höhe der ersten Taschen mit einer leichten Erdmischung füllen.
- ☐ Füllen Sie die Rolle innen bis in Höhe der Erdmischung mit Sand, Kies oder Perlit, damit sie durch den Druck der Erde nicht eingebeult wird.
- ☐ Setzen Sie jetzt, von unten beginnend, in jede Tasche von innen eine Pflanze, und füllen Sie auf diese Weise den gesamten Kübel nach und nach mit Erde und Pflanzen, bis Sie fast an der Oberkante sind. Setzen Sie an diesem Punkt eine Kaffekanne oder eine andere Kanne ohne Deckel und Boden so auf die Papprolle, daß sie bis zur Oberkante des Kübels reicht.
- ☐ Füllen Sie um die Kanne herum Erde an, und setzten Sie darauf noch ein paar Pflanzen. Die Papprolle zersetzt sich mit der Zeit, so daß keinerlei Notwendigkeit besteht, sie zu entfernen.
- ☐ Zum Bewässern wird mit der Kanne als Anhaltspunkt Wasser in die Mittelsäule gegossen, aus der die Feuchtigkeit dann austritt und alle Pflanzen in den Taschen erreicht.

PFLANZPYRAMIDEN

Auf einer dreistufigen Pyramide kann man eine gegebene Anzahl von Pflanzen attraktiv und dekorativ auf nur einem Drittel der Bodenfläche unterbringen, die sie sonst benötigen würden. Pyramiden vereinen die Vorteile von Hochbeeten mit denen fester Konstruktionen, die sich nach oben statt zur Seite ausdehnen. Man kann sie mit quadratischer, kreisförmiger, ovaler oder rechteckiger Grundfläche bauen, wobei sich auf jeder Stufe rundherum eine etwa 30 cm breite Anbaufläche ergibt. Je nach gewünschter Höhe kann man noch weitere Stufen daraufsetzen. Und so wird es gemacht:

- ☐ Entwerfen Sie für den Platz, der Ihnen zur Verfügung steht, eine Konstruktion in der gewünschten Größe und Form.
- ☐ Bauen Sie zuerst einen Rahmen für die unterste Stufe und setzen Sie ihn direkt auf den Erdboden. Legen Sie den Rahmen innen mit einer großen Kunststoffolie aus, damit die Erde nicht ausgewaschen wird, oder bauen Sie eine Grundplatte wie für ein Pflanzgefäß. Machen Sie ein paar Wasserablauflöcher in die Folie und bringen Sie eine Schicht Perlit auf. Füllen Sie den Rahmen mit Erde und schneiden Sie die Kunststoffolie auf Höhe der Rahmenkante ab.
- ☐ Bauen Sie als nächstes einen etwa 30 cm kleineren Rahmen, den Sie in die Mitte der unteren Stufe setzen und ebenfalls mit Erde füllen. Auf diese zweite Stufe kommt ein dritter Rahmen, der wiederum 30 cm kleiner ist und ebenfalls mit Erde gefüllt wird.
- ☐ Bepflanzen Sie die unterste Stufe mit flachwurzelnden Pflanzen wie Kopfsalat, Rettich oder Kohl. Auf die nächste Stufe kommen Karotten, Paprika oder Bete und auf die oberste Stufe schließlich die Pflanzen mit den längsten Wurzeln (wie etwa Tomaten).

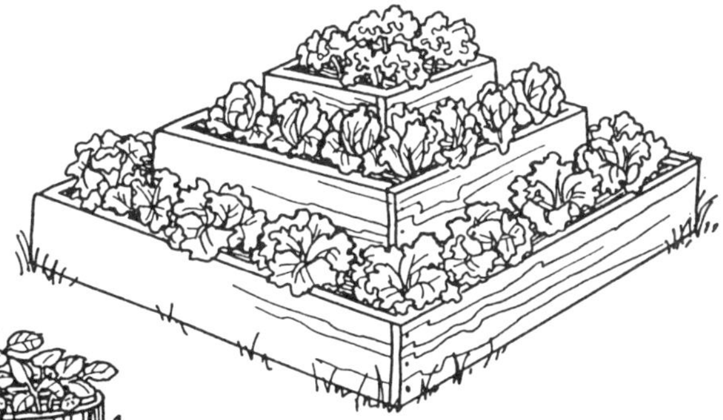

Eine Pyramide aus drei aufeinandergesetzten Holzrahmen ist eine gute Möglichkeit, mehr Pflanzen auf einer kleinen Fläche unterzubringen.

Eine ähnliche Pyramide in Kreisform läßt sich aus Metall- oder Kunststoffraseneinfassungen bauen.

Eine Treppe bildet eine platzsparende Möglichkeit, einen Garten aus Kräutern in Töpfen anzulegen.

Unter der Bezeichnung Gartenturm kann man eine andere Art Pyramide kaufen. Dieses Gebilde aus Rotholzlatten verjüngt sich von einer 60 cm im Quadrat messenden Grundfläche aus nach oben und hat elf Pflanzebenen. Der Turm enthält in der Mitte eine senkrechte Röhre, die als Wasserbehälter dient; sie wird von oben gefüllt, und Wasser und löslicher Dünger sickern wie beim Erdbeerkübel durch die einzelnen Pflanzebenen. Auf minimalem Raum kann man auch auf leichte und attraktive Weise Kräuter, Salat, Kapuzinerkresse und Erdbeeren anbauen.

LEBENDE WÄNDE

Mit einer lebenden Wand können Sie auf weniger Raum mehr Obst und Gemüse ernten, als Sie jemals für möglich hielten. Mit dem Bau zweier, in geringem Abstand parallel zueinanderstehender Drahtzäune, die mit Moos oder Kunststoff ausgekleidet und in der Mitte mit Erde gefüllt werden, können Sie sich einen senkrechten Garten schaffen, der nur 30 bis 60 cm Bodenfläche einnimmt und so hoch hinausragt, wie Sie es wollen. Eine lebende Wand ist die perfekte Lösung für alle, die keinen Grund und Boden besitzen und klein oder beengt wohnen; ein solcher Garten läßt sich direkt an der Wand eines Wohnwagens, unter den Fenstern und sogar auf dem Dach eines Hausboots aufstellen. Er eignet sich für einen Balkon in der Stadt und ein Garagendach in den Vororten. Kurz gesagt, eine lebende Wand ist schlicht und einfach ein rechteckiges Gartenbeet, das auf der Seite steht und dessen Höhe und Größe sich nach Ihren besonderen Bedürfnissen richtet.

Wenn Sie nicht gerade zwei linke Hände haben, können Sie sich Ihre eigene lebende Wand bauen; Selbstbau ist immer billiger, und es ist wirklich nicht schwierig, eine solche »Gartenwand« für den Platz zu bauen, den man zur Verfügung hat. Zufällig läßt sich dahinter auch ausgezeichnet eine häßliche Wand verstekken. Und so wird es gemacht:

- □ Bauen Sie aus Holz in der benötigten Größe einen Rahmen, wie für einen Behälter ohne Boden, den Sie auf den Boden setzen wollen. Denken Sie daran, auf der einen Seite Wasserablauflöcher zu bohren.
- □ Stellen Sie den Rahmen mit dem fehlenden Boden gegen die Wand auf eine Seite. Wenn er an einer Hauswand befestigt werden soll, bringt man am besten erst eine Unterkonstruktion aus Latten an, damit die Luft zirkulieren kann.
- □ Befestigen Sie als nächstes den Rahmen und spannen Sie feinen Maschendraht mit einem Maschendurchmesser von etwa 2,5 cm in 30 cm breiten Streifen waagerecht so über den Rahmen, daß er leicht nach vorn ausgebeult ist.
- □ Bedecken Sie den Maschendraht mit sich überlappenden Schichten aus nassem, langfasrigem Sumpfmoos und füllen Sie dahinter Erde ein. Wiederholen Sie diesen Vorgang, bis Sie an der Oberkante des Rahmens angekommen sind, wo der Maschendraht mit Krampen befestigt wird.
- □ Die Pflanzen werden durch den Maschendraht und das Moos in die Erde gedrückt. Durch die Schwerkraft werden manche nach unten gezogen, so daß sie herabhängen, eine Wand aus Kräutern und Gemüse bilden und schließlich das Moos ganz bedecken. Die Wand wird von oben begossen und gedüngt.

In Abwandlung dieser Idee können Sie auch feinen Maschendraht an einem langen, schmalen Brett befestigen und dieses an einer Öse aufhängen. Zum Gießen können Sie das Brett leicht herunternehmen. Eine lebende Wand ist ein erregendes Gartenabenteuer – vielleicht versuchen Sie es einmal damit in kleinem Maßstab, auch wenn Sie schon einen großen Garten haben. Wenn Sie beispielsweise ein Brett mit Petersilie am Eingang zur Küche haben, können Sie in letzter Minute noch das Essen garnieren, ohne in den Garten hinausgehen zu müssen.

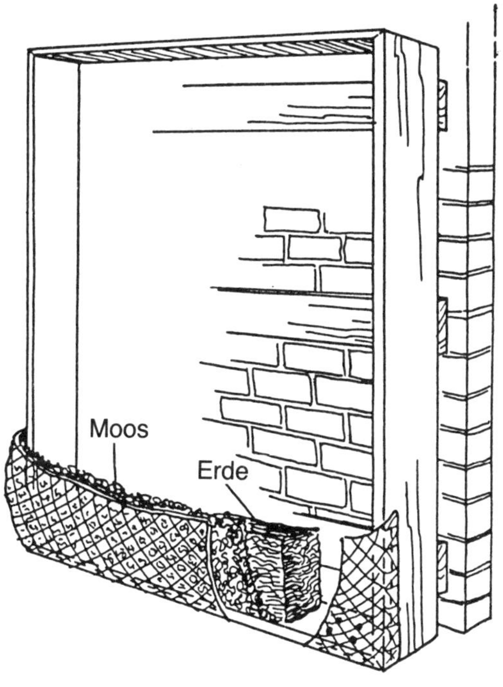

Bauen Sie eine lebende Wand, wenn Sie nur nach oben hin Platz haben. Die Wurzeln der Pflanzen sitzen in der inneren Lage aus Erde, und das Sumpfmoos und der Draht bewahren die Pflanzen davor, sich aus der Wand zu lösen. Wenn die Pflanzen wachsen, hängen sie nach unten und bedecken schließlich den Draht, so daß sich der Eindruck einer lebenden Wand ergibt.

KAPITEL 4

Planung
Der wachsende Garten

Wenn Sie jemals das Vergnügen gehabt haben, durch einen regelmäßig angelegten Garten zu schlendern, haben Sie vielleicht festgestellt, daß Sie von den sorgfältig zusammengestellten Mustern aus Farbe und Grün gleichzeitig eingeschüchtert und fasziniert waren. In einem formell angelegten Garten spürt und genießt man die starke axiale Auslegung und das Gesamtkunstwerk des Drumherums. Im Europa des Mittelalters wurden solche Gärten in grundlegenden geometrischen Formen angelegt. Es gab in der Regel Wege, die in bestimmten Mustern zwischen den Beeten verliefen und auf einen grandiosen Mittelpunkt zuführten – ein Vogelbad, eine Sonnenuhr, einen Brunnen oder vielleicht eine Gartenskulptur mit prächtigen Blumen und bepflanzten Kübeln. Später, in den Gärten der Elisabethanischen Ära, waren die geometrisch angelegten Beete in Form von miteinander verwobenen Knoten und Bändern bepflanzt. Noch später wurde ein etwas weniger formaler, freier Stil beliebt, und die Gärten nahmen ein natürlicheres und weniger geometrisches Aussehen an.

Als ich mich mit diesen alten regelmäßig angelegten Gärten zu befassen begann, fiel mir auf, wie praktisch es sein mußte, diese traditionelle Konzeption in die heutige Zeit zu übernehmen. Und bei weiterer Untersuchung erkannte ich, daß eine geometrische Anlage in meinem Garten recht gut funktionieren würde, weil alles bereits in kleinen, beherrschbaren Bereichen wuchs. Angesichts der Tatsache, daß so viele Gärten heute von riesenhaften auf liliputanische Ausmaße geschrumpft sind, ist die Idee von kleinen Gärten mit geometrischen Formen wieder zeitgerecht.

Ein attraktiv angelegter Garten muß nicht irgendwo hinter dem Haus versteckt werden, sondern kann zu einem integralen Bestandteil der Landschaft um das Haus werden. Ja, ein Kräuter-, Obst- und Gemüsegarten kann hübsch genug sein, um eine doppelte Funktion als Nahrungsquelle und Freude für das Auge zu erfüllen. Ein einfacher, gut durchdachter Garten verleiht Ihrem Grundstück das ganze Jahr über einen dekorativen Anstrich. Eine gute Anlage verschönert die Landschaft und ist eine Freude für Passanten; was aber am besten ist, Sie sind es, der all die guten Dinge zu essen bekommt. Lange, bevor die ersten Samen zu keimen beginnen, bieten die Beete in Form von Kreisen, Dreiecken, Quadraten und Rechtecken einen hübschen Anblick, und zwar besonders, wenn sie zu einer für das Auge erfreulichen Gesamtanlage zusammengestellt sind.

Auf den folgenden Seiten finden Sie ein paar Ideen für die Planung Ihres eigenen geometrischen Gartens und außerdem ein paar Musterpläne, nach denen Sie

Hier ist ein Beispiel dafür, wie ein geometrisch geformter Garten einen Rasen verschönern kann. In diesem Garten sorgen Einfassungen aus Holz dafür, daß die Grenzen und Formen der Beete selbst dann sichtbar bleiben, wenn die Pflanzen voll ausgewachsen sind.

sich direkt richten können. Die Grundidee dabei ist, daß man mit einem kleinen Beet beginnt, das je nach verfügbarer Zeit um weitere ergänzt wird, so daß sich schließlich in mehreren einfachen und attraktiven Schritten ein Gesamtmuster ergibt. Ich nenne das den wachsenden Garten und hoffe, daß die folgenden Ideen – wiederbelebt aus den formalen Gärten von einst und ergänzt um ein paar grundlegende Formen der Euklid'schen Geometrie – bei Ihnen den Wunsch danach wachrufen, stolz Ihre Gemüsebeete in Form einer hübschen Anlage überall dort vorzuführen, wo Sie gerade Platz haben, und mag er noch so klein sein.

Wenn Sie letztendlich auf einen großen, einheitlichen Garten hinarbeiten, sollten Sie sich gleich zu Beginn eine Vorstellung davon machen, wie die gesamte Fläche nachher aussieht. Beginnen Sie mit dem Mittelpunkt oder Kern der Gesamtanlage und übertragen Sie diese erste Stufe der Planung von Millimeterpapier auf die Fläche für Ihren Garten. Sie können jedes Jahr einen weiteren Teil der Anlage zufügen und sehen, wie Ihr Garten wächst und sich entwickelt, wenn zusätzliche Beete hinzukommen und die Gesamtanlage schließlich ein paar Jahre später fertig ist. Das ist ein ordentlicher und wirkungsvoller Weg, um eine produktive Gartenfläche zu schaffen, die immer gut aussieht.

Das Wunderbare an einer symmetrischen Anordnung ist, daß Sie sie, wenn Sie nur wenig Platz haben, halbieren oder vierteln können, ohne daß das ihr Aussehen mindert. Nehmen Sie ein Stück Papier und decken Sie damit die Hälfte oder ein Viertel eines beliebigen der drei Pläne auf den Seiten 104–107 ab, und schon haben Sie mehrere neue Möglichkeiten. Diese kleinen Formen können aufgeteilt und auf mehrere getrennte Stellen verteilt werden und bieten immer noch einen einheitlichen Anblick.

Der wachsende Garten wird Sie niemals langweilen, weil es nicht das gleiche alte Gemüse in den gleichen alten Reihen auf der gleichen alten rechteckigen Fläche ist, die für viele von uns so zur Gewohnheit geworden ist. Diese Art der Anlage wird Ihr Interesse finden und könnte Sie und Ihre Nachbarn durchaus jahrelang faszinieren, wenn Sie die Veränderungen sehen und in jeder Saison etwas mehr anbauen.

Sie können so wenig oder so viele Beete anlegen, wie es Ihre Zeit gestattet – oder anderen Familienmitgliedern für ihre eigenen Vorhaben ein oder zwei Beete zuweisen. Diese Pläne sind flexibel genug, um nahezu jedem Gelände angepaßt zu werden, und sie sind genau das Richtige für Bedürfnisse, die sich im Laufe der Jahre ändern. Geometrische Formen eignen sich außerdem sehr gut für Leute, die in Behältern gärtnern (Dachgärner, bitte merken). Ein Tontopf oder ein hölzernes Faß ist schließlich nur ein Kreis. Ein Quadrat ist ein Quadrat, ob in Form eines Beetes im Erdboden oder in Form einer quadratischen Kiste auf dem Dach.

Die teilweise Vergrößerung oder Verkleinerung eines Plans für Ihre spezifische Gartenfläche ist eine weitere Möglichkeit. Die Mittelpunkte der Gärten in den Entwürfen 1 und 2 lassen sich vergrößern und als Anhaltspunkt benutzen, weil es sich bei beiden um in sich geschlossene Elemente handelt. Auf einer langen, schmalen Fläche oder neben einem Weg sieht eine Reihe von Dreiecken sehr hübsch aus. Die Idee dabei ist einfach, daß man die Elemente des Gartens bewußt so entwirft, daß man Gemüse, Obst und Kräuter in attraktiven Mustern pflanzen kann. Der Anbau erfolgt nach den Intensivmethoden aus den Kapiteln 8 und 9.

Von der Planung zur Praxis

Der erste Schritt beim Entwurf Ihres Gartens besteht in der Anlage eines »Gartens auf Millimeterpapier«. Auf Papier lassen sich Fehler viel schneller berichtigen, und einen sorgfältig erarbeiteten Plan können (und werden) Sie jedes Jahr wieder zu Rate ziehen. Folgende Dinge brauchen Sie:

- ☐ Millimeterpapier
- ☐ Lineal
- ☐ Bleistift
- ☐ Schablonen der Art, wie sie von Architekten und Zeichnern verwendet werden, um ein paar Möglichkeiten durchzuspielen und um die Größe und Menge der Gemüsesorten für die einzelnen Beete zu bestimmen (weitere Einzelheiten siehe Kapitel 6)

- □ Pauspapier und fünf verschiedenfarbene Stifte zur Kennzeichnung der hintereinander zu pflanzenden Gemüsesorten (siehe Kapitel 5).

Auf den Seiten 99 bis 104 finden Sie drei Musterentwürfe. Diese Entwürfe können Sie insgesamt übernehmen oder nur als Anregung und Ausgangspunkt verwenden. Seite 104 zeigt zwei weitere Entwürfe, die besonders hübsche Kräutergärten ergeben, wenn sie auf Miniaturgröße verkleinert werden. Auf Seite 106/107 finden Sie außerdem ein paar zufällig entstandene Muster. Diese Möglichkeiten entdeckte ich, während ich mit einer Schablone und Millimeterpapier herumspielte. Betrachten Sie diese Entwürfe als oberflächliches, ohne viel Nachdenken entstandenes Gekritzel. Wenn Sie bei Ihren eigenen Entwurfsversuchen auf etwas stoßen, das Ihnen gefällt, übertragen Sie es in allen Einzelheiten und maßstäblich auf Millimeterpapier. Haben Sie keine Angst, mit Ihren Vorstellungen zu spielen. Mit Hilfe von Papier und Bleistift werden sie klarer.

Der erste Schritt zu jedem Entwurf ist jedoch, daß Sie noch vor der Ausarbeitung eines vorläufigen Gesamtplans auf Papier nach draußen gehen und sich den künftigen Garten ansehen. Dieser erste Schritt ist äußerst wichtig – er kann über Erfolg oder Fehlschlag entscheiden. Berücksichtigen Sie also die folgenden Anregungen.

SCHRITT 1: SCHAUEN SIE SICH DIE KÜNFTIGE GARTENFLÄCHE AN.

Untersuchen Sie die zu nutzende Fläche sorgfältig und messen Sie sie genau aus. Machen Sie sich Notizen – zwischen Garten und Haus vergißt man leicht etwas. Blicken Sie sich dann in Ihrem künftigen Garten um und stellen Sie sich die folgenden Fragen, soweit sie zutreffen:

- □ Wie wandert die Sonne?
- □ Welche Teile liegen teilweise im Schatten? Welche in der prallen Sonne oder ganz im Schatten? Welche Stellen haben den ganzen Tag über Sonne?
- □ Gibt es häßliche Stellen – Türme, Verkehr, nackte Wände, freiliegende Rohre, Schornsteine –, die Ihr Garten verbergen sollte?
- □ Gibt es viel Wind oder Rauch?
- □ Können Sie diese Probleme durch Abschirmungen bzw. Zäune oder durch Bepflanzung – oder durch beides – lösen?
- □ Bei Dachgärten – wie sieht es mit dem Fußboden aus? Sie müssen sich für einen leicht zu pflegenden Bodenbelag entscheiden, wenn noch keiner vorhanden ist, und außerdem überlegen, ob ausreichende Entwässerung, Wasseranschluß und Beleuchtung vorhanden sind.
- □ Sollten Sie jemanden mit technischen Kenntnissen im Hinblick auf die Gewichtsbelastung bei Dachgärten befragen?
- □ Haben Sie daran gedacht, die Erlaubnis Ihres Vermieters einzuholen, falls es sich bei dem Gebäude nicht um das Wohnhaus einer Siedlungsgenossenschaft handelt?

Denken Sie beim Entwurf an den Stil Ihrer Wohnung und versuchen Sie, den künftigen Garten auf Ihre Einrichtung abzustimmen. Überlegen Sie schließlich während des gesamten Planungsvorgangs in realistischer Weise, wieviel Zeit Sie Ihrem Garten widmen können. Wenn Sie klein anfangen und sich für die Zukunft Größeres vorbehalten, haben Sie etwas, auf das Sie sich freuen können und werden nicht gleich überwältigt. Seien Sie nicht zu ehrgeizig oder Ihr schöner Garten wird vielleicht nie fertig. Planen und entwerfen Sie nicht mehr, als Sie auch bewältigen können. Machen Sie es sich leicht, indem Sie Ihren Garten in einzelnen Stufen entstehen lassen. Deshalb sollte jede einzelne Phase des Gesamtplans aus einer Einheit bestehen, die in sich selbst ein kleines Ganzes ergibt.

SCHRITT 2: ZEICHNEN SIE DEN ENTWURF.

Jetzt sind Sie bereit, einen Entwurf zu Papier zu bringen. Erwarten Sie nicht, daß er gleich beim ersten Versuch so aussieht, wie Sie es möchten. Spielen Sie ein wenig herum und probieren Sie es mit verschiedenen Formen an verschiedenen Stellen. Legen Sie ein Stück Pauspapier auf das Millimeterpapier und befestigen Sie es mit Klebeband. Dann können Sie so viele maßstäbliche Rohentwürfe machen, wie Sie wollen. Wenn Sie sich schließlich für einen Entwurf entschließen, zeichnen Sie ihn sorgfältig direkt auf das Millimeterpapier.

SCHRITT 3: BRINGEN SIE PLAN UND GARTENFLÄCHE IN EINKLANG.

Der Entwurf sieht auf dem Papier hübsch aus, aber wie übertragen Sie ihn auf den Garten? Ganz einfach. Als erstes gehen Sie Ihre Ideen draußen noch einmal durch und ändern sie dabei gegebenenfalls, als ob Sie in ein Zimmer kämen, das Sie auf dem Papier schon eingerichtet haben. Danach nehmen Sie zusammen mit dem Entwurf eine Rolle starke Drachenschnur, ein Paket Eßstäbchen oder Holzpflöcke in gleicher Größe und ein Stück Gartenschlauch. Markieren Sie die Umrisse des Gartens, indem Sie die Drachenschnur an die Eßstäbchen binden und diese in regelmäßigen Abständen mit gespannter Schnur in den Boden stecken.

Danach müssen Sie den Mittelpunkt der Fläche feststellen. Dieser Mittelpunkt ist die erste abgeschlossene Phase oder Einheit des Gesamtplans. Spannen Sie zwischen den bereits markierten Punkten diagonal zwei Schnüre. Die Stelle, an der die Schnüre sich kreuzen, ist der Mittelpunkt Ihres Gartens. Von diesem Punkt aus die Beete anzulegen, ist eine Leichtigkeit, wie man so sagt. Übertragen Sie vom Mittelpunkt aus und unter Zurateziehung des Millimeterpapiers den Entwurf einfach weiter mit Schnur und Stäbchen auf den Boden und lassen Sie dabei Platz für die Wege zwischen den geometrischen Beeten der ersten Einheit Ihres Gartens.

Zeichnen Sie als nächstes mit einem anderen Stäbchen an der Schnur entlang die Form dieser ersten Einheit direkt auf den Boden. Wenn der künftige Garten im Augenblick noch ein Rasen ist, können Sie auf das Zeichnen verzichten und

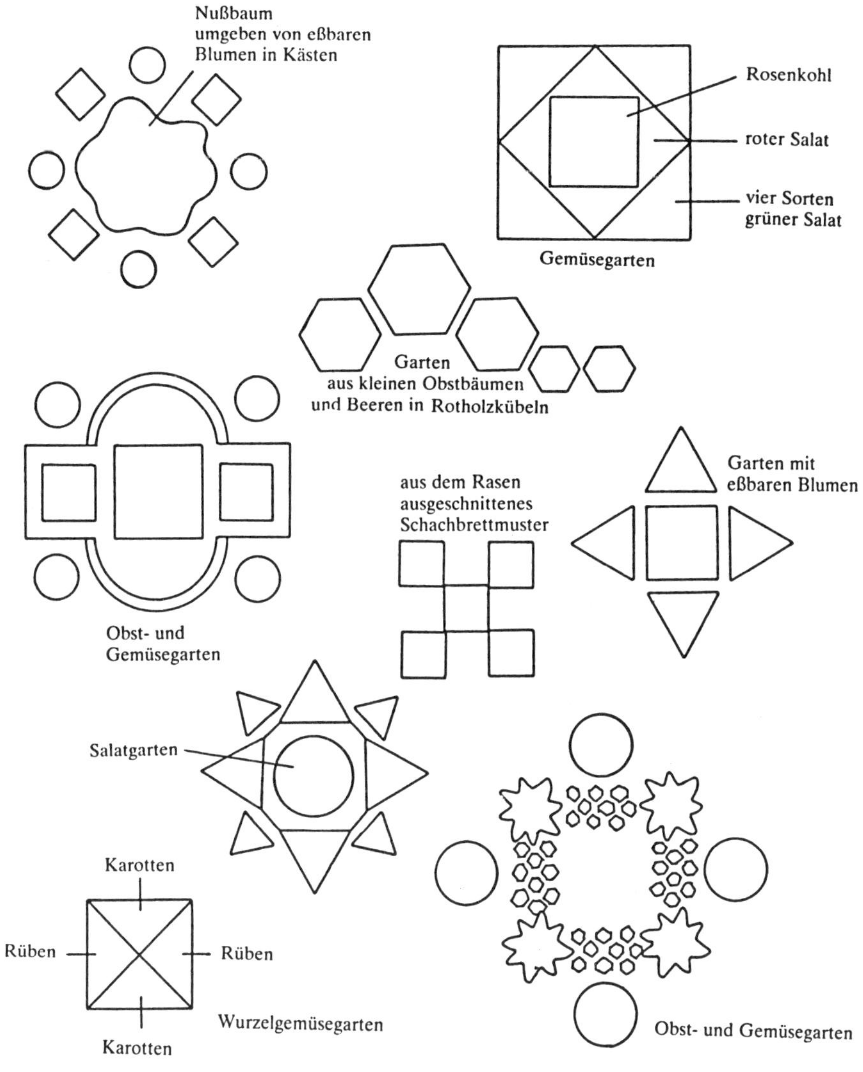

Ein paar Beispiele für Gartenentwürfe mittels einer Architektenschablone.

direkt entlang der Schnur graben. Wenn Sie schnell etwas ausprobieren wollen, oder wenn Ihr Entwurf Freiformbeete vorsieht, legen Sie den Gartenschlauch aus, bis er die gewünschte Form nachzeichnet. Wie der Radiergummi auf Millimeterpapier, sparen Ihnen Gartenschlauch, Schnur und Stäbchen draußen im Garten viel Mühe. Damit wird es leicht, die Form des Gartens zu ändern, bevor Sie zu graben beginnen.

Hören Sie auf, wenn Sie bis hierhin gekommen sind. Übereilen Sie nichts. Warten Sie einen Tag und schauen Sie sich Ihren Entwurf noch einmal auf Änderungen hin an, bevor Sie zur Schaufel greifen.

Bepflanzen der Anlage

Wie auf jedem Grundriß fehlen in Ihrem Entwurf noch zwei Elemente, nämlich Höhe (die dritte Dimension) und Arrangement der Pflanzen. Hier sind noch ein paar Tips, die es zu beachten gilt, wenn Sie sich damit beschäftigen, was Sie wo im Entwurf pflanzen:

- ☐ Ein einzelnes Stück, sei es eine Pflanze oder ein Ornament, verleiht eine ganz besondere Betonung und schafft einen Brennpunkt oder Akzent. Ein Blickfang muß sich über Augenhöhe befinden, weil seine Bedeutung dadurch noch weiter betont wird.
- ☐ Zwei gleiche Dinge wirken ebenfalls; es sieht ein wenig formeller aus, wenn die Objekte offensichtlich paarweise vorhanden sind. Der Effekt wird manchmal verringert und manchmal verstärkt. Das ist eine etwas schwierige Angelegenheit.
- ☐ Drei Pflanzen oder Beete in einer Gruppe (das gilt auch für Pflanzgefäße) bieten einen gleichermaßen erfreulichen und friedlichen Anblick. Selbst in einer Vase sieht eine bzw. sehen drei Blumen immer besser aus als zwei.
- ☐ Vier Pflanzen oder Formen in einer Gruppe zeigen, wenn sie nicht gerade einen Block bilden, merkwürdigerweise weniger Wirkung als drei oder fünf. Irgendwie wirken ungerade Zahlen anziehender.
- ☐ Fünf Pflanzen, Beete oder Gefäße bilden zusammen eine sehr starke, auffällige Gruppe.

Um Gemüse mit Effekt zu plazieren, müssen Sie wissen, wie hoch die ausgewachsenen Pflanzen sind. Größere Pflanzen kommen in der Regel auf die Nordseite des Gartens und auch dorthin, wo sie sich optisch und physisch unterstützen. Kleinere Pflanzen kommen auf die Südseite, damit sie nicht im Schatten der größeren Pflanzen stehen. Gemüsepflanzen (aber auch alle anderen Pflanzen) zeigen immer einen größeren optischen Effekt, wenn man gleiche Arten zu Gruppen zusammenstellt, statt sie in Reihen zu setzen oder hier und dort vereinzelt zu pflanzen. Eine solche Gruppierung löst auch andere Probleme. Nicht alle Pflanzen brauchen die gleiche Erde, um am besten zu wachsen. Manche brauchen alkalische Erde, während andere sauren Boden vorziehen, manche lieben es feucht, andere trocken, manche lieben es warm, andere kühl. Mittels mehrerer kleiner Beete können Sie diese Probleme lösen, weil Sie Gemüsesorten mit gleichen Bedürfnissen leicht zu Gruppen zusammenstellen können.

Mehrere Einheiten machen außerdem den Fruchtwechsel und Zwischenfruchtbau leichter; ein geometrisches Beet, das in einem Jahr für Salat und anderes Blattgemüse verwendet wird, kann im nächsten Jahr mit Wurzelgemüse bepflanzt werden. Indem Sie den zu bepflanzenden Bereich auf eine gegebene Fläche beschränken, können Sie all Ihre Mühen darauf konzentrieren, für die einzelnen Gemüsesorten die absolut besten Wuchsbedingungen zu schaffen. Damit alles gut aussieht, wenn die Pflanzen wachsen, brauchen Sie nur die geometrischen Formen zu einem hübschen Arrangement zusammenzustellen, das zu dem verfügbaren Platz paßt. Versuchen Sie mit allen Mitteln, Ihren Garten attraktiver und weniger konventionell aussehen zu lassen als das mit Reihen ausgefüllte Standardrechteck, und zwar selbst dann, wenn Sie ein erfahrener Gärtener sind. Es besteht durchaus die Möglichkeit, daß ein neues Designelement in Ihrem Gemüsegarten Ihre Kreativität wachruft und einer der ältesten Beschäftigungen der Welt neue Freude verleiht, nämlich der, aus der Wildnis einen Garten zu schaffen.

ENTWURF 1: DER WACHSENDE GARTEN

Einheit A Die Zentraleinheit dieses Gartens besteht aus einem Rechteck von 1,8×4,2 m, das in sieben Beete aufgeteilt ist. Der gesamte Garten nimmt eine Fläche von etwa 7,2×9 m ein. Bei der Nummer 7 in der Abbildung handelt es sich um ein auf der Spitze stehendes Quadrat mit einer Seitenlänge von 1,2 m. Sie können die Nummern 2, 3, 5 und 6, Dreiecke mit 90 cm Schenkellänge und 120 cm Basislänge, dazunehmen und später dann die Nummern 1 und 4, die die gleiche Größe haben. Alle Wege in diesem Garten sind etwa 45 cm breit.

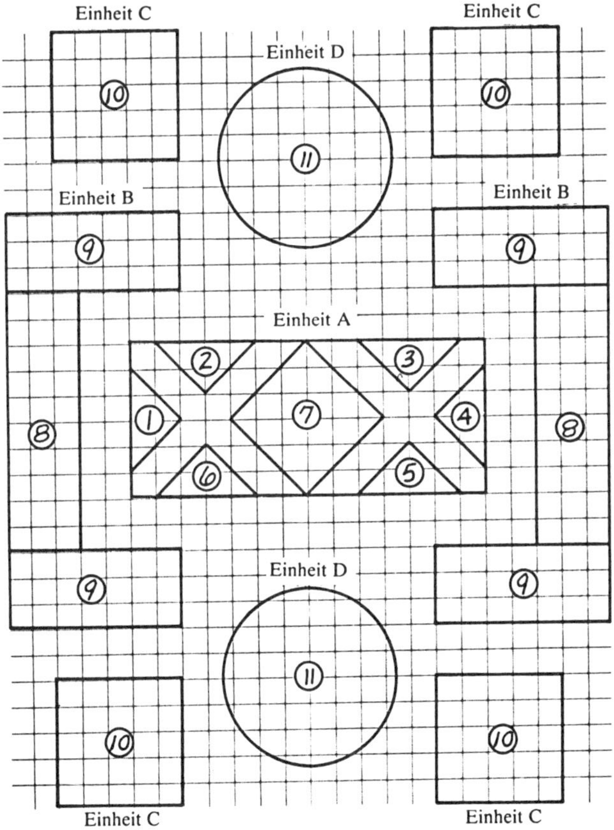

Entwurf 1

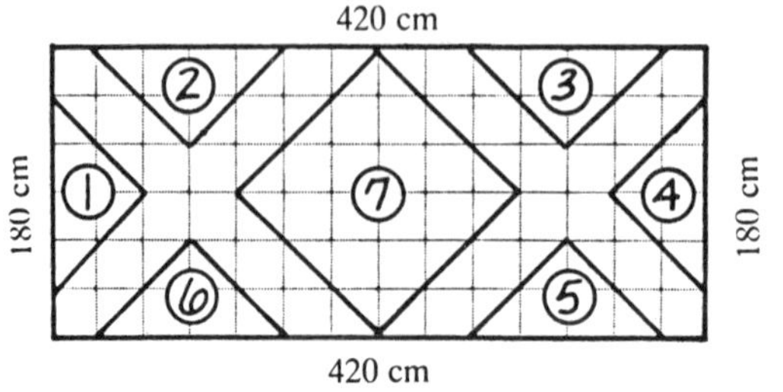

Einheit A

Sie können das Rechteck in der Mitte als kleine selbständige Einheit anlegen und bepflanzen und sich jedes Jahr an weitere Formen machen, bis der Garten vollständig ist. Zusätzliche Einheiten können Sie direkt in der Erde anlegen oder mit niedrigen Mauern aus Holz, Ziegeln oder anderem festen Material einfassen. Für die Wege nehmen Sie Stroh, Kies, Marmorsplitter, Ziegelsteine oder jedes beliebige andere Material auf einer Unterlage aus schwarzer Plastikfolie, damit das Unkraut nicht durchwächst.

Einheit A kann mit verschiedenen Arten von Blattsalat bepflanzt werden, so daß sich ein farbiger, blättriger Zierteppich ergibt. Für Nummer 7 kommen beispielsweise abwechselnde Reihen mit rötlichem Salat und eisgrünem Salat in Frage, um eine Streifenwirkung zu erzielen. In Nummer 1 und 4 werden abwechselnd Karotten und Rettiche gepflanzt, deren Laubwerk gut zusammen aussieht. Nummer 7 kann auch mehrere Rosenkohlpflanzen aufnehmen oder in Wigwamform gruppierte Bohnen und dann Tomaten – all diese Pflanzen schaffen Höhe und einen zentralen Blickfang.

Einheit B Einheit B wird in diesem Garten zweimal verwendet, und zwar auf beiden Seiten von Einheit A. Nummer 8 ist ein Rechteck von 90×300 cm. Die mit Nummer 9 bezeichneten Stücke sind 90×210 cm große Rechtecke. Die kleineren Rechtecke kommen jeweils an beide Seiten der größeren. Lassen Sie zwischen Einheit A und Einheit B auf beiden Seiten jeweils etwas 60 cm Platz für einen Weg (schauen Sie sich noch einmal den Gesamtentwurf auf der vorhergehenden Seite an).

Das Beet Nummer 8 bietet Platz für zwei Obstbäume auf beiden Seiten. Wenn der Garten sich vor einer Wand oder einem Zaun befindet, können Sie die Bäume spalieren oder Weinranken aufziehen. Erdbeeren können als Bodenbedekkung dienen.

Die Beete mit der Nummer 9 können für Buschobst wie Blaubeeren, Johannisbeeren oder Stachelbeeren verwendet werden.

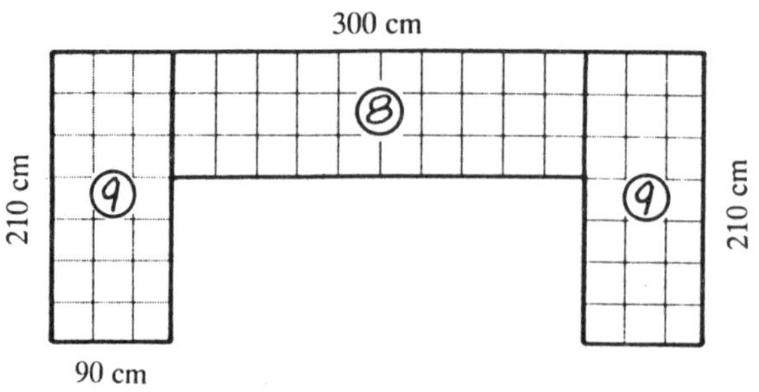

Einheit B

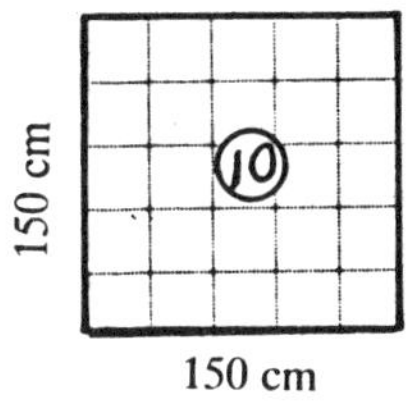

Einheit C

Einheit C Einheit C findet sich viermal in diesem Garten. Sie besteht jeweils aus einem Quadrat (Nummer 10) von 150×150 cm. Die Quadrate werden in einer Linie mit der Innenkante von Nummer 9 aus Einheit B plaziert (siehe Gesamtentwurf). Der Weg zwischen Beeten Nummer 9 und 10 ist jeweils etwa 60 cm breit.

In diesen Quadraten lassen sich Himbeeren in Behältern (damit sie nicht den Garten überwuchern) oder Zwergobstbäume unterbringen, letztere entweder in der Erde oder in quadratischen Pflanzgefäßen.

Einheit D Einheit D, die in diesem Entwurf zweimal verwendet ist, besteht aus jeweils einem kreisförmigen Beet (Nummer 11) mit einem Durchmesser vonn 210 cm. Beide Kreise lassen sich in kleinere geometrisch geformte Beete für Kräuter unterteilen, können aber auch mit kleinen Nuß- oder Obstbäumen bepflanzt werden. Weitere Informationen zur Planung von kreisförmigen Beeten finden Sie unter Entwurf 2. Alle Einheiten von Entwurf 1 lassen sich ganz den Bedingungen Ihres Grundstücks anpassen. Auf diesen Beeten können Sie mit gleicher Mühelosigkeit sowohl Ziergewächse als auch Ihr Lieblingsgemüse pflanzen.

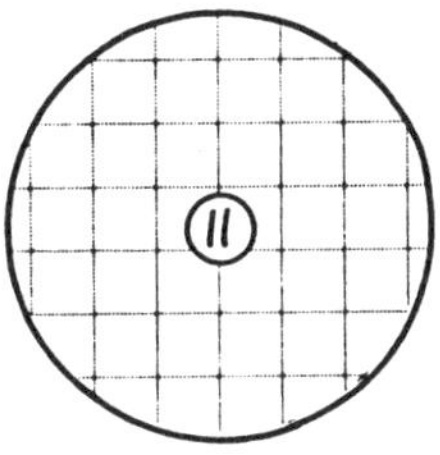

Einheit D

ANWENDUNGSMÖGLICHKEITEN FÜR ENTWURF 1

Die Vorstadtalternative zum Rasen vor dem Haus: Dieser wachsende Garten bietet eine attraktive Möglichkeit, für das gleiche Geld und die gleiche Zeit, die Sie sonst auf Gras verschwenden würden, direkt vor dem Haus Gemüse zu ziehen.

Der Garten neben dem Swimming Pool: Was könnte luxuriöser sein, als direkt nach dem Schwimmen frisches Gemüse oder Obst für einen Salat zu pflücken?

ENTWURF 2: IM KREIS

Entwurf 2 können Sie ganz oder teilweise anwenden. Mögliche Variationen sind Einheit A (Nummer 1) mit den Beeten Nummer 4, 5, 8 und 9 oder die Hälfte von Einheit A (nur ein Halbkreis Nummer 1) mit den Beeten Nummer 7, 8, 9 und 2. Mit den folgenden Hinweisen können Sie sich den Entwurf zusammenstellen, der Sie interessiert.

Für einen kreisförmigen Garten wie in Entwurf 2 müssen Sie zunächst einen Mittelpunkt festlegen. Die Gesamtfläche hier beträgt 6 m im Quadrat. Teilen Sie das Quadrat in vier gleiche Teile (wie in Abbildung 1) und dann noch einmal von den vier Ecken aus (Abbildung 2). Die Stelle, an der sich die vier Linien schneiden, ist der Mittelpunkt.

Von diesem Mittelpunkt aus messen Sie einen Kreis von etwa 240 cm Durchmesser ab (Abbildung 3). Mit einem Stab, einem Trichter und einer Schnur geht das ganz einfach. Die Schnur sollte halb so lang sein wie der Durchmesser des gewünschten Kreises (plus ein paar Zentimeter zum Binden). Befestigen Sie das eine Ende der Schnur an dem Stäbchen und stecken Sie dieses am Mittelpunkt in den Boden. Befestigen Sie das andere Ende der Schnur am Trichter und füllen Sie den Trichter mit Kalk. Halten Sie die Trichteröffnung mit dem Finger zu. Ziehen Sie die Schnur stramm und beschreiben Sie einen Kreis um den Stab. Geben Sie dabei die Trichteröffnung frei, so daß der Kreis durch den Kalk auf dem Boden markiert wird. Unterteilen Sie den Kreis mit einem 45 cm breiten Weg (Abbildung 4), so daß sich zwei halbkreisförmige Beete ergeben. Diese Beete, die beide die Nummer 1 tragen, ergeben Einheit A. Einheit A ist der Kern von Entwurf 2 und gleichzeitig ein Garten für sich, der beliebig ergänzt werden kann.

Jetzt schlagen sie wieder vom Mittelpunkt aus einen zweiten Kreis mit 330 cm Durchmesser um Einheit A (Abbildung 5). Das ergibt dann einen 45 cm breiten Weg um das Zentrum.

Wieder vom Mittelpunkt aus schlagen Sie einen Kreis mit 6 m Durchmesser (Abbildung 6). Markieren Sie mittels der Teilungslinien des ursprünglichen Quadrats (Abbildung 3) acht Wege, durch die sich automatisch die acht keilförmigen Beete ergeben (Nummer 2 bis 9 in der Gesamtansicht von Entwurf 2). Durch die Wege ergibt sich das Muster eines Speichenrades mit Einheit A als Nabe.

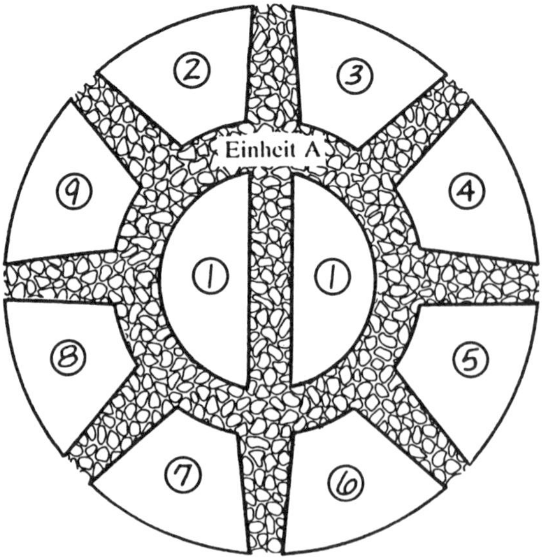

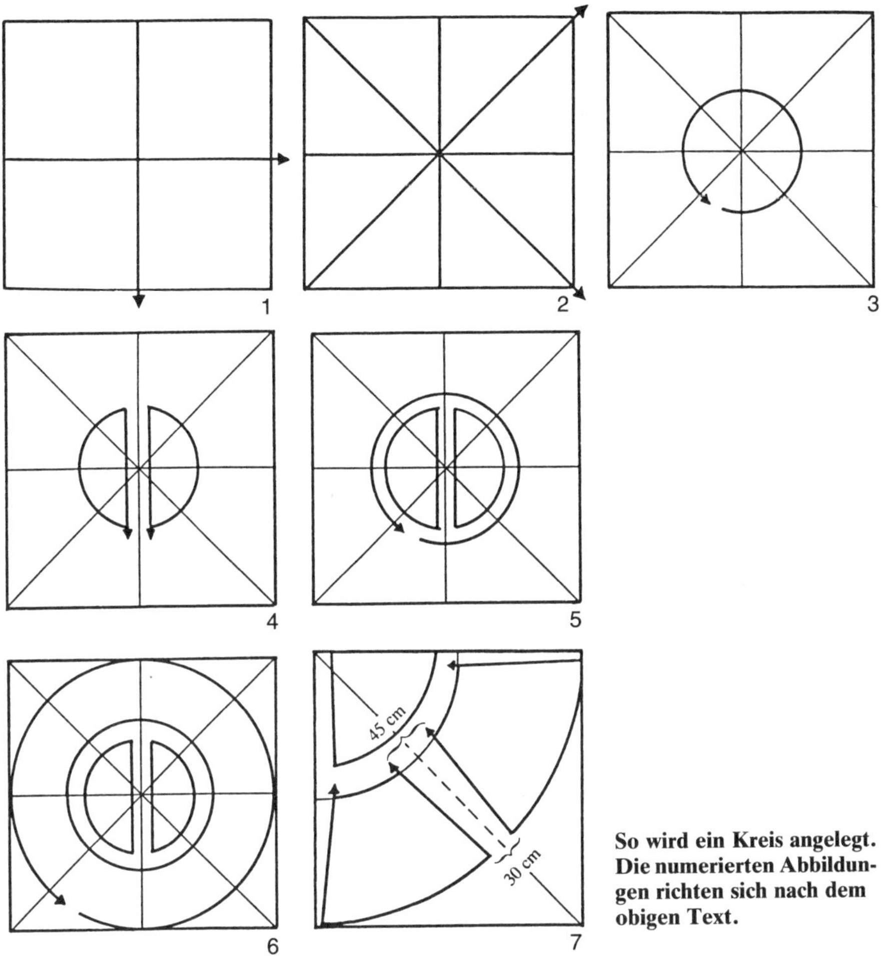

So wird ein Kreis angelegt. Die numerierten Abbildungen richten sich nach dem obigen Text.

Die Wege werden gebildet, indem man an den Schnittpunkten von Teilungslinien und Innenkreis eine 45 cm breite und an den Schnittpunkten von Teilungslinien und Außenkreis eine 30 cm breite Öffnung abmißt (Abbildung 7). In den vier Ecken außerhalb des Kreises ist genügend Platz für Wannen, Fässer oder Kästen, in denen Sie Zwergobstbäume oder Büsche pflanzen können.

Ein kreisförmiger Garten bietet viele Vorteile und eine große Flexibilität. Mit einem rotierenden Sprinkler in der Mitte läßt sich der Garten leicht gießen. In den einzelnen Beeten kann man die Erde auf die Bedürfnisse der einzelnen Pflanzen ausrichten, und der Fruchtwechsel ist leicht, weil man zum nächsten oder zum gegenüberliegenden Beet übergehen kann. Die Wege hier können eingesät werden (dann muß der Rasen aber wahrscheinlich von Hand geschnitten werden, weil ein Rasenmäher zu groß ist) oder mit Feldsteinen, Schiefer, Holz bzw. Marmorsplittern belegt werden.

ANWENDUNGSMÖGLICHKEITEN FÜR ENTWURF 2

Jedem etwas – ein Familiengarten: Jedem Familienmitglied können ein oder zwei Teile zugeteilt werden. Durch eine solche Aufteilung des Gartens wird immer ein freundschaftlicher Wettbewerb gefördert und außerdem sichergestellt, daß nicht ein Familienmitglied allein auf der ganzen Gartenarbeit sitzenbleibt.

Wochenendgarten: Für ein Land- oder Strandhaus, bei dem man einen Garten mit geringem Pflegeaufwand benötigt, eignen sich die getrennten Keile sehr gut.

ENTWURF 3: DER KREIS IM QUADRAT

Bei Entwurf 3 handelt es sich um einen Garten, der 4,2×4,2 m mißt, sich aber auch auf 8,4×8,4 m verdoppeln läßt und gut für einen Garten vor oder hinter einem Haus in der Stadt oder Vorstadt paßt. Der Garten besteht aus 13 getrennten Beeten. Einheit A, Nummer 13, ist das Zentrum und der Kern des Entwurfs. Einheit B umfaßt vier Beete, Nummer 9, 10, 11 und 12, die in der Mitte ein auf der Spitze stehendes Quadrat bilden. Einheit C besteht aus 8 Dreiecken, Nummer 1, 2, 3, 4, 5, 6, 7 und 8.

Einheit A besteht aus einem Innenkreis mit 90 cm Durchmesser und einem 30 cm breiten Weg drumherum (Nummer 13). Dieses Beet ist klein genug, um von allen Seiten bis in die Mitte fassen zu können. Es könnte leicht Tomaten in einer Turmkonstruktion aufnehmen oder als Zufluchtsort für Vögel dienen, mit einem von Zwergsonnenblumen umgebenen Vogelbad. Der Kreis könnte aber auch stufenförmig nach oben angelegt werden, um Blumen, Kräuter oder Erdbeeren daraufzusetzen.

Einheit B ergibt sich, wenn man ein auf die Spitze gestelltes Quadrat von 2,7×2,7 m innerhalb der Grundfläche anlegt. Die Beete Nummer 9 bis 12 sind etwa 105×105 cm groß und eignen sich für alles, was mit Salat zu tun hat. Es ist durchaus möglich, die Beete 9 bis 12 in einer zweiten Phase anzulegen und dann die restlichen 8 dreieckigen Beete in Phase 3.

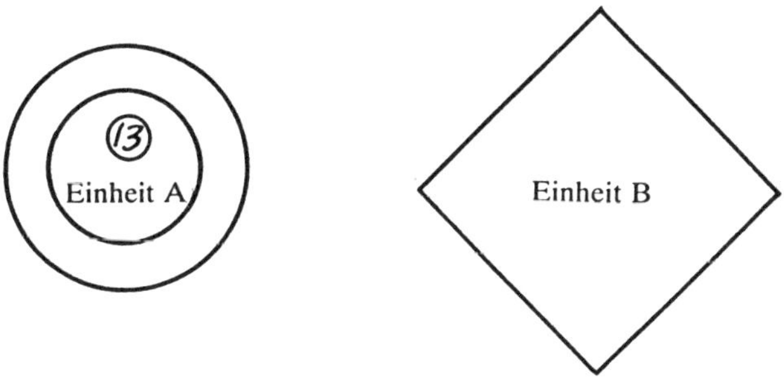

Die Wege a und b sind 60 cm breit, Weg c hat eine Breite von 30 cm. Als Belag können Sie Ziegelsteine oder anderes geeignetes Material nehmen. Der Vorteil bei Ziegelsteinen besteht darin, daß keinerlei Instandhaltung erforderlich ist. Die Wege lassen sich einfach abspritzen und sogar mit dem Staubsauger reinigen, und zwei Wege sind sogar breit genug für einen Abendspaziergang.

Die dreieckigen Beete, Nummer 1 bis 8, messen 60×120 cm. Auf ihnen ließe sich leicht eine Auswahl an Küchenkräutern unterbringen.

Schließlich könnte man diesen Gartem mit einer 90 cm breiten Abgrenzung aus Ziegelsteinen einrahmen, und dann könnte er zu einem Patio mit Sitz- oder Eßgelegenheit werden.

ANWENDUNGSMÖGLICHKEITEN FÜR ENTWURF 3

Ein kleiner Garten für kleine Leute: Die getrennten Beete fördern die Sorgfalt bei Kindern und sind klein genug, um ihr Interesse wachzuhalten.

Ein Westentaschen-Salatgarten: Gut für alle, die nicht viel Zeit für die Gartenpflege haben. Aus einem Garten, mit dem man leicht fertig wird, kann man eine Menge Freude ziehen.

Ein Garten für die chinesiche Küche: Alles, was man zum Kochen in einem Wok braucht, könnte man hier anbauen, wenn orientalische Gemüse und Kräuter im Laden nur schwer erhältlich sind.

Wege für Entwurf 3.
Die Wege a und b sind 60 cm, Weg c ist 30 cm breit.

ENTWURF 4 BIS 8

Die folgenden 5 Entwürfe bieten weitere Möglicheiten für Ihren eigenen Garten, sei er quadratisch oder rechteckig. Die geometrischen Beete darin teilen die Gesamtfläche symmetrisch auf und werden auf die gleiche Weise angelegt wie die in Entwurf 1, 2 und 3. Gehen Sie einfach in der Reihenfolge der Zahlen vor, um Ihren Garten jedesmal ein wenig zu erweitern.

4

5

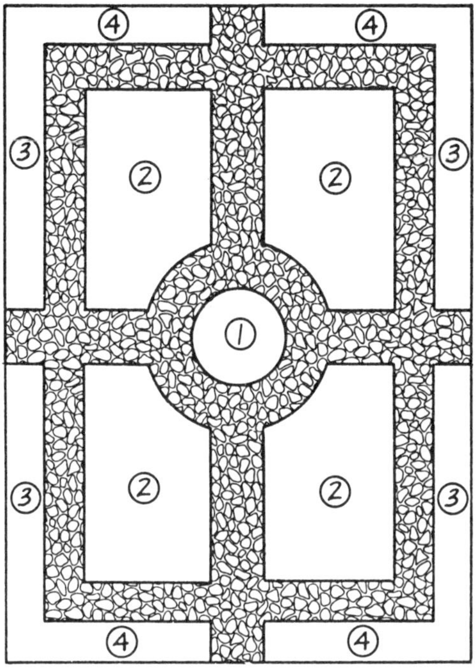

6

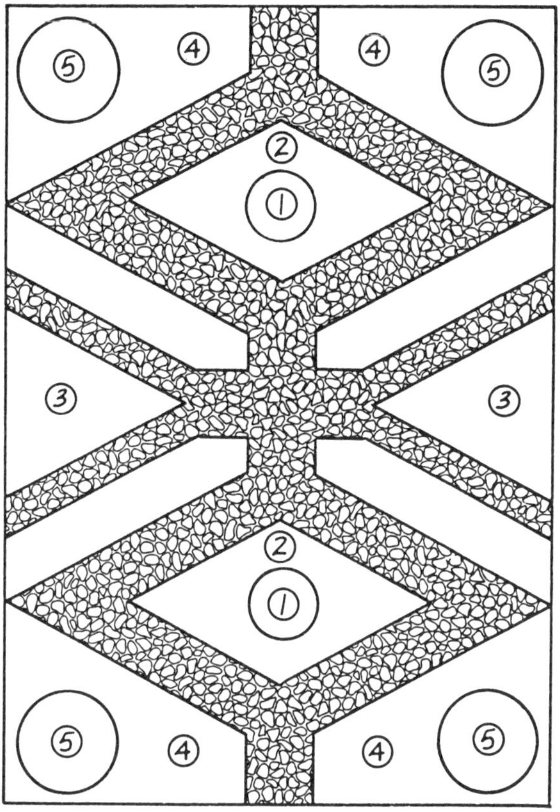

8

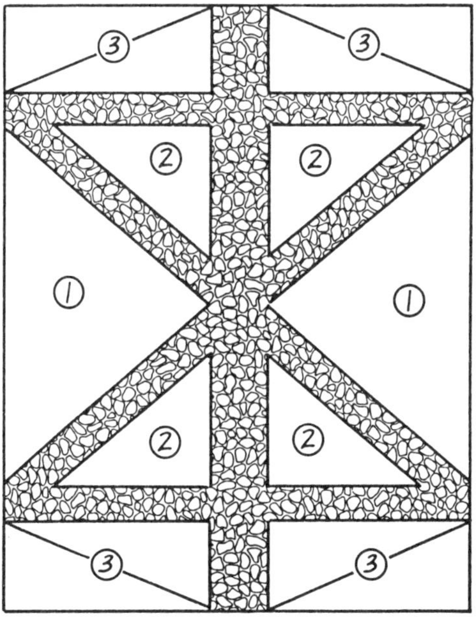

7

In den Entwürfen 4 und 5, links, sowie 6, 7 und 8, oben, sind die strukturierten Flächen Wege, die weißen Flächen Beete. Die Zahlen bedeuten die Reihenfolge, in der die einzelnen Beete angelegt werden. All diese Entwürfe lassen sich vertikal oder horizontal halbieren oder vierteln, so daß man kleinere Gärten erhält, die immer noch symmetrisch sind.

KAPITEL 5

Es wird schwieriger – Pflanzplanung

Wenn Sie sich mit kleinen Beeten in einer Vielzahl von Formen und Größen befassen, ist eine sorgfältige Planung die Hauptvoraussetzung für eine maximale Produktion. Im wesentlichen wollen Sie da jeden verfügbaren Zoll Erde praktisch nutzen, aber in einer attraktiven, ordentlichen Art und Weise. Ideale Pflanzpläne verlangen das dauernde Reifwerden kleiner Mengen vieler verschiedener Pflanzen über den längstmöglichen Zeitraum verteilt. Das ist Ihr Ziel. Aber, um das zu erreichen oder ihm möglichst nahezukommen, müssen Sie geschickt auf dem Papier planen, wie Sie das große Angebot an Intensivgartenbaumethoden am besten ausnutzen.

Wenn ich Gemüse, Obst und Kräuter für meinen Garten aussuche, überlege ich mir eine Reihe von Dingen. Ich versuche, Pflanzen zu nehmen, die in der Klimazone, in der ich wohne, erfolgreich sind. Ich baue diejenigen Sorten an, die entweder auf dem Markt nur schwer erhältlich oder sehr teuer sind. Ich wähle die Pflanzen, die wir gerne essen, und von denen wir wissen, daß sie vom Nährwert und vom Geschmack her viel besser sind, weil sie frisch gepflückt worden sind. Jedes Jahr experimentiere ich entweder mit ein paar neuen oder verschiedenen Abarten der gleichen Gemüsesorten. Ich experimentiere gern, und zwar hauptsächlich, um etwas dazuzulernen, aber auch, weil es immer Spaß macht, etwas Neues wachsen zu sehen. Ich versuche mich dabei zurückzuhalten und nicht zuviel zu pflanzen, weil ich nicht die ganze Nachbarschaft ernähren will. Am besten ist es, so habe ich festgestellt, weniger Gemüsesorten gut zu pflegen und nicht zuviel zu pflanzen und sie dann alle zu vernachlässigen.

Selbst die erfahrensten Gärtner planen in der Regel erst auf dem Papier, obgleich sich der Plan nach Jahren der Erfahrung wahrscheinlich auf eine einfache Aufstellung beschränkt, welche Pflanzen in welcher Menge angebaut werden sollen. Für weniger erfahrene Gärtner ist ein detaillierter Pflanzplan eine wertvolle Lernhilfe. Denken Sie als erstes daran, daß ein Plan nur eine Arbeitsunterlage sein sollte – kein Kunstwerk. Aber wenn Sie nicht zuerst etwas Zeit in den Papierkram investieren, verschwenden Sie später möglicherweise eine Menge kostbare Anbauzeit zusammen mit Ihrer Zeit und Mühe. Ein schriftlich festgelegter Plan systematisiert den Entscheidungsvorgang und gestattet es Ihnen, die verfügbare Fläche effizient zu nutzen und sich der Techniken des Zwischenfruchtbaus und des sukzessiven Pflanzens zu bedienen. Mit einem Blick auf Ihren Plan erkennen Sie die beste Kombination aus Wachstumsbedingungen, richtiger Pflanzzeit und bester Plazierung der Pflanzen. Einfach in den Garten zu gehen und den

Samen willkürlich im Boden zu verteilen, ist nahezu eine Garantie für schlechte Ergebnisse. Da Sie Ihre Beete bereits auf dem Papier entworfen haben (im letzten Kapitel), können Sie jetzt darangehen, diesen Plan mit Leben zu erfüllen.

Dabei müssen Sie folgendes in Betracht ziehen:

- ☐ Welche Gemüsearten, Früchte und Kräuter (und Blumen!) will ich nehmen?
- ☐ Welche Sorten eignen sich am besten für die Fläche und das gegebene Klima?
- ☐ Welche Menge brauche ich?
- ☐ Wie verteile ich die Pflanzen auf dem Grundstück?
- ☐ In welchem Abstand müssen die Pflanzen gesetzt werden und welche Pflanzen müssen abgestützt werden, wenn sie wachsen?
- ☐ Was sind die ungefähren Pflanz- und Erntedaten?
- ☐ Welche Zwischenfrüchte nehme ich und wohin setzte ich sie?

Sie sehen, daß die Vorplanung Ihnen eine Menge harte Arbeit, Geld und Verwirrung erspart. Wenn Sie vorher etwas nachdenken, gehen Sie späteren Fehlern und Enttäuschungen aus dem Weg.

Die Aufstellung mit den Gemüsearten auf Seite 128 kann als Anhaltspunkt für Ihre eigene Planung dienen; schauen Sie sich diese jetzt einmal an. Hier ist ein Beispiel, wie sie Ihnen bei der Planung helfen kann. Nehmen wir einmal an, Sie wollen Kohl anbauen. Die Aufstellung sagt Ihnen, daß Kohl ein Gemüse für die kühle Jahreszeit ist, das volle Sonne benötigt und sehr winterfest ist, was bedeutet, daß es mehrere Wochen vor dem ersten frostfreien Tag im Frühjahr in den Boden kommen kann. Die Aufstellung läßt Ihnen die Wahl unter vier Sorten, die sich alle für kleine Flächen oder Gefäße eignen. Weiter finden Sie Angaben zu den Erntezeiten, damit Sie planen können, was Sie als nächstes an die betreffende Stelle pflanzen. Außerdem gibt es Angaben zu den erforderlichen Abständen, die auf der Größe der ausgewachsenen Pflanze beruhen. Dazu werden noch die Merkmale der einzelnen Pflanzen beschrieben. Ähnliche Angaben finden Sie für Obst und Kräuter in den Aufstellungen auf den Seiten 145 bzw. 153.

Der Maßstab der Zeichnungen in Kapitel 4 ist so gewählt, daß Sie den Garten auf einem relativ kleinen Stück Papier entwerfen können. Wenn Sie aber überlegen, welche Gemüsearten Sie in diesen Beeten ziehen, sollten Sie einen viermal so großen Maßstab nehmen. Dann haben Sie auf dem Millimeterpapier mehr Platz, um die einzelnen Pflanzen einzuzeichnen (siehe Abbildung auf Seite 111). Zusätzliche Pflanzen können Sie noch an Stellen setzen, die nicht zu den

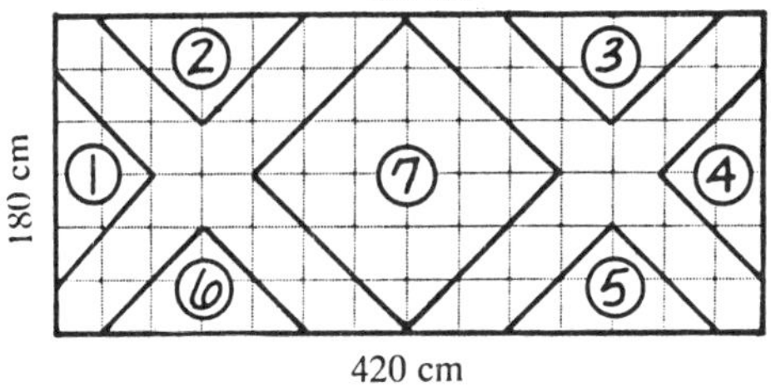

Hauptgartenbeeten gehören. Diese zusätzlichen Pflanzpunkte vergrößern den beengten Platz und bieten möglicherweise bessere Wachstumsbedingungen – mehr Sonne, Abstützung an einem Zaun oder lichtdurchsetzten Schatten für Salat im Hochsommer. Dazu messen Sie die zu bepflanzende Stelle aus, übertragen die Maße auf Millimeterpapier und erhalten so die geometrischen Formen der zusätzlichen Stellen. Dann können Sie entscheiden, ob für die Pflanzen, die Sie an diese Stelle setzen wollen, dort auch genügend Platz ist. Wenn das der Fall ist, schneiden Sie die Umrisse aus dem Papier aus und arrangieren sie auf einem großen Bogen Papier zu einem Übersichtsplan aller Anbauflächen auf Ihrem Grundstück.

Bei meiner eigenen Planung lege ich Pauspapier auf den ursprünglichen Entwurf auf Millimeterpapier. Pauspapier hat den Vorteil, daß man die Quadrate darunter zählen und die erforderlichen Abstände zwischen den Pflanzen im Verhältnis zur verfügbaren Fläche besser planen kann. Das Original kann man dann immer wieder verwenden, während auf dem Pauspapier nur die jahreszeitlich bedingten Änderungen eingezeichnet werden.

Eine weitere Methode bei der Planung meiner eigenen Gärten bestand darin, für jede Jahreszeit ein besonderes Blatt Pauspapier mit verschiedenen Farben zu verwenden. Da mein Gemüse- und Kräutergarten zunächst nur eine Wochenendbeschäftigung war, gab es keine Zeit zu verschwenden, und die Farbmarkierungen zeigten mir auf einen Blick, was ich wissen wollte. Aus den einzelnen Blättern ging schnell hervor, was ich in den einzelnen Teilen der Vegetationszeit pflanzen mußte. Weiterhin konnte ich aus dem Plan die Mengen und Abstände der einzelnen Pflanzen ersehen sowie, welche Pflanzen winterhart waren und in den Beeten bleiben würden.

Für den Fall, daß Sie mein System mit den Farbmarkierungen ausprobieren wollen, habe ich es im folgenden erklärt. Dazu ist zunächst zu sagen, daß die jahreszeitlichen Kategorien auf die Vegetationszeit meines Wohnorts abgestimmt sind. Sie müssen Ihre eigenen Kategorien festlegen, damit der Plan in Ihrer Gegend anwendbar ist. Zweitens habe ich für die Farben Symbole entworfen, weil dieses Buch nicht in Farbe gedruckt wird. Wenn Sie Ihren eigenen Plan entwerfen, fällt die Unterscheidung zwischen den verschiedenen Farben viel leichter. Notieren Sie für jede einzelne Gemüseart das Pflanzdatum und die Sorte und vermerken Sie, ob Sie Samen oder Setzlinge verwenden. Sie können außerdem die Pflanzetiketten im Garten nach Ihrem Plan farblich markieren.

⊙ *Grün*: Anfang des Frühjahrs. Erstes Auspflanzen sobald der Boden bearbeitet werden kann. Bei diesen Pflanzen handelt es sich um die kältefesten, sehr winterharten Gemüsearten, die 4 bis 6 Wochen vor dem ersten frostfreien Tag ausgesetzt werden können. Dazu gehören unter anderem Brokkoli, Erbsen, Rosenkohl und Spinat (weitere finden sich in der Aufstellung am Ende von Kapitel 6).

◎ *Violett*: Frühjahrsende. Hier handelt es sich um die winterharten, kältefesten Gemüsearten, die man häufig in kleinen Mengen 14 Tage vor dem ersten frostfreien Tag bis zum Einsetzen der Sommerhitze pflanzen kann. Zu dieser Kategorie gehören Bete, Rettiche, Karotten und Salat.

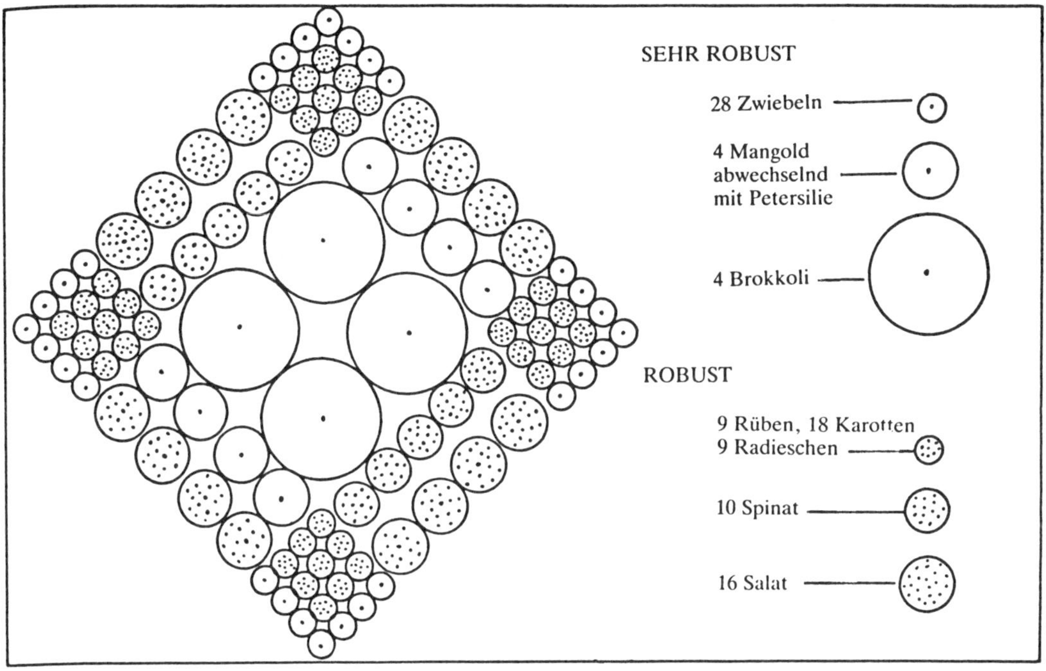

Diese Abbildung zeigt die ersten robusten Frühjahrspflanzen für Beet 7 in der Mitte von Einheit A von Entwurf 1.

⊜ *Orange*: Frühsommer. Diese Gruppe wird als drittes gepflanzt und besteht aus Gemüsearten, bei denen es sich um empfindliche Warmwetterpflanzen handelt, die keinen Frost vertragen. Sie sollten zwischen 2 und 4 Wochen nach dem ersten frostfreien Tag oder, mit entsprechendem Schutz, schon vorher gepflanzt werden. Die meisten sind wärmefest und brauchen viel Sonne. Zu dieser Gruppe gehören Tomaten und Gurken. Außer für Mais und Zuckererbsen, die ausgesät werden, ziehe ich in der Regel meine eigenen Setzlinge für die meisten dieser Gemüsearten. Viele dieser Gemüsearten wachsen jetzt dort, wo vorher die violett markierten Arten gestanden haben. Zusammen mit ihnen pflanze ich noch ein paar weitere violett markierte Sorten, weil sie schnell reifen und im Schatten der größeren Gemüsesorten für die warme Jahreszeit wachsen.

○ *Blau*: Sommerpflanzen: Dieses Symbol bedeutet sehr empfindliche Gemüsearten wie Setzlinge von Auberginen und Paprika. Die meisten der früher gepflanzten Gemüsearten befinden sich noch im Garten. Zu dem Zeitpunkt, zu dem diese Gemüsearten gepflanzt werden, können Sie auch ein zweites Mal grün markierte Gemüsearten auspflanzen, die dann im Herbst geerntet werden. Selbstgezogene Setzlinge von blau markierten Gemüsearten kommen an die sonnigsten Stellen in die Nähe von Gemüse, das bald geerntet wird, damit die blau markierten Gemüsesorten dann den zusätzlichen Platz haben, den sie zum Wachsen benötigen. Auch Setzlinge von Gemüsearten, die etwas Frost vertragen oder noch vor dem ersten Frost reifen, werden im Spätsommer gepflanzt. Beispiele sind Brokkoli, Salat und Chinakohl.

◍ *Braun*: Zwischenfrüchte. Sie werden nahe bei anderen Pflanzen gesetzt, in der Regel als Abgrenzung oder in gesonderten Gefäßen, um Schädlinge abzuwehren. Zu den Zwischenfrüchten gehören verschiedene Kräuter, besonders Schnittlauch und Knoblauch, sowie blühende Pflanzen wie Ringelblumen und Kapuzinerkresse.

⊕ *Rot*: Dauergemüse wie Spargel und Rhabarber, die immer am gleichen Platz bleiben.

Arbeiten Sie zuerst mit einem Bleistift auf Pauspapier, und wenn Sie alle Pflanzen und ihre Abstände mit Kreisen in einem zufriedenstellenden Arrangement eingezeichnet haben, malen Sie die Bleistiftmarkierungen farbig aus. Vermerken Sie auf einem beigelegten Blatt Papier die Sorte und die Gemüseart. Die nächste Pflanze, die an die gleiche Stelle kommt oder gleichzeitig mit der Hauptpflanze gesetzt wird, wird auf gleiche Weise auf einem neuen Blatt Pauspapier eingezeichnet, und zwar unter Verwendung einer anderen Farbe, damit deutlich wird, daß es sich um die nächste Pflanze handelt. Schauen Sie sich die Zeichnungen hier an, um festzustellen, wie ein solcher Plan aussehen könnte. Denken Sie daran, daß Sie bei Ihrem eigenen Plan statt der Symbole für die verschiedenen Pflanzzeiten unterschiedliche Farben verwenden können.

Ein paar Entscheidungshilfen

Hier sind ein paar Kriterien, mit deren Hilfe Sie entscheiden können, was Sie in Ihrem Garten anbauen. Machen Sie sich zu diesem Zeitpunkt noch keine Sorgen in Hinsicht auf spezifische Sorten – das kommt später. Im Augenblick reicht es, wenn Sie sich auf die Pflanzenarten konzentrieren. Ihre Entscheidung kann sich nach folgenden Punkten richten:

- ☐ Gemüse, Obst oder Kräuter, die nur schwer (oder überhaupt nicht) auf dem Markt zu bekommen sind.
- ☐ Die Sachen sind nie so frisch, wie sie sein sollten.
- ☐ Das Gemüse ist nicht so jung zu bekommen, wie Sie es möchten (zum Beispiel junge Auberginen oder Kartoffeln).
- ☐ Das Gemüse, Obst oder Kraut ist erhältlich, aber zu teuer (z. B. Himbeeren).
- ☐ Fragen Sie sich als letztes, ob das betreffende Gemüse, Kraut oder Obst Ihnen für die Fläche und Zeit, die Sie investieren, eine gute Gegenleistung bietet.

Wenn Sie daran denken, ein paar Obstbäume im Garten zu pflanzen, müssen Sie einige besondere Punkte berücksichtigen, wenn Sie damit beginnen, die in Frage kommenden Möglichkeiten einzuengen:

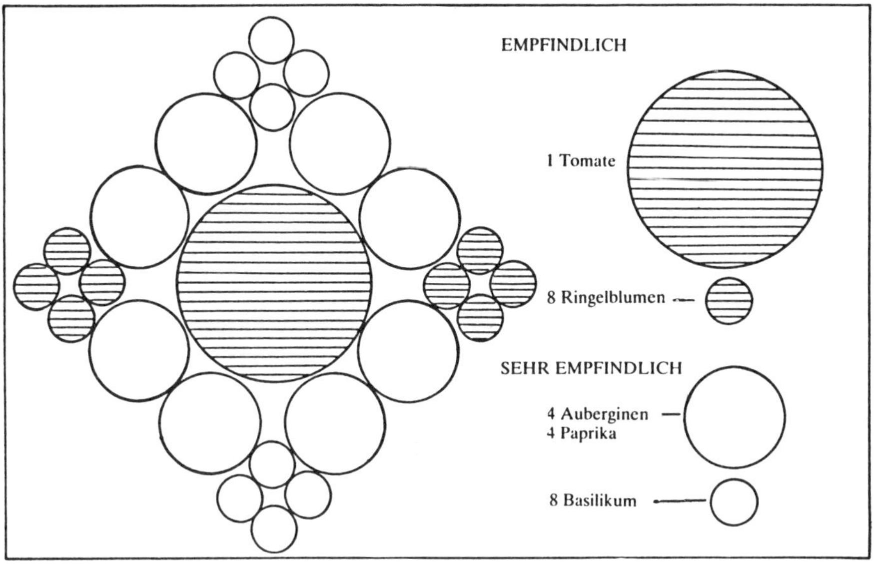

Dieser Plan zeigt Standort und Abstand empfindlicher Sommerpflanzen für Beet 7. Diese Pflanzpläne für die verschiedenen Jahreszeiten werden auf Pauspapier über dem Grundplan gezeichnet, damit dieser nicht jedes Mal neu gezeichnet werden muß.

□ Obstbäume brauchen Platz. Nehmen Sie eine Zwerg- oder Halbzwergart, wenn der Platz beschränkt ist. Erstere braucht ¾ bis 1 m^2, letztere 1½ m^2.

□ Fragen sie nach Obstbäumen, die sich für Ihre Klimazone eignen. Fragen Sie auch, wie man die Bäume beschneidet und ausdünnt.

□ Die wichtigsten Zutaten zu einem guten Obstertrag sind eine sonnige Stelle, gleichmäßige und reichliche Feuchtigkeit und die widerstandsfähigste Sorte.

□ Wenn Sie darangehen, Bäume zu kaufen, nehmen Sie die ältesten, die Sie sich leisten können. Mit Sackleinen umwickelte Wurzelballen sind besser als nackte Wurzeln.

□ Wenn Sie veredelte Bäume kaufen (und viele Zwergarten sind auf spezielle Wurzelstöcke gepfropft), denken Sie daran, daß die Pfropfstelle beim Pflanzen mindestens 3 cm über der Erdoberfläche sein muß.

□ Denken Sie daran, daß Obstbäume Zeit brauchen – je nach Alter des Baums beim Kauf dauert es mindestens 2 Jahre, bevor Sie von einem Zwergbaum ernten können. Bei normalen Bäumen dauert es noch länger.

Erfolg mit sukzessivem Pflanzen

Es gibt mehrere Möglichkeiten, sukzessiv zu pflanzen, um einen Nonstop-Garten zu bekommen. Die Idee dabei ist einfach, daß Sie all Ihre kleinen Gartenflächen vom Beginn des Frühjahrs über den Sommer bis weit in den Herbst hinein nutzen. Die folgenden Methoden können Sie einzeln oder insgesamt auch in Ihrem eigenen Garten anwenden:

- □ Pflanzen Sie nicht alles auf einmal, aber lassen Sie Ihren Garten auch nicht leerstehen. Wenn Sie das gleiche Gemüse wiederholt aussäen, können Sie länger ernten. Setzen Sie beispielsweise eine neue Salatpflanze an die gleiche Stelle, an der Sie einen Kopf Salat geerntet haben. Oder versuchen Sie es mit zeitlich versetztem Aussäen, das recht gut bei Gemüsearten funktioniert, die, wie etwa Rettiche, schnell reifen. Setzen Sie jeweils nur ein paar gleichzeitig, damit sie nicht alle zur gleichen Zeit geerntet werden müssen.
- □ Pflanzen Sie mehrere unterschiedliche Sorten der gleichen Gemüseart mit unterschiedlichen Reifezeiten. Mit dieser Methode bekommen Sie ebenfalls über einen längeren Zeitraum verteilt reifes Gemüse, und statt zeitlich versetzt pflanzen zu müssen, können Sie alles gleichzeitig erledigen.
- □ Planen Sie in Jahreszeiten. Nach winterhartem Kaltwettergemüse Anfang des Frühjahrs werden wärmeliebende Pflanzen gepflanzt, nach denen wiederum im Herbst Kaltwetterpflanzen gesetzt werden.
- □ Die Zeitplanung ist sehr wichtig. Für Warmwetterpflanzen wie Mais, Gurken und Kürbisse muß der Boden eine Mindesttemperatur von 15,5 °C haben, weil der Samen sonst eingehen könnte. Damit die Pflanzen schnell wachsen, dürfen Sie die Sommerpflanzen nicht zu früh in den Boden einbringen. Wie aber können Sie feststellen, wann die richtige Zeit ist? Nach einer Legende warteten die Indianer, bis die Eichenblätter die Größe von Mäuseohren hatten, bevor sie ihren Mais pflanzten. Wenn Sie gerade keine Mäuse zur Hand haben, deren Ohren Sie mit Eichenblättern vergleichen könnten, tut es auch ein Bodenthermometer.
- □ Bauen Sie gleichzeitig auf der gleichen Stelle zwei oder mehr Pflanzen an, die eine unterschiedliche Reifezeit haben. Sie können die Pflanzen abwechselnd mit sehr geringen Abständen in das gleiche Beet setzen. Pflanzen Sie schnellwachsende Gemüsearten wie Rettiche, Salat oder Spinat zusammen mit einer langsam wachsenden Pflanze wie Mais. Die schnellwachsenden Pflanzen sind dann schon abgeerntet, wenn die langsameren Pflanzen den zusätzlichen Platz benötigen. Um den verfügbaren Platz efffizienter zu nut-

Gleichzeitiges Setzen von 3 Pflanzen mit unterschiedlichen Reifezeiten spart viel Platz. Früher Salat und Radieschen sind schon geerntet, wenn der Mais groß genug ist, um den zusätzlichen Platz zu brauchen.

zen, können Sie auch Gemüsesorten mit unterschiedlicher Größe und unterschiedlichem Wuchsverhalten abwechselnd pflanzen, beispielsweise Karotten und Salat oder Mais und Kürbisse.

- ☐ Nehmen Sie zur gleichzeitigen Bepflanzung Gemüsearten mit ähnlichen Bedürfnissen, wie beispielsweise Paprika und Auberginen. Die Pflanzen lassen sich leichter pflegen, wenn sie einen ähnlichen Sonnen- und Wasserbedarf haben, und die Erde läßt sich dann speziell auf ihre Bedürfnisse abstimmen (im Falle von blühenden und fruchttragenden Pflanzen wie Paprika und Auberginen brauchen Sie wahrscheinlich mehr Knochenmehl in der Erde). Außerdem sieht es dekorativ aus, wenn die Pflanzen mit ihren unterschiedlichen Farben und Laubformen eng beieinanderstehen.
- ☐ Damit Ihr Garten so produktiv arbeitet, wie er sollte, setzen Sie die aufeinanderfolgenden Pflanzen entweder in flachen Behältern im Haus oder in einem gesonderten kleinen Anzuchtbeet an, das als eine Art »Nachschubgarten« dient. Wenn im Garten Platz zur Verfügung steht, können Sie dann neue Setzlingen nehmen und brauchen nicht wieder mit Samen zu beginnen. Dadurch gewinnen Sie mehr Wuchszeit in den Hauptbeeten.
- ☐ Gegen Ende der Saison können Sie die Ernte noch um mehrere Wochen verlängern, wenn Sie empfindliche Gemüsearten vor frühen Frösten schützen, und zwar mit den gleichen Geräten und Mitteln, die Sie verwenden haben, um im Frühjahr früher beginnen zu können (siehe Kapitel 13).
- ☐ Kaltwettergemüse, das im Spätsommer ausgesetzt wird und im Herbst reift, gedeiht in der Regel besser, wenn es im Frühjahr gepflanzt wird. Es handelt sich überwiegend um die Kohlarten Grünkohl, Rosenkohl, Brokkoli, Blumenkohl und Chinakohl. In einem kleinen Garten, der randvoll mit Sommerpflanzen gefüllt ist, gibt es Schwierigkeiten, für diese Herbstpflanzen Platz zu finden, bis das empfindliche Gemüse geerntet ist. Aber die jungen Setzlinge wachsen zunächst nur langsam, brauchen sehr wenig Platz und wachsen erst dann schneller, wenn das Wetter kühler wird. Pflanzen Sie sie, wo nach der Ernte von Sommergewächsen Platz ist bzw. als Ersatz für verwelkte Sommerblumen.

Mächtige Partner

Zwischenfrüchte werden in der Gärtnerei schon seit langer Zeit angebaut. Aber wie bei den meisten gärtnerischen Arbeitsweisen bestehen unter Gärtnern Meinungsverschiedenheiten über den Erfolg, den man mit Zwischenfrüchten zu erreichen versucht. Manche Leute bezeichnen den Zwischenfruchtbau als fragwürdige Kombination aus Tatsachen und Fantasie. Aber ich kenne viele Gärtner, die mit Zwischenfrüchten die gewünschten Ergebnisse erzielt haben, und habe das starke Gefühl, daß sie wirklich so hilfreich sind, wie viele Gärtner glauben. Ein Grund für Fehlschläge mit Zwischenfrüchten liegt möglicherweise darin, daß sie nicht in genügender Menge gepflanzt werden. Eine Ringelblume in einem Beet mit Tomaten ist nicht mehr als ein gelber Fleck in einem grünen Feld. Wenn Sie in kleinen geometrischen Beeten gärtnern, wie ich hier vorschlage, kann es zu einem Problem werden, genügende Mengen an Zwischenfrüchten unterzubringen. Aber das Problem ist nicht unüberwindbar, wenn Sie die beiden folgenden Hinweise beherzigen:

- ☐ Nehmen Sie erstens pflegeleichte Zwischenfrüchte, die Sie nichts von der Zeit kosten, die Sie Ihrer ersten Priorität – dem Gemüse – widmen können.
- ☐ Nehmen Sie zweitens nur Zwischenfrüchte, die Ihnen mehrfach nützlich sein können.

Die beiden am leichtesten zu pflanzenden insektenabweisenden Blumen in meinem eigenen Garten sind Zwergringelblumen in verschiedenen Gelbabstufungen und juwelenähnliche vielfarbene Kapuzinerkresse. Die wachsen praktisch von allein. Die Ringelblumen wirken nicht nur gegen Fadenwürmer im Boden, sie ergeben auch hübsche Sträuße für den Tisch. Die Blüten und Blätter der Kapuzinerkresse haben einen scharfen Geschmack; sie können für Salate, Sandwiches und eßbare Garnierung dienen und wirken gegen Insekten. Als weitere bewährte Zwischenfrucht mit doppeltem Zweck greife ich auch gern zu Pflanzen der Gattung Allium – Zwiebeln aller Art, Porree, Knoblauch, Schnittlauch und andere Verwandte der Zwiebel. Schließlich pflanze ich noch viele Küchenkräuter, die ebenfalls nützliche Zwischenfrüchte ergeben (siehe die Aufstellung über Kräuter in Kapitel 6).

Gute und schlechte Gefährten

GUTES VERHÄLTNIS

Bohnen – Ringelblumen – Kartoffeln
Rüben – Karotten – Zwiebeln
Rüben – Kohlrabi – Karotten – Zwiebeln – alle Kohlarten
Alle Kohlarten – Zwiebeln – Rüben – Radieschen – Salat – Karotten
Karotten – Zwiebeln – Erbsen – Rüben
Mais – Bohnen – Kürbis
Gurken – Radieschen
Ringelblumen (über den ganzen Garten verteilt zur Schneckenabwehr) – Gurken – Kohlarten
Kapuzinerkresse – Kürbis – Kartoffeln – Kohlarten
Zwiebeln – Salat – Karotten – Rüben – Radieschen
Erbsen – Karotten – Mais – Bohnen – Steckrüben – Pastinak
Paprika – Mangold
Kartoffeln – Bohnen – Erbsen – Auberginen – Mais
Radieschen – Kürbis – Salat – Tomaten – Gurken
Kürbis – Mais – Radieschen – Bohnen
Tomaten – Ringelblumen – Radieschen – Karotten – Spinat

SCHLECHTES VERHÄLTNIS

Buschbohnen – Zwiebeln
Stangenbohnen – Zwiebeln – Rüben – Kohlrabi – Sonnenblumen
Karotten – Dill
Schnittlauch – Erbsen – Bohnen – Gurken – Kartoffeln
Zwiebeln – Erbsen – Bohnen
Erbsen – Zwiebeln – Knoblauch – Kartoffeln
Kürbis – Kartoffeln
Tomaten – Kohlrabi

Da Gartenfläche bei mir hoch im Kurs steht, bin ich der Meinung, daß es am effektivesten und praktischsten ist, diese Blumen, Kräuter oder Gemüse aus der Zwiebelfamilie in einem schmalen Band von höchstens 10 cm Breite um die einzelnen Beete zu setzen. Dadurch werden auch die Formen der Beete hervorgehoben und die Beete selbst mit den brillanten Farben von Blüten, mit dem starken, spitzen Laubwerk der Zwicbelfamilie oder mit duftenden Kräutern zum Kochen verschönert. Es gibt nur wenige Gerichte, die ohne irgendeine Art Lauch, Zwiebeln oder Kräuter zubereitet werden, so daß diese Pflanzen nie weggeworfen werden zu brauchen. Basilikum weist Insekten ab, die sich an Gurken, Kürbisse und Tomaten heranmachen; deshalb pflanze ich jede Menge Basilikum in der Nähe dieser Gemüsearten. Als ich vor der Wahl stand, entweder Thymian oder Ysop als Pflanze gegen Kohlweißlingslarven zu nehmen, entschied ich mich gegen Ysop, weil er nicht eßbar ist. Stattdessen legte ich eine niedrige Abgrenzung aus feinem, silberblättrigem Thymian um mein Kohlbeet herum an.

Als weitere Möglichkeit verwende ich Kräuter in tragbaren Gefäßen, die dann in der Nähe des Gemüses aufgestellt werden, das die Kräuter schützen sollen. Rosmarin und Salbei sollen beispielsweise gegen Karottenfliege, Marienkäfer und Kohleule wirken – deshalb stehen Töpfe mit diesen Kräutern bei meinen Karotten, Bohnen und Kohl.

Ein weiterer Weg zu einem effektiven Zwischenfruchtbau wäre es, mehrere kleine Kräutergärten ganz in der Nähe von Gemüsebeeten anzulegen, und diese Kräuterbeete als Kollektion vieler verschiedener Arten von Zwischenfrüchten dienen zu lassen. Wenn wir bestimmte Pflanzen als Zwischenfrüchte bezeichnen, geht es nicht nur um Pflanzen, die schädliche Insekten abweisen und bestäubende Insekten anziehen, sondern auch um solche Pflanzen, die einander gegenseitig positiv beeinflussen und in einer Art symbiotischer Beziehung zu helfen scheinen. Wie in einer guten Ehe, in der die beiden Partner gleichermaßen zu der Beziehung beitragen und von ihr profitieren, so ist es auch in der Welt der Pflanzen. Manche Pflanzen mögen einander, andere können sich nicht ausstehen und behindern das gegenseitige Wachstum. Die Aufstellung mit der Bezeichnung »gute und schlechte Gefährten« zeigt Pflanzenpaare, die eine gute Beziehung zueinander haben und »heiraten« sollten, und andere Pflanzenpaare, die besser »in Scheidung« gedeihen und weit voneinander entfernt gehalten werden sollten. Wenn Zwischenfrüchte gleichzeitig gesetzt werden, kann der damit entstehende Gemüse-»Teppich« dazu beitragen, das Ungeziefer kleinzuhalten, dessen Fortpflanzung von einer unbegrenzten Nahrungsversorgung abhängt. Die Menge des Ungeziefers wird auf einem Mindeststand gehalten, weil keine Pflanze eine vorherrschende Stellung im Garten einnimmt. Wenn Sie große Mengen eines einzigen Gewächses pflanzen und die Pflanzzeiten dabei abstufen, kann auch das dazu beitragen, die Nahrung für die Insekten knapp und damit ihre Menge niedrig zu halten.

Fruchtwechsel leicht gemacht

Die letzte Methode, mit der wir uns in bezug auf die Planung befassen wollen, ist der Fruchtwechsel durch die verschiedenen Beete. Hier sind zwei wichtige Gründe für den Anbau Ihrer Gemüsearten im Fruchtwechsel, gefolgt von ein paar einfachen Möglichkeiten, diesen Fruchtwechsel in kleinem Maßstab durchzuführen:

- ☐ Als erstes können sich viele Insekten und auch Krankheitsorganismen im Boden bilden und dort bleiben, wenn an der gleichen Stelle Jahr für Jahr die gleiche Frucht gepflanzt wird.
- ☐ Zweitens entnehmen manche Gemüsearten dem Boden enorme Mengen an Nährstoffen und laugen ihn stark aus. Diese Gemüsearten sind »starke Esser«. Es ist zwar möglich, bestimmte Nährstoffe mittels organischem Dünger in der Anbauzeit zuzugeben, aber die Qualität und Quantität des Gemüses läßt schließlich nach, wenn dem Boden an einer Stelle immer die gleichen Nährstoffe entzogen werden.

Die starken Esser unter den Gemüsearten, die den Boden in einem Beet auslaugen, sollten im folgenden Jahr durch schwache Esser ersetzt werden. Hülsenfrüchte wie Erbsen und Bohnen sind mit der Fähigkeit gesegnet, Stickstoff aus der Luft zu binden und in einer Form im Boden abzulagern, die von anderen Pflanzen schnell aufgenommen werden kann. Sie sind die bodenaufbauenden Pflanzen. Es ist nur logisch, starke Esser mit bodenaufbauenden Pflanzen zu wechseln und dann zu den schwächeren Essern überzugehen, um einerseits Insekten und Krankheitskeimen eins auszuwischen und andererseits für eine ausgewogene Nährstoffverteilung im Boden zu sorgen. Die Abbildung zeigt, wie Sie in den ersten drei Jahren den Fruchtwechsel in Ihrem Garten vornehmen könnten. Danach geht es in der gleichen Reihenfolge wieder von vorn los.

In kleinem Maßstab, wenn Sie beispielsweise Gemüse in Pflanzgefäßen ziehen, brauchen Sie einfach nur daran zu denken, niemals das gleiche Gemüse zwei Jahre hintereinander im gleichen Behälter zu pflanzen. Weisen Sie jede Ihrer Gemüsearten nach ihrem jeweiligen Nährstoffbedarf einer numerierten Gruppe zu. Kleben Sie auf jeden Behälter ein numeriertes Etikett (mit wasserfester Tinte beschriftet), damit Sie schnell sehen können, was im vorhergehenden Jahr wo wuchs. Dann ändern Sie die Etiketten jedes Jahr und pflanzen eine Gemüseart aus der nächsten Gruppe.

Ein weiterer hilfreicher Anhaltspunkt zur Planung des Fruchtwechsels ist außer dem Nährstoffbedarf die Kenntnis, zu welcher botanischen Familie die Gemüsearten gehören. Mitglieder der gleichen botanischen Familie, ob es sich um Gemüsearten, Blumen oder sogar Unkräuter handelt, sind in der Regel vielfach anfällig für die gleichen Insekten und Krankheiten. Sie entnehmen dem Boden auch die gleichen Nährstoffe, wenn sie wachsen.

Für mich war es Liebe auf den ersten Ton, botanisch gesprochen. Die lateinischen Familiennamen haben einen so lieblichen Klang, daß es sich für meine Ohren wie große Oper anhört. Wenn Sie Ihre Gemüsearten wechseln, brauchen Sie

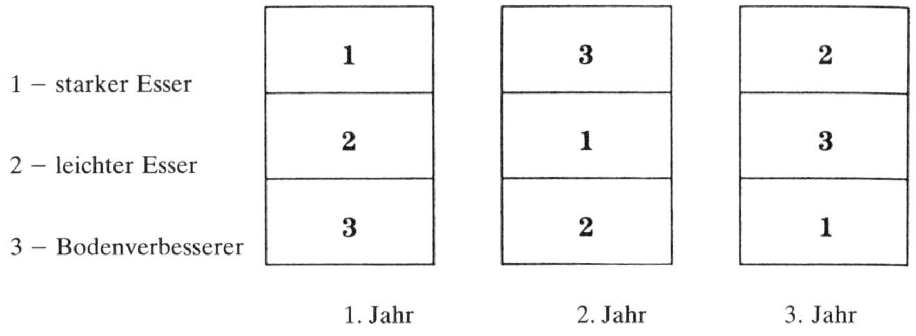

1 – die starken Esser: Rüben, Brokkoli, Kohl, Mais, Salat, Melonen, Radieschen, Spinat, Kürbis, Tomaten
2 – die leichten Esser: Karotten, Zwiebeln, Paprika
3 – die Bodenverbesserer: Bohnen aller Art, Erbsen.

Diese Abbildung zeigt einen 3-Jahresplan für den Fruchtwechsel zwischen drei Gartenbeeten.

natürlich nicht die lateinischen Familien- oder gar Gattungsnamen der verwandten Gemüsearten zu kennen. Aber es tut nicht weh und kann Spaß machen, sie zu lernen. Die folgende Aufstellung enthält Familiengruppen der bekannteren Gemüsearten.

- ☐ Cruciferae: Diese auch als Kohlfamilie bezeichnete Familie umfaßt Brokkoli, Rosenkohl, Weißkohl, Blumenkohl, Chinakohl, Kohl, Kresse, Meerrettich, Grünkohl, Kohlrabi, Senfkraut, Rettiche, Gelbe Kohlrübe und Steckrübe.
- ☐ Chenopodiaceae: Zur Gänsefußfamilie gehören Bete, Spinat und Mangold.
- ☐ Leguminosae: Zu den Hülsenfrüchten gehören alle Bohnen und Erbsen.
- ☐ Umbelliferae: Diese umfassen Karotten, Sellerie, Fenchel und einige Kräuter wie Dill, Petersilie und Kümmel.
- ☐ Cucurbitaceae: Dazu gehören Gurken, Melonen, Gartenkürbis und Moschuskürbis.
- ☐ Solanaceae: Auberginen, Paprika, Kartoffeln und Tomaten.

Eines Tages können Sie all diese Angaben vielleicht einmal ganz gut gebrauchen. Vielleicht hören Sie einmal, wie eine botanisch beschlagene Mutter ihrem Kind befiehlt »Iß deine Chenopodiaceae!«. Dann sind Sie der oder die einzige am Tisch, die den anderen die Übersetzung liefern kann, daß die Mutter ihr Kind ermahnt, seinen Spinat zu essen. Es könnte dann aber auch leichter für Sie sein, Ihren Fruchtwechsel zu planen.

Zusammenfassung: Eine Checkliste zur Planung eines Gemüsegartens

Hier ist eine Checkliste, mit der Sie planen können, was Sie wohin pflanzen, wenn es an der Zeit ist:

- ☐ Unterteilen Sie als erstes Ihre Pflanzen in Blattgemüse, Wurzelgemüse und blühende/fruchttragende Pflanzen. Als nächstes können Sie ein paar wichtige Merkmale notieren.
- ☐ Stellen Sie fest, welche Bodenbedingungen die einzelnen Pflanzen bevorzugen. Wurzelgemüse braucht die krümeligste Erde, weil sich die eßbaren Teile im Boden bilden.
- ☐ Notieren Sie den NPK-Bedarf: Blattgemüse braucht mehr Stickstoff (N), blühende Pflanzen brauchen mehr Phosphor (P), Wurzelgemüse braucht mehr Kalium (K), wenn es gut wachsen soll.
- ☐ Notieren Sie als nächstes, wieviel Platz die einzelnen Pflanzen benötigen und wie hoch sie werden. Denken Sie auch daran, ob und gegebenenfalls was für eine Abstützung erforderlich ist.
- ☐ Die meisten Blatt- und Wurzelgemüse werden nur begrenzt hoch und ergeben den größten Ertrag auf der kleinsten Fläche. Setzen Sie sie auf die Südseite von höherwachsenden Pflanzen.
- ☐ Pflanzen, die blühen und Frucht tragen, werden im allgemeinen höher und brauchen viel Platz, wenn man sie sich ausbreiten läßt. Wenn man sie an einer vertikalen Abstützung festbindet, nehmen sie nur einen Bruchteil dieses Platzes ein. Sie bieten außerdem etwas Schatten für Blattpflanzen, wenn diese ihn benötigen. Pflanzen Sie sie auf die Nordseite des Gartens.
- ☐ Wenn Sie Pflanzen nach ihrer Erntezeit zusammenstellen, können Sie ein ganzes Kleinbeet gleichzeitig neu bepflanzen. Auberginen und Paprika haben beispielsweise etwa die gleiche Reifezeit und zeigen ein miteinander verträgliches Wuchsverhalten. Sie lassen sich also von Natur aus gut zusammen anpflanzen. Bete, Kohlrabi, Rettiche und Karotten, die die gleichen Bedürfnisse haben und etwa 60 Tage nach dem Auspflanzen geerntet werden können, bilden eine andere Gruppe, die man zusammen pflanzen kann..
- ☐ Denken Sie bei der Planung an die »Zweimalpflanzen», die in der Vegetationsperiode zweimal gepflanzt und im Frühjahr und Herbst geerntet werden können.
- ☐ Übersehen Sie auch die nachwachsenden Gemüsearten nicht; diese können für längere Zeit im Garten bleiben, denn wenn Sie einzelne äußere Blätter abschneiden, bilden sich von der Mitte aus neue. Zu dieser Sorte gehören manche Kohlarten, Mangold, Senfkraut und Blattsalat.

Die Planung eines Feriengartens

Die Gartensaison ist gleichzeitig die traditionelle Feriensaison, und wenn Sie einen Urlaub planen, denken Sie bei der Planung Ihres Gartens vielleicht daran. Vielleicht mieten oder besitzen Sie ein Ferienhaus und wollen nur am Wochenende oder im Sommer gärtnern.

Wenn das der Fall ist, überlegen Sie sich die folgenden vier Möglichkeiten:

1. Ein Frühjahrs- und Frühsommergarten mit schnell reifendem Wurzel- und Blattgemüse.
2. Ein Sommergarten für 3 Monate mit ausschließlich wärmeliebendem Gemüse – Tomaten, Bohnen, Gurken, Kürbisse und Auberginen.
3. Ein Spätsommer- und Herbstgarten mit Setzlingen von Gemüsearten, die Frost vertragen. Säen Sie Ihren eigenen Samen einen Monat vor dem Aussetzen der Setzlinge in der Wohnung aus oder kaufen Sie fertige Setzlinge in der Gärtnerei.
4. Ein Garten mit köstlichen Kräutern für die Küche.

Eine letzte Anmerkung zur Gartenplanung: Pflanzen Sie nicht mehr, als Sie auch verwenden können. Es überrascht mich immer wieder, daß ein winziges Samenkorn, das nur den Bruchteil eines Gramms wiegt, sich schließlich zu einer Pflanze verwandelt, die ununterbrochen produziert. Innerhalb einer Woche kann man von einer Tomatenpflanze drei Tomaten, von einer Kürbispflanze drei Kürbisse und von einer Gurkenpflanze zwei Gurken ernten. Eine einzelne Rosenkohlpflanze kann bis zu 100 winzige Knospen tragen und in einer Saison 2 bis 3 Pfund Rosenkohl ergeben. Denken Sie bei der Planung daran, damit Sie nicht zur Erntezeit vor Gemüsemengen stehen, vor denen Sie kapitulieren müssen. Um Ihren Plan in den Garten umzusetzen, brauchen Sie nicht viel Platz, nur eine Menge Einfallsreichtum.

KAPITEL 6

Katalogsprache – Die Wahl der richtigen Sorte

Der Januar ist immer der richtige Monat, um sich die ersten Gedanken über die nächste Gartensaison zu machen und zu planen, was gepflanzt werden soll und wohin es kommt. Und genau zur richtigen Zeit, um dieses erwachende Gartenfieber zu nähren, kommen dann auch die Samenkataloge. Beherrschen Sie sich, wenn es soweit ist. Die Samenkataloge sind speziell darauf abgestellt, Sie mit fantastischen Farben und Wortmalereien zu verführen, so daß Sie nahezu alles haben möchten (und in einem Augenblick der Schwäche auch bestellen). Aber halten Sie sich zurück! Die meisten Gärtner neigen dazu, sich mitreißen zu lassen, wenn sie aus Samenkatalogen bestellen.

Wie in Trance überfliegen wir die verlockenden Seiten und starren auf Angebote von perfekt geformten, völlig makellosen Gemüsearten in all ihrer farbigen Pracht.

Und obwohl ich es besser weiß, muß ich zugeben, daß ich schwach werde und zu den Gärtnern gehöre, die immer zuviel Samen bestellen. Eine andere Kategorie sind die »letzter Augenblick«-Gärtner, die abwarten und Setzlinge kaufen – eine Sechserpackung augenblicklicher Befriedigung –, junge Gemüsesetzlinge, in der Gärtnerei gezogen und fix und fertig für den Garten. Ich persönlich bin der Meinung, daß Setzlinge in der Regel langweilig und wenig abwechslungsreich sind, und arbeite lieber mit meinem eigenen Samen.

Aber Gärtner, die sich damit zufriedengeben, jedes Jahr die gleichen alten Samen oder Setzlinge zu kaufen, verpassen neue oder bessere Sorten. Samenkataloge sind außerdem eine gute Informationsquelle über die Merkmale von Gemüsearten, Obstbäumen, Beeren, Nußbäumen, Kräutern und Blumen sowie die vielen Sorten, die es gibt. Neben Pflanz- und Züchtungshinweisen und Sortenempfehlungen für verschiedene Klimazonen und Anbaugebiete finden sich Gartenkunde, Rezepte und Ratschläge zum Einfrieren und eine schwindelerregende Ansammlung der neuesten Gartenwerkzeuge. Sobald Sie die Bedeutung der verschiedenen Adjektive, Begriffe und Symbole kennen und solange Sie dabei berücksichtigen, daß die Informationen natürlich der Verkaufsförderung dienen, können Samenkataloge ein unerläßliches Hilfsmittel sein, um Ihren Gartenverstand zu verbessern. Übersehen Sie die Kataloge kleiner regionaler Anbieter nicht. Viele dieser kleinen Firmen spezialisieren sich auf Sorten für bestimmte Regionen oder auf schwer zu bekommende, importierte oder exotische Samensorten. Oft bieten diese Firmen auch exklusiv Sorten an, die sie selbst entwickelt haben, beispielsweise eine spezielle Hybrid- oder krankheitsfeste Sorte.

Samenkataloghieroglyphen

Bevor Ihre Augen also überzulaufen und Ihr Kopf zu schwimmen beginnt, wenn Sie die jährlichen Kataloge durchblättern, und besonders wenn Sie ein gärtnerischer Neuling sind, schauen Sie sich die folgenden Hinweise an, um sich einen Eindruck davon zu verschaffen, was ich als »Samenkataloghieroglyphen« bezeichne.

REIFEZEIT

Diese Zahlen nach dem Namen der Sorte geben die durchschnittliche Anzahl von Tagen an, die die Pflanze vom Auspflanzen bis zur Ernte benötigt. Sie können eine wertvolle Hilfe dabei darstellen, das sukzessive Pflanzen und das gleichzeitige Pflanzen von Früh- und Spätgemüse zu planen. Aber die Zahlen in den Katalogen sind nur Durchschnittsangaben, d. h. je nach geographischer Lage und Wetter in einem gegebenen Jahr können sich Änderungen ergeben. Achten Sie außerdem darauf, ob die Reifezeit sich auf Samen oder auf Setzlinge bezieht.

Früh, mittel oder spät Unterschiedliche Sorten der gleichen Pflanze reifen zu verschiedener Zeit in der Vegetationsperiode, und mit diesen Begriffen wird ihre relative Reifezeit angegeben. Frühe, mittlere und späte Sorten zu pflanzen, ist eine Möglichkeit, über einen längeren Zeitraum zu ernten.

HYBRIDE

Eine Hybride entsteht, wenn Elternpflanzen aus genetisch unterschiedlichen Rassen der gleichen Spezies miteinander zu einer Pflanze gekreuzt werden, die bestimmte wünschenswerte Merkmale wie Widerstandsfähigkeit gegen Krankheit, frühe Reife oder milderen Geschmack besitzt. Aufgrund dieser Merkmale sind Hybriden teurer. Samen aus einer Hybridsorte ergibt keine Pflanze, die wie ihre Mutterpflanze aussieht, weil Hybridpflanzen zwar gleich aussehen, aber genetisch nicht identisch sind. Wenn man ihre Samen aussät, erhält man Pflanzen mit unterschiedlichen Kombinationen genetischer Merkmale. Sie können also von einer Hybridpflanze keinen Samen nehmen, um ihn im nächsten Jahr auszusäen.

NATÜRLICH BESTÄUBT

Dieses Wort bezieht sich auf Pflanzen, die nicht gekreuzt wurden. Die Pflanzen haben über viele Generationen ähnliche Merkmale wie die Mutterpflanzen. Sie können ihre Samen sammeln und aufbewahren, wenn sie reif sind.

RESISTENZ

Dieser Begriff beschreibt die Fähigkeit einer Pflanze, Schädlingen oder Krankheiten ohne Unterbrechung ihres normalen Wuchses und ihrer normalen Produktion zu widerstehen. Selbst eine resistente Pflanze kann schließlich einer bestimmten Krankheit erliegen; das Wort resistent bedeutet nur, daß die Pflanze dem Angriff für längere Zeit und in stärkerem Ausmaß standhalten kann als eine Pflanze, die nicht resistent ist.

TOLERANZ

Eine tolerante Pflanze ist weniger widerstandsfähig gegenüber Schädlingen oder Krankheiten als eine resistente Pflanze, sie kann jedoch ein bestimmtes Maß an Krankheit oder Schädlingsbefall vertragen.

LANGSAM SCHIESSEND

Wenn es wärmer wird und die Tage länger werden, verlangsamen blättrige Pflanzen wie Spinat und Kopfsalat die Blattproduktion und lassen Samenstengel in die Höhe wachsen. Langsam schießende Sorten sind eine bessere Wahl, wenn Sie im Sommer länger etwas von diesen Blattpflanzen haben wollen.

GYNÄZÖS

Dieses Wort ist ein Hinweis auf Pflanzen, die mehr Früchte tragen, weil sie nur weibliche Blüten haben. In Samenpäckchen findet sich auch Samen für »männliche« Pflanzen, die zusammen mit den weiblichen gesetzt werden müssen, damit es zur Bestäubung kommt. Einige europäischen Gurken- und Kürbissorten sind gynäzös.

MERKMALE

Unter dieser Überschrift finden sich in den Katalogen die Angaben, die am meisten auf Verkaufsförderung abzielen. Mit den Beschreibungen der Merkmale einer Sorte erhalten Sie jedoch die grundlegenden Informationen über – beispielsweise – die Farbe von Mais oder ob die Paprikasorte scharf oder mild ist oder ob sich eine bestimmte Sorte von grünen Bohnen gut einfrieren läßt.

Gemüse – schafft Platz und braucht Platz

Wenn Sie auf dem Sofa sitzen und Samenkataloge durchblättern, haben Sie den Vorteil, die Empfehlungen verschiedener Anbieter vergleichen und darüber nachdenken zu können. Sie haben die Zeit, etwas über neue Gemüsesorten zu lernen und das überreichliche Angebot durchzuforsten. Die Sortenbezeichnungen unterscheiden sich jedoch von Katalog zu Katalog, und es gibt auch noch andere verwirrende Angaben, durch die Sie sich kämpfen müssen, wenn Sie die Auswahl treffen, was Sie anbauen wollen. Nehmen wir zum Beispiel Rüben. Sie produzieren auf kleinem Raum viel Nahrung, und zwar mit dem zusätzlichen

Vorteil, daß sowohl die Wurzeln als auch die Blätter eßbar sind. Rüben keimen zwar langsam, danach wachsen sie aber schnell und sind vergleichsweise krankheitsfrei. Kurz gesagt, Rüben sind die perfekte Wahl für einen kleinen Garten oder als Frühgemüse in jedem beliebigen Garten. Aber es gibt runde Rüben, Rüben mit flachem Oberteil; lange zylindrische Rüben, dunkelrote und goldfarbene Rüben, selbst weiße Rüben, und jeder Saatguthändler hat einen anderen Namen dafür. Es ist wie bei Nagellacken – sie sind im wesentlichen alle rot und Nagellacke, aber die Unterschiede in der Farbskala sind nur leicht. So ist es auch mit Rüben (und auch allen anderen Gemüsearten).

Was ist zu tun? Wie treffen Sie Ihre Wahl, wenn Sie viel Arbeit und nur begrenzte Zeit für den Garten haben? Um Ihnen die Wahl zu erleichtern, habe ich Gemüsesorten zusammengestellt, die sich gut für kleine Flächen und Gefäße eignen und sich in den Gartenentwürfen in Kapitel 4 gut machen.

Wählen Sie die richtige Gemüse- und Obstsorte, pflanzen Sie sie in das Gefäß mit der richtigen Größe, und schon sind Sie zwei Schritte weiter auf dem Weg zum Erfolg. Sie können diese Sorten auch für Pflanzpunkte und als Nahrung zwischen den Blumen verwenden. Die Kollektionen stammen aus meinen eigenen Lieblingskatalogen, und ich habe sie im Gedenken an ihre großen Erträge und ihren guten Geschmack sowie ihre kompakte Größe gewählt. Ich habe Wert auf leicht zu ziehende Sorten gelegt und auch Gemüsearten aufgenommen, die auf dem Markt nicht immer erhältlich sind und teilweise zu teuer oder zu ungewöhnlich oder zu zart sind, um auf den Markt zu gelangen.

Manche Salatarten, gelbe Paprika und weiße Auberginen sind ein paar Beispiele für Gemüsesorten, die Sie möglicherweise nur dann kosten können, wenn Sie sie selbst anbauen. Wenn normal große Sorten an beengte Stellen oder in Pflanzgefäße passen, habe ich sie aufgenommen, aber manche normal große Gemüsearten kommen schlicht und einfach nicht in Frage; eine Kürbis- oder Wassermelonenranke kann mit ihren schirmgroßen Blättern und massigen Früchten $4\frac{1}{2}\ m^2$ eines Gartens bedecken. Bei diesen Gemüsearten sollten Sie definitiv auf Zwerg- und Miniatursorten zurückgreifen. Schließlich enthält die Aufstellung noch ein paar Gemüsearten, die man einfach um des Spaßes willen haben sollte. Mais beispielsweise ist absolut nicht praktisch für einen kleinen Garten. Er muß in Gruppen gepflanzt werden, damit es zur Bestäubung kommen kann. Auf Balkonen und Dächern werden die hohen Stiele leicht vom Wind umgeweht. Und außerdem muß man daran denken, daß jede Maispflanze im allgemeinen nur zwei Kolben pro Jahr produziert. Aber wenn Sie meinen, ohne den Geschmack von frisch gepflücktem und zubereitetem Mais nicht leben zu können, sollten Sie es damit auf jeden Fall probieren. Aber nehmen Sie eine der kleineren Sorten; sie sind vom Anbau her etwas praktischer.

Wenn Sie beschließen, sich auf eigene Faust in Katalogen umzusehen, sollten Sie nach kompakten Pflanzen und Sorten Ausschau halten. Im wesentlichen müssen Sie auf drei Arten von Pflanzen achten, und zwar:

- ☐ Zwergpflanzen: Das sind die schweren, starkstämmigen Pflanzen mit kurzen Stämmen, die normalgroße Früchte tragen.

- □ Normale Pflanzen: Manche Standardsorten haben einen kompakten Wuchs oder tragen kleine Früchte.
- □ Kleinpflanzen: Das sind die echten Miniaturen – kleine Pflanzen, die kleine Früchte (oder Blätter) tragen.

Die Aufstellung mit den Gemüsesorten findet sich auf Seite 128. Damit Sie es einfacher haben, sind alle Aufstellungen zur Sortenwahl am Ende dieses Kapitels zusammengestellt.

Tips für Obstpflanzen

Obstbäume und -büsche können sowohl optisch als auch durch ihre süßen, sonnengereiften Früchte viel Freude bereiten. Obstbäume gibt es in Größen, die von genetischen Zwergformen als ausgezeichnete Kübelpflanzen über Zwergformen mit einer Höhe von 2½ bis 3 m bis zu den Standardformen mit 4½ m oder mehr reichen. Wenn der Platz beengt ist, nehmen Sie am besten eine Zwerg- oder genetische Zwergsorte.

Mittlere Sorten, 3½ bis 4½ m hoch, sparen ebenfalls Platz und bieten Ihnen das meiste Obst pro Baum.

Zwergsorten sind eigentlich normalgroße Bäume, die auf einen Wurzelstock gepfropft wurden, der ihren Wuchs einschränkt. Das Ergebnis ist ein kompakter Baum, der normalgroße Früchte trägt. Genetische Zwergsorten sind speziell gezüchtet, so daß der gesamte Baum klein und auch das Obst etwas kleiner ist.

Buschobst wie Blaubeeren bildet eine hübsche Ergänzung für die Landschaft. Es läßt sich zu einer Hecke ziehen und bildet einen Anziehungspunkt für Vögel. Buschobst wächst auch gut in Kübeln – in meinem Dachgarten in der Stadt habe ich Blaubeerbüsche. Hier sind ein paar Tips, die Sie bei der Wahl berücksichtigen sollten:

- □ Viele Obstbäume sind autogam, daß heißt, sie tragen Frucht ohne Bestäubung durch einen anderen Baum. Viele der genetischen Zwergsorten, die sich so gut für Kübel eignen, sind selbstbefruchtend. Aber einige Obstbäume brauchen die Bestäubung durch einen Baum einer anderen Sorte. Nehmen Sie möglichst selbstbefruchtende Sorten, um sich das Leben leichter zu machen. Wenn Sie nur für einen Baum Platz haben, muß er sogar selbstbefruchtend sein. Die Aufstellung mit den Obstsorten am Ende dieses Kapitels enthält überwiegend selbstbestäubende Sorten.
- □ Seien Sie nicht enttäuscht, wenn Ihr Baum im ersten Jahr keinerlei Frucht trägt; die meisten Standardobstbäume brauchen 5 bis 10 Jahre, um voll zu tragen. Zwergbäume reifen schneller und werfen schon in 2 bis 3 Jahren den ersten Ertrag ab; erkundigen Sie sich vorher danach.
- □ Zwergsorten habe oft flache Wurzeln und werden bei Sturm leicht entwurzelt. Pflanzen Sie sie an einen Zaun, in eine Hecke, vor ein Spalier oder eine Wand (bei veredelten Bäumen ist es außerdem sehr wichtig, daß die Pfropfstelle mindestens 2½ cm über der Erdoberfläche liegt).

- ☐ Welche Sorte Sie auch kaufen, nehmen Sie immer den ältesten Baum, den Sie sich leisten können; ein mit Sackleinen umwickelter Wurzelballen ist besser als freiliegende Wurzeln.
- ☐ Denken Sie darüber nach, was Sie mit dem Obst machen wollen. Manche Sorten eignen sich hervorragend zum Einmachen oder Eingefrieren bzw. für Marmeladen und Gelees. Andere halten sich gut über den Winter, so daß Sie auch außerhalb der Saison frisches Obst genießen können. Achten Sie im Katalog auf Hinweise darauf, welche Sorten sich am besten für welchen Zweck eignen. Diese Merkmale sind auch in der Aufstellung »Obst für Gefäße und beengte Stellen« auf Seite 145 aufgeführt.
- ☐ Informieren Sie sich über Ihr Klima. Das bedeutet, daß Sie die allgemeinen klimatischen Verhältnisse in Ihrer Gegend sowie die Eigenheiten Ihres ganz bestimmten Mikroklimas kennen sollten. Dann wählen Sie die Sorten, die sich für Ihre Region eignen.
- ☐ Achten Sie besonders auf Sorten, die als resistent oder tolerant gegenüber Krankheiten beschrieben werden.
- ☐ Wenn Sie genügend Platz für mehrere Obstbäume oder Büsche haben, sollten Sie Pflanzen mit verschiedenen Reifezeiten nehmen. Wählen Sie frühe, mittlere und späte Sorten, damit Sie nicht alles Obst auf einmal bekommen, sondern kontinuierlich ernten können.
- ☐ Seien Sie skeptisch gegenüber den Behauptungen in bezug auf Bäume, bei denen verschiedene Sorten auf einen Wurzelstock gepropft sind. Diese Bäume lösen zwar möglicherweise die Probleme von Fremdbestäubung und beengtem Platz, aber ihre Pflege ist manchmal schwierig. Die verschiedenen Sorten haben möglicherweise eine unterschiedliche Wachstumskraft, und die stärkeren beherrschen und beschatten die schwächeren.

Kräuter – Doppeltes Vergnügen, doppelter Zweck

Ein mittelalterlicher Gelehrter hat einmal gesagt, daß Kräuter seit Zeitbeginn »die Freunde der Ärzte und die Freude der Köche« seien. Eßleidenschaft inspiriert oft andere Passionen. Kochen und Gärtnern sind ein solches Paar, bei dem das Interesse an dem einen eine Neigung zum anderen hervorruft. Es kommt häufig vor, daß ein Kräutergarten dem Koch die nötige Inspiration und Erfindungsgabe zur Verwandlung in einen leidenschaftlichen Meisterkoch verleiht. Er erliegt völlig dem Geschmack, dem Charakter und der Individualität, den frische Kräuter selbst dem einfachsten Schnellgericht verleihen. Es ist daher nicht verwunderlich, daß sich so viele Gärtner eifrig mit Kräutern beschäftigen, denn diese zauberhaften »Freunde des Kochs« führen ein Doppelleben und belohnen den Gärtner doppelt mit ihrem eßbaren, aromatischen Laubwerk (das manchmal auch noch Insekten abweist) und der exklusiven Pracht farbenfroher Blüten.

Da Kräuter sich so sehr für die in diesem Buch vorgestellten Anbaumethoden mit Hochbeeten, Pflanzpunkten, Anbau zwischen Blumen und Gefäßen aller Art eignen, scheint es nur angebracht, auch einen Führer für beliebte Küchenkräuter aufzunehmen. Wenn Sie bis jetzt nur mit getrockneten Kräutern gekocht haben, steht Ihnen ein Abenteuer bevor, das Ihr Gaumen begrüßen wird, denn frische Kräuter sind so delikat und schmackhaft, wie sie es in getrocknetem Zustand auf einem Regal niemals sein können. Getrocknete Kräuter sind stärker, so daß man weniger braucht, aber je nach Marke, Lichteinfall und Lagerzeit ist ihr Geschmack manchmal »dahin«. Außerdem ändert sich der Geschmack der meisten Kräuter beim Trocknen beträchtlich, selbst wenn man sie sorgfältig selbst trocknet. Ein weiteres starkes Argument für den Anbau der eigenen Kräuter ist, daß so viele frische Küchenkräuter nie auf dem Markt zu sehen sind. Und wenn man wirklich frische Kräuter kaufen kann, sind sie fürchterlich teuer. Auf Sie wartet eine völlig neue Geschmacks- und Duftwelt, die Ihren Ruf als durchschnittlicher Koch zu dem eines »Chef extraordinaire« aufwertet.

Wenn Kräuter Neuland für Sie sind, machen Sie sich für jedes einzelne Kraut in Ihrem Garten eine Erkennungsmarke, auf der Sie Sorte, Boden- und Sonnenbedarf, Grundzüchtung und Anwendungsmöglichkeiten vermerken. Wenn Sie mit zwei oder mehr eng verwandten Kräutern, wie beispielsweise Gartenthymian undd Feldthymian, experimentieren wollen, schlagen Sie den lateinischen Namen in einem zuverlässigen Buch nach und verwenden diese Bezeichnung, wenn Sie Samen oder Pflanzen bestellen, damit Sie auch mit Sicherheit das bekommen, was Sie wollen.

Gemüse für Gefäße und beengte Stellen

Die folgenden Symbole sollen Ihnen dabei helfen, auf einen Blick die Anbaubedingungen und Größen verschiedener Gemüsearten zu erkennen.

WS Warme Saison

CS Kühle Saison

◐ Teilweise schattig

☼ Volle Sonne

VH Sehr robust: sehr kältefest, erträgt Frosttemperaturen, wächst am besten bei 15 bis 18° C.

H Robust: kann leichten Frost vertragen, wächst am besten bei 15 bis 18° C.

T Empfindlich: frostanfällig, wächst am besten bei 18 bis 21° C

VT Sehr empfindlich: extrem frostanfällig, wächst am besten bei Temperaturen über 21° C.

In der Aufstellung sind neben den einzelnen Gemüsearten die Größen und Abstände der Pflanzen und Gefäße vermerkt. Falls nicht anders angegeben, gelten diese Informationen für alle aufgeführten Sorten.

Gemüse	*Sorte*)*	*Pflanzzeit/ Reifezeit*	*Abstand cm*	*Größe der Pflanze*	*Fruchtgröße*	*Behälter-größe*	*Bemerkungen*
Aubergine WS ☼ T		8–10 Wochen vor dem Auspflanzen ansetzen; 2–4 Wochen nach dem letzten Frühjahrsfrost pflanzen	30	60–80 cm hoch		Pro Pflanze 25–30 cm breit, 25–30 cm tief,	Sehr empfindliche Pflanze, die Kälte nicht sehr gut verträgt
	Early Beauty Hybrid	62			klein, oval		Sehr fruchtbar
	Ichiban	65			bis zu 30 cm lang, dünn		Eine der ertragreichsten Auberginen
	Morden Midget	65			klein, oval		Sehr buschig und kompakt
	Slim Jim	65			10 cm lang		Wächst in 15-cm-Töpfen; Früchte wachsen in Büscheln
Bete CS ☀ H		Nach dem letzten Frühjahrsfrost bis Mitte des Sommers aussäen; dann wieder im Herbst bis 8 Wochen vor dem ersten Frost säen	7,5	Laubhöhe	Wurzeldurchmesser	Pro Pflanze 15–30 cm tief	Blätter schmecken am besten, wenn sie 12–20 cm hoch sind; Wurzeln schmecken am besten bei einem Durchmesser von 5–7,5 cm
	Baby Canning	48–56		25–30	Golfballgröße		Perfekte Größe zum Einlegen
	Detroit Dark Red	55–60		25–30	6–7,5 cm		Glänzende, attraktive Blätter; süßliche Wurzeln; gut geeignet zum Einmachen und Einfrieren
	Early Wonder	48–55		45–45	7,5 cm		Reift schnell; sehr schmackhaftes Laub; gut geeignet zum Einmachen
	Little Ball	56		25–30	4 cm		Bleibt zart und glatt; ideal zum Einlegen
	Ruby Queen	52–55		25–30	5–7,5 cm		Ausgezeichnetes Blattwerk

*) Viele der aufgeführten Sorten sind bei uns nicht erhältlich; beim Samengroßhandel ggf. nach Sorten mit ähnlichen Eigenschaften fragen.

Gemüse	*Sorte*	*Pflanzzeit/ Reifezeit*	*Abstand cm*	*Größe der Pflanze*	*Fruchtgröße*	*Behältergröße*	*Bemerkungen*
Blumenkohl CS ❂ H		Setzlinge 6–8 Wochen vor dem Auspflanzen ansetzen; im Frühjahr 4 Wochen vor dem letzten Frost und im Herbst 12 Wochen vor dem ersten Frost pflanzen	30 (falls nicht anders vermerkt)		Kopfdurchmesser	Pro Pflanze 30 cm breit, 30 cm tief; 20 l Erde	Benötigt lange Vegetationsperiode, reift am besten bei kühlen Temperaturen, braucht ständige, gleichmäßige Feuchtigkeit, Blätter müssen locker am Kopf anliegen, damit er weiß wird.
	Garant	82–86	15	Zwerg	4–9 cm		Schnell wachsend und kräftig; früh
	Predominant	90–94	15	Zwerg	4–9 cm		Gute Wahl für den Herbst; spät
Bohnen WS ❂ T	Buschtyp	Nach dem letzten Frühjahrsfrost aussäen, jede Woche nachpflanzen	10	60 cm hoch	Hülsenlänge	Pro Pflanze 20 cm breit, 20–25 cm tief	Einfach anzubauen, schnell reifend, kurze Ernteperiode pro Pflanze
	Gold Crop	45–52			12–15 cm		Gelbe Wachsbohne, fadenlos, eignet sich zum frischen Verzehr, Einfrieren, Einmachen
	Tender Crop	50–60			12,5 cm		Fadenlos, krankheitsfest, läßt sich gut einfrieren
	Tenderette	55			15 cm		Fadenlos, eignet sich frisch, eingefroren, eingemacht
	Stangentyp	Nach dem letzten Frühjahrsfrost aussäen	10	12,5–20 cm hoch	Hülsenlänge	Pro Pflanze 30 cm breit, 20 cm tief; 8 l Erde	Braucht Spalier oder irgendeine senkrechte Stütze, reift später als Buschbohnen, trägt aber länger
	Blue Lake	55–66			12,5–15 cm		Fadenlos
	Kentucky Wonder	58–74			17–22		Fadenlos, sehr fleischig
	Purple Pod	50–65					Fadenlos, Hülsen werden beim Kochen grün

Brokkoli CS ☼ VH		Setzlinge 6–8 Wochen vor dem Auspflanzen ansetzen; Frühjahrspflanzen 4 Wochen vor dem letzten Frost und Herbstpflanzen 8 Wochen vor dem ersten Frost setzen	30		Kopfdurchmesser	Pro Pflanze 30 cm breit, 30 cm tief; 20 l Erde	Pflanzen nach der Ernte des Hauptkopfes nicht ausziehen; Abschneiden des Kopfes führt zur Entstehung von Seitentrieben; lange Erntezeit
	De Rapa (Raab)	40		25 cm hoch	Schießt nicht		Produziert schnell viele Seitentriebe; kein Hauptkopf
	Green Dwarf	50–60		20 cm hoch	14 cm		Widerstandsfähig gegen falschen Mehltau; sehr kompakte Pflanze
Erbsen CS ☼ VH	Gartentyp	4–6 Wochen vor dem letzten Frühjahrsfrost aussäen, sobald die Erde bearbeitet werden kann	7,5	Rankenlänge	Schotenlänge	Pro Pflanze 10 cm breit, 30 cm tief; am besten sind rechteckige Kästen mit Fadenspalier	Eßbar sind die Erbsen in der Schote; für eine ausreichende Ernte braucht man nach manchen Angaben bis zu 37 Ranken pro Person
	Freezonian	63		75 cm	7,5 cm		Welke feste Pflanzen; Erbsen lassen sich gut einfrieren
	Little Marvel	63		45 cm	7,5 cm		Ertragreich, gut zum Einfrieren
	Wando	68		75 cm	7,5 cm		Wärme- und kältefest; gut zum Einmachen und Einfrieren
	Zuckertyp	s. Gartentyp	7,5	Rankenlänge	Schotenlänge	s. Gartentyp	Eßbar sind die süßen, saftigen Schoten und die Erbsen; ertragreicher als der Gartentyp; kräftig rankende Sorten werden bis zu 2,4 m lang; niedrig wachsende Sorten brauchen einen gewissen Halt

Gemüse	*Sorte*	*Pflanzzeit/ Reifezeit*	*Abstand cm*	*Größe der Pflanze*	*Fruchtgröße*	*Behälter-größe*	*Bemerkungen*
	Sugar Bon	56		45–60	5–7,5 cm		Niedrig wachsende Sorte
	Sugar Rae	70		60–70 cm	5–7,5 cm		Niedrig wachsende Sorte; für zeitlich gestaffelte Ernte zusammen mit Sugar Bon pflanzen
	Schneetyp	s. Gartentyp	7,5	Rankenlänge	Schotenlänge	s. Gartentyp	Schoten schmecken am besten, wenn sich die Erbsen darin gerade bilden; auch ausgereifte Erbsen können verwendet werden
	Dwarf Gray Sugar	65		75 cm	6–7,5 cm		Produziert reichlich pralle, schmackhafte Schoten
	Snowbird	58		40–45 cm	7,5 cm		Eine der frühest reifenden Sorten; Pflanzen brauchen keine Stützen
Eßbarer Eibisch WS ☼ VT		Im Freien aussäen, sobald der Boden sich auf 15,5° C erwärmt hat; Setzlinge 3–4 Wochen nach dem letzten Frühjahrsfrost ansetzen; 6–8 Wochen nach dem letzten Frühjahrsfrost auspflanzen	45	Pflanzenhöhe	Schotenlänge	Pro Pflanze 30 cm breit, 30 cm tief	Wärme ist wichtig für gutes Wachstum; eignet sich gut als Nachfolger für Frühjahrspflanzen; Samen zur Keimung über Nacht einweichen; Schoten dauernd abernten; sind am besten bei einer Länge von 5–7,5 cm
	Dwarf Green Long Pod	50		60–75	18 cm		Zwergsorte; gerippte Schoten sind fleischig und dunkelgrün
	Lee	50		75–90 cm	15–18 cm		Eine der kleinsten Sorten; dornenlose Schoten sind leicht zu ernten

Grünkohl CS ☼ VH		Für frühe Ernte 4–6 Wochen vor dem letzten Frühjahrsfrost aussäen; für zweite Ernte 10 Wochen vor dem ersten Herbstfrost aussäen	40	30 cm hoch		Pro Pflanze 20 cm breit, 20 cm tief	Äußere Blätter immer wieder abpflücken; verträgt Hitze und Kälte; Frost verbessert den Geschmack.
	Dwarf Blue Curled Vates	55					Niedrige kompakte Pflanzen mit fest gekräuselten blaugrünen Blättern
	Dwarf Green Curled Scotch	50–65					Niedrige kompakte Pflanze mit graugrünen gekräuselten Blättern
Gurken WS ☼ T	Buschtyp	1 Woche nach dem letzten Frühjahrsfrost aussäen oder Setzlinge 2-3 Wochen vor dem Auspflanzen nach dem letzten Frost ansetzen	90	Kompakte Pflanzen brauchen nur $\frac{1}{4}$ m^2 Platz; werden etwa 60 cm hoch	Fruchtlänge	Pro Pflanze 20 cm breit, 30 cm tief; 4–8 l Erde	Sehr fruchtbare Pflanzen; dauernd pflücken, damit sich neue Früchte bilden
	Burpless Bush	42			23–28 cm		Erste kernlose Buschsorte, frühe Ernte, sehr ertragreich
	Bush Whopper	55			15–20 cm		Dicke feste Gurken
	Little Minnie	52			10 cm	20 cm tiefer Korb	Gut für Hängekörbe geeignet
	Patio Pink Hybrid	51–58			10–15 cm		Trägt früh und viel; schimmelfest
	Spacemaster	60			18–20 cm		Fest, für viele Klimabereiche geeignet, widerstandsfähig gegen Mosaikkrankheit
	Rankentyp	s. Buschtyp	15 (bei vertikalem Anbau)	Ranken werden 2,5–3 m lang	Fruchtlänge	Pro Pflanze 20 cm breit, 30 cm tief; bei 2 Pflanzen 20 l 3–5 Pflanzen 40 l Erde	Braucht Spalier oder eine andere Stütze

Gemüse	*Sorte*	*Pflanzzeit/ Reifezeit*	*Abstand cm*	*Größe der Pflanze*	*Fruchtgröße*	*Behältergröße*	*Bemerkungen*
	Gemini	65	18–20 cm				Sehr krankheitsfest
	Mincu	50	10 cm				Zum Einlegen; früh und sehr ertragreich
	Sweet Slice	58–62	30–35 cm				Kernlose Sorte; verträgt warmes Wetter und ist krankheitsfest
Karotten CS ◐ H		4 Wochen vor dem letzten Frühjahrsfrost aussäen; dann alle 2 Wochen nachsäen	7,5	Laub wird im Durchschnitt 25 cm hoch	Länge × Breite der Wurzel	20–25 cm tief; 7,5 cm Abstand zwischen den einzelnen Pflanzen	Samen keimt nur langsam; vor dem Aussäen über Nacht einweichen und mit Sand, Torfmoos oder Sägemehl abdekken, um Verkrusten zu vermeiden.
	Gold Nugget	71			5–7,5 × 5 cm		Golfballförmig
	Little Finger	65			9 × 1,5 cm		Perfekt zum Kochen am Stück
	Oxheart	70–75			10–15 × 10 cm		Leicht zu ziehen; zart, hält sich gut
	Short 'N Sweet	68			9 × 5 cm		Gute Wahl für schwere, nicht ideale Böden
Kohl CS ☼ VH		Setzlinge 6–8 Wochen vor dem Auspflanzen ansetzen; 2mal pflanzen, und zwar im Frühjahr, 4 Wochen vor dem letzten Frost, und dann wieder im Herbst, 8 Wochen vor dem ersten Frost	30		Durchmesser und Gewicht des einzelnen Kopfes	Pro Pflanze 25 cm breit, 30 cm tief; 12–20 l Erde	Hauptköpfe von Frühjahrspflanzen abschneiden, damit sich kleinere Köpfe nachbilden
	Babyhead	70–72		Kompakt	10 cm, 450 g		Miniaturkopf, mehr weiß als grün, schlecht zu zerteilen
	Earliana	60		Kompakt	10 cm, 1100 g		Eine der am frühesten reifenden Sorten

	Early Greenball	63			Kompakt	10 cm, 1100 g		Englische Sorte; runde Köpfe mit kleinen Herzen
	Morden Dwarf	55–60			Kompakt	10 cm, 450 g		Miniaturkopf, fest; schlecht zu zerteilen
Kürbis WS ☼ VT	Sommertyp		2 Wochen nach dem letzten Frühjahrsfrost aussäen	Busch: 90 Ranken: 40	Buschkürbis braucht eine Fläche von 0,25 m^2; rankende Sorten brauchen bis zur doppelten Menge, wenn sie nicht vertikal angebaut werden		Pro Pflanze 60 cm breit, 60 cm tief, 40 l Erde bei Buschsorten und 60 cm breit; 60 cm tief, 40 l Erde bei rankenden Sorten	Rankende Sorten auf kleinen Flächen spalieren; die gesamte Saison hindurch ernten, je jünger, desto besser
	Aristocrat	48			Ranken			Grüne, gerade Sorte; sehr ertragreich; für viele Klimazonen geeignet
	Early Golden Summer Crookneck	48–53			Busch	7,5 bis 25 cm lang, 1400 g		Gelbe krummhalsige Sorte; sehr zart, wenn jung geerntet
	Early White Bush	54			Busch	18 cm Durchmesser		Runde, schalenartige Frucht mit grünweißer Schale und weißem Fleisch
	Gold Rush	45–50			Busch	10–20 cm lang		Gelbe, gerade Sorte, offene Pflanzweise macht die Ernte leicht
	Kuta Hybrid	42				15 cm lang		Die junge Frucht ist hellgrün und fest mit abgerundetem Geschmack; die reife Frucht ist dunkelgrün und von auberginenartiger Konsistenz
	Park's Creamy	55			Busch	15–20 cm		Gelbe, gerade Sorte; hält extreme Temperaturen gut aus
	Wintertyp		2 Wochen nach dem letzten Frühjahrsfrost aussäen	Busch: 90 Ranken: 60	s. Sommertyp		s. Sommertyp	Reift langsamer als Sommertyp, halten sich gut durch die dicke Schale; im Herbst vor dem ersten starken Frost ernten, wenn die Schalen hart sind; an einem warmen trockenen Platz aufbewahren

Gemüse	*Sorte*	*Pflanzzeit/ Reifezeit*	*Abstand cm*	*Größe der Pflanze*	*Fruchtgröße*	*Behälter-größe*	*Bemerkungen*
	Burpee Butterbush	75		Busch	7,5–10 cm lang, 450–900 g		Butternußtyp; jede Pflanze trägt 4–5 Kürbisse; braucht nur 1/4 des Platzes der normalen Rankenart; hält sich ausgezeichnet über den Winter
	Bush Table King	75		Busch	15 cm lang, 12,5 cm breit, 600 g		Eicheltyp; braucht vor der Lagerung nicht haltbar gemacht zu werden
	Gold Nugget	95		Busch	2250 g		Turbanförmig
	Table Ace	70		Halbbusch			Eicheltyp; braucht vor dem Lagern nicht haltbar gemacht zu werden; sehr widerstandsfähig gegen Krankheiten
Mais WS ☼ T		Nach dem letzten Frühjahrsfrost aussäen	30	Höhe der Pflanze	Länge der Kolben	3 Pflanzen je Behälter von 50 cm Breite und 20 cm Tiefe	Gruppen von 3 oder mehr Pflanzen sind erforderlich, damit die Bestäubung sichergestellt wird; Sorten mit unterschiedlichen Reifedaten wählen, um die Ernte zu staffeln
	Faribo Golden Midget	60		75 cm	10 cm		Süß und zart; läßt sich gut einfrieren
	Golden Midget	58		90 cm	12,5 cm		Jede Pflanze produziert 2 Kolben mit je 8 Reihen; hat unter den Miniatursorten den höchsten Zuckergehalt
	Golden Miniature	54			12,5 cm		Schlanke, gut gefüllte Kolben; läßt sich gut einfrieren
	Midget Sweet Corn	63		75 cm	10 cm		Kolben süß und zart; läßt sich gut einfrieren
Mangold CS ☼ H		2–4 Wochen vor dem letzten Frühjahrsfrost aussäen	30	30–35 cm hoch		Pro Pflanze 30 cm breit, 20–30 cm tief, 8 l Erde	Bringt zuverlässig hohe Erträge; hält Hitze und leichten Frost aus; lange Erntezeit; einige Außenblätter gelegentlich abschneiden, damit sie nachwachsen

	Fordhook Giant	60					Dunkelgrüne gekräuselte Blätter mit weißen Stielen
	Lucullus	55					Hellgrüne, stark gekräuselte Blätter mit weißen Stielen
	Rhubarb Chard	55–60					Dunkelgrüne, leicht gekräuselte Blätter mit rubinroten Stielen und Adern
Melonen WS ☼ VT	Beutelmelone	2 Wochen nach dem letetzten Frühjahrsfrost aussäen; in Gegenden mit kurzer Saison Setzlinge 10–30 Tage vor dem Aussetzen nach dem letzten Frühjahrsfrost ansetzen	30 (bei vertikalem Anbau)	60–90 cm Durch-	Durchmesser messer	Pro Pflanze 60 cm breit, 60 cm tief; 20 l Erde	Benötigt lange, warme Vegetationsperiode; Ranken auf Spalier ziehen, um Platz zu sparen; Früchte an vertikalen Ranken mit Schlingen stützen
	Minnesota Midget	60		90 cm Durchmesser	10 cm		Buschtyp. Eine der am frühesten reifenden Sorten; Melonen enthalten viel Zucker; eine halbe Melone reicht für eine Mahlzeit
	Musketeer	90		60–90 cm Durchmesser	12,5–15 cm		Buschtyp. Ein festes Netz verhindert das Aufplatzen; sehr süß und saftig
	Wassermelonen	s. Beutelmelonen	30 (bei vertikalem Anbau)	60–90 cm Durchmesser	Durchmesser oder Gewicht	Pro Pflanze 60 cm breit, 60 cm tief; 20 l Erde	Siehe Beutelmelone
	Golden Midget	75			20 cm		Die Schale reifer Früchte wird gelb, besonders süßes rotes Fleisch
	Market Midget	69			1400–2250 g		Ovale Frucht mit sehr süßem Geschmack
	Sugar Baby	70–90			3600–4500 g		Exzellentes, süßes, dunkelrotes Fleisch; weniger Kerne als bei anderen Sorten

Gemüse	*Sorte*	*Pflanzzeit/ Reifezeit*	*Abstand cm*	*Größe der Pflanze*	*Fruchtgröße*	*Behälter-größe*	*Bemerkungen*
Paprika WS ☼ VT	Scharfe Sorten	Setzlinge 6–8 Wochen vor dem Auspflanzen ansetzen; 2–4 Wochen nach dem letzten Frühjahrsfrost auspflanzen	30	Höhe der Pflanze	Länge der Frucht	Pro Pflanze 60 cm breit, 30 cm tief; eignet sich für Hängekörbe und kleine Gefäße	Attraktive Pflanzen mit kompakter Form, glänzendem Laub und farbenprächtigen Früchten
	Hungarin Wax	60–65 (Nach dem Auspflanzen)		35–55 cm	12,5 cm		Gelbe Früchte, die glänzend rot werden, wenn sie reif sind; recht scharf
	Jalapeno	72–80 (Nach dem Auspflanzen)		65–90	7,5 cm		Anfängliche grüne, später rote Frucht; sehr scharf; gut zum Einlegen
	Long Red Cayenne	70–75 (Nach dem Auspflanzen)		45 cm	12,5 cm		Rote Frucht; oft eingerollt oder verdreht; Geschmacksknospen Vorsicht – brennend scharf
	Pepper Thai Hot	65 (Nach dem Auspflanzen)		20 cm	2,5 cm	20 cm	Brennend scharf; grüne und rote Früchte überdecken die kegelförmige Pflanze
	Milde Sorten	s. scharfe Sorten	30	Höhe der Pflanzen	Länge der Frucht	s. scharfe Sorten	Siehe scharfe Sorten
	Sweet Pickle	65 (Nach dem Auspflanzen)		30–38 cm	5 cm		Die gelbe Frucht wird im Verlauf des Reifevorgangs zunächst rot und dann purpurfarbig
	Sweet Banana	58–70 (Nach dem Auspflanzen)		30–38 cm	15 cm		Gelbe Frucht bekommt beim Reifen eine orangerote Färbung; lange, spitz zulaufende Frucht
	Sweet Cherry	78 (Nach dem Auspflanzen)		25–30 cm	klein, rund		Die leuchtend grüne Frucht wird scharlachrot; gut zum Einlegen

	Yolo Wonder	78 (Nach dem Auspflanzen)		30–38 cm	10 cm		Widerstandsfähig gegen Tabakmosaikvirus; große, klotzige grüne Frucht wird rot, wenn sie reift
Radieschen CS ☼ H		2–4 Wochen vor dem letzten Frühjahrsfrost aussäen; danach alle 2 Wochen auf kleinen Flächen nachsäen, bis es wärmer wird; noch einmal im Spätsommer aussäen	7,5	Blätter werden 15–20 cm hoch		12 Pflanzen pro 4-l-Topf; 36 Pflanzen pro 40-l-Behälter	Sehr schnell reifend; brauchen für besten Wuchs und besten Geschmack kühles Wetter; bekommen bei zuviel Wärme einen scharfen Geschmack
	Cherry Belle	22			rund, 2 cm		Rot mit weißem Fleisch; hält sich gut im Garten
	Early Scarlet Globe	24			rund, 2,5 cm		Hellrote Wurzeln mit festem, weißem Fleisch
	French Breakfast	23			länglich, 4,5 cm		Scharlachrote Wurzel, oben weiß; erfreulich scharfes, festes Fleisch
	Sparkler	25			rund, 3 cm		Rote Wurzel mit weißer Spitze; fest und scharf
	White Icicle	28			länglich, 12 cm		Weiße, schlanke Wurzel; mild schmeckendes weißes Fleisch
Rhabarber mehrjährig CS ☼		Im Frühherbst oder Frühjahr pflanzen; die Stiele reifen in 30 Tagen	60	75 cm hoch		Pro Pflanze 60 cm breit, 20–25 cm tief	Im ersten Jahr nicht ernten; im zweiten Jahr nur ein paar Stiele abernten; volle Ernte erst im dritten Jahr; an Stellen pflanzen, wo er mehrere Jahre bleiben kann. Achtung: Die Blätter nicht essen, sie können giftig sein
	Canadian Red						Dicke, hohe rote Stiele; sehr ertragreich
	Valentine				45–55 cm lang, 2,5 cm dick		Attraktive, dunkelrote Stiele; sehr gute Kochqualität
	Victoria						Angenehm saurer Geschmack; sehr ertragreich, winterfest; grüne Stiele mit roten Flecken

Gemüse	*Sorte*	*Pflanzzeit/ Reifezeit*	*Abstand cm*	*Größe der Pflanze*	*Fruchtgröße*	*Behälter-größe*	*Bemerkungen*
Rosenkohl CS ❂ VH		Setzlinge 4–6 Wochen vor dem Auspflanzen ansetzen; am besten, wenn als Herbstpflanze 6–8 Wochen vor dem ersten Frost ausgepflanzt	40		Knospen	Pro Pflanze 30 cm breit, 30 cm tief; 20 l Erde	Braucht lange Vegetationsperiode; bei Reifung in der Sommerhitze lockere Knospen mit schlechtem Geschmack; wird durch Frost stark verbessert
	Improved Extra Dwarf	70			2,5 cm		
	Jade Cross Hybrid	80–95		70 cm hoch	4–5 cm		Sehr ertragreich; läßt sich gut einfrieren
	Long Island Improved	85–90		50 cm hoch	2,5 cm		Läßt sich gut einfrieren
Salat CS ❂ H	Kopfsalat	Aussäen und Setzlinge 3–6 Wochen vor dem letzten Frühjahrsfrost auspflanzen; bis Mitte des Sommers alle drei Wochen kleine Mengen auspflanzen; 8 Wochen vor dem ersten Herbstfrost noch einmal pflanzen	15–30	15–25 cm hoch		Pro Pflanze 20 cm breit, 15–20 cm tief	Beliebt wegen seiner weichen Textur und seines delikaten Geschmacks; locker anliegende Blätter bilden einen zweiten Kopf; Kopf am besten ganz ernten. Gute Wahl für Blumenkästen und Hängekörbe.
	Buttercrunch	65–70					Verträgt Wärme, schießt langsam
	Summer Bib	60–70					Wächst kräftig, schießt nicht
	Tom Thumb	65			10–12 cm		Tennisballgröße, perfekt für Blumenkästen und andere winzige Flächen
	Blattsalat	s. Kopfsalat	15	20–22 cm hoch		Pro Pflanze 20 cm breit, 15–20 cm tief tief	Äußere Blätter immer wieder abernten; kleine Mengen in zeitlichen Abständen pflanzen; in warmen Gegenden wärmefeste Sorten wählen

Black Seeds Simpson	45				Die festen Blätter sind breit, leicht gekräuselt und von mittelgrüner Farbe
Grand Rapids	40–45				Schießt nur langsam; hellgrüne Blätter mit feingekräuselten Kanten
Oak Leaf	38–50				Wärmefest; wird nicht bitter, Blätter erinnern an Eichenblätter
Ruby	47				Gekräuselte Blätter haben eine hübsche hellrote Farbe
Salad Bowl	45				Wärmefest; sehr zart und süß; Pflanze produziert überreichlich kräftig grüne Blätter
Slo-Bolt	45				Schießt nicht; den ganzen Sommer über qualitativ gute Blätter; Blätter sind leicht gebogen mit gekräuselten Rändern
Lattich	3–6 Wochen vor dem letzten Frühjahrsfrost aussäen; dann wieder Mitte des Sommers zur Ernte im Herbst aussäen	30	25 cm hoch	Pro Pflanze 20 cm breit, 15–20 cm tief	Feste Blätter mit knackigen, saftigen Rippen; aufrecht stehende längliche Köpfe
Crisp Mint	65–80				Widerstandsfähig gegen Schimmel und Viren
Dark Green Cos	55–70				Früh reifend; sehr fest; wächst gut im Sommer
Paris Island Cos	70–75				Große Pflanze mit mild schmeckenden Blättern
Sweet Midget Cos			12 cm hoch		Die kompakten Köpfe sind mild und fest; gut für winzige Flächen
Feldsalat	s. Kopfsalat	7,5		Pro Pflanze 20 cm breit, 15–20 cm tief	Verträgt keine Hitze; die kleinen löffelförmigen Blätter haben einen scharfen, kresseähnlichen Geschmack. Schwacher Frost verbessert den Geschmack; gute Herbstpflanze

Gemüse	*Sorte*	*Pflanzzeit/ Reifezeit*	*Abstand cm*	*Größe der Pflanze*	*Fruchtgröße*	*Behälter-größe*	*Bemerkungen*
	A Grosse Graine	45–50					Kompakte, dunkelgrüne Blätter
	Senfkohl	Anfang des Frühjahrs und dann wieder im Hochsommer aussäen	7,5			Pro Pflanze 20 cm breit, 15–20 cm tief	Wächst in der Hochsommerhitze nicht gut; Geschmack ähnelt dem von Senfkraut; schwacher Frost verbessert den Geschmack
	Roquette	35					Blätter haben pfefferartigen Geschmack
	Rucola cultivata	65					Blätter haben pfefferartigen Geschmack
Schalotten CS ☼ VH		4–5 Wochen vor dem letzten Frühjahrsfrost aussäen; bis 2 Wochen nach dem letzten Frost sukzessiv pflanzen	5	25–30 cm hoch		25–30 cm tief mit 5–7,5 cm Abstand zwischen den Pflanzen	Nicht knollenbildende Art; verwendet werden die langen, dünnen Stiele; im Unterschied zu Zwiebeln nicht wählerisch in bezug auf Klima oder Tageslänge; leicht anzubauen
	Beltsville Bunching	65					Robuste Pflanzen
	Evergreen Bunching	65–120					Silbrigweiße Stiele, die sich am Fuß dauernd teilen
Spinat CS ☼ H		4–6 Wochen vor dem letzten Frühjahrsfrost aussäen; für 2. Ernte 4–6 Wochen vor dem ersten Herbstfrost aussäen	10	weniger als 30 cm hoch		2 Pflanzen: 20–25 cm breit, 15 cm tief; 3 Pflanzen: 8 l Erde 7 Pflanzen: 40 l Erde	Schnell reifend; frostfest, aber keinesfalls wärmefest; nur Malabar-Spinat wächst bei Wärme gut; jeweils nur ein paar äußere Blätter abpflücken
	America	50					Glänzende, stark gekräuselte Blätter, schießt nur langsam; ertragreich
	Bloomsdale	40–50					Glänzende, stark gekräuselte Blätter, schießt nur langsam; aufrechter Wuchs

	Malabar	70						Warmwetter-Spinatersatz; große, glänzend grüne Blätter wachsen an Ranken; benötigt Spalier oder Zaun
	Melody	42						Halb gekräuselte Blätter; widerstandsfähig gegen falschen Mehltau und Mosaikkrankheit; ertragreich
Steckrüben CS ◐ H			4–6 Wochen vor dem letzten Frühjahrsfrost und dann wieder 6 Wochen vor dem ersten Herbstfrost aussäen	10	45–50 cm hoch		Pro Pflanze 15 cm breit, 25–30 cm tief	Schnell reifend; bevorzugt während des Wachstums kühle Temperaturen, ist aber nicht sehr frostfest; Blätter schmecken am besten, wenn sie noch klein sind; Wurzeln sind am besten bei einem Durchmesser von 5 cm, größere Wurzeln sind holzig
	Purple Top	55						Wurzeln sind oben purpurfarbig und weiter unten weiß; hält sich gut
	Tokio Cross Hybrid	35						Cremefarbige Wurzel
Tomaten WS ☼ T	Begrenzte Sorten		6–8 Wochen vor dem letzten Frühjahrsfrost ansetzen; nach dem letzten Frühjahrsfrost auspflanzen				Pro Zwergpflanze: 20-cm-Hängekorb oder Topf, 20–25 cm tief, Pro normal grosse Pflanze: 30–45 cm breit, 30–45 cm tief; 4–8 l Erde	Begrenzt wachsende Sorten hören an einem bestimmten Punkt zu wachsen auf; Pflanzen sind kompakter, buschähnlicher; Beschneiden verringert den Ertrag; müssen gelegentlich abgestützt werden; kürzere Ernteperiode als bei unbegrenzten Sorten
	Burgess Early	45			15–20 cm hoch	4 cm Durchmesser		Jede Pflanze produziert bis zu 300 Tomaten
	Pixie Hybrid	52			35–45 cm hoch	4,5 cm Durchmesser		Klein genug für Blumenkästen

Gemüse	*Sorte*	*Pflanzzeit/* Reifezeit	*Abstand* cm	*Größe der* Pflanze	*Fruchtgröße*	*Behälter-* größe	*Bemerkungen*
	Small Fry	60–65			2,5 cm Durchmesser		Widerstandsfähig gegen Verticillium, Fusarium und Schnecken; sehr guter Ertrag
	Tiny Tim	45–55		38 cm hoch	2 cm Durchmesser		Geeignet für Hängekörbe
	Unbegrenzte Sorten	s. begrenzte Sorten	30 (spaliert)	Unterschiedlich		Pro Pflanze 60 cm breit, 60 cm tief; 16–20 l Erde	Pflanzen wachsen und tragen bis zum ersten Frost; Beschneiden und Stützkonstruktion erforderlich, um das Wachstum im Griff zu behalten
	Early Girl	54–62			100–140 g		Frühe Ernte; saure und saftige Früchte
	Better Boy	70–72			340–450 g		Widerstandsfähig gegen Verticillium, Fusarium und Schnecken; feste Frucht mit einem Minimum an Körnern
	Sugar Lump	65–70		75 cm hoch	2,5 cm Durchmesser, 9–14 g		Sehr süße Früchte; Ranken brauchen feste Stütze; wächst in Hängekörben
	Sweet 100	60–65			2,5 cm Durchmesser		Widerstandsfähig gegen Krankheiten; süße Früchte wachsen in Büscheln, sehr ertragreich – je Pflanze mehr als 200 Tomaten; wächst gut am Spalier

Obst für Gefäße und beengte Stellen

Sorte)*	*Eigenschaften der Pflanze*	*Eigenschaften der Frucht*
Äpfel		
Bisbee Red Delicious	Halbzwergart; Jahr für Jahr reiche Ernte; braucht eine andere Sorte zur Bestäubung.	Tiefroter Apfel mit 5 deutlichen Höckern am Blütenende. Saftig und süß; ausgezeichneter Dessertapfel. Mittlere bis späte Ernte.
Bountiful Improved Winesap	Erhältlich als Zwerg- und Halbzwergart; winterfest bis auf südlichste und nördlichste Regionen. Braucht andere Sorte zur Bestäubung.	Rotschalig mit gelblichem Fleisch, das grobkörnig und saftig ist und leicht zur Säure neigt; gut als Nachtisch und für Apfelwein. Hält sich gut; späte Ernte.
Empire	Erhältlich als Zwerg- und Halbzwergart. Mäßig kräftiger Baum.	Dunkelroter Apfel mit cremig weißem Fleisch; fest, knackig, saftig, etwas sauer; gut als Eßapfel, kein Kochapfel. Hält sich lange; mittlere bis späte Ernte.
Granny Smith	Erhältlich als Zwerg- und Halbzwergart. Kräftiger Baum, der jedes Jahr trägt; mäßig robust; braucht lange Vegetationsperiode (180–200 Tage von der Blüte bis zur Reife).	Kräftig grüner glänzender Apfel mit ausgezeichnetem sauren Geschmack und harter, fester Textur; mittelgroß bis groß; zum Nachtisch, als Kochapfel und als Eßapfel geeignet. Hält sich sehr gut; späte Ernte.
Jonagold	Kreuzung zwischen Golden Delicious und Jonathan; kräftiger als Jonathan. Sehr ertragreich; wächst bis auf nördlichste und südlichste Regionen überall gut.	Gelbgrüner Apfel mit roter Maserung; fest und saftig mit leicht grobkörniger Textur; gut als Koch- und Eßapfel. Hält sich gut; späte Ernte.
Jonamac	Kreuzung zwischen McIntosh und Jonathan; kräftiger als Jonathan. Erhältlich als Halbzwergart; gute Erträge.	Der glänzend rote Apfel ist fest, saftig, eher etwas sauer; hervorragend als Eßapfel, kann aber auch zum Kochen verwendet werden. Hält sich gut; mittlere Ernte.
Macoun	Erhältlich als Halbzwergart; sehr robust; wächst außer in warmen Gegenden überall gut. Durch Ausdünnen werden die einzelnen Früchte und jährlichen Erträge größer.	Rotschaliger McIntosh-Apfel mit bläulichem Ton; das Fleisch ist weiß und fest und hat einen vollen Geschmack; ausgezeichnet als Eßapfel; als Kochapfel nicht zu empfehlen. Hält sich gut; späte Ernte.
Mutsu	Erhältlich als Zwerg- und Halbzwergart; widerstandsfähig gegen Frost; kräftiger Baum mit ausgezeichneten jährlichen Erträgen. Braucht eine andere Sorte zur Bestäubung.	Großer grüner Apfel, der leicht gelblich wird, wenn er reif ist; wird nicht rot und schrumpelig; das grobkörnige Fleisch ist saftig und fest und hat einen leicht aromatischen Geschmack; gut als Eßapfel und zum Backen. Hält sich gut; mittlere bis späte Ernte.

*) Viele der aufgeführten Sorten sind bei uns nicht erhältlich; beim Samengroßhandel ggf. nach Sorten mit ähnlichen Eigenschaften fragen.

Sorte	*Eigenschaften der Pflanze*	*Eigenschaften der Frucht*
Starkspur Compact Mac	Genetische Zwergart; vollformatige Früchte auf einem Baum, der 1,8–2,4 m hoch wird; geeignet für Pflanzgefäße.	Vollformatiger Apfel mit allen Merkmalen von McIntosh-Äpfeln. Mittlere Ernte.
Supergold	Erhältlich als Zwerg- und Halbzwergart; kurzästiger Golden Delicious. Kräftiger, früh tragender Baum; erträgt kalte Temperaturen besser als der normale Golden Delicious. Selbstbefruchtend; zur Bestäubung anderer Sorten verwenden.	Der große bis sehr große Apfel ist golden mit einem Rotton; festes süßes Fleisch. Mittlere bis späte Ernte.
Yellow Delicious	Erhältlich als Zwerg- und Halbzwergart; sehr ertragreich; trägt schon in jungen Jahren sehr gut. Ausgezeichneter Bestäuber.	Apfel mit goldgelber Schale und festem, frischem, saftigem Fleisch. Hält sich gut; späte Ernte.
Aprikosen		
Bush Apricot	Attraktiver Busch mit glänzend grünen Blättern; wird bis zu 3 m hoch; im Frühjahr übersät mit duftenden weißen Blüten. Trägt schon als Jungpflanze.	Große, saftige, goldene Früchte mit sehr süßem Geschmack.
Dwarf Moorpark	Sehr ertragreich; braucht andere Sorte zur Bestäubung; Wächst mit Ausnahme extremer Klimazonen überall gut.	Tiefgelbe Frucht mit rotem Ton; groß und saftig mit vollem Geschmack; frisch essen oder einfrieren. Mittlere Ernte.
Garden Annie	Zwergbaum; zu empfehlen für südliche Regionen.	Feste Frucht mit mäßig leicht auszulösendem Kern.
GlodenGlo	Genetische Zwergart; trägt schon als Jungpflanze. Gute Wahl für Pflanzkübel.	Mittelgroße Frucht mit mildem, süßem Geschmack; eignet sich gut zum Essen, Trocknen, für Marmeladen und Gelees. Mittlere Ernte.
Stark Earli-Orange	Erhältlich als Halbzwergart.	Die größte aller Aprikosen; saftige Frucht mit leichtem Orangengeschmack; wird am besten frisch gegessen, eignet sich aber auch zum Trocknen, Einfrieren, Einmachen. Frühe Ernte.
Wilson Delicious	Halbzwergart; gehört zu den robustesten und ertragreichsten Sorten. Sehr zuverlässig.	Große, goldorangefarbige Frucht; sehr gut zum Einmachen und Einfrieren. Mittlere Ernte.
Sauerkirschen		
Meteor	Zwergart; besonders robust.	Hellrote Frucht mit angenehm saurem Geschmack. Frühe Ernte.
North Star	Genetische Zwergart; robusteste und kleinste Sauerkirsche; trägt schon sehr jung. Selbstbefruchtend.	Die mittlere bis große Frucht ist weinrot, saftig, mit angenehm säuerlichem Geschmack, der sich auch beim Kochen und Einfrieren hält. Leicht zu entsteinen; frühe bis mittlere Ernte.
Starkspur Montmorency	Erhältlich als Halbzwergart; selbstbestäubend.	Größte Frucht der Sauerkirschsorten; glänzend rot mit gelbem Fleisch; angenehm saurer Geschmack; springt nicht bei naßem Wetter. Geeignet zum Kochen Einfrieren; mittlere Ernte.

Sorte	*Eigenschaften der Pflanze*	*Eigenschaften der Frucht*
Suda Hardy	Erhältlich als Halbzwergart; trägt schon früh; selbstbestäubend; besonders robust.	Dunkelrote, besonders saure Frucht, die sich ausgezeichnet zum Kochen, Einmachen und Einfrieren eignet. Mittlere Ernte.
Süßkirschen		
Black Tartarian	Erhältlich als Halbzwergart; außergewöhnlich ertragreich; pro Zweig bis zu 1 kg Obst.	Kirschen je nach Standort purpurschwarz bis kirschenrot; fleischige, süße Frucht, ausgezeichnet zum Einmachen. Frühe Ernte.
Compact Stella	Erhältlich als Zwergart; gute Wahl für Gegenden mit feuchtem Frühjahr. Selbstbestäubend.	Saftige, tiefrote Frucht. Mittlere Ernte.
Hedelfingen	Erhältlich als Zwergart; sehr robust, gut geeignet für kühle, feuchte Gegenden.	Die glänzende, rubinrote Frucht ist platzfest; gut geeignet als Eßkirsche, zum Einfrieren und Einmachen. Frühe Ernte.
Star Stella	Kompakter Wuchs, aber keine Zwergart; selbstbestäubend. Trägt früher als die anderen Süßkirschen, die bestäubt werden müssen.	Die großen, weinroten Kirschen sind fest und saftig.
Starkrimson Dwarf Sweet Cherry	Bringt jedes Jahr große Ernten; selbstbestäubend. Geeignet für Gegenden mit regnerischem Frühjahrswetter.	Dunkelrote Kirschen mit vollem Geschmack; gut geeignet zum Essen, Kochen und Einfrieren. Frühe Ernte.
Buschkirschen		
Black Velvet	Wird 1,2 bis 1,5 m hoch; sehr anpassungsfähig an Boden- und Klimabedingungen; trägt im ersten Jahr nach dem Pflanzen.	Ein einzelner Busch produziert eimerweise Schwarzkirschen; frisch essen oder kochen.
Hansen's Bush	Wird 1,2–1,5 m hoch; wächst schnell, trägt große Ernten; trägt schon im ersten Jahr nach dem Pflanzen. Im Frühjahr mit weißen Blüten übersät; die silbergrünen Blätter werden im Herbst rot; sehr robust.	Halbsüße, große, dunkelglänzende Frucht; frisch oder für Torten, Marmeladen und Gelees verwenden.
Feigen		
Brown Turkey	Zwergähnlicher Wuchs; sehr ertragreich, zwei Ernten im Juni und im August. Sehr robust, braucht aber Schutz im Winter.	Die mittelgroße bis große Frucht hat eine kupferfarbene Schale mit weißem bis rosafarbenem Fleisch; gute Qualität. Frisch und eingemacht gleichermaßen gut.
Celeste	Wird 1,8–3 m hoch; sehr robust, wächst auch dort, wo weniger robuste Sorten nicht wachsen.	Mittelgroße Frucht mit violetter Schale und weißem bis rosafarbigem Fleisch; fest, saftig und außergewöhnlich süß. Ausgezeichnet zum Trocknen; reift Ende Juni.
Everbearing	Sehr attraktive Buschform; eine der robustesten Sorten; trägt von Anfang der Saison bis in den Spätherbst; wächst gut in Gefäßen, die im Winter in das Haus kommen. Selbstbefruchtend.	Die Frucht ist süß, fest und fleischig; eignet sich zum frischen Verzehr, Einmachen, Trocknen und für Marmelade.

Sorte	*Eigenschaften der Pflanze*	*Eigenschaften der Frucht*
Gurney's Dwarf Fig	Wird 90–120 cm hoch; wächst gut in Kübeln im Haus; attraktives blaugrünes Laubwerk.	Trägt eßbare Früchte innerhalb 6 Monaten; Früchte größer als Pflaumen; frisch oder getrocknet essen.
Nektarinen		
Flavortop	Erhältlich als Zwergart; kräftig und ertragreich; selbstbefruchtend.	Große, rötliche Frucht von ausgezeichneter Qualität. Frühe Ernte.
Garden State	Erhältlich als Zwerg- und Halbzwergart; kräftig und ertragreich.	Große Freisteinfrucht mit gelbem Fleisch; gut geeignet zum Einmachen und Einfrieren. Mittlere Ernte.
HoneyGlo	1,8–2 m hohe Zwergart; wächst gut in Kübeln; selbstbestäubend.	Mittelgroße Freisteinfrucht. Mittlere Ernte.
SunGlo	2,4–3 m hohe Zwergart. Wächst überall, wo auch Pfirsiche wachsen.	Große Früchte mit einem Gewicht von bis zu 450 g; goldgelbes, saftiges Fleisch mit mildem, süßem Geschmack; gut geeignet zum Einmachen. Mittlere Ernte.
Sweet Melody	Genetische Zwergart, 1,8–2,4 m hoch; wächst in 45–60 cm großen Kübeln.	Rote Freisteinfrucht mit köstlichem gelbem Fleisch; gut geeignet zum frischen Verzehr, Einmachen und Einfrieren. Mittlere Ernte.
Pfirsiche		
Bonanza	Genetische Zwergart, 120–150 cm hoch; braucht nur knapp ½ m^2 Platz; gute Wahl für Kübel. Selbstbefruchtend.	Große gelbe Freisteinfrüchte. Mittlere Ernte.
Candor	Erhältlich als Zwergart; sehr ertragreich und kräftig. Gewisse Widerstandsfähigkeit gegenüber bakteriellem Fleckbefall; Knospen vertragen leichten Frühlingsfrost.	Gelbe Frucht mit mittelleicht auslösbarem Kern und süßem, mildem Geschmack; gute Textur; wird nicht braun. Sehr gut zum Einmachen geeignet; frühe Ernte.
Compact Redhaven	Natürliche Zwergart, 2,4 – 3 m hoch; sehr kältefest und widerstandsfähig gegen Krankheiten. Gute Erträge.	Große Ernten mit gelben Freisteinfrüchten, nahezu flaumfrei. Mittlere Ernte.
EarliGlo	Erhältlich als Zwergart; robust und ertragreich; zuverlässig in kalten Gegenden, wo andere Sorten versagen. Kräftig und vieltragend.	Gelbe Freisteinfrucht; gut geeignet zum frischen Verzehr, Einfrieren und Einmachen. Frühe Ernte.
Erly-Red-Fre	Erhältlich als Zwergart; der kräftige und robuste Baum trägt jährlich; widerstandsfähig gegen bakteriellen Fleckbefall.	Große (6,5 cm) weiße Frucht; ist 95 Tage nach der Blüte reif. Hält sich gut; frühe Ernte.
Madison	Erhältlich als Zwergart; besonders robust, trägt sogar in Gegenden mit Wintertemperaturen unter 0°.	Goldene Freisteinfrucht mit saftigem Fleisch und vollem Geschmack; ausgezeichnet zum Kochen und Einmachen geeignet. Mittlere bis späte Ernte.

Sorte	*Eigenschaften der Pflanze*	*Eigenschaften der Frucht*
Sensation Miniature	Wird 1,8–2,4 m hoch; wächst gut in Kübeln.	Gelbes Fleisch, mit leicht auslösbarem Kern; saftig, aber mit fester Textur, frühe Ernte.
Birnen		
Bartlett	Erhältlich als Zwerg- und Halbzwergart; sehr ertragreich und kräftig; mäßig anfällig für Feuerbrand. Muß bestäubt werden, allerdings nicht durch Sorte Seckel; Moonglow eignet sich gut zur Bestäubung. Mittlere Härte.	Große, goldgelbe Birnen mit butterweichem, süßem, aromatischem Fleisch; ausgezeichnet zum frischen Verzehr und zum Einmachen. Frühe Ernte.
Duchess	Als Zwergart erhältlich; robuster Baum, der schon besonders früh trägt; Fremdbestäubung durch jede andere Sorte möglich.	Große Frucht mit goldenem Rostton; Glattes festes Fleisch mit aromatischem Geschmack; hält sich gekühlt gut. Mittlere bis späte Ernte.
Magness	Kreuzung zwischen Seckel und Comice; erhältlich als Zwergart; kräftiger Baum, manchmal mit Stacheln; sehr widerstandsfähig gegen Feuerbrand; braucht eine andere Sorte zur Bestäubung.	Mittelgroße, leicht rostfarbene Frucht mit rusfreiem, weichem, saftigem Fleisch; feste Schale schützt vor Insektenstichen; hält sich an einem kühlen Platz gut. Mittlere Ernte.
Moonglow	Erhältlich als Zwerg- und Halbzwergart; sehr kräftig und widerstandsfähig gegen Feuerbrand; bringt jedes Jahr große Ernten. Braucht Bestäubung; guter Baum zum Bestäuben anderer Sorten.	Große gelbe Frucht mit rosafarbenem Ton; milder, süßer Geschmack; glattes Fleisch; ausgezeichnet zum frischen Verzehr, Kochen und Einmachen. Frühe bis mittlere Ernte.
Seckel	Erhältlich als Zwergart; sehr robust und ertragreich; braucht andere Sorte zum Bestäuben, ausgenommen Bartlett. Gewisse Widerstandsfähigkeit gegen Feuerbrand.	Goldbraune Frucht mit rötlicher Tönung, aromatischer, süßer Geschmack; gut zum frischen Verzehr und Einmachen. Mittlere Ernte.
Pflaumen		
Green Gage (Reineclaude)	Erhältlich als Zwergart; sehr ertragreich; selbstbestäubend. Robust, für alle Regionen geeignet.	Grünlichgelbe Freisteinfrucht mit bernsteinfarbenem Fleisch; butterweich, extra süß und aromatisch; gut zum frischen Verzehr, Einfrieren, Einmachen, Konserven. Mittlere Ernte.
Ozark Premier	Erhältlich als Halbzwergart; japanische Art; ertragreich, robust; Sorte Methley zur Bestäubung verwenden.	Große Frucht mit mittelfest haftendem Stein; glänzend rote Schale mit saftigem gelben Fleisch; süß und mild; gut zum frischen Verzehr, Kochen, Einmachen. Mittlere Ernte.
Santa Rosa	Erhältlich als Zwergart; japanische Art; sehr fruchtbar; Fremdbestäubung durch alle anderen japanischen Sorten; auch selbstbefruchtend.	Große Frucht mit karminroter Schale, purpurfarbenem Fleisch und festsitzendem Stein. Frühe bis mittlere Ernte.

Sorte	*Eigenschaften der Pflanze*	*Eigenschaften der Frucht*
Stanley	Erhältlich als Zwergart; weitverbreitet; selbstbefruchtend; robust.	Große dunkelblaue Frucht mit festem gelbem Fleisch mit vollem Geschmack; Freisteinart; ausgezeichnet zum frischen Verzehr, Einmachen und Trocknen geeignet. Mittlere Ernte.
Quitten		
Champion	Sehr robust; sehr ertragreich; braucht nicht bestäubt zu werden.	Große, birnenförmige Frucht; gelbes Fleisch mit einer Spur grün; gut für Konserven; hoher Pectingehalt. Ernte Ende Oktober bis November.
Dwarf Orange	Selbstbestäubend; jedes Jahr große Erträge; wächst als Busch oder Baum in großem Kübel.	Große, runde Frucht mit orangegelbem Fleisch; gut für Konserven und zum Kochen. Ernte Anfang Oktober.
Brombeeren		
Darrow	Beste stehende Art; sehr ertragreich; reift über einen langen Zeitraum. Sehr robust; hält Temperaturen unter 0° aus.	Feste schwarze Beeren, die oft mehr als 2½ cm lang sind; leicht säuerlich; Erntezeit 2–3 Wochen; gut zum frischen Verzehr, für Marmeladen und Gelees. Frühe bis mittlere Ernte.
Thornfree	Rankende Pflanze, die später einen halb aufrechten Stamm bekommt; dornenlos; produziert keine Wurzelschößlinge; semihart.	Die große glänzend schwarze Frucht ist fest und nahezu kernlos; gut zum frischen Verzehr, für Marmeladen und Gelees und Fruchtsäfte. Späte Ernte.
Blaubeeren		
Bluecrop	Mittelhart, kräftig; bringt durchweg gute Erträge.	Große Trauben mit hellblauen, festen, etwas säuerlichen Beeren; halten sich gut. Mittlere Ernte.
Earliblue	Relativ robust und kräftig.	Mittelgroße Trauben aus großen, hellblauen Beeren; leicht säuerlich; halten sich gut und platzen nicht. Sehr frühe Ernte.
Jersey	Kräftiger, sich ausbreitender Busch.	Sehr große Beeren in langen, lockeren Trauben; platzfest; ausgezeichneter Geschmack. Frühe bis mittlere Ernte.
Northland	Sehr ertragreich; bis zu 120 cm hoch; am robustesten von allen.	Sehr feste, süße Beeren. Frühe Ernte.
Delight	Kräftiger Busch mit aufrecht stehenden Zweigen.	Mittelgroße bis große Beeren mit gutem Geschmack. Späte Ernte.
Tifblue	Kräftig und ertragreich; verträgt Hitze und Dürre gut.	Die großen, hellblauen Beeren sind fest und süß.
Woodard	Mittelgroße Pflanze.	Die großen, hellblauen Beeren sind fest und süß; der beste Geschmack von den drei letzten Sorten. Mittlere Ernte.

Sorte	*Eigenschaften der Pflanze*	*Eigenschaften der Frucht*
Johannisbeeren		
Redlake	Aufrechte, kräftige Pflanze; robust und krankheitsfest.	Glänzend rote Beeren in weintraubenartigen Büscheln; leicht zu pflücken; lange Erntezeit; gut für Marmeladen und Gelees. Mittlere Ernte.
Stachelbeeren		
Pixwell	Sehr ertragreich; Zweige haben nur wenige oder keine Dornen; sehr robust.	Die großen grünen Beeren werden rosa-purpurfarben, wenn sie reif sind; leicht zu pflücken; gut für Torten und Konserven. Mittlere Ernte.
Weintrauben		
Buffalo	Reift 3 Wochen vor Concord; krankheitsfrei. Winterhart bis −26° C; braucht Windschutz.	Blau/schwarz; hervorragende Dessertqualität; gut für Wein und Saft.
Concord	Mittel- bis spättragend; krankheitsfest, ertragreich. Winterfest bis −26° C.	Tief purpurfarben bis schwarz; große Trauben. Gute Dessertqualität ergibt auch gutes Gelee.
Dearing	Muskatellertraube; gute Wahl für südliche Gegenden; sehr ertragreich; selbstbefruchtend; bestäubt die Sorte Scuppernong.	Bronzefarbene, mittelgroße Frucht. Mittlere Ernte.
Fredonia	Reift 2–3 Wochen vor Concord. Winterfest bis zu −26° C. Kräftig, ertragreich.	Schwarz; große Trauben; mittlere Größe. Ergibt gutes Gelee.
Golden Muscat	Robuste Ranken; trägt spät, reift Mitte Oktober.	Gelb mit ausgeprägtem Geschmack. Ungewöhnlich große Beeren.
Himrod	Hybride aus Ontario und Thompson; reift vier Wochen vor Concord. Winterhart bis −20° C; krankheitsfrei.	Früh; gelb; große lockere Trauben. Feine Dessertqualität. Kernlos, die Haut läßt sich nicht leicht abziehen.
Scuppernong	Muskatellertraube; nicht selbstbefruchtend; braucht andere Sorte zur Bestäubung.	Mittelgroße bis große Frucht mit süß-saurem Geschmack. Frühe Ernte.
Suffolk Red	Reift drei Wochen vor Concord. Ausreichend winterhart.	Rot; lockere, mittelgroße Trauben, große Beeren. Kernlos.
Himbeeren		
Dormanred	Sehr ertragreich; geeignet für den Süden.	Spätsommerernte mit dunkelroten Beeren; geeignet zum frischen Verzehr oder für Konserven.
Heritage	Aufrechte und feste Buschform; Zweige brauchen nicht gestützt zu werden; eine Ernte im Sommer und eine Ernte im Herbst. Winterfest.	Feste und süße rote Beeren; gut zum frischen Verzehr, Einmachen und Einfrieren geeignet. Bescheidene Ernte im Juli, größere Ernte von September bis zum ersten Frost.

Sorte	*Eigenschaften der Pflanze*	*Eigenschaften der Frucht*
Latham	Extrem ertragreich; sehr robust; anfällig für Krankheiten; virusfreier Wurzelstock wichtig.	Große feste Beeren mit vollroter Farbe; gut geeignet zum frischen Verzehr und zum Einmachen. Eine lange Erntezeit im Sommer.
Erdbeeren		
(Immertragend) Ogallala	Kräftig und winterhart; gut für kalte Gegenden.	Große, dunkelrote, aromatische Beeren; lassen sich gut einfrieren.
Ozark Beauty	Sehr ertragreich	Große süße Beeren mit gutem Geschmack; sehr gut zum Einfrieren.
Superfection	Sehr zuverlässig; erträgt Dürre und Hitze.	Säuerliche, mittelgroße Beeren; können 90 Tage nach dem Pflanzen geerntet werden; reiche Ernten vom Spätsommer bis zum Frühherbst.
Sweetheart	Kreuzung zwischen alpinen und immertragenden Sorten; aus Samen gewonnen, dadurch virusfreie Pflanzen. 120 Tage vom Aussäen bis zur Reife; hat Ausläufer.	2 cm große Beeren mit angenehmem, besonders süßem Geschmack.
(Juni-tragend) Florida 90	Sehr ertragreich; verträgt sandigen Boden.	Mittelgroße bis große kegelförmige Früchte; frühe Ernte.
Pocahontas	Außergewöhnlich ertragreich; virusfrei; Laubwerk widerstandsfähig gegenüber den meisten Blattkrankheiten. Verträgt heißes Sommerwetter.	Große glänzend rote Beeren; großartiger Geschmack; gute Transporteigenschaften; ausgezeichnet zum Einfrieren. Mittlere Ernte.
Sparkle	Ertragreich; viele Ausläufer; gute Krankheitsfestigkeit.	Mittelgroße hellrote Beeren; eine der besten Sorten zum Einfrieren und Konservieren. Mittlere bis späte Ernte.
Surecrop	Reichlich Ausläufer; dürrefest; Laubwerk widerstandsfähig gegen die meisten Blattkrankheiten.	Mittelgroße, feste, hellrote Beeren; gut zum frischen Verzehr oder zum Einmachen; empfehlenswert zum Einfrieren. Mittlere Ernte.
(Walderdbeeren) Baron Solemacher	Perennierende Pflanze mit wenigen Ausläufern; aussäen oder auspflanzen.	Schmackhafte hellrote Beeren in der doppelten Größe von wilden Erdbeeren.
Catherine the Great	Robuste winterharte Pflanze; ohne Ausläufer, kompakte Pflanze; gut für Einfassungen oder Kübel; aus Samen ziehen.	Fingerhutgroße Beeren.

23 Kräuter

Die folgenden Symbole sollen Ihnen dabei helfen, auf einen Blick die grundlegenden Wachstumsbedingungen und Gewohnheiten der Pflanzen zu erkennen.

⊙ Einjährige Pflanze. Überwintert nicht, muß jedes Jahr neu ausgesät werden.

□ Perennierende Pflanze. Hält viele Jahre, kann aus Samen oder Setzlingen gezogen werden. Wenn die Pflanzen reifen, können Ableger abgeschnitten und bewurzelt werden.

⊡ Empfindliche perennierende Pflanze. Hält es unter −6° C nicht im Freien aus, überwintert aber an einem warmen Platz. Im Norden können diese Pflanzen den Winter über ins Haus genommen und im Frühjahr wieder nach draußen gesetzt werden.

⊠ Zweijährige Pflanze. Im ersten Jahr produziert die Pflanze Blätter, im zweiten blüht sie. Früh im Jahr aussäen, damit die Pflanze möglichst groß wird.

☼ Volle Sonne

◐ Teilweise Sonne

● Schatten

Kraut	*Beschreibung und Wuchs*	*Anbautips*	*Verwendung im Garten*	*Verwendung in der Küche*	*Ernte und Konservierung*	*Zwischenfrucht-anbau*	*Sorten*
Basilikum ⊙ ◐ oder ☼	Die hellgrünen, gekräuselten Blätter sind sehr aromatisch und schmecken wie Nelken. Wird je nach Sorte 15–60 cm hoch. Wächst im Kübel von mindestens 15 cm Tiefe.	4–5 Wochen vor dem Auspflanzen in der Wohnung aussäen. Etwa zur gleichen Zeit wie Tomaten auspflanzen. Mässig angereicherte Erde leicht feucht halten. Spitzen abschneiden, damit die Pflanze buschiger wird und sich keine Blüten bilden.	Die dunkle opalartige Sorte ergibt eine sehr hübsche Einfassung. Oder als Kübelpflanze verwenden.	Frische oder getrocknete Blätter gehören zu allen Tomaten- und Zwiebelgerichten. Gibt Kräutersoße für Spaghetti Gehalt und Geschmack. Rundet Essig geschmacklich ab.	Bis zum ersten Frost alle 2–3 Wochen oben am Mittelstiel 5–7,5 cm abschneiden. Blätter pürieren und in Eiswürfelschalen einfrieren.	Verbessert Wuchs und Geschmack von Tomaten. Zieht Bienen an, weist Mücken, Fliegen und Moskitos ab. Mag nicht in der Nähe von Raute stehen.	French Leaf: kleine Blätter, kompakte Größe, milder Geschmack Dark Opal: Purpurfarbene, bronzene Blätter, zum Essen und als Zierpflanze. Green Bouque: Buschige Zwergpflanze mit 6–20 mm langen Blättern; gut für Einfassungen, Gefäße.
Bohnenkraut ⊙ ☼	Große, schnellwachsende Pflanze mit delikaterem Geschmack als Winter-Bergminze. Aufrechterer Wuchs mit stärkeren Stielen. Wird im Boden bis zu 45 cm hoch. Wächst auch in Kübeln von mindestens 15 cm Tiefe.	Anfang des Frühjahrs aus Samen oder Ablegern ansetzen. Braucht gut drainierte sandige Erde, nicht zu fett, nicht zu feucht. Blüten immer sofort abschneiden.	Wächst gut in Gefäßen.	Wirkt als Antiflatulans in Bohnengerichten. Auch als Salzersatz zu gebrauchen. Frische oder getrocknete Blätter an Gemüse, Suppen, Soßen, Reis, Wild und Eiergerichte geben.	Zur frischen Verwendung Zweigenden nach Bedarf abschneiden. Zum Trocknen die Blätter abstreifen und auf einem Sieb an einem sonnigen Platz ausbreiten. In luftdicht verschlossenem Behälter lagern.	Zusammen mit Bohnen anbauen; soll gegen mexikanische Marienkäfer wirken.	

Dill ⊙ ☼	Das feine, fedrige Laubwerk erinnert an Fenchel. Es bilden sich breite, flache, gelbe Blütenköpfe, die dann zu Samen werden. Wird bis zu 90 cm groß. Wächst in Kübeln von mindestens 20 cm Tiefe.	Im Spätfrühjahr aussäen. Jeden Monat sukzessiv neue Pflanzen aussäen. Läßt sich nicht gut auspflanzen. Pflanzt sich selbst fort, wenn die Blütenköpfe auf der Pflanze bleiben. Braucht fruchtbare, sandige, gut entwässerte Erde.	Schafft einen hübschen fedrigen Hintergrund für Blumen. Kann einen Zaun oder ein Fundament auflokkern. Wächst gut in Gefäßen.	Frische oder getrocknete Blätter zu Soßen, Gurken, Suppen, Hüttenkäse, Essig, Geflügel geben. Ergibt zusammen mit Butter einen würzigen Brotaufstrich. Dillsamen für Brot und zum Einlegen verwenden.	Blätter vom Hauptstiel abschneiden und frisch oder getrocknet verwenden. Zum Trocknen auf einem feinen Drahtgitter im Schatten ausbreiten; in luftdichtem Behälter aufbewahren. Samen ernten, wenn die Blüten leicht braun geworden sind. Blütenköpfe abschneiden, ein paar Tage in der Sonne trocknen, dann den Samen herausschütteln.	Die Blüten ziehen Honigbienen an. Verbessert Gesundheit und kräftiges Wachstum von Kohl. Nicht neben Karotten pflanzen, die das Wachstum von Dill behindern sollen.	Dill Bouquet. Kleine kompakte Pflanze für Gefäße.
Estragon □ ◐ oder ☼	Schlanke aromatische Blätter mit dem Geruch von frisch gemähtem Heu, in frischem Zustand, einem Anflug von Lakritz. Wird im Boden bis zu 60 cm hoch. Ausbreitung durch Wurzelstöcke. Wächst in 50 cm tiefen Gefäßen.	Setzlinge kaufen; läßt sich nur schlecht aussäen. Oder von vorhandenen Pflanzen im Frühjahr Wurzelstöcke abschneiden. Braucht fruchtbare, gut entwässerte Erde; mit Mulch feucht halten. Anfang des Frühjahrs zurückschneiden, um neues Wachstum zu fördern.	Wächst gut in Gefäßen.	Frisch oder getrocknet zu Geflügel, Fisch, Gemüse, Eiern und Käse verwenden. Für weiße Soßen und als Essigwürze nehmen. Sparsam verwenden, weil der Geschmack sonst alle anderen überdeckt.	Nach Bedarf 5 cm vom Stiel abschneiden. Zur Konservierung Blätter abstreifen und an einen gelüfteten, trockenen, warmen Platz legen, an dem es nicht wärmer als 32°C wird, weil die Blätter sonst braun werden. In luftdichtem Gefäß aufbewahren.		

Kraut	*Beschreibung und Wuchs*	*Anbautips*	*Verwendung im Garten*	*Verwendung in der Küche*	*Ernte und Konservierung*	*Zwischenfrucht-anbau*	*Sorten*
Fenchel ⊡ ☼	Die fedrigen Blätter schmecken wie Lakritz, die Stiele sind fest wie Sellerie. Wird 90–150 cm hoch. Es gibt Zwergsorten, die sich in einem Kübel von mindestens 20 cm Tiefe gut machen.	Anfang des Frühjahrs aussäen. Läßt sich nicht gut auspflanzen. Braucht leichte, gut entwässerte, fruchtbare Erde.	Ergibt einen dekorativen Hintergrund für Blumen. Zwergsorten kommen am besten in Gefäße.	Blätter für Suppen, Salate, Pasta-Soße und zur Garnierung von Fisch verwenden. Stiele blanchieren und mit Öl und Essig essen oder zusammen mit Fisch grillen. Samen für Schweinswürstchen, Sauerkraut, Beete, Kuchen und Gebäck verwenden.	Blätter und Stiele werden frisch oder getrocknet verwendet. Hohlen Stiel mit fedrigen Blättern nach Bedarf abschneiden. Einige Pflanzen Samen bilden lassen. Trocknen wie bei Dill.	Fenchel kann das Wachstum einiger Gemüsearten behindern, und zwar besonders bei Buschbohnen, Kohlrabi und Tomaten. In der Nähe stehender Koriander verhindert, daß sich Fenchelsamen bilden. Die Blüten ziehen bestäubende Insekten an.	
Gartenkresse ⊙ ☼	Die winzigen, scharfen und pfeffrigen Blätter und die eßbaren Stiele bilden einen niedrigwachsenden Teppich. Reift in 10 Tagen. Wächst auf flachen, 5 cm tiefen Tabletts.	Samen leicht in die Erde eindrücken. Für dauernde Ernte jede Woche neu aussäen. Braucht sehr feuchte Erde oder Vermikulit, das jederzeit feucht sein muß.	In flachen Töpfen oder auf Tabletts aussäen. Sehr beliebt bei Kindern, die sich mit dem Garten beschäftigen.	Frisch auf Hüttenkäse und zur Garnierung von Suppen, Salaten, Sandwiches, Getreidegerichten und Gemüse verwenden. Verleiht langweiligen Speisen das gewisse Etwas.	Blätter und 2½ cm Stiel mit der Schere abschneiden. Hält sich nicht gut, wird am besten frisch verwendet.		

Gurkenkraut ⊙ ◐ oder ☼	Blaugrüne, haarige Blätter mit gurkenähnlichem Geschmack. Viele blaue sternförmige Blüten. Wuchernde Pflanze, die Platz zum Wachsen braucht. Wird 30–90 cm hoch. Wächst auch in Gefäßen von mindestens 20 cm Tiefe und 30 cm Breite.	Nach dem letzten Frühjahrsfrost aussäen. Danach säen sich die Pflanzen oft selbst aus. Braucht gut entwässerte, mäßig fette Erde; Erde mittels Mulchschicht feucht halten.	Als Akzent im Garten anbauen. Wächst auch in Gefäßen.	Junge Blätter roh für Salate verwenden oder als Gemüse dünsten. Blätter ziehen lassen und daraus Tee machen. Als Akzent zu Huhn und Fisch reichen. Blüten kandieren oder frisch als Garnierung verwenden.	Wird am besten frisch verwendet; nach Bedarf von jeder Pflanze ein paar Blätter abschneiden. Erst zum Ende der Erntezeit alle Blätter abstreifen.	Verbessert Wachstum und Geschmack von Tomaten und Kürbissen. Soll Schwärmerraupen abschrecken; gutes gegenseitiges Verhältnis zu Erdbeeren. Blüten haben starke Anziehungskraft für Bienen.
Kamille □ ◐ oder ☼	Pflanze hat farnähnliches Laubwerk mit winzigen gänseblümchenähnlichen Blüten. Hat starken Apfelduft und -geschmack. Verwuchert zu einer mattenähnlichen Bodenbedeckung.	Nach dem letzten Frühjahrsfrost aussäen; danach Selbstaussaat. Braucht gut entwässerte, sandige Erde; mulchen, damit die Erde feucht bleibt.	Wächst gut in Gefäßen und sieht hübsch in Hängekörben aus.	Aus getrockneten Blütenköpfen Tee machen.	Blütenköpfe abernten, wenn die weißen Blütenblätter herabhängen und die gelben Innenteile Kegel bilden. Blüten auf Drahtgitter bei 65 °C im Ofen mit offener Tür trocknen. Anschließend in luftdichtem Gefäß aufbewahren.	Soll den Geschmack von Kohl und Zwiebeln verbessern, wenn sie in der Nähe wächst.

Kraut	*Beschreibung und Wuchs*	*Anbautips*	*Verwendung im Garten*	*Verwendung in der Küche*	*Ernte und Konservierung*	*Zwischenfrucht-anbau*	*Sorten*
Kerbel ⊙ ◐ oder ☼	Die Blätter erinnern an italienische Petersilie, aber Geschmack und Geruch sind eine Mischung aus Lakritz und Estragon. Die Blätter werden rosafarben, wenn die winzigen weißen Blüten auftreten, dann beginnt die Samenbildung. Wird 30–60 cm hoch. Wächst in Gefäßen von mindestens 15 cm Tiefe.	Im Frühjahr und dann wieder im Spätsommer aussäen. Samen braucht Licht zur Keimung; in die Erde drücken, nicht abdecken. Kerbel läßt sich nur schlecht auspflanzen. Wächst am besten bei kühlem Wetter. Ältere Pflanzen können sich selbst aussäen. Brauchen fruchtbare Erde und Mulch, damit die Erde feucht und kühl bleibt. Obere Blätter abschneiden, wenn sie gelb zu werden beginnen, um das Nachwachsen zu fördern.	Gut für Einfassungen oder Gefäße.	Frische Blätter zu Fisch, Geflügel, Gemüse, Omletts und Suppen verwenden. Sehr wichtige Zutat zu klassischen feinen Kräutermischungen.	Nur Blätter verwenden; zur Ernte Blätter mit 2½ cm Stiel abschneiden. Hält sich nicht gut; wird am besten frisch gegessen.	Soll Geschmack und Wachstum von Radieschen verbessern.	

Koriander ☉ ☼	Schlanke, aufrechte Stiele tragen fein unterteilte Blätter. Es entwikkeln sich blaßlila Blüten, dann entsteht Samen. Ausgeprägter und sehr starker Geschmack und Geruch. Wird bis zu 75 cm hoch. Wächst in Gefäßen von mindestens 20 cm Tiefe.	Im späten Frühjahr alle drei Wochen aussäen, um jederzeit einen reichlichen Vorrat an Blättern zu bekommen, bevor sich der Samen bildet. Braucht zur Keimung Dunkelheit. Ausgewachsene Pflanzen säen sich selbst aus. Läßt sich nicht gut auspflanzen. Braucht leichte, fruchtbare, gut entwässerte Erde. Wächst gut in trockenen Klimazonen.	Große Pflanze kann einen Akzent im Garten bilden. Wächst gut in Gefäßen.	Blätter werden in der orientalischen, indischen und mexikanischen Küche verwendet. Sparsam zu Fisch, Geflügel und Bohnengerichten geben. Koriandersamen wird überwiegend als Gewürz zum Einlegen und als Zutat zu Currypulver verwendet.	Blätter nach Bedarf abernten. Blätter halten sich nicht gut – frisch verwenden. Eine Pflanze Samen bilden lassen und trocknen.	Starker Geruch zieht bestäubende Insekten an. Hilft Anis, Samen zu bilden. Wächst nicht gern in der Nähe von Fenchel.
Liebstöckel □ ◐ oder ☼	Die dunkelgrünen Blätter sehen aus, schmecken und riechen wie Sellerie; die hohlen Stiele sind ebenfalls eßbar. Wächst kräftig und reichlich, wird 90–150 cm hoch. Wächst in Gefäßen von mindestens 20 cm Tiefe.	Im Spätsommer zur Ernte im folgenden Frühjahr aussäen. Im Frühjahr Wurzelabschnitte von alten Pflanzen nehmen. In heißen Klimazonen nur schwer anzubauen, zieht Frost im Winter vor. Braucht fruchtbare Erde; mulchen, damit die Erde gleichmäßig feucht und kühl bleibt.	In abgelegenen Ecken des Gartens anbauen, wo die große Pflanze nicht stört.	Frische Blätter wie Sellerie für Suppen, Salate, Eintöpfe und Füllungen verwenden. Stiele können auch geschält und in Hühnerbrühe und als Gemüse gekocht werden.	Frische Blätter in kleinen Mengen pflükken. Stiele knapp über dem Boden abschneiden. Stiele und Blätter werden am besten frisch verwendet, weil sie sich nicht gut halten.	Soll bei Verteilung über den ganzen Garten Gesundheit und Geschmack vieler Gemüsearten verbessern.

Kraut	*Beschreibung und Wuchs*	*Anbautips*	*Verwendung im Garten*	*Verwendung in der Küche*	*Ernte und Konservierung*	*Zwischenfrucht-anbau*	*Sorten*
Majoran ⊡ ☼	Graugrüne ovale Blätter an kurzen Stielen. Süßer und beißender Geschmack. Wird im Garten bis zu 30 cm hoch. Wächst in Gefäßen von mindestens 15 cm Tiefe.	Als einjährige Pflanze behandeln und jedes Frühjahr neu ansetzen. Die winzigen, langsam keimenden Samenkörner 24 Stunden vor dem Aussäen einweichen; 4–6 Wochen vor dem Auspflanzen im Haus aussäen. Nach dem letzten Frost auspflanzen. Bewurzelte Ableger können ebenfalls verwendet werden. Erträgt Kälte nicht gut und überlebt in der Regel den mildesten Winter nicht. Braucht fruchtbare, alkalische, gut entwässerte Erde.	Hübsche Kübelpflanze.	Frische oder getrocknete Blätter zu allen Fleischgerichten, Meeresfrüchten, Gemüsen und Eiern verwenden.	Häufig abernten, um das Blühen zu verhindern. In 5 cm Höhe über dem Boden abschneiden, um zweites Wachstum zu fördern. Zur Konservierung Stiele mit Blättern abschneiden und an einem trockenen, schattigen Ort auf einem feinmaschigen Sieb ausbreiten. Pulverisierte trockene Blätter durch das Sieb seihen und die Stiele wegwerfen. In luftdichtem Gefäß aufbewahren.	Soll bei Verteilung über den ganzen Garten Gesundheit und Geschmack von Gemüse verbessern.	Es stehen viele Sorten zur Auswahl.

Minze □ ◐ oder ☼	Flachwurzelnde Pflanze mit kräftigen Ausläufern. Breitet sich wuchernd aus und erreicht je nach Sorte verschiedene Höhen. Wächst auch in Gefäßen von mindestens 20 cm Tiefe.	Im Frühjahr Abschnitte vom Stiel bewurzeln oder Wurzeln von alten Pflanzen teilen. Braucht fruchtbare, gleichmäßig feuchte Erde.	Muß eingegrenzt werden, weil sie sonst den Garten überwuchert. Pflanze in großen Tontopf setzen und den gesamten Topf eingraben. Wächst auch gut in oberirdischen Gefäßen.	Frisch oder getrocknet zu Tee, Gelee, Soßen, Salaten, Salatsoßen oder zu Fleisch, Fisch, Geflügel, Zuckererbsen und anderen grünen Erbsen verwenden.	Minze vor dem Blühen oder bei Gelbwerden der unteren Blätter am Fuß abschneiden. Das ist mehrere Male während der Vegetationsperiode möglich. Frisch verwenden oder Blätter vom Stiel abstreifen und an einer warmen, schattigen Stelle auf Drahtgitter trocknen. In luftdichtem Gefäß aufbewahren.	Fördert Wachstum von Tomaten und Kohl. Soll gegen die Kohleule wirken.	Viele Sorten in unterschiedlichen Geschmacksrichtungen erhältlich: Rundblättrige Minze, (Apfel), Orangenminze, Poleiminze, Pfefferminze, Ananasminze, grüne Minze.
Oregano ⊡ ☼	Aufrechte Pflanze mit ovalen, graugrünen Blättern. Sieht Majoran sehr ähnlich, hat aber einen anderen Geschmack. Wird bis zu 60 cm hoch. Rankende Sorten sind ebenfalls erhältlich; Wächst gut in Gefäßen von mindestens 15 cm Tiefe.	Setzlinge im Haus ziehen und nach dem letzten Frost auspflanzen. Oder im Frühjahr Wurzelstöcke von älteren Pflanzen nehmen. Braucht durchschnittliche, gut entwässerte Gartenerde; braucht nicht viel Wasser. Pflanze 6 Wochen nach dem Pflanzen auf 2,5 cm zurückschneiden, damit die Pflanze buschig wird.	Rankende Sorten wachsen gut in Gefäßen und Hängekörben.	Frisch oder getrocknet zu Fleisch und Tomatengerichten verwenden. Zu Soßen auf Tomatenbasis, Kräutermischungen, Suppen, Eintöpfen nehmen.	Frische Blätter nach Bedarf pflücken. Zur Konservierung Blätter abstreifen und auf Sieb in der Sonne trocknen. Trockene Blätter durch das Sieb reiben und in luftdichtem Behälter aufbewahren.	Um Kohl herum pflanzen; soll gegen Kohleule wirken. Manche Sorten ziehen Schmetterlinge an.	Griechisch: schmalblättrige, rankende Pflanze mit weißen Blüten.

Kraut	Beschreibung und Wuchs	Anbautips	Verwendung im Garten	Verwendung in der Küche	Ernte und Konservierung	Zwischenfrucht-anbau	Sorten
Petersilie ⊠ ☼	Je nach Sorte eine Vielzahl an gekräuselten oder glatten Blättern. Die Pflanze entwickelt eine Pfahlwurzel, die bis zu 30 cm lang werden kann. Wächst auch in Gefäßen von mindestens 20 cm Tiefe.	Technisch eine 2jährige Pflanze, wird aber in der Regel als 1jährige Pflanze behandelt. Zu Frühjahrsbeginn aus Samen ansetzen; Keimung durch 24stündiges Einweichen vor dem Aussäen beschleunigen. Braucht fruchtbare, humusreiche Erde; mit Mulch recht feucht halten. Die Pflanze ist recht robust und kann bis in den Winter hinein im Garten bleiben, wenn sie gut gemulcht ist.	Krause Petersilie ergibt schöne Einfassungen. Beide Arten können in Gefäßen gezogen werden.	Krause Petersilie wird als attraktive Garnierung bevorzugt, ist aber auch eßbar. Glatte Petersilie paßt frisch oder getrocknet zu allem außer Süßigkeiten. Zusammengebundene Stiele verbessern den Geschmack von Suppen, Eintöpfen und Soßen.	Stiele unten an der Außenseite der Pflanze abschneiden, damit sie in der Mitte weiterwachsen kann. Ist frisch am besten.	Fördert das Wachstum von Spargel.	Extra Triple Curled: Kompakte Pflanze mit sehr feinen gekräuselten Blättern. Flat Italian: Glatte Blätter mit kräftigem, fast scharfem Geschmack.
Rosmarin ⊡ ☼ oder ☼	Spitze, nadelähnliche dunkelgrüne Blätter mit gräulicher Unterseite wachsen an hölzernen Zweigen. Blätter haben einen stark kiefernähnlichen Geschmack. Wird	Der Samen keimt nur sehr schlecht, am besten verwendet man Ableger oder Setzlinge. Im Spätsommer 15 cm lange Ableger von älteren Pflanzen abschneiden und	Wächst in einem kalten Klima am besten in einem transportablen Gefäß, so daß die Pflanze an einer frostfreien Stelle überwintern kann.	Frisch oder getrocknet sparsam zu Geflügel, Lamm, Eintöpfen, Suppen, Gelees und Salatsoßen verwenden. Eignet sich auch gut als Würze für Essig.	Zarte Spitzen 7–10 cm vor dem Ende des Zweigs abschneiden. Frisch nach Bedarf verwenden. Zur Konservierung schnell im Backofen mit offener Tür trock-	In der Nähe von Kohl, Bohnen und Karotten pflanzen; soll Kohleulen, mexikanischen Marienkäfer und Karottenfliege abschrecken.	

	beim warmem, trockenem Klima zu einem 60–180 cm hohen Busch. Wird in Gefäßen 30–40 cm hoch.	10 cm tief in feuchtem Sand oder Vermikulit bewurzeln. Bevorzugt gut entwässerte, sandige, alkalische Erde. Erde zwischen gründlichem Gießen austrocknen lassen; nicht zu häufig gießen.			nen. In luftdichtem Behälter aufbewahren.		
Salbei □ ☼	Längliche, silbergrüne Blätter mit kieselähnlicher Oberfläche auf holzigen Zweigen. Wird im Boden 30–60 cm hoch. Wächst auch in Gefäßen von mindestens 20 cm Tiefe.	Anfang des Frühjahrs aussäen oder im Frühsjahr oder Frühherbst ältere Pflanzen teilen. Braucht gut entwässerte, fruchtbare Erde. Kompost verwenden, aber keinen Dung nehmen; er hinterläßt im Kraut einen unerwünschten Geschmack. Holzige Teile älterer Pflanzen im Frühjahr zurückschneiden, um neues Wachstum zu fördern.	Wächst gut in Steingärten. Gefleckte Sorten bieten einen hübschen Anblick. Wächst gut in Gefäßen.	Frisch oder getrocknet sparsam zu Käse, Schweinefleisch, Kalbfleisch, Geflügel, Würstchen und Füllungen verwenden.	Frische Blätter nach Bedarf abschneiden. Am Ende der Saison Stengel abschneiden, zusammenbinden und mit dem Kopf nach unten an einer schattigen Stelle trocknen. Getrocknete Stengel in einem festverschlossenen Plastikbeutel aufhängen.	Zusammen mit Kohl und Karotten pflanzen; soll Kohleule und Karottenfliege abwehren. Wächst gut in der Nähe von Rosmarin. Blüten ziehen bestäubende Bienen an. Von Gurken fernhalten; soll deren Wachstum beeinträchtigen.	Viele Sorten einschl. einer Zwergart erhältlich.

Kraut	*Beschreibung und Wuchs*	*Anbautips*	*Verwendung im Garten*	*Verwendung in der Küche*	*Ernte und Konservierung*	*Zwischenfruchtanbau*	*Sorten*
Sauerampfer □ ◐ oder ☼	Hellgrüne, saftige Blätter mit ausgeprägt saurem Geschmack. Die nahezu unzerstörbare Pflanze wird 30–60 cm hoch und produziert reichlich über viele Jahre. Wächst auch in Gefäßen von mindestens 15 cm Tiefe.	Anfang des Frühjahrs aussäen, sobald die Erde bearbeitet werden kann. Oder im Frühjahr die Wurzeln älterer Pflanzen teilen. Braucht fruchtbare, gut entwässerte Erde; mulchen, um die Feuchtigkeit zu halten. Nicht blühen lassen, weil die Blätter sonst qualitativ minderwertig sind.	Wächst gut in Gefäßen.	Blätter sparsam in Suppen, Soßen und Salaten, zu Fisch, Geflügel, Kalbfleisch und anderem Gemüse verwenden.	Wird am besten frisch verwendet. Zwei oder dreimal in der Saison bis auf den Boden abschneiden, um neues Blattwachstum zu fördern. Die Mittelrippen der einzelnen Blätter vorher entfernen.		
Schnittlauch □ ◐ oder ☼	Hohle, grasartige Blätter mit leichtem Zwiebelgeschmack. Lavendelartige Blüten sind ebenfalls eßbar. Wird bis zu 25 cm hoch. Büschel werden jedes Jahr größer, weil sich die Wurzeln vermehren. Wächst auch in Gefäßen von mindestens 20 cm Tiefe.	Setzlinge 6–8 Wochen vor dem letzten Frost ansetzen; nach dem letzten Frost auspflanzen. Oder direkt im Garten aussäen, sobald die Erde bearbeitet werden kann. Alte Büschel alle 4–5 Jahre teilen. Braucht gut entwässerte, fruchtbare Erde und Mulch, damit	Kompakte Pflanzen können als Einfassung zusammen mit Blumen oder Gemüse verwendet werden. Wächst gut in Gefäßen.	Blätter und Blüten zu Salaten und Salatsoßen verwenden; Blätter passen zu Fleisch, Geflügel, Fisch, Eiern, Käse und Sauerrahm. Blüten als Blickfang in frischem Spinatsalat ausprobieren.	Blätter mit der Schere knapp über dem Boden abschneiden. Nicht die gesamte Pflanze herunter schneiden; das reduziert die Wuchskraft. Zur Konservierung Blätter abschneiden und flach ausgebreitet einfrieren. In Plastikgefäß geben und im Gefrierschrank lagern.	Verbessert Wuchs und Geschmack von Karotten.	

		die Erde feucht bleibt. Für reichlichen Wuchs Blütenköpfe vor dem Aufblühen abschneiden.					
Thymian □ ◐ oder ☼	Die Blätter sind klein und oval, dunkelgrün und haben je nach Art einen silbrigen oder goldenen Rand. Im allgemeinen niedriger Wuchs, wird 20–30 cm hoch. Auch rankende Art erhältlich. Wächst in Gefäßen von mindestens 15 cm Tiefe.	Setzlinge kaufen oder Anfang des Frühjahrs Wurzelstöcke von älteren Pflanzen nehmen. Erde muß gut entwässert, sandig und leicht sein; eher trocken halten.	Aufrechte Art bildet attraktive Einfassung. Rankende Arten im Boden bilden dichte Matten; sie eignen sich auch gut für Hängekörbe oder Töpfe.	Frisch oder getrocknet zu rotem Fleisch oder Fisch verwenden. Paßt zu Mischgerichten, Suppen, Füllungen, Gelees. Kein ausgeprägt starkes Aroma, kann also freigiebig verwendet werden.	Zur frischen Verwendung nach Bedarf Zweige vor dem Blühen unten an der Pflanze abschneiden. Zur Konservierung nur im oberen Drittel der Pflanze abschneiden. Stiele auf Sieb an warmer, schattiger Stelle trocknen. Blätter vom Stiel abstreifen und Stiel wegwerfen. In luftdichtem Behälter aufbewahren.	In der Nähe von Kohl pflanzen; soll gegen Kohlweißlinglarven wirken. Blüten ziehen Bienen an.	Aufrechte und rankende Sorten erhältlich. Silberthymian: Blätter mit silbrigem Rand. Zitronenthymian: Blätter schmecken und riechen zitronenartig. Goldthymian: Blätter mit goldenem Rand.

Kraut	*Beschreibung und Wuchs*	*Anbautips*	*Verwendung im Garten*	*Verwendung in der Küche*	*Ernte und Konservierung*	*Zwischenfrucht-anbau*	*Sorten*
Winter-Bergminze □ ☼	Kleine schmale Bätter wachsen paarweise an feinen Stielen. Wird im Boden 15–30 cm hoch. Wächst auch in Gefäßen von mindestens 15 cm Tiefe.	Im Frühjahr aussäen. Oder alle paar Jahre im Frühjahr die Wurzeln älterer Pflanzen teilen. Braucht gut entwässerte, sandige Erde, die nicht zu fett und nicht zu feucht ist.	Eignet sich gut als Einfassung. Durch den niedrigen Wuchs auch für Gefäße gut geeignet.	Hat frisch das beste Aroma. Siehe unter Bohnenkraut.	Siehe »Bohnenkraut«.	Siehe »Bohnenkraut«.	
Zitronenmelisse □ ◐ oder ☼	Herzförmige Blätter mit gleichmäßig gewellten Kanten haben zitronenartigen Geruch und Geschmack. Wuchert wie Minze. Wird im Garten 90–120 cm hoch; erreicht im Gefäß (20 cm tief) nur 30 cm Höhe.	Im Frühjahr aussäen, sobald die Erde aufgetaut ist. Oder abgeschnittene Zweige bewurzeln. Ältere Pflanzen lassen sich Anfang des Frühjahrs teilen. Braucht gut entwässerte Erde, die eher etwas trocken ist.	Pflanze ergibt gute Einfassungen, wenn sie so zurückgeschnitten wird, daß das Laubwerk kompakt bleibt. Wächst auch in Gefäßen.	Frische oder getrocknete Blätter zu Obstsalat, Punsch, Suppen, Kräuterbutter oder Gemüse, Geflügel und Fisch verwenden. Auch als Tee geeignet.	Vor der Blüte abernten. Ergibt bis zu 3 Ernten pro Saison. Gesamte Pflanze 5 cm über dem Boden abschneiden. Blätter abstreifen und frisch verwenden oder im Schatten auf feinem Siebdraht bzw. im Backofen mit offener Tür trocknen. In luftdichtem Gefäß aufbewahren.	Zieht Bienen an.	

KAPITEL 7

Vorbereitungen für die Gartenarbeit

Bevor Sie nach draußen sausen, um den ersten Salat oder Rettich zu pflanzen, sollten sie noch an ein paar weitere Dinge denken. Auf den ersten Blick mögen sich die folgenden Themenbereiche etwas merkwürdig zusammen ausnehmen. Aber jeder einzelne ist für sich genommen wichtig, und zusammen bereiten sie Sie auf den vor Ihnen liegenden Spaß vor und bilden eine Einführung in die auf den restlichen Buchseiten vorgestellten Techniken. Hier sind also ein paar Hinweise, wie Sie das richtige Gartengerät und die richtige Kleidung wählen und sich selbst mit Gymnastik so sorgfältig vorbereiten, wie Sie den Boden für den Samen vorbereiten. Danach folgt ein kurzer Überblick über die Prinzipien und Praktiken des Gärtnerns, deren praktische Anwendung Sie dann in den Kapiteln 8 bis 13 lernen.

Nichts geht über gutes Werkzeug

Mit bestimmten Gartengeräten arbeitet man am liebsten, und zwar schlicht und einfach aus drei Gründen:

- Sie sind solide gebaut.
- Sie tun wirkungsvoll die Arbeit, für die sie vorgesehen sind.
- Sie liegen gut in der Hand.

Es empfiehlt sich also, beim Kauf von Gartengeräten auf diese Kriterien zu achten. Denken Sie dabei auch an Ihre eigene Kraft, Ihre Statur und Ihre Arbeitsgewohnheiten. Kaufen Sie dann nur das Beste. An einem Gerät der Spitzenklasse, das ordentlich instandgehalten wird, hat man viele Jahre Freude. Es gibt im wahrsten Sinne des Wortes Hunderte von verschiedenen Werkzeugen, Hilfsmitteln und Geräten. Ein Neugärtner, der sich einer solchen riesigen Ansammlung gegenübersieht, ist möglicherweise total verunsichert. Man muß die Wahl treffen zwischen vielen Ausführungen des gleichen Geräts, jede einzelne mit einer leicht unterschiedlichen Form, aber für genau die gleiche Funktion. Glücklicherweise braucht man als Hobbygärtner nicht wie in der Landwirtschaft viel Geld in schwere Maschinen zu investieren. Als Anfänger braucht man nur ein paar grundlegende Geräte zu kaufen.

Im Garten müssen Sie graben, harken, Unkraut jäten und den Boden auflokkern. Für den Anfang brauchen Sie daher viele langstielige Geräte, nämlich einen Spaten, eine Grabgabel, eine Harke und eine Hacke. Ein Pflanzenheber für Setzlinge und ein Handkultivator mit Hacke zum Unkrauthacken und Auflokkern der Erde zum Pflanzen bilden eine nützliche Ergänzung und sind alles, was Sie benötigen.

Manche Gärtner arbeiten lieber im Knien, um einen besseren Überblick zu haben oder wenn sie in Gefäßen gärtnern. Das verleiht ihnen ein besonderes Gefühl der Verbundenheit mit der Erde. Für solche Gärtner sind kleinere Handgeräte besser als langstielige Werkzeuge.

Bei richtiger Pflege führen Gartengeräte ein langes und nützliches Leben. Säubern Sie Ihr Werkzeug nach jeder Benutzung mit einem öligen Tuch, damit es in gutem Zustand bleibt. Bewahren Sie es an einem wettergeschützten Platz auf. Manche Gärtner haben einen Eimer mit einer Mischung aus Sand und Öl bereitstehen und stoßen ihr Werkzeug ein paarmal hinein, bevor sie es mit einem sauberen Lappen abwischen.

Im Winter können Sie Ihr Werkzeug gut überholen. Beseitigen Sie alle Roststellen mit Schmirgelleinen oder Rostentferner. Schmieren Sie alle beweglichen Teile und ölen Sie alle Metallteile und Arbeitskanten leicht ein. Halten Sie die Schneidkanten aller Scheren und Schneidwerkzeuge gut scharf. Ich lasse mein Werkzeug nach der Hälfte der Saison schärfen und dann wieder, bevor ich es für den Winter weglege. Sie bewahren Ihr Werkzeug am besten auf, indem Sie es auf Haken hängen und dabei besonders darauf achten, scharfe Werkzeuge zu sichern und dort unterzubringen, wo sie nicht gefährlich werden können. Werkzeug hat es an sich, zu verschwinden, wenn man es in hohes Gras oder auf den Boden legt, aber wenn Sie den Griff mit rotem oder gelbem Band in Leuchtfarbe bekleben, finden Sie es leicht wieder. Gewöhnen Sie sich bei der Gartenarbeit außerdem an, Spitzen und scharfe Kanten immer erdwärts gerichtet zu halten.

IMPROVISIERTES GARTENWERKZEUG

Die Hacke ist mehr als 4000 Jahre alt und hat ihren Wert als Gartengerät längst bewiesen. Für Gärtner ist sie immer noch ein grundlegendes Gerät, aber Sie brauchen sich bei der Gartenarbeit nicht nur an solche altbewähren Geräte zu halten. Es gibt viele Gebrauchsgeräte, die Sie für die Arbeit im Garten verwenden können. Wenn man sie mit ein bißchen Vorstellungskraft durchsucht, stellen sich die meisten Haushalte als eine Goldmine für kostenlose Utensilien dar, die ihren ursprünglichen Zweck erfüllt haben und sich als Gartenwerkzeuge verwenden lassen. Hier sind ein paar inspirative Beispiele für Haushaltsgegenstände, die kreative Gärtner anderen Zwecken zuführen können:

- ☐ Mit Löffeln, Gabeln und Messern kann man Unkraut und Setzlinge ausgraben und die Erde um die Pflanzen herum auflockern. Besonders nützlich sind sie in Pflanzgefäßen, in denen die Pflanzen eng beieinanderstehen.
- ☐ Mit Bleistiften macht man zur Pflanzzeit Löcher für den Samen.
- ☐ Hölzerne Eiskremstäbchen und -löffel ergeben großartige Erkennungsmarken für Pflanzen. Beschriften Sie sie mit einem wasserfesten Filzstift.

- ☐ Große Pipetten zum Bratenbegießen, und zwar diejenigen mit dem Gummiballon an einem Ende, lassen sich dazu verwenden, einzelnen Pflanzen zusätzliche Gaben an Fischemulsion oder Dünger-»Tee« zu verabreichen.
- ☐ Für Kaffee-, Thunfisch- und Bierdosen gibt es Hunderte von Verwendungsmöglichkeiten. Nach Entfernen von Ober- und Unterseite können sie zum Schutz neugepflanzter Setzlinge vor Raupen dienen. Thunfischdosen, die bis an den Rand eingegraben und mit abgestandenem Bier oder Sauerteigansatz gefüllt werden, können als Schneckenfalle dienen. Achten Sie darauf, die Dose vor der Benutzung sorgfältig zu waschen und auszuspülen!
- ☐ Wasser- oder Bleichmittelkrüge aus Plastik mit abgeschnittenem Boden ergeben einen wundervollen Schutz für Setzlinge vor der Kälte.
- ☐ Mit einem Schraubenzieher kann man hartnäckiges Unkraut wie Löwenzahn mit seinen langen Pfahlwurzeln lösen.
- ☐ Mit einer Pinzette »pflückt« man Käfer von einzelnen Pflanzen.
- ☐ Mull über Obstbäumen oder Büschen hält die Vögel davon ab, das Obst zu stehlen und läßt die Sonne, Regen und Luft an die Pflanzen. Ein Vergrößerungsglas ist unverzichtbar zur Identifizierung von Schadinsekten.
- ☐ Alte Nylonstrumpfhosen sind vielfach verwendbar. Man kann rankende Pflanzen damit festbinden oder Kletterpflanzen an einem Spalier befestigen. Gefüllt mit Haaren halten sie Schalenwild fern, und mit Stroh ausgestopft ergeben sie eine Vogelscheuche.
- ☐ Mit Drahtkleiderbügeln läßt sich ungeheuer viel bauen (siehe Kapitel 11).
- ☐ Plastikbehälter, Eierkartons, Gefäße für Hüttenkäse und Butter, unbenötigte, aber noch verwertbare Tabletts aus Aluminiumfolie – all das sind praktische Dinge zum Keimen von Samen und zur Aufzucht von Setzlingen.

Denken Sie vor allem daran, daß das Gärtnern nicht unbedingt viel Geld kosten muß, denn im Grunde genommen sind die besten Werkzeuge Ihre eigenen nackten Hände.

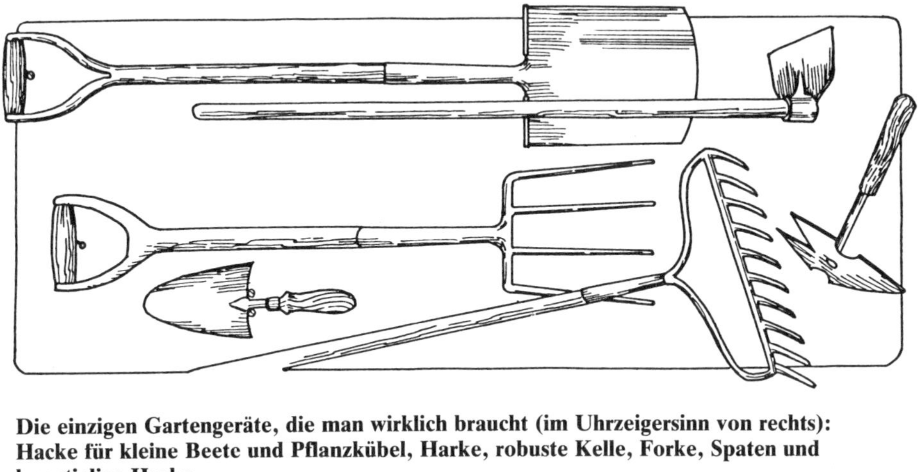

Die einzigen Gartengeräte, die man wirklich braucht (im Uhrzeigersinn von rechts): Hacke für kleine Beete und Pflanzkübel, Harke, robuste Kelle, Forke, Spaten und langstielige Hacke.

Die richtige Kleidung

Eine nicht gärtnernde Freundin machte einmal die Bemerkung, der beste Weg, das Gärtnern zu genießen, sei es, einen breitkrempigen Strohhut aufzusetzen, ungestärkte, leichte, locker sitzende Kleidung anzuziehen, eine kleine Schaufel in die eine und einen kühlen Drink in die andere Hand zu nehmen – und jemand anderem zu erklären, wo er graben solle. Wenn Sie nicht entsprechend angezogen wären, würden Sie meiner Freundin sicherlich zustimmen. Das Gärtnern ist eine trickreiche und erfreuliche Art und Weise, sich Bewegung an der frischen Luft und in der Sonne zu verschaffen, aber anders als beim Jogging, Golf oder Tennis gibt es keine Geschäfte, in denen man sich von Kopf bis Fuß speziell für die Gartenarbeit einkleiden könnte. Im Gegenteil, wir Gärtner haben meist ganz hinten im Schrank eine Ecke, in der wir bequeme und aus der Mode gekommene Sachen aufbewahren. In diesen alten Kleidungsstücken sehen wir zwar nicht wie Modepuppen aus, aber dafür sind sie dem Körper angepaßt und bequem zu tragen. Wir können uns darin bücken und leicht bewegen, ohne daß es irgendwo kneift.

Das Gärtnern gilt nicht als Sport (obgleich es das in meinen Augen ist). Aber Gärtner laufen, bücken sich, strecken sich, heben, drehen sich und ziehen – und

Bequeme Kleidung für die Gartenarbeit: Breitkrempiger Hut; bequeme Bluse; Kopftuch; feste Handschuhe; locker sitzende Hose, die in die Socken gesteckt wird; wasserfeste Schuhe.

das bezeichne ich als Ausgleichssport. Aber jeder, der schon mal draußen gegärtnert hat, weiß, daß der Spaß bald vorbei ist, wenn Arme und Beine mit fürchterlich juckenden Stichen und Bissen übersät sind, wenn die ultravioletten Strahlen der Sonne die Haut rösten, und wenn man schwitzt und Durst hat. Die gute Nachricht ist, daß sich all diese Unbequemlichkeiten weitgehend vermeiden oder verringern lassen, indem man einfach die richtige Kleidung trägt. Hier sind ein paar spezifische Hinweise, die Ihrer Bequemlichkeit und Ihrem Wohlergehen bei der Gartenarbeit dienen:

- ☐ Meiden Sie Kleidung mit auffälligen Farben (besonders Gelb), die anziehend auf Insekten wirken.
- ☐ Tragen Sie zum Gärtnern kein Parfüm oder Eau de Cologne auf. Insekten werden auch durch süße Düfte angezogen.
- ☐ Sprühen Sie ein gutes Insektenmittel auf die Kleidung, wenn Sie unter Stechmücken leiden. Sie können auch Flohkraut oder Eukalyptusöl auf der Haut verreiben. Ein Imkerhut mit Netz schützt Ihr Gesicht und Ihren Nacken. Lange Handschuhe aus Weichleder schützen Handgelenke und Hände vor Dornen und Stacheln.
- ☐ Wenn Sie keine Handschuhe tragen und schmutzige Fingernägel bekommen, drehen Sie Ihre Fingerspitzen in einer halben Zitrone hin und her oder säubern sie mit Backpulver.
- ☐ Tragen Sie im Garten keine Sandalen; das führt zu verstauchten Zehen und abgebrochenen Zehennägeln.
- ☐ Hausschuhe an der Tür erinnern Sie daran, die dreckigen Schuhe draußen auszuziehen (falls das Telefon läutet).
- ☐ Machen Sie im Frühjahr Auflockerungsgymnastik, bevor Sie die Gartenarbeit in Angriff nehmen. Wenn Sie im Winter viel gesessen haben, bekommen Sie nach einer plötzlichen Anstrengung bestimmt Muskelkater (im nächsten Abschnitt sind ein paar Übungen beschrieben).
- ☐ Belasten Sie Ihren Rücken nicht zu stark. Lernen Sie, schwere Lasten mit gebeugten Knien zu heben, und verwenden Sie zum Transport eine Schubkarre oder ein anderes Gerät mit Rädern.
- ☐ Trinken Sie bei der Arbeit in der heißen Sonne viel Wasser und tragen Sie einen Hut und locker sitzende Kleidung, damit Sie keinen Hitzschlag bekommen.
- ☐ Legen Sie bei besonders heißem Wetter einen feuchten Waschlappen in einer Plastiktüte etwa 15 Minuten, bevor Sie nach draußen gehen, in den Gefrierschrank, und tragen Sie ihn dann unter dem Hut.
- ☐ Reiben Sie Gesicht, Ohren und Nacken (die einzigen unbekleideten Teile) mit einem Sonnenschutzmittel mit höchstem Schutzfaktor ein.
- ☐ Beziehen Sie zwei große Schwämme mit Frottee und nähen Sie Klettband darauf. Bringen Sie an den Knien Ihrer Arbeitshose ebenfalls Klettband an. Heften Sie die Schwämme an, wenn Sie bei der Arbeit niederknien. Sie sind viel billiger als gekaufte Knieschützer und leicht zu entfernen, wenn Sie sie nicht benötigen.

Gymnastik für den Gärtner

Das Gärtnern verschafft dem Körper unmerklich viel Bewegung. Es ist eine völlig fesselnde Tätigkeit ohne jede Langweile. Das ist eines seiner Probleme: Man hat soviel Spaß daran, daß man völlig vergißt, daß man sich dafür wie für jede andere körperliche Tätigkeit aufwärmen muß. Jede schwere Arbeit ist ermüdend, wenn man keine Kondition hat, und zum Gärtnern ohne Beschwerden gehört die Vorbereitung durch Gymnastik. Mit dem plötzlichen Einsetzen heftiger Aktivitäten wie bei der üblichen Wochenendgartenarbeit kommen die jahreszeitlich bedingten Schmerzen, bei denen man sich fühlt, als sei man unter eine Herde Elefanten geraten.

Das wichtigste Gerät, daß jeder Gärtner benötigt und dauernd benutzt, ist sein eigener Körper. Wie jedes andere Werkzeug darf er nicht einrosten, weil er sonst nicht richtig funktioniert. Für die normalen Gartenarbeiten – Harken, Hacken, Graben, Pflanzen, Jäten, Beschneiden – braucht man soviel Energie wie für jede andere sportliche Tätigkeit. Wenn Sie sich mit den folgenden Gymnastikübungen für das Gärtnern in Form bringen, vermeiden Sie Rückenschmerzen, Verletzungen oder Erschöpfung nach einem langen Winter. Beginnen Sie mindestens einen Monat, bevor es warm genug ist, um im Garten zu arbeiten, und verlängern Sie die Übungen langsam von 10 Minuten auf ½ Stunde am Tag. Wenn der Frühling dann kommt, können sie ihn begeistert genießen. Die folgenden Übungen stammen von der Gymnastikspezialistin Lilian Powan. Sie sind auf die Muskelgruppen abgestellt, die bei ganz bestimmten Gartentätigkeiten gefordert sind. Sie strecken Ihre Muskeln, verbessern die Beweglichkeit und stärken Ihren Körper, bevor Sie eine Hacke in die Hand nehmen.

BEUGEN UND BÜCKEN

Diese Haltungen braucht man immer bei der Gartenarbeit; Sie sollten sie daher ohne Beschwerden einnehmen können. Die folgende Übung dient der Kräftigung Ihrer Oberschenkel und macht es Ihnen leichter, aus dem Stehen eine kniende oder gebückte Haltung einzunehmen und umgekehrt.

Erste Bewegung bei »Gehen und Aufstehen«

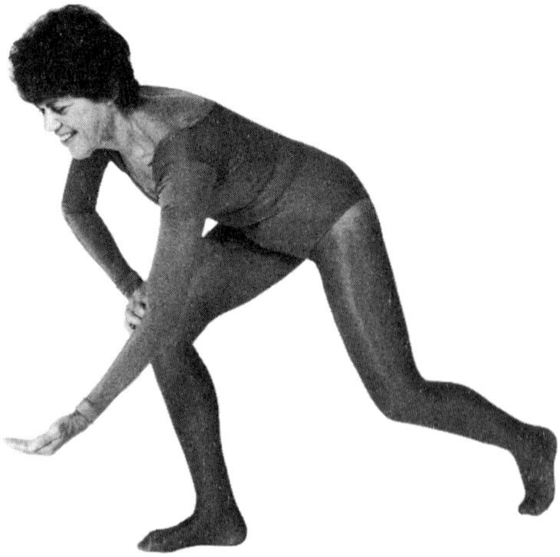

Zweite Bewegung bei »Gehen und Aufstehen«

Gehen und Aufstehen: Setzen Sie Ihren rechten Fuß flach vor dem linken Knie auf den Boden. Während Sie in einer schwingenden Bewegung mit der linken Hand einen imaginären Gegenstand vom Boden aufnehmen, stehen Sie auf und machen mit dem linken Fuß einen Schritt nach vorn. Jetzt knien Sie mit dem rechten Knie nieder und nehmen mit der rechten Hand das imaginäre Objekt vom Boden auf. Beginnen Sie mit 10 Schritten und steigern Sie die Anzahl auf 30 Schritte.

ZIEHEN UND ZERREN

Das ist die Bewegung, die Sie brauchen, um eine Harke über den Boden zu ziehen und Unkraut zu jäten. Die Übung, eine Art Liegestütz für Anfänger, soll Ihre Oberarme, die obere Rückenpartie und die Schultern kräftigen.

Liegestütz: Legen Sie sich mit den Händen an den Schultern und gebeugten Ellbogen auf den Bauch. Drücken Sie den Körper langsam hoch, bis er auf Händen und Knien ruht. Halten Sie den Rücken dabei gerade. Senken Sie den Körper langsam wieder in die Ausgangsstellung. Beginnen Sie mit 3 Liegestützen und arbeiten Sie sich bis zu 10 vor.

Liegestütz

HEBEN UND TRAGEN

Im Garten gibt es immer etwas zu heben und zu tragen – Erde, Werkzeug, Kompost. Hier sind zwei Übungen, mit denen Sie in Form kommen. Die erste kräftigt Rücken- und Bauchmuskeln, und die zweite stärkt die Oberschenkelmuskulatur und zeigt Ihnen die richtige Haltung für das Heben schwerer Gegenstände.

Aufsetzen mit gebeugten Knien: Als erstes kommt das Aufsetzen mit angezogenen Knien. Verankern Sie Ihre Füße unter einem schweren Gegenstand (oder lassen Sie sie von jemanden festhalten). Aus dieser Ausgangsposition bringen Sie Ihren Körper langsam in eine sitzende Haltung. Dann geht es wieder zurück in die Ausgangshaltung. Fangen Sie mit 5mal an und arbeiten Sie sich bis zu 20mal vor.

Aufsetzen mit gebeugten Knien

Hebeübung: Versuchen Sie es als nächstes mit der Hebeübung. Stellen Sie sich mit den Füßen eine Schulter breit auseinander hin. Gehen Sie mit durchgedrücktem Rücken in eine hockende Stellung, aus der Sie sich so weit erheben, daß Ihr Gesäß auf Kniehöhe ist. In dieser Haltung springen Sie 4mal auf und ab. Dann erheben Sie sich in eine stehende Haltung mit durchgedrückten Knien. Wiederholen Sie die ganze Übung 10mal. Schütteln Sie dann die Beine aus, um die Muskeln zu entspannen.

GRABEN UND SCHAUFELN

Beim Schaufeln machen Sie einen Ausfall nach vorn, heben ein Gewicht und schwingen oder drehen dann Ihren Rumpf. Wenn Sie dabei nicht vorsichtig sind, kann es leicht zu einer Rückenverletzung kommen. Diese Übung soll Ihre Beweglichkeit verbessern und den Rücken kräftigen.

Erste Bewegung bei Ausfall und Drehung

Zweite Bewegung, Ausfall und Drehung

Ausfall und Drehung: Machen Sie mit dem rechten Bein einen weiten Schritt vorwärts und bringen Sie dabei den rechten Arm nach vorn. Beugen Sie das rechte Knie tief durch und lassen Sie das linke Bein ausgestreckt hinter sich. Der größte Teil Ihres Gewichts liegt jetzt auf dem rechten Bein. Drehen Sie sich langsam in der Hüfte nach links und versuchen Sie, mit der rechten Hand das linke Bein zu erreichen. Halten Sie diese Stellung ein paar Sekunden lang, und nehmen Sie dann wieder die Ausgangsstellung ein. Wiederholen Sie das Ganze mit dem anderen Bein. Beginnen Sie mit 3 Wiederholungen auf jeder Seite und arbeiten Sie sich bis zu 5 vor.

SCHIEBEN

Möglicherweise müssen Sie einen Rasenmäher oder eine Bodenfräse schieben, wenn Sie einen großen Garten oder Rasen haben. Diese Übung kräftigt Rücken, Beine und Schultern und stärkt die Bauchmuskeln.

Fahrradsitz

Fahrradsitz: Legen Sie sich mit den Händen an den Seiten auf den Rücken und ziehen Sie die Knie an. Bewegen Sie die Beine wie beim Fahrradfahren. Halten Sie das Kinn an die Brust gedrückt, um die untere Rückenpartie nicht mehr zu belasten, und versuchen Sie, sich mit rundem Rücken und ohne Unterbrechung der Beinbewegung aufzusetzen und dann wieder hinzulegen. Beginnen Sie mit 3 Auf- und Abbewegungen, und arbeiten Sie sich bis zu 5 Bewegungen vor. Setzen Sie die Tretbewegung in den einzelnen Stellungen nur so lange fort, wie es bequem für Sie ist.

SCHNEIDEN UND BESCHNEIDEN

Wenn Sie Bäume und hohe Büsche beschneiden, befinden sich Ihre Arme ausgestreckt über dem Kopf. Zum Schneiden brauchen Sie die Brustmuskeln sowie die Oberarme. Die folgenden beiden Übungen dienen der Kräftigung von Armen, Schultern und Brust.

Arme und Schultern: Heben Sie die Arme auf Schulterhöhe und winkeln Sie die Ellbogen ab, so daß die Hände neben den Ohren sind. Strecken Sie die Arme und machen Sie schnelle Auf- und Abwärtsbewegungen mit den Unterarmen. Beginnen Sie mit 20 Wiederholungen, und arbeiten Sie sich bis zu 40 vor. Zur Kräftigung der Muskeln nehmen Sie dabei eine etwa 1 Pfund schwere Konservendose in die Hand; mit dem zusätzlichen Gewicht sollten Sie aber nicht mehr als 20 Wiederholungen machen.

Übung für Arme und Schultern

Übung für die Brust

Brust: Umfassen Sie beide Unterarme mit der jeweils anderen Hand und drükken Sie fest, wobei Sie gleichzeitig die Haut in Richtung auf die Ellbogen schieben. Lassen Sie los und wiederholen Sie das Ganze zunächst 10mal und dann bis zu 30mal.

Mit gekräftigten Muskeln und beweglichem Körper, mit neuen scharfen und sauberen Werkzeugen, von Kopf bis Fuß neu eingekleidet, sind Sie jetzt wahrscheinlich ungeduldig und wollen schnell hinaus in die frische Frühlingsluft, um mit Ihrem Garten zu beginnen. Gehen Sie ruhig nach draußen, aber nehmen Sie dieses Buch mit, und nehmen Sie sich noch ein paar Augenblicke Zeit, um den nächsten Abschnitt über ein paar vernünftige Gartenmethoden zu lesen, die Ihnen gute Dienste leisten werden.

Die organische Methode

Genau wie es in einem alten Lied heißt, gibt es die besten Dinge im Leben umsonst. Sonne, Luft, Wasser und Erde sind die grundlegenden Elemente für pflanzliches Leben. Und all diese Elemente sind in der Natur zu finden, man braucht nur zuzugreifen. Es sieht so aus, als wenn wir sie in der Vergangenheit als zu selbstverständlich angesehen haben, bis wir schließlich erkennen mußten, daß diese Elemente nicht unbegrenzt vorhanden sind, wie wir bislang dachten. Was entfernt wird, so haben wir gelernt, muß bewahrt und aufgefrischt werden, weil die Erde sonst eines Tages öde und leer wird.

Die Methoden des organischen Gärtnerns beruhen auf Zyklen, die auch in der Natur zu finden sind, wo die Organismen (Pflanzen und Tiere) geboren werden, leben und sterben, sich zersetzen und in die Erde zurückkehren, wo sie wiederum den Boden anreichern, damit neue Organismen wachsen und gedeihen können. All die sanften Prinzipien des organischen Gärtnerns sind von der Natur aus logisch, weil sie die Natur nachahmen und diese Zyklen zu duplizieren versuchen. Die organische Gartenarbeit ist schlicht und einfach vernünftig. Indem der organische Gärtner die natürlichen Zyklen im Land respektiert, gibt er dem Boden das zurück, was er ihm genommen hat, und versucht, dieses feine Gleichgewicht nicht zu stören. Mit dem Kompostieren von Rasenschnitt, Essensresten und anderen Dingen, die normalerweise weggeworfen werden, haben organische Gärtner einen Weg gefunden, den Wiederverwertungsprozeß der Natur nachzuahmen und für eine dauernde Verbesserung und Auffrischung von Bodenstruktur und Fruchtbarkeit zu sorgen. Damit ergibt sich eine enge Verbindung und Harmonie zwischen allen Elementen des Gartens. Diese Art des »holistischen Gartenbaus« sorgt dafür, daß die richtigen Bakterien, Würmer und Insekten, die von Natur aus im Boden wohnen, das erwünschte Umfeld vorfinden.

In einem organischen Garten werden keinerlei synthetische Düngemittel, chemische Insektizide oder Unkrautvertilgungsmittel verwendet. Die Vögel fressen den Unkrautsamen, und der Gärtner jätet das restliche Unkraut oder erstickt es mit organischem Mulch, der sich wiederum mit der Zeit zersetzt und die Struktur und Fruchtbarkeit des Bodens verbessert.

Vögel siedeln sich um den Garten herum an und beseitigen viele unerwünschte Insekten, wenn sie Plätze zum Nisten und Beeren und Samen zum Fressen bekommen. Sie sollten mit allen Mitteln dazu verleitet werden, in der Nachbarschaft zu bleiben, aber das können sie nur, wenn wir keine für sie schädlichen Gifte verwenden.

Außer den Vögeln gibt es noch andere »nette Kerle«, die Ihnen dabei helfen können, Chemikalien im Garten überflüssig zu machen. Bienen verbreiten Blütenstaub und befruchten blühendes Obst und Gemüse. Regenwürmer lüften und düngen die Erde mit ihren Ausscheidungen. Nützliche Insekten wie die Gottesanbeterin und der Marienkäfer, die Staubsauger der Natur, fressen gern schädliche Insekten (weitere Hinweise siehe »Die netten Kerle« in Kapitel 12). Zusätzlich gibt es zahlreiche Pflanzen und Blumen, die schädliche Insekten von Ihren Nutzpflanzen vertreiben.

Die Gemeinschaft von Lebewesen und Pflanzen, die das Ökosystem Ihres Gartens ausmachen, bildet im allgemeinen ein von Natur aus im Gleichgewicht befindliches System. Organische Gärtner achten darauf, daß dieses Gleichgewicht bewahrt bleibt. Unsere Haltung zu Pestiziden ist meiner Meinung nach richtig, weil sie die Aufmerksamkeit auf die Gefahren lenkt, die in der Zerstörung dieses normalen Gleichgewichts im Garten liegen. Wir lassen uns von der Erkenntnis leiten, daß wir die unveränderlichen Gesetze der Natur nicht bekämpfen können. Und, wie das Sprichwort sagt, was man nicht bekämpfen kann, mit dem verbündet man sich.

In der organischen Gartenarbeit findet sich vieles, das nicht nur vernünftig, sondern auch sehr wichtig ist; und der kleine Hobbygärtner ist es, der vielleicht am besten in der Lage ist, einen persönlichen Beitrag zu der Erde zu leisten, auf der wir leben. Wir sind vielleicht nicht in der Lage, die ganze Welt zu den organischen Methoden zu bekehren, aber wir können sie mit Sicherheit in unseren eigenen Gärten anwenden. Am besten aber ist, daß wir innerhalb eines Jahres definitive Resultate sehen, zumindest auf unserem eigenen kleinen Grundstück, und daß wir außerdem als Vorbild für andere dienen können.

Bevor sich unser kollektives Umweltbewußtsein in den letzten 15 Jahren verstärkte, arbeiteten viele Gärtner mit synthetischen Düngern und Pestiziden. Es ist richtig, daß chemische Düngemittel schnell Wirkung zeigen, aber sie liefern dem Boden keine organische Substanz und tun nichts zur Verbesserung seiner Struktur. Wenn Sie Ihren Garten mit chemischen Mitteln düngen, wird der Gehalt der Erde an organischen Stoffen und ihre Gesamtqualität im Verlauf der Jahre immer schlechter, bis ein Punkt erreicht ist, an dem die vielen unterschiedlichen Populationen von Würmern und Bakterien, die für ein gesundes Ökosystem wichtig sind, nicht mehr im Boden leben können. Organische Düngemittel auf der anderen Seite versorgen die Erde mit organischer Substanz und geben ihre Nährstoffe langsam über einen längeren Zeitraum durch die Erde an die Pflanzen ab. Im Verlauf einer Reihe von Jahren verbessern organische Düngemittel die Gesamtqualität Ihres Bodens.

Hobbygärtner bilden die Vorhut der organischen Front. Es wenden sich zwar mehr und mehr landwirtschaftliche Betriebe wieder den organischen Methoden zu, aber es sind nur allmähliche Fortschritte zu sehen. Organische Abfälle von Bauernhöfen und Viehbetrieben werden immer noch nicht wieder in dem Ausmaß wiederverwertet, in dem es früher der Fall war und auch jetzt noch sein sollte. Aber wie dem auch sei, die Bewegung gewinnt immer mehr Anhänger.

Machen Sie es sich leichter

Gute organische Gärtner haben festgestellt, daß einige ganz bestimmte Pflanzmethoden sich effektiv dazu verwenden lassen, auf kleinen Flächen während der gesamten Vegetationsperiode ununterbrochen Erträge zu erzielen. Die meisten dieser Methoden werden schon seit vielen Jahren instinktiv von erfahrenen Gärtnern angewandt. Andere Methoden, wie beispielsweise der Intensivanbau von Gemüse, sind neuer und sparen Zeit und Arbeit sowie Platz. Diese Methoden brauchen die Regeln der traditionellen Gärten mit linearen Reihen, denn die Pflanzen werden in Hochbeeten mit fruchtbarer Erde sehr eng zusammengesetzt. Die hier aufgeführten Methoden werden alle in den nächsten Kapiteln ausführlicher besprochen. Denken Sie bei der Planung Ihres Gartens daran, damit Sie auf kleinen Flächen größtmögliche Erträge erzielen:

- ☐ Zweitbepflanzung bedeutet das gleichzeitige Pflanzen von schnellreifendem Gemüse zwischen langsamer reifende, in weiterem Abstand gesetzte Sorten.
- ☐ Zwischenfruchtbau bedeutet, daß man Pflanzenpaare nebeneinandersetzt, die in einer symbiotischen Beziehung stehen und einander gegenseitig helfen, besser zu wachsen oder Insekten abzuweisen.
- ☐ Sukzessives Pflanzen bedeutet, daß man eine neue Pflanze aussät, sobald die vorhergehende abgeerntet ist.
- ☐ Durch Nachpflanzen kann man die Vegetationszeit maximal ausnutzen, indem man schnellreifende Gemüsesorten dorthin setzt, wo gerade langsamer reifende Sorten geerntet worden sind.
- ☐ Der Fruchtwechsel sorgt für den Schutz des Bodens. Gemüsearten, die einen besonderen Bedarf an bestimmten Grundnährstoffen haben (wie etwa Sellerie und Kohl), werden zusammen angebaut und jedes Jahr im Garten an eine andere Stelle gesetzt. An die Stelle, an der im vorigen Jahr die »starken Esser« waren, kommen Pflanzen wie etwa Hülsenfrüchte, die die Erde anreichern. Durch den Fruchtwechsel vermeiden Sie, daß Ihr Boden ausgelaugt wird.

Die Anbauzeit zu verlängern, Gemüse in Kübel zu pflanzen und platzsparende vertikale Anbaumethoden anzuwenden, sind alles Möglichkeiten, mehr Nahrung aus kleinen Flächen zu ziehen. Diesen Anbau auf begrenzter Fläche können Sie allein genommen oder zusätzlich zu größeren Flächen betreiben.

KAPITEL 8

Die Geheimnisse des Bodens

Wenn wir daran denken, daß wir nur die obere Hälfte unseres Gemüses sehen, während es wächst, und daß die untere Hälfte, das Wurzelsystem, ein in der Erde verborgenes und verstecktes Geheimnis darstellt, beginnen wir uns zu fragen, was da nun wirklich unter der Oberfläche vor sich geht. Wir wollen also jetzt über »schmutzige Dinge« reden und herausfinden, welche Bodenbedingungen optimal sind, wie Boden, der nicht ideal ist (wie in den meisten Fällen), untersucht und verbessert wird, und was man für den Boden tun muß, sobald er einmal in gutem Zustand ist. Weil wir unsere Gärten auf dem Land anlegen müssen, was uns zur Verfügung steht, sehen wir uns in der Regel weniger als idealem Boden gegenüber. Aber der Boden läßt sich im Frühjahr und im Herbst bearbeiten, und Sie werden feststellen, daß das, was in den Boden hineinkommt, bestimmend ist für die Qualität von Gemüse, Kräutern und Obst, das herauskommt.

Idealer Boden

Pflanzhinweise enthalten im allgemeinen die Worte: ». . . und Samen (oder Setzlinge) in fetten, fruchtbaren, gut entwässerten Lehmboden setzen«. Diese Beschreibung bietet eine gute Zusammenfassung der Merkmale idealer Gartenerde, die die folgenden Eigenschaften haben sollte:

- ☐ Offene krümelige Beschaffenheit.
- ☐ Poröse Struktur, die die Feuchtigkeit hält und gleichzeitig Luft und Wasser hindurchläßt.
- ☐ Reichhaltige Menge an kompostiertem organischem Material (Humus).
- ☐ Ausgewogene Menge an Nährstoffen, die dauernd aufgefrischt werden.
- ☐ Richtiger pH-Wert.

Aber seien wir uns darüber im klaren, diese Art von Boden ist nur selten anzutreffen. In den meisten Gärten fehlt er zu Beginn. Aber wir sollten unsere Anstrengungen auf einen solchen Boden ausrichten – optimale Qualität. Was die meisten von uns zu Anfang haben, ist »Schmutz«, unbehandelter Boden, der zu einer oder einer Kombination aus den folgenden drei Grundarten gehört.

Ihr Freund der Wurm

Diese bescheidenen Lebewesen können die besten Freunde eines Gärtners sein. Sandiger Boden und schwerer Ton haben keine Anziehungskraft für sie. Aber wenn der Gehalt an organischen Substanzen in solchen Böden zunimmt, kommt es zu einer drastischen Bevölkerungsexplosion unter den Würmern – manchmal bis zu 3 Millionen pro Morgen!

Würmer wirken ein wenig wie eine Küchenmaschine, indem sie nämlich organische Substanzen von der Oberfläche mit dem darunterliegenden Boden vermischen. Ihre Grabarbeit im Boden trägt dazu bei, den lebenswichtigen Fluß von Luft und Wasser in und durch den Boden zu verbessern. Deshalb ist es kein Wunder, daß sie so gern gesehen werden. Ihre Anwesenheit bedeutet, daß die Bodenbedingungen im Garten gut genug für sie sind, um zu gedeihen. Würmer erhöhen die Fruchtbarkeit der Erde und verbessern ihre Struktur. Würmer nehmen Erde und organische Abfälle auf, die den Körper passieren und ihn dann wieder in Form von Ausscheidungen verlassen, einer Art Wurmdung, der mehr Nährstoffe enthält als die ursprüngliche Erde.

Am aktivsten sind die Würmer in der Regel in den oberen 15 cm des Bodens. Sie sind jedoch anfällig für extreme Bedingungen und graben sich tiefer in den Boden, wenn es heiß, trocken oder kalt ist. In Böden, die bestellt und mit reichlich organischer Substanz angereichert sind, sind ihre mikroskopisch kleinen Eier vorhanden und vermehren sich, so daß man keine Würmer zu kaufen braucht.

Vor Jahren, als ich kaum etwas über Würmer wußte, sah ich ein Schild an einer Landstraße, auf dem sie zum Verkauf angeboten wurden. In der schwachen Erinnerung daran, daß Würmer für den Boden recht nützlich sind, glaubte ich, sie würden in den großen Pflanzgefäßen in meinem Dachgarten ein glückliches Zuhause finden. Ich hielt an, um 1000 Stück zu kaufen. Es war ein extrem heißer Sommertag, und ich mußte noch 9 Stunden fahren. Nach einer Stunde im heißen Wagen machte ich mir Sorgen um ihr Wohlergehen. Ich kaufte eine Kühltasche und ein paar Eiswürfel und fuhr weiter.

Als ich mein Ziel erreichte, war es schon spät nachts. Ich verteilte die Würmer schnell auf der Erde und bemerkte, daß sie sich nach ihrer kühlen Reise noch glücklich hin und her schlängelten. Nachdem ich am nächsten Morgen verschlafen hatte, beschloß ich gegen 11 Uhr nachzusehen, wie sie ihre erste Nacht in der Stadt verbracht hatten. Ich rechnete damit, daß sie sich tief in die Erde eingegraben hatten, und stellte mir vor, daß sie sich bereits an die Arbeit gemacht hatten. Was mich jedoch an diesem Morgen auf dem heißen Dach begrüßte, war der Anblick von 1000 Würmern, nicht lebendig und zufrieden in der Erde, sondern gebraten auf dem heißen Fliesenboden! Offensichtlich war die Erde trocken und verdichtet, und die Würmer waren aus ihren Pflanzkübeln gekrochen. Weil die Fliesen die Sonnenhitze absorbiert hatten (und weil sie von Natur aus nicht zu den schnellsten Lebewesen gehören), waren die armen Würmer regelrecht gekocht worden. Ich muß zugeben, daß ich wegen ihres schrecklichen Schicksals ein schlechtes Gewissen hatte. Jetzt, wo ich nach jahrelanger Erfahrung mehr vom Gärtnern weiß, versuche ich der Wurmpopulation gegenüber rücksichtsvoller zu sein und diesen Freunden des Gartens eine gastlichere Heimat zur Verfügung zu stellen.

Grundlegende Bodenarten

Lehm kommt der idealen Erde am nächsten. Er ist eine Mischung aus Sand, Ton und Schlick plus Humus. Lehmiger Boden hält das Wasser und die Nährstoffe, entwässert aber trotzdem gut.

Sand besteht aus sehr großen Partikeln mit viel Platz dazwischen. Das Wasser läuft sehr schnell durch diese Art von Böden, und die Nährstoffe werden schneller aus der Wurzelzone der Pflanzen ausgespült.

Ton besteht aus vielen winzigen, flachen Partikeln, die eng zusammenbacken. Durch die dichte Struktur von Ton können Luft, Wasser und Nährstoffe nicht eindringen. Tonboden ist oft sumpfig und schlecht entwässert.

Reiner Ton oder Sand sind extreme Beispiele für strukturlosen Boden; meistens besteht der Boden aus Abwandlungen dieser drei Arten.

UNTERSUCHUNG AUF PH-WERT UND ANDERE FAKTOREN

Wenn Textur und Dichte oder Gewicht des Bodens feststehen, ist es keine schlechte Idee, den Boden auf den richtigen pH-Wert hin zu untersuchen, und zwar besonders, wenn man an einer neuen Stelle einen Garten anlegen will. Der pH-Wert ist ein Maß für die Konzentration von Wasserstoff im Boden; je mehr Wasserstoff vorhanden ist, desto saurer ist der Boden. Das Ausmaß des Säure- oder Alkaligehalts hat einen direkten Einfluß auf die Qualität und Quantität der Ernte. Ein zu hoher oder zu niedriger pH-Wert schränkt das Wachstum der Pflanzen ein und verringert die Nährstoffaufnahme.

Die pH-Wert-Skala, die zum Messen des Säuregehalts entwickelt wurde, kann man sich so ähnlich wie ein Fieberthermometer vorstellen. Ein Wert von 7,0 wird als neutral angesehen; höhere Werte bedeuten alkalische und niedrigere Werte saure Beschaffenheit. Ein pH-Wert von 6,2 bis 6,8 gilt für die meisten Gemüsearten als am besten. Die Skala beruht auf einem logarithmischen System, und jede ganze Zahl bedeutet eine Zunahme oder Abnahme des Säuregehalts um das 10fache. Boden mit einem pH-Wert von 5,0 ist 10mal so sauer wie Boden mit dem pH-Wert 6,0. Weil der Boden eine lebende Gemeinschaft ist, die sich dauernd ändert, ist es wichtig, den pH-Wert regelmäßig zu bestimmen.

Ein Do-it-yourself-Testgerät reicht für eine einfache pH-Untersuchung völlig aus; die Anschaffung lohnt sich durchaus. Ein einfacher pH-Test sagt Ihnen zwar nicht alles über den Gehalt an organischen Stoffen, die Struktur oder die Art des Bodens, aber er sagt Ihnen, ob Ihr Boden sauer oder alkalisch ist.

Regulierung des Säure-Alkali-Verhältnisses

Sobald die Ergebnisse des pH-Tests feststehen, können Sie die notwendigen Regulierungsmaßnahmen treffen. Da die meisten Böden dazu neigen, sauer zu werden, wird in der Regel Kalk zur Neutralisierung zugegeben. Kalk trägt auch dazu bei, daß Düngemittel eine bessere Wirkung zeigen, indem er die Nährstoffe freisetzt und für die Pflanzen verfügbar macht. Wenn der pH-Wert nicht stimmt, wird die Nahrung für die Pflanzen verschwendet, und die Nährstoffe wirken nicht richtig. Eine Absenkung des pH-Werts, damit die Erde saurer wird, ist nur selten erforderlich. Saure Böden sind öfter anzutreffen. Wenn Ihr Boden laut Test aber alkalisch ist, können Sie durch Zugaben von saurem organischem Material wie Torfmoos, Baumwollkuchenmehl, Kiefernnadeln oder kompostierten Eichenblättern den pH-Wert senken.

Die Regulierung des pH-Werts ist leicht, obgleich die Anweisungen manchmal ein wenig verwirrend sind. In vielen Gartenbüchern heißt es »Kalk zugeben, um die Acidität zu korrigieren«, und dabei läßt man es dann bewenden. Es gibt aber noch andere Überlegungen. Wieviel Kalk zu verwenden und wann er aufzubringen ist, hängt davon ab, ob der Boden sandig oder tonig ist. Sandiger Boden verliert beispielsweise den Kalk schneller als Ton, weil die Nährstoffe schneller ausgespült werden. Wenn Ihr Boden sandig ist, sind wahrscheinlich kleine, aber häufige Gaben von Kalk erforderlich. Auf der anderen Seite brauchen tonige Böden und Böden mit einem hohen Anteil an organischer Substanz mehr Kalk als sandige Böden. Im allgemeinen kann man sagen, daß sich in Gegenden mit wenig Regen eher alkalische und in Gegenden mit schweren Regenfällen eher saure Böden finden.

MATERIAL ZUR REGULIERUNG DES PH-WERTS

Die Wahl des richtigen Materials zum Kalken kann schwierig werden, weil es verschiedene Arten gibt, die zum Teil schädlich sind. Kalk und andere Materialien zum Anheben des pH-Werts laufen unter verschiedenen Bezeichnungen, haben unterschiedliche Freisetzungsmerkmale und variieren in Hinsicht auf ihre Neutralisierungsfähigkeit. Hier sind die meistverwendeten Materialien:

- Dolomitkalk, manchmal auch als »Magnesiumkalk« bezeichnet, besteht zur Hälfte aus Kalziumkarbonat und bis zu 50% Magnesium. Weil er beide Elemente enthält (allerdings keine sehr gute Kalziumquelle ist), wird er für Gärten bevorzugt, in denen eine Bodenprobe einen niedrigen Magnesiumgehalt ergeben hat.
- Kalziumkalk wird oft als »Ackerdünger« bezeichnet, weil er überwiegend aus Kalziumkarbonat besteht. Kalziumkalk ist eine gute Wahl, wenn der Boden ausreichend Magnesium enthält.
- Gebrannter Kalk und gelöschter Kalk sind für den Garten zu Hause nicht zu empfehlen. Beide sind ätzend und können pflanzliche Wurzeln und menschliche Haut verbrennen. Halten Sie sich davon fern.
- Knochenmehl, das eher als Dünger betrachtet wird, läßt sich auch zum Kalken verwenden; es liefert viel Kalzium und Phosphat.
- Mergel ist ein weiteres Material zum Kalken, das es in der Regel nur an der Küste gibt. Es besteht zum Teil aus gemahlenen Muschel- oder Austernschalen und enthält etwa 50% Kalziumkarbonat.

Anhaltspunkte zum Kalken

Angegeben sind hier die ungefähren Kalkgaben auf 10 m^2, mit denen der pH-Wert von Böden unterschiedlicher Textur um eine Einheit angehoben werden kann.

	Kalziumkalk	*Dolomitkalk*	*Holzasche (Menge richtet sich nach der Art des verbrannten Holzes)*
leichte Sandböden	1100–2200 g	900–1400 g	1400–2700 g
schwere Tonböden	2700–3600 g	2500–3200 g	3200–4500 g

Anmerkung: Um den pH-Wert um eine Einheit zu senken, muß mindestens 1/3 der für Kalk angegebenen Menge an Sägemehl, sauren Stoffen, Torf oder gemahlener Rinde zugegeben werden.

Gärtner in der Stadt sollten sich außerdem darüber im klaren sein, daß die Erde in Pflanzkübeln auf dem Dach sehr sauer (pH-Wert etwa 5,5) ist, und zwar aufgrund von Kohlenstoffen und Wasserstoff in der Luft und saurem Regen.

□ Mit Holzasche aus dem Kamin oder Holzofen läßt sich der pH-Wert ebenfalls anheben. Die Asche von Hartholz enthält etwa ein Drittel mehr Kalzium als die von Weichholz. Holzasche wird auch als Kaliquelle verwendet, so daß Sie möglicherweise nach dem Aufbringen Ihren Boden erneut untersuchen müssen, um sicherzustellen, daß das Nährstoffverhältnis noch stimmt. Denken Sie daran, daß der Wert von Kohlenasche zum Kalken nahezu Null ist, und daß diese Asche manchmal giftige Substanzen enthält. Verwenden Sie sie nicht im Garten.

Verschiedene Bodenarten mit dem gleichen pH-Wert haben nicht notwendigerweise den gleichen Kalkbedarf. Seien Sie bei den Kalkgaben lieber vorsichtig, um ein Überkalken zu vermeiden. In der Aufstellung »Anhaltspunkte zum Kalken« finden sich noch ein paar weitere Hinweise.

DAS WANN UND WIE DES KALKENS

Kalk wird am besten im Herbst aufgetragen, wenn die letzten Pflanzen geerntet sind oder, in kälteren Gegenden, bevor der Boden gefriert. Kalk braucht mehrere Monate, um zu reagieren und den pH-Wert des Bodens zu ändern. Streuen Sie den Kalk so auf den Boden, daß es wie Schnee aussieht. Das geht ganz leicht mit einer Kaffeedose, in deren Boden man mit einem Nagel Löcher von gut 1 cm Durchmesser macht, so daß sich eine Art Sieb ergibt. Anschließend wird der Kalk gleichmäßig mit einer lankzinkigen Grabgabel in den Boden eingearbeitet.

Wenn Sie feststellen wollen, wie der Kalk gewirkt hat, untersuchen Sie Ihren Boden im Frühjahr noch einmal, bevor Sie weiteres organisches Material zugeben (das möglicherweise zum Teil sauer oder alkalisch genug ist, um den pH-Wert zu beeinflußen). Dann können Sie noch einmal am Ende der Vegetationsperiode testen, ob der pH-Wert noch in einem Bereich liegt, in dem er all die während des vergangenen Jahres zugegebenen Nährstoffe verfügbar macht. Sobald Sie es einmal heraushaben, ist es absolut nicht schwierig. Denken Sie nur daran, daß eine Kalkgabe nicht ewig vorhält und wiederholt werden muß, wenn eine Bodenprobe dementsprechende Ergebnisse bringt.

Verbesserung des Bodens

Mit einem Boden, der nicht ideal ist oder dem »gut drainierten Gartenlehm«, den wir alle erstreben, nicht einmal nahekommt, ist nur schwer zu arbeiten. Er kämpft gegen den Gärtner und kann zu einer große Entmutigung führen. Warum sollte man sich aber mit schlechtem Bodenn zufriedengeben, wenn es nicht schwierig ist, ihn zu verbessern? Die Bodenverbesserung kann sogar zu einer guten Gartengewohnheit werden, fast zu einer zweiten Natur, wie das zweimalige Zähneputzen am Tag. Vor dem Pflanzen und nach der Ernte wird organische Substanz in irgendeiner Form zugegeben, um die Struktur des Bodens zu verbessern und seine Fruchtbarkeit zu vergrößern. Weil es eine fortlaufende Praxis bedeutet, halten Sie Ihren Boden am besten nach dem Motto in Form: »Nie brachliegen lassen«.

Schützen Sie Ihren Boden immer mit einer Art organischer Bedeckung wie beispielsweise Mulch oder lebendigen, wachsenden Pflanzen als Gründünger. All diese Bedeckungen, sowie die Überreste Ihrer geernteten Pflanzen, werden entweder untergegraben, damit sie sich zersetzen, oder sie kommen in einen Komposthaufen und anschließend in den Garten. Es mag merkwürdig erscheinen, aber sowohl leichte, sandige Böden als auch schwere, tonige Böden werden auf die gleiche Art verbessert – durch Zugabe von großen Mengen organischer Substanz.

DIE FUNKTION ORGANISCHER SUBSTANZ

Organische Substanz besteht aus den Überresten von Tieren und Pflanzen – von allem, was einmal lebendig war (und was man in der Regel wegwirft). Organische Substanz verbessert die physikalischen Eigenschaften des Bodens, da sie sich zu dunkelbraunem, stark erdig riechendem Humus zersetzt. Humus ist es, der gesundem Boden seine schwammartige Textur und seine Fähigkeit verleiht, Feuchtigkeit und Nährstoffe zu halten und gleichzeitig die Durchlüftung zu gestatten. Luft oder Sauerstoff wird im Boden gebraucht. Die Wurzeln benötigen sie zum Atmen, und die Mikroorganismen im Boden brauchen sie, um die organische Substanz zu zerlegen. Die Menge an Luft im Boden hängt von der Textur und Struktur des Bodens und der Menge an in der Erde enthaltener organischer

Organische Substanz für Problemböden

Organische Substanz verbessert zwar die Struktur beider Arten von Problemböden, muß aber in unterschiedlicher Form gegeben werden, weil auch die Eigenschaften der Böden unterschiedlich sind.

Tonböden
Problem: Feine Tonpartikel bilden eine dichte Masse und absorbieren oder halten die Feuchtigkeit nicht gut. Wasser dringt nur langsam in den Boden ein und läuft manchmal an der Oberfläche ab.
Lösung: Maurersand oder Holzprodukte zugeben, um den dichten Boden aufzulockern und für eine bessere Drainage zu sorgen. Sie können Sägemehl, zerkleinerte Rinde, Holzspäne oder Buchweizen-, Kakao- bzw. Reisschalen nehmen. Die Schalen können auch gemahlen sein, aber Sie müssen sich darüber im klaren sein, daß Reisschalen wasserabstoßende Silikate enthalten können. Denken Sie auch daran, daß Holzprodukte dem Boden Stickstoff entziehen, wenn sie sich zersetzen. Deshalb sollte gleichzeitig zusätzlicher Stickstoff in den Boden gegeben werden.

Sandböden
Problem: Wasser und Nährstoffe laufen sehr schnell durch grobe Böden, und die Pflanzenwurzeln haben keine Zeit dazu, das zu absorbieren, was sie brauchen.
Lösung: Schwammiges Material zugeben, das Wasser und Nährstoffe absorbiert und hält: Torf, Dung oder Kompost.

Substanz ab. In schlecht entwässerten, verdichteten Böden findet sich nur sehr wenig Raum für Sauerstoff. Böden mit schlechter Durchlüftung enthalten sehr viel Feuchtigkeit, die dann dem Sauerstoff die wenigen freien Stellen streitig macht. Wenn nicht genügend Sauerstoff im Boden vorhanden ist, haben die Pflanzen Mühe, Wasser und Nährstoffe aufzunehmen, das Wachstum von Wurzeln und Schößlingen wird behindert, und die Aktivität der Bodenmikroben wird eingeschränkt. Organische Substanz macht schwere Böden leichter, schafft mehr freien Platz für Luft und verbessert außerdem die Entwässerung. Selbst die Regenwürmer, Ihre hart arbeitenden Freunde, gedeihen in dieser sauerstoffreichen Umgebung.

Demzufolge tun Sie klug daran, die Bodenverbesserung an die Spitze Ihrer Liste gärtnerischer Aktivitäten zu setzen. Sie sollte oberste Priorität genießen, bei organischen und allen anderen Gärtnern! Und hören Sie niemals damit auf, Ihrem Garten organische Substanz zuzusetzen – selbst dann nicht, wenn Sie Ihren Boden in guten Zustand gebracht haben. Schließlich brauchen Sie wahrscheinlich nicht mehr soviel zuzugeben, aber weil Humus eine gewisse Zeit braucht, um zu entstehen und sich zu zersetzen, stehen Sie möglicherweise wieder am Ausgangspunkt, wenn Sie ganz damit aufhören, organische Substanz zuzugeben. Denken Sie daran, je besser der Boden, desto besser gedeiht Ihr Garten. So einfach ist das.

Es gibt viele Arten organischer Substanz und viele Stellen, an der man sie finden kann, manchmal sogar kostenlos. Organische Substanz gibt es in Form von Dung, Sägemehl oder anderen zerkleinerten Holzprodukten wie Rinde, Torfmoos oder Kompost. Ein paar Anwendungshinweise finden sich in dem Kasten mit der Überschrift »Organische Substanz für Problemböden«. Der Boden sollte zu etwa einem Drittel aus organischer Substanz bestehen, weil die Menge groß genug sein muß, um die Struktur des Bodens deutlich zu ändern. Neben Humus muß guter Boden außerdem ausreichende Mengen der 3 Hauptnährstoffe für das pflanzliche Wachstum enthalten, nämlich Stickstoff (N), Phosphor (P), und Kalium (K), sowie die sekundären Nährstoffe Mangan, Schwefel und Kalzium und eine Unmenge an Spurenelementen einschließlich Eisen, Magnesium, Zink, Kupfer, Bor, Chlor und Molybdän. Alle diese 13 Elemente arbeiten Hand in Hand und sind in verschiedenen Proportionen im Kompost zu finden. Für den organischen Gärtner ist Kompost das »Aschenputtel« der Gartenarbeit – eine gute Möglichkeit, häßlichen Abfall in schönen Humus zu verwandeln. Die Verwendung kompostierter organischer Substanz hat die wunderbare Nebenwirkung, daß die 3 Hauptnährstoffe (NPK) sowie die verschiedenen Spurenelemente alle zur gleichen Zeit zugegeben werden. Kompost dient verschiedenen Zwecken: Wenn er in den Boden eingearbeitet wird, düngt und verbessert er ihn gleichzeitig; auf dem Boden verteilt, ergibt er einen ausgezeichneten Mulch.

Das Sammeln von organischem Material zum Kompostieren oder zur individuellen Verwendung als Bodenverbesserer, organischer Dünger oder Mulch kann etwas lästig sein, wenn man nicht weiß, wo man suchen soll. Als Anregung für Ihre Schatzsuche habe ich ein paar Fundstellen hier aufgenommen. Im nächsten Kapitel befassen wir uns damit, wie Kompost bereitet wird.

TORF – EIN VIELSEITIGER BODENVERBESSERER

Torf ist ein nützlicher Bodenverbesserer, der schweren Boden leichter macht und als Lückenbüßer für organische Substanz dienen kann, während Sie Material für einen großen Haufen Kompost sammeln. Die meisten Gärtner kennen ihn dem Namen nach, aber Neulinge sind möglicherweise perplex, wenn sie sich den vielen Bezeichnungen auf den Torfsäcken gegenübersehen. Dort gibt es Torf, Torfmoos, Torfmull, Schilftorf, Torfhumus, Riedtorf, Moostorf und möglicherweise noch vieles andere. Was ist unter all diesen Bezeichnungen zu verstehen? Zunächst einmal muß gesagt werden, daß die Bezeichnungen Torf und Torfmoos auswechselbar sind.

Torf ist verrottetes pflanzliches Material, das zum Teil in Kohle übergegangen und zersetzt ist. Es wird aus Sümpfen oder Marschen »geerntet« und besteht aus Schilf, Gras, Sumpfmoos und manchmal verrotteten Baumstämmen und Ästen. Je nach dem verfügbaren Grundmaterial stammt abgepackter Torf entweder aus dem Land oder ist importiert. Torfmoos ist steril, unkrautfrei und zu 100% organisch, hat aber im Gegensatz zu Kompost nur einen sehr geringen Düngewert. Es enthält allerdings sehr kleine Mengen Stickstoff. Torf ist im allgemeinen sehr sauer, mit einem pH-Wert zwischen 3,5 und 4,5. Wenn Sie große Mengen für Ihren Boden verwenden, müssen Sie möglicherweise auch etwas Kalk als Ausgleich zugeben.

Torfmull ist ein faseriger Torf aus Sumpfmoos, Ried und Schilf. Er ist von grober Textur, hellbrauner Farbe, fühlt sich weich an und kann bis zum 20fachen seines Eigengewichts an Wasser aufnehmen. Er dient zur Durchlüftung und Locke-

rung schwerer Tonböden und wird auch als wasserhaltender Zusatz in sehr sandigen Böden verwendet. Er wird in der Regel ballenweise in trockener, pulvriger Form verkauft. In reinem Zustand absorbiert Torfmull wie ein Schwamm alle Feuchtigkeit im Boden. Sumpfmoos, ein Ausgangsmaterial für Tormull, ist ein gräuliches Moos, das es in zwei Formen gibt. Die grobe, faserige Art wird von Baumschulen zum Einwickeln der Wurzeln von Büschen zum Transport und außerdem zum Auskleiden offener Drahtkörbe verwendet. Fein gemahlenes Sumpfmoos findet Verwendung zum Keimen von Samen und Bewurzeln von Ablegern.
Hier sind ein paar Tips für die Arbeit mit Torf:

- □ Geben Sie Torf nie in den Boden, ohne ihn vorher zu befeuchten. Schneiden Sie den oberen Teil des Ballens oder Sacks auf drei Seiten auf, so daß sich eine Art Klappe ergibt. Lassen Sie ein paar Stunden lang Wasser aus einem Schlauch in den Ballen tröpfeln und lassen Sie den Ballen dann über Nacht stehen.
- □ Achten Sie darauf, daß Torf vor der Verwendung sorgfältig durchfeuchtet ist. Lassen Sie den Ballen oder Sack mit geöffneter Klappe draußen, damit er immer dem Regen ausgesetzt ist und feucht bleibt.
- □ Arbeiten Sie zur allgemeinen Bodenverbesserung zwei Wochen vor dem Pflanzen im Frühjahr pro Quadratmeter Gartenfläche etwa 20 l Torf in die oberen 15 cm des Bodens ein. Nehmen Sie noch einmal halb soviel, wenn Sie besonders sandigen oder schweren Tonboden haben.

Torf hat einen Nachteil, wenn er als Oberflächenmulch verwendet wird – er trocknet schnell aus und neigt zum Zusammenbacken. Wenn der Garten begossen wird, nimmt Torf die Feuchtigkeit zunächst selbst auf, bevor er sie in die Erde einsickern läßt. Trockener Torf wird außerdem vom Wind davongeweht.

Torf ist ein ausgezeichneter Bodenverbesserer, entzieht aber dem Boden Stickstoff, so daß Sie darauf achten müssen, einen Stickstoffdünger wie beispielsweise Dung zuzugeben, wenn Sie Torf verwenden.

Ausgangspunkt Null: Hoffnungsloser Boden

Den Boden mit organischer Substanz zu verbessern, ist schön und gut, aber was macht man, wenn man überhaupt keinen Boden hat, der den Namen verdient? Manchmal ist die »Terra firma« viel zu fest, um darauf gärtnern zu können. Möglicherweise besteht sie einzig und allein aus festem Schmutz mit ein paar Steinen oder einer dünnen Lage Mutterboden ohne jeden Grashalm und all die anderen Dinge, die Pflanzen zum Wachsen benötigen.

Obgleich man selbst den schwierigsten Boden in der Regel mit Geduld, Zeit und Kompost verbessern kann, ist es nicht erforderlich, Jahre zu warten, um einen Garten anlegen zu können. Selbst in einer solchen Lage gibt es mehrere Möglichkeiten, und zwar von der schrittweisen Verbesserung bis zur Schaffung

Fundstellen für organisches Material

Diese Aufstellung soll Sie darauf hinweisen, wo Sie alle möglichen Arten von organischem Material finden können. Die Legende sagt Ihnen, wozu dieses Material hauptsächlich verwendet wird. Das meiste Material besitzt auch eine gewisse Düngefähigkeit, ist aber nicht speziell als Dünger aufgeführt. Sie können alles Material entweder im Herbst oder Frühjahr in den Boden einarbeiten, als Kopfdünger für wachsende Pflanzen und als Mulch verwenden oder in den Komposthaufen geben.

Legende
BV – Bodenverbesserer
KM – Kompostmaterial
D – Dünger
M – Mulchmaterial

Die Gegend, in der Sie wohnen, hat eine ganze Menge damit zu tun, welches organische Material erhältlich ist. Welche organischen Abfälle erhältlich sind, richtet sich oft danach, was in einer bestimmten Region verarbeitet oder angebaut wird.

DER KLUGE MANN BAUT VOR

Da wir in einem Zeitalter der Spezialisierung in der Landwirtschaft leben, empfiehlt es sich, einen kritischen Blick auf die Bezugsquelle zu werfen – das gilt besonders für Dung. Ein Betrieb, der Hühner um der Eier willen hält, Schlachtrinder züchtet oder Milchwirtschaft betreibt, baut nur selten Feldfrüchte an, die gedüngt werden müssen. Solche Betriebe dürften die logische Bezugsquelle für Dung sein. Möglicherweise dürfen Sie den Dung sogar kostenlos abholen; bereiten Sie sich also vor: feste Schuhe und Handschuhe, Schaufel und mehrere Körbe oder feste Kisten, die mit Kunststoff ausgeschlagen werden (damit der Boden nicht durchweicht). Leihen Sie sich einen Lkw oder Pritschenwagen und decken Sie die Ladefläche mit Plastikfolie ab, damit das Saubermachen nachher leichter geht.

Von Gärtnern auf dem Land erwartet man eher, daß sie organisches Material sammeln. In der Stadt werden Sie möglicherweise für etwas merkwürdig gehalten. Lassen Sie sich nicht abschrecken. Sie werden interessante Leute kennenlernen und sich selbst an ein paar ungewöhnlichen Stellen wiederfinden, wo Sie eine Menge lernen können. Es macht Spaß und ist lehrreich und kostet in der Regel nichts.

Hinterlassen Sie ein Plastikgefäß, wenn Sie mit jemandem vereinbaren, seinen Abfall abzuholen. Sobald Sie erklären, wofür Sie ihn brauchen und den Abfall regelmäßig abholen (und vielleicht eine selbstgezogene Tomate oder Paprika als Geschenk mitbringen), sind Sie im Geschäft. Denken Sie immer daran, daß das, was für den einen Abfall ist, für einen Gärtner oft eine Goldgrube darstellt. Suchen Sie sich ihre Bezugsquellen notfalls mit Hilfe des Branchenverzeichnisses.

eines vollständigen Gartens mittels einer Ladung Mutterboden. Die Methoden, die ich hier vorstelle, befassen sich zum größten Teil mit dem Anbau von Gemüse in frischen, neuen, maßgeschneiderten Erdmischungen, die direkt auf das Zeug kommen, dessen Verbesserung zu schwierig wäre. In Hochbeeten und Kübeln können Sie gute Erde verwenden, die Sie auf dem Land gefunden, gekauft oder aus Kompost und anderem beliebigen Material selbst gemischt haben. Sie können dann mit dem Gärtnern mit dem entschiedenen Vorteil beginnen, sofort die Art von Boden zu haben, in dem die Pflanzen am besten wachsen.

Fischabfälle und Gräten, Schalen von Krustentieren – BV, D, KM: Fischgeschäfte, Fischgroßmärkte, Fischer, Fischerboote, Fischrestaurants.

Eierschalen – KM, D: Heime, Restaurants, Bäckereien. Tip: Eierschalen in einer Küchenmaschine zerkleinern, einfrieren und aufbewahren, bis sich genügend angesammelt haben; dann auf einem Backblech ausbreiten und in den Ofen schieben. Sie zersetzen sich dann besser in einem Komposthaufen.

Stroh und Heu – BV, KM, M: Bauernhöfe (nach verdorbenem Heu fragen, das nicht mehr als Futtermittel verwendet werden kann), Futtermittelgeschäfte.

Tang – BV, KM, M, D: Strände, Buchten. Nach einem Sturm kann man besonders gut Tang sammeln (und die Muschel- oder Treibholzsammlung erweitern).

Gemüse und Obstabfälle – KM: Brauereien (Hopfen), Konservenfabriken, Supermärkte, Wochenmärkte, Restaurants, Großküchen (Krankenhäuser, Schulen, Gefängnisse), Bäckereien, abgeerntete Pflanzen (aus dem eigenen Garten und dem des Nachbarn).

Nadeln von Kiefern und anderen Nadelbäumen – BV, M, CM: Abgefallene Nadeln gibt es überall, wo die entsprechenden Bäume wachsen.

Papier – M, KM: Zeitungen und Druckereien, Nachbarn, Heime. Anmerkung: Keine Farbdrucke verwenden – die Farben enthalten Blei und sind giftig.

Holzspäne, Rinde und Sägemehl – BV, KM, M: Tischlereien, Möbelfabriken, Sägemühlen, Papiermühlen, Holzhandlungen.

Dung – KM, D, BV, M: Zoos, Bauernhöfe, Reitställe, Pferderennbahnen, Geflügel- und Eierfarmen, Milchbetriebe, Viehzuchtbetriebe, Entenzüchter, Kaninchenzüchter, Schweinemastbetriebe, Schafhalter. Anmerkung: Der Dung von Tieren, die im Stall gehalten werden, hat einen hohen Salzgehalt, und zwar besonders in Gegenden mit geringem Niederschlag. Der Regen wäscht das Salz aus, während der Dung altert, kann aber auch den Stickstoff auswaschen. Daher nimmt man Dung aus Viehzuchtbetrieben am besten nicht als Dünger, sondern zur Bodenverbesserung.

Haare – KM: Friseure, Hundesalons.

Holzasche – BV, KM, D: Kamine, Holzöfen, Verbrennungsanlagen. Achten Sie darauf, nur Holzasche im Garten zu verwenden.

Laub – BV, KM, D, M: Wälder, Rasen der Nachbarn, städtische Straßenreinigung (im Herbst). In manchen Städten können Gärtner das im Herbst gesammelte Laub kostenlos bekommen. Das läßt sich mit einem Telefonanruf feststellen.

Tierische Nebenprodukte – D, KM, BV: In Schlachthäusern und fleischverarbeitenden Fabriken gibt es zahllose getrocknete und gemahlene Nebenprodukte. Dazu gehören getrocknetes Blutmehl, Fischabfälle, Hornmehl und Knochenmehl.

Tee und Kaffeesatz – KM: Heime, Restaurants, Großküchen.

Federn – BV, KM: Geflügelmärkte, Geflügelbetriebe, Vogelhäuser in Zoos.

Rasenschnitt und Unkraut – BV, KM, M: Heime, Nachbarn, Golfplätze, Friedhöfe, Fußballstadien.

MUTTERBODEN

Wenn Ihr Boden sich nicht für einen Garten eignet, oder wenn Sie einen Dachgarten anlegen wollen, liegt die Lösung möglicherweise in ein paar Ladungen Mutterboden, wenn Sie sich das leisten können. Hier sind ein paar Hinweise zum Kauf von Mutterboden.

- ☐ Schlagen Sie im Branchenverzeichnis unter Mutterboden nach.
- ☐ Denken Sie daran, daß es den Ausdruck »spottbillig« in Verbindung mit Mutterboden nicht gibt.

- □ Mutterboden wird kubikmeterweise verkauft und ist in der Regel als Fuhre billiger. Mutterboden gibt es in verschiedenen Abstufungen zu verschiedenen Preisen. Fragen Sie nach gesiebtem Mutterboden, wenn der Preis auch höher ist als für ungesiebten Lehm. Gesiebter Mutterboden enthält keine Fremdkörper wie Steine und ist manchmal mit Humus angereichert.
- □ Sagen Sie dem Händler bei der Bestellung, wie tief, lang und breit die Fläche ist, die Sie mit Mutterboden auffüllen wollen. Dann bekommen Sie eine bessere Vorstellung davon, welche Menge Sie bestellen müssen.
- □ Bitten Sie vor dem Kauf einer großen Menge darum, daß eine Bodenprobe durchgeführt wird, oder fragen Sie den Händler nach den Ergebnissen der Bodenprobe, wenn bereits eine gemacht wurde. Sie sollten sich dabei über pH-Wert und Nährstoffgehalt informieren.

Ob Sie nun eine ganze Fuhre oder nur einen Zentner Mutterboden benötigen, es ist billiger, die eigene Erdmischung herzustellen. Dabei brauchen Sie nur ein Drittel der Gesamtmenge an wirklich gutem, gesiebtem Mutterboden zu kaufen. Der Mutterboden kann dann mit organischen Bodenverbesserern und Düngemitteln zu einer Grundmischung für Hochbeete oder Kübel zusammengestellt werden. Hier ist ein gutes, einfaches Rezept für eine grundlegende Allzweckmischung:

- □ 1/3 guter gesiebter Mutterboden
- □ 1/3 grober Maurersand (bzw. Vermikulit oder Perlit für Behältergärten)
- □ 1/6 gut verrotteter Mist oder Trockendung
- □ 1/6 Torf

Zu dieser Grundmischung können Sie eine trockene organische Düngermischung (siehe Seite 209) geben und dann während der Vegetationszeit zusätzlich mit einem Flüssigdünger arbeiten. Das ist schon alles.

TRICKS FÜR DAS MISCHEN

Eine Erdmischung wird am besten im Freien auf einer großen Folie zusammengestellt. Wenn Sie viel Erde haben, mischen Sie die Bestandteile in zwei getrennten Haufen. Dann schaufeln Sie die beiden Haufen zu einem einzigen zusammen und achten darauf, daß alles gut durchgemischt ist.

»Aber ich wohne in einem Apartment«, höre ich Sie sagen, »wie und wo kann ich also große Mengen Erde mischen, ohne daß nachher überall der Dreck herumliegt? Ganz einfach: Legen Sie eine Plastikfolie in die Badewanne und arbeiten Sie dort. Teilen Sie die Mischung in mehrere kleine Mengen auf und schaufeln Sie sie zum Transport in feste Plastiksäcke.

Erde für Balkon und Dachgarten

Balkon- und Dachgärtner haben natürlich andere Probleme. Wenn Sie als Nachmieter in eine Wohnung kommen, finden Sie möglicherweise etwas alte, ausgelaugte Erde vom Vormieter vor. Werfen Sie sie nicht weg; sie ist ein unerwarteter Gewinn. Es ist eine mühsame Angelegenheit, Erde bis auf das Dach eines Hochhauses zu schleppen, also nehmen Sie das, was bereits vorhanden ist, und erwekken es wieder zum Leben. Wenn Ihr Himmelsgarten bereits angelegt ist, sollten Sie die Erde sogar jedes Jahr erneuern, indem Sie sie mit Nährstoffen und Bodenverbesserern ergänzen, damit sie nicht wie Beton aussieht.

Das Gewicht der Erdmischung ist ein weiteres Problem, das es zu überdenken gilt, wenn große Wannen oder Fässer auf Dächer oder in Patios verwenden werden. Wichtig ist hier ja die Tragbarkeit, die nicht mehr gegeben ist, wenn man sich beim Transport großer Behälter fast den Rücken bricht. Es gibt aber verschiedene Möglichkeiten, sich die Last zu erleichtern.

- ☐ Nehmen Sie große Gefäße aus gepreßtem Papierbrei. Leer wiegt ein solcher Topf mit 45 cm Durchmesser und 30 cm Tiefe nur gut 1 kg. Gefüllt mit Pflanzen und Erde kann er gut 20 kg wiegen! Kübel aus Terrakotta oder Holz wiegen mehr, halten aber auch länger.
- ☐ Verringern Sie das Gewicht noch mehr, indem Sie den Boden des Pflanzgefäßes mit einer 5 cm dicken Schicht aus Styropor-Füllmaterial bedecken; darauf kommt eine Plastikfolie, die an einigen Stellen durchlöchert wird. Füllen Sie den restlichen Kübel dann mit Ihrer Erdmischung. Die Plastikfolie sorgt dafür, daß die Erde nicht in das Füllmaterial gespült wird; sie hält außerdem das Wasser im Wurzelbereich und läßt überschüssiges Wasser langsam ablaufen. Statt des Styropors kann man auch Perlit oder Vermikulit verwenden, von dem sich zusätzlich etwas in die Erde mischen läßt. Dadurch wird die Erde durchlüftet und das Gewicht reduziert.

Wenn Sie Holzgefäße verwenden, die schwerer zu transportieren sind, nehmen Sie kleine Kübel, die Sie in Gruppen zusammenstellen. Der optische Effekt ist der gleiche wie bei einer großen Wanne, aber der Transport ist einfacher.

Vorbereitung des Bodens zum Pflanzen

Wenn der Boden, auf dem Sie Gemüse anbauen wollen, bereits kultiviert ist, sind Sie schon einen Schritt voraus. Wenn er aber bis in eine Tiefe von mindestens 25 bis 30 cm nicht locker und krümelig ist, wird es Zeit, daß Sie Ihr Werkzeug holen und zu graben beginnen. Hier sind ein paar Tips zur Vorbereitung:

- ☐ Bereiten Sie den Boden im Herbst vor, indem Sie organisches Material und langsam wirkenden Dünger zugeben. Graben Sie alles ein und lassen Sie die Oberfläche den Winter über unbearbeitet, damit der Boden locker wird.

- □ Im Frühjahr ist es an der Zeit zu graben, wenn der Boden einigermaßen trokken ist und auf Druck leicht in der Hand zerkrümelt. Wenn die Erde auf Druck in einem Klumpen zusammenklebt, ist es noch zu früh zum Graben.
- □ Verteilen Sie im Frühjahr auf der Oberfläche eine etwa 10 cm dicke Schicht aus organischem Material und eine 2,5 cm dicke Schicht Trockendünger (siehe Seite 209).
- □ Nehmen Sie einen Spaten und zerkleinern Sie alle Klumpen, weil viele Samen sehr klein sind und in klumpigem Boden leicht verlorengehen. Unmittelbar vor dem Pflanzen bearbeiten Sie den Boden noch mit einer feinen Harke.
- □ Wenn Sie an einer Stelle gärtnern wollen, die jetzt noch mit Gras bedeckt ist, mieten Sie sich für große Flächen zur Auflockerung des Bodens eine Bodenfräse.

Zu Anfang ist das alles harte Arbeit, aber sobald Sie einmal gepflanzt haben, sollten Ihnen 15 Minuten pro Tag ausreichen, um etwa 10 m^2 Bodenfläche in gutem Zustand zu erhalten. Bei einem größeren Garten brauchen Sie natürlich mehr Zeit.

LASSEN SIE ES LANGSAM ANGEHEN

Hier ist ein Verfahren, mit dem Sie Schritt für Schritt die Erde für neue Intensivanbaubeete vorbereiten. Arbeiten Sie jeweils nur eine oder zwei Stunden mit Ruhepausen dazwischen.

1. Markieren Sie die vorgesehene Fläche (wenn Sie einen Teil Ihres Rasens entfernen, verwenden Sie einen Teil der Soden mit der Oberseite nach unten als Schicht im Komposthaufen). Testen Sie den pH-Wert des Bodens und notieren Sie sich die Ergebnisse.
2. Wenn der Boden hart ist oder aus trockenem Ton besteht, weichen Sie die umzugrabende Fläche zwei Stunden lang mit einem Rasensprenger ein.
3. Lassen Sie den Boden zwei Tage lang austrocknen.
4. Lockern Sie den Boden bis in eine Tiefe von 30 cm mit einer Grabgabel und entfernen Sie dabei das Unkraut, das Sie in den Komposthaufen geben.
5. Lassen Sie den Boden – und sich selbst – einen Tag lang ruhen (wenn es sich um schweren Tonboden handelt, bringen Sie an diesem Punkt eine 2,5 cm dicke Schicht Maurersand auf, um die Textur zu verbessern; arbeiten Sie den Sand in die oberen 30 cm ein).
6. Arbeiten Sie mit der Grabgabel eine 8 cm dicke Schicht abgelagerten Dung oder Kompost sowie 2,5 cm Mutterboden ein.
7. Lassen Sie den Boden einen weiteren Tag lang ruhen.
8. Machen Sie als Vorbereitung auf harte Arbeit Lockerungsübungen (siehe Seite 172).
9. Graben Sie mit frisch gelockertem Körper den Boden zweimal mit einem flachen Spaten um, um ihn bis in eine Tiefe von 60 cm aufzulockern. Graben

Sie mit einem Spaten die erste Reihe mit Zusätzen um, und bringen Sie die Erde zur anderen Seite des Gartens. Lockern Sie den Boden weitere 30 cm tief mit einer Grabforke auf. Graben Sie die nächste Reihe um, wobei Sie mit dieser Erde die erste Reihe füllen. Dann lockern Sie den Boden unten in dieser Reihe mit einer Forke. Wiederholen Sie das Verfahren Reihe auf Reihe, bis das gesamte Beet umgegraben ist. Die Erde aus der ersten Reihe, die Sie an das andere Ende des Gartens transportiert haben, wird jetzt dazu verwendet, die letzte Reihe zu füllen.

10. Glätten Sie das Beet gleichmäßig mit einer Harke, so daß sich die Seiten sanft nach innen neigen (wenn Sie Perfektionist sind).
11. Nehmen Sie ein heißes Bad und lassen sich selbst und die Erde einen weiteren Tag lang ruhen.
12. Bringen Sie eine 5 bis 7 cm dicke Schicht aus organischen Düngemitteln auf, die Sie leicht mit einer Forke durcharbeiten. Harken Sie das Beet noch einmal. Klopfen Sie die Erde leicht fest, um überschüssige Luft zu entfernen. Führen Sie jetzt einen weiteren pH-Test durch, um festzustellen, ob der pH-Wert vor dem Pflanzen noch reguliert werden muß.
13. Holen Sie Ihre Gartenpläne und pflanzen Sie.

Das Gute bei diesem Verfahren ist, daß man es nur einmal anwenden muß, und zwar ganz zu Anfang. In der folgenden Saison sollte sich die Zeit für die Bodenvorbereitung auf die Hälfte reduzieren, weil der Boden dann schon eine bessere Struktur hat und nur noch 2,5 cm Kompost plus gut 1 cm organische Düngemittel eingebracht werden müssen, da die Erde schon lockerer und krümeliger ist. Wenn Ihr Boden verdichtet ist, kommen Sie im ersten Jahr möglicherweise nicht auf die erforderlichen 60 cm Tiefe. Ärgern Sie sich nicht, wenn Sie nur bis in 30 oder 45 cm Tiefe kommen – es gibt immer ein nächstes Mal, bei dem es dann leichter ist.

KAPITEL 9

Des Gärtners Zauberstab

Die Geheimnisse der Kompostbereitung erstaunen mich immer wieder, und zwar besonders, wenn ich beobachte, was mir als eine Art Hexerei im Komposthaufen erscheint. Es ist, als sollte es mir vergönnt sein, Zeuge der Tätigkeit einer Elfenkönigin zu sein, die mit der Bewegung eines Zauberstabs und mit ein paar Zaubersprüchen wertlosen Abfall in kostbaren Humus verwandelt. In der Tat sind Kompost und organische Düngemittel die Dienerinnen, mit deren Hilfe der Boden ununterbrochen das bereitstellt, was die Pflanzen zum Wachsen benötigen.

Kompost: Der Aschenputtelfaktor

Wir haben uns daran gewöhnt, zu einer Wegwerfgesellschaft zu gehören. So viel von dem, was wir verbrauchen, wird in hübschen Päckchen und Behältern geliefert, die wir einmal benutzen und dann wegwerfen. In unseren Gärten sammeln wir Rasenschnitt, abgefallenes Laub, abgeschnittene Äste und die Reste von Pflanzen, um sie entweder zu verbrennen oder in Plastikbeuteln zu verstauen und dann zur Müllkippe fahren zu lassen.

Aber wenn Sie einen Garten haben, besteht keinerlei Notwendigkeit, dermaßen verschwenderisch zu sein, denn nahezu all dieses Wegwerfmaterial ist Futter für den Komposthaufen. Fleißig kompostiert, können die täglichen Küchenabfälle von nur zwei Leuten im Jahr bis zu mehrere hundert Pfund dunklen, duftenden Humus ergeben. Diese »Hexerei« ist ganz einfach. Die Natur vollbringt sie die ganze Zeit in den Wäldern, wenn sie langsam, aber sicher die abgestorbene Vegetation in Humus umwandelt. Das Kompostieren ist eigentlich nur ein schnellerer, kontrollierterer Weg, den Wiederverwertungsvorgang in der Natur nachzuahmen.

Die Zugabe von Kompost zum Boden ist wahrscheinlich eine der besten Maßnahmen, um den Vorrat an Nährstoffen für die Pflanzen aufzufrischen und gleichzeitig eine gute Bodenstruktur aufrechtzuerhalten. Gemüse wächst schnell und entzieht der Gartenerde dauernd Nährstoffe. Dieses schnelle Wachstum, gemeinsam mit dem zusätzlichen Nährstoffverlust durch Regen oder Gießen, macht es unerläßlich, daß der Gärtner das ersetzt, was verlorengegangen ist. Wenn in der Vegetationsperiode dauernd Kompost aufgebracht wird, und zwar entweder untergegraben wie Torf oder als Mulch, ist nur gelegentlich noch eine Zusatzdüngung (mit organischem Material natürlich) erforderlich. Wenn man organische Substanz sich zu Kompost zersetzen läßt, bevor man sie im Garten verwendet, ist das besser, als wenn man frische Abfälle direkt in den Boden einarbeitet, weil das frische Material dem Boden Stickstoff entzieht, wenn es sich in der Erde zersetzt.

KOMPOSTBEREITUNG

Wenn das Gärtnern, oder zumindest das organische Gärtnern, neu für Sie ist, bringen die Informationen über die Zubereitung von gutem Kompost in diesem Abschnitt Sie auf den richtigen Weg. Denken Sie daran, richtig zubereiteter Kompost riecht nicht unangenehm. In diesem Abschnitt wird erklärt, wie Sie sicherstellen können, daß Ihr Komposthaufen arbeitet, wie er sollte. Kompostveteranen können diesen Abschnitt überschlagen und sich direkt den Kompostrezepten auf Seite 198 zuwenden.

Schauen Sie in Kapitel 8 in der Aufstellung über Fundstellen nach, wo Sie organisches Material für den Komposthaufen finden können. Wenn Sie bereit sind loszulegen, denken Sie einfach daran, daß das Anlegen eines Komposthaufens in vielerlei Hinsicht der Zubereitung einer Torte ähnelt – beide bestehen aus verschiedenen Lagen. Sie können alle hier aufgezeigten Methoden je nach Ihrer verfügbaren Zeit, dem verfügbaren Platz und dem vorhandenen Material abwandeln. Da es weder bei Torte noch bei Kompost zwei Zubereitungsmethoden gibt, die sich genau gleichen, brauchen Sie sich nicht durch genaue Rezepte einschüchtern zu lassen, solange Sie ein gutes Endprodukt erhalten. Sie können Kompost

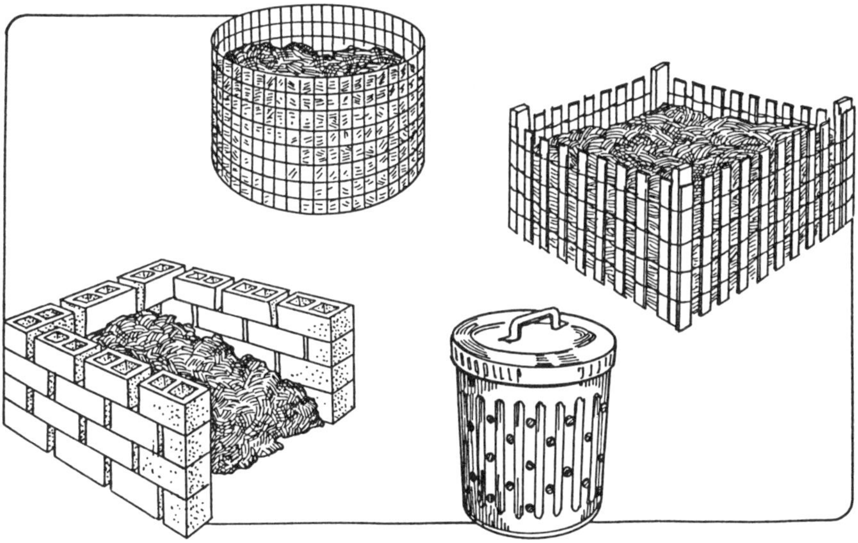

Vier Möglichkeiten, einen Komposthaufen anzulegen (im Uhrzeigersinn von rechts): Leicht zerlegbare Umzäunung, Metallbehälter mit Löchern zur Belüftung, Verschlag aus Hohlblöcken und Drahtkäfig.

Die gute Erde wird besser

Sam Morrison lebt in Knoxville, Tennessee, wo die Vegetationsperiode lang ist. Hübscher Ort für einen Garten, dachte ich, aber Sam erklärte, der Standort bereite ihm gärtnerische Probleme. »Wir liegen mitten zwischen zwei Klimazonen«, sagt er. »Das heißt, wir können im April Frost oder aber Temperaturen von über 30° haben. Der Temperaturbereich ist sehr extrem«. Sam, pensioniert und in den Sechzigern, nimmt es gelassen. »Was wir verlieren, wird einfach neu gepflanzt!«

Sam gärtnert seit ungefähr dreißig Jahren, betreibt die Sache aber erst seit zehn Jahren ernsthaft. Mit der Hilfe von vier Teilzeitangestellten betreibt er seinen Hochbeetgarten als Versuchsgelände, wo Samen und neue Sorten getestet werden. Er wohnt in einem Vorstadthaus etwa eine Meile vom Geschäftszentrum in der Innenstadt und hat schon manches Mal die Feststellung gehört, er habe in der Stadt ein ländliches Paradies geschaffen. Das ist eine Feststellung, auf die er zu Recht stolz ist. Als Sam mehr Gartenfläche wollte, fing er damit an, oben auf dem Haus zusätzliche Pflanzkästen aufzustellen. Mittlerweile hat er 13 Hochbeete in der Größe zwischen 1,5×6 m und 1,5×12 m sowie ein Treibhaus von etwa 4×5 m und ein etwas größeres Solarium. 6 Pflanzkästen befinden sich auf einer Plattform etwa 6 m über dem Boden, direkt vor dem Eßzimmer. Die Beete bestehen aus Betonblöcken oder Rotholz, und die Seiten sind etwa 50 bis 65 cm hoch. Die Kästen oben auf der Plattform sind etwas flacher, weil sie sonst zu schwer wären.

»Ich verwende nur eigenen Samen«, sagt Sam, »und ich benutze das Solarium zum Anbau im Winter und zum Abhärten der Sämlinge aus dem Treibhaus. Und wegen der langen Vegetationsperiode pflanze ich schon im Februar aus und ernte durchgehend bis November.« Er pflanzt außerdem sukzessiv und erzielt bis zu drei Ernten pro Beet (eine Pflanzfolge dabei lautet Erbsen, Bohnen und dann wieder Erbsen). An Gemüse hat er fast alles; in den Beeten gedeihen Tomaten, Paprika, Auberginen, Zucchini, Erbsen, Bohnen, Salat und Rüben. Dazu kommt jede Menge Obst von den Bäumen – Pfirsiche, Nektarinen, Äpfel, Birnen und Kirschen. Mrs. Morrison sagt: »Er zieht so viel, daß jeder, der uns in den Spitzenmonaten Juli und August besucht, mindestens 20 Pfund Tomaten mitnimmt!«

An Düngemitteln nimmt Sam Knochenmehl, Luzernenmehl, Baumwollkuchenmehl, Holzasche und Kalk und während der Saison zusätzlich Blutmehl. Dazu hat er neun Komposthaufen von jeweils 1,5×1,5×3 m aus feinem Maschendraht. Weil er keinen Dung bekommen kann, läßt er jedes Jahr im Herbst die Stadt Knoxville Laub abliefern, das er dann auf den Beeten verteilt, und zwar in etwa 30 cm dicken Lagen. Im Frühjahr arbeitet er das Laub in die Erde ein. Ein zehnter Komposthaufen befindet sich direkt neben der oberen Terasse und wird für sämtlichen kompostierbaren Abfall aus der Küche verwendet.

Sams Elan ist ansteckend – im Verlauf der Jahre hat er die meisten seiner Nachbarn zum Gärtnern ermutigt, einschließlich eines Herrn auf der anderen Straßenseite, der gerade 85 geworden ist und seinen ersten Garten angelegt hat.

nicht nur nach verschiedenen Methoden, sondern je nach Größe Ihres Gartens auch in großen oder kleinen Mengen zubereiten. Gärtner mit kleinen Hinterhöfen in der Vorstadt und Gärtner in der Stadt, die Schwierigkeiten haben, eine permanente Quelle für Dung zu finden oder ihn nach Hause zu transportieren, werden feststellen, daß sie durch das Kompostieren von Küchenabfällen und anderen leicht erhältlichen Materialien bequem zu dem wesentlichen Vorrat an nährstoffreichem Humus kommen.

Organisches Material zersetzt sich, wenn es von Bakterien und Pilzen konsumiert wird. Bakterien können eine größere Oberfläche in kürzerer Zeit angreifen, wenn das zugegebene Material aus kleinen Stücken besteht. Zerkleinern Sie Essensreste oder Gartenabfälle, bevor Sie sie auf den Komposthaufen geben, damit sie sich schneller zersetzen (wenn Sie viel Kompost zubereiten, können Sie sich diesen Teil der Arbeit mit einem mechanischen Häcksler erleichtern).

Durch das Aufhäufen kann Wärme entstehen, und diese Wärme brauchen die Bakterien, um optimal zu arbeiten. Die Höhe des Haufens beeinflußt die Temperatur im Innern. Ein zu hoher Haufen kann aufgrund des Gewichts zusammengedrückt werden, so daß die Bakterien keine Luft mehr bekommen. Wenn die Aktivität der Bakterien nachläßt, wird auch der Zersetzungsprozeß langsamer. Wenn der Haufen nicht hoch genug ist, wird die Tätigkeit der Bakterien ebenfalls langsamer, und es kommt wieder zu Wärmeverlust. Die besten Ergebnisse erzielt man mit einer Höhe von 1,2 bis 1,8 m. Ein Komposthaufen muß Stickstoff enthalten, damit die Bakterien schnell arbeiten und die erforderliche Hitze erzeugen. Sonst zersetzt sich das Abfallmaterial langsamer und erwärmt sich auch nicht so gut. Der Haufen sollte deshalb frischen Dung oder einen anderen stickstoffreichen organischen Dünger wie Blutmehl oder Baumwollkuchenmehl enthalten.

Durch das Wenden des Haufens mit einer Forke oder Schaufel kommt Luft heran, und das Rohmaterial kann sich gleichmäßig und schnell zersetzen. Wenden Sie Ihren Komposthaufen so, daß das Material aus der Mitte nach außen und das Material von der Außenseite nach innen kommt. Wenn Ihr Kompost sich in einem Verschlag ohne Boden befindet, nehmen Sie diesen Verschlag einfach hoch, setzen ihn auf die Seite und befördern den Kompost wieder hinein. Wenn Sie das einmal im Monat machen, sollten Sie gute Ergebnisse erzielen. Für den Zersetzungsvorgang ist außerdem Feuchtigkeit erforderlich. Saftiges Material wie Obstschalen oder Gemüsereste vom Tisch enthalten in der Regel genügend Feuchtigkeit. Der Komposthaufen sollte feucht, aber nicht naß sein. In trockenen Gegenden muß der Haufen gelegentlich leicht mit Wasser besprüht werden, wenn es nicht ausreichend regnet. Wenn der Haufen zu naß ist, geben Sie zerkleinerte Zeitungen oder Stroh zu, damit die überschüssige Feuchtigkeit absorbiert wird.

Die Innentemperaturen von Komposthaufen schwanken je nach Wetter, Jahreszeit sowie Art und Größe der verwendeten Abfälle. Die Durchschnittstemperatur der meisten Komposthaufen liegt zwischen 50 und 70 °C, und das ist heiß genug, um Unkrautsamen und Insektenlarven zu töten.

Wenn sich der Haufen zesetzt, wird auch sein Volumen kleiner. Die meisten

Haufen sind später nur noch halb so groß wie zu Anfang. »Reifer« und fertiger Kompost ist krümelig, hat eine braune Farbe und riecht erdig.

Mit einer Art von Verschlag wird es einfacher und sauberer, den Kompost bis auf die richtige Höhe zu stapeln und trotzdem die Luft frei zirkulieren zu lassen (siehe Abbildung). Wenn Sie viel Kompost bereiten, ist ein System aus drei Verschlägen ideal. In dem einen Verschlag sammeln Sie frisches Material, der zweite enthält werdenden Kompost und der dritte den fertigen Kompost, bis Sie ihn gebrauchen können. Mit drei Verschlägen haben Sie ununterbrochen Kompost für die ganze Gartensaison.

Zwei Arten von Bakterien zersetzen organische Substanz zu Kompost. Die eine Art, die sogenannten aerobischen Bakterien, brauchen Luft, Feuchtigkeit und hohe Temperaturen und sorgen für eine recht schnelle Zersetzung ohne Geruch. Anaerobische Bakterien dagegen gedeihen, wenn keine Luft vorhanden ist und die Temperaturen niedriger sind – wenn dieser Kompost nicht abgedeckt und luftdicht abgeschlossen wird, bis er fertig ist, werden Sie feststellen, daß er nicht unbedingt nach Rosen duftet. Perfektionisten, die die langsamere Arbeit der Natur nachzuahmen versuchen, den Haufen sorgfältig wenden und begießen und die Innentemperaturen mit einem Thermometer überprüfen, werden sich höchstwahrscheinlich mit der anaerobischen Methode nicht anfreunden können. Trotzdem, hier ist ein Rat für die Kompostbereitung von einer Gärtnerin, die von Natur aus faul, aber nicht weniger erfolgreich ist.

ANAEROBISCHER KOMPOST

Den Kompost abzudecken und außer Sicht zu halten, ist ein sicherer Weg, Krach mit den Nachbarn zu vermeiden, wenn Sie einen sehr kleinen Garten auf einem Dach oder Balkon haben, oder wenn Sie in der Vorstadt oder Stadt wohnen. Die Nachbarn werden nicht einmal bemerken, daß Sie Kompost zubereiten! Die folgende Methode verwende ich für meinen eigenen Dachgarten. Sie ist zwar für ungeduldige Leute vorgesehen, aber sie funktioniert, und das ist das Wichtigste! Und so wird es gemacht:

- ☐ Kaufen Sie einen 120 l-Abfallbehälter aus schwerem Plastik oder verzinktem Metall mit Deckel, und kleiden Sie ihn mit einem festen dunklen Plastiksack in der passenden Größe aus. Wenn Sie keinen Abfallbehälter verwenden wollen, reicht auch der Plastiksack allein, aber der Behälter ist ein zusätzlicher Schutz für den Fall, daß der Sack reißt.
- ☐ Füllen Sie den Sack unten mit einer 5 bis 8 cm dicken Schicht aus Torf oder Erde.
- ☐ Dann können Sie saftige Küchen- und Gartenabfälle zugeben. In meiner eigenen Küche habe ich zwei Plastikeimer mit Deckel, von denen der eine nur für Kompostmaterial verwendet wird. Auf den Deckeln habe ich als Gedächtnisstütze jeweils eine Liste befestigt. Auf der einen steht »ja« in großen roten Buchstaben; darunter ist aufgeführt, was alles in diese Eimer hineinkommen darf: zerkleinertes Gemüse und Obstschalen, Zitrusrinden, Kaffee-

Organisches Material als Nährstoffquelle

Material und Eigenschaften — *Nährstoffgehalt (in %)*

STICKSTOFFQUELLEN (N)

Fleischmehl
Getrocknete und gemahlene Schlachthausprodukte. 8

Knochenmehl 4–5
dient hauptsächlich als Phosphorquelle.

Getrocknetes Blut oder Blutmehl 7–15
läßt sich auch als Flüssigzusatz verwenden (ein Eßlöffel auf 4 l Wasser). Als Trockendünger mit Grünsand und Knochenmehl oder Rohphosphat mischen.

Hornmehl 7–15

Aktivierter Klärschlamm 4–6
Verarbeitetes Nebenprodukt, das aus der Wärmebehandlung geklärter Abwässer entstanden und frei von Krankheitskeimen ist. Dient auch zur Bodenverbesserung.

Fischmehl 8–10
Enthält fast so viel Phosphor wie Stickstoff. Ist auch in flüssiger Form als Fischemulsion erhältlich.

Baumwollkuchenmehl 6–9
Ein landwirtschaftliches Nebenprodukt, gut für säureliebende Pflanzen.

Dung 0,5–2,8
Höchster Stickstoffgehalt, wird auch zur Verbesserung der Bodenstruktur verwendet. Als Dünger am besten, wenn gealtert oder verrottet.

PHOSPHORQUELLEN (P)

Knochenmehl 22–35
Fein gemahlene tierische Knochen. Zersetzt sich langsam. Auch als gedünstetes Knochenmehl erhältlich, das schneller wirkt. Gut in den Boden einarbeiten.

Rohphosphat 30
Fein gemahlenes Steinmehl. Enthält auch Spurenminerale. Setzt die Nährstoffe sehr langsam frei.

Fischmehl 13
Enthält nahezu die gleiche Menge Stickstoff plus 4% Kalium.

KALIUMQUELLEN (K)

Grünsand 6–7
Ein Eisen-Kalium-Silikat aus Meeresablagerungen. Enthält auch Spurenelemente und 2% Phosphor.

Granitstaub 7–8
Je nach Ursprung verschiedene Prozentsätze. Enthält auch Spurenelemente.

Holzasche 6–8
Macht die Erde alkalischer.

Fischmehl 4
Enthält außerdem 8–10% Stickstoff und 13% Phosphor.

Tang 5

Riementangasche 12
Hält fast ein Jahr; reich an Spurenelementen. Sparsam verwenden.

mehl, Teeblätter, zerkleinerte Eierschalen, Blätter von Zimmerpflanzen, Haare (aus Kämmen und Bürsten sowie Hunde- oder Katzenhaare). Über der anderen Liste steht »nein«, und dann sind die nicht kompostierbaren Abfälle aufgeführt – Fleischreste, Knochen und kranke Pflanzen.

- □ Füllen Sie jeden Tag Ihre zerkleinerten Küchenabfälle in den Plastiksack, bis der Behälter voll ist. Dann binden Sie den Sack fest zu und decken den Behälter ab, damit keine Luft hineinkommt (wenn die Mischung trocken aussieht, geben Sie zwei Tassen Wasser zu).
- □ Stellen Sie den Behälter in die Sonne und vergessen Sie ihn für etwa einen Monat, bis der Inhalt durch die Sonnenwärme zu krümeligem Kompost geworden ist.

AEROBISCHER KOMPOST

Diese konventionellere Methode der Kompostzubereitung, bei der Luft an den Kompost kommen darf, wende ich in meinem Wochenendgarten am Strand an, weil es dort einfacher ist, Rasenschnitt, verwelkte Gartenpflanzen und abgefallenes Laub zu bekommen. Außerdem kann ich dieses Material nach und nach sammeln und dann am Wochenende Küchenreste zugeben und alles mit Gras und Blättern bedecken. Diese Art eines aerobischen Komposthaufens können Sie überall dort anlegen, wo genügend Platz ist, auf einer großen Dachterasse oder auf dem Erdboden. und so wird es gemacht:

- ☐ Fangen Sie mit dem Sammeln von Material im Herbst an, wenn die Sommerpflanzen absterben und die Blätter fallen. Das ist die schönste Jaheszeit für ernsthafte Kompostierer. Rasenschnitt, Laub, Küchenabfälle, frischer Dung und Mutterboden sind die Hauptzutaten für den Kompost.
- ☐ Suchen Sie sich eine Ecke in Nordlage (die anderen Lagen im Garten sind sonniger und eignen sich besser zum Gemüseanbau; verschwenden Sie also den Platz nicht).
- ☐ Bauen Sie einen Verschlag für den Haufen oder legen Sie ihn direkt auf dem Erdboden an. Wenn Sie sich zu einem Verschlag für Ihren Kompost entschließen, bauen Sie mehr als einen, wenn genug Platz vorhanden ist. Durch zusätzliche Verschläge wird es leichter, den Kompost zu wenden. Sie brauchen den Haufen dann nur mit einer Forke oder Schaufel vom einen in den anderen Verschlag zu befördern. Anhaltspunkt: 3 m Maschendraht ergeben einen kreisförmigen Verschlag mit etwa 90 cm Durchmesser.
- ☐ Wenn der Komposthaufen auf eine behandelte Oberfläche wie etwa einen Betonweg, ein gefliestes Dach oder einen Asphaltweg kommt, legen Sie zum Schutz der Oberfläche mehrere Lagen schwere Kunststoffolie aus. Darauf kommt eine 10 cm dicke Lage aus Stengeln oder Zweigen, damit die Luft zwischen Plastik und Kompost hindurchstreichen kann (auf dem nackten Erdboden graben Sie eine flache Grube in der Größe des Komposthaufens und legen die Zweige dann hinein).
- ☐ Oben auf die Zweige kommen etwa 15 cm Erde und dann 30 cm pflanzliche Überreste aus Küche und Garten (Laub, Gras, verwelktes Gemüse, Unkraut etc.). Das wird mit einer 5 cm dicken Schicht aus frischem Dung bedeckt (wenn Sie keinen Dung haben, nehmen Sie stattdessen eine kleinere Menge Blutmehl oder Baumwollkuchenmehl). Auf den Dung kommt eine 5 cm dikke Schicht Erde, und darüber wird Knochenmehl oder Rohphosphat und Holzasche sowie etwas Dolomitkalk gestreut. In diesem Haufen liefert der Dung den notwendigen Stickstoff; Knochenmehl, Rohphosphat und Asche vergrößern den Nährstoffgehalt des fertigen Produkts, und der Kalk begrenzt den Säuregehalt und trägt zur Zersetzung der organischen Substanz bei.
- ☐ Wenn das pflanzliche Material sehr trocken ist, muß es möglicherweise begossen werden, bis es feucht wie ein ausgewrungener Schwamm ist. Wiederholen Sie dieses Schichtverfahren, bis der Haufen 1,2 bis 1,8 m hoch ist.

Einige Worte zu Rasenschnitt und trockenem Laub

Beide sind beliebte Kompostzutaten, weil sie leicht erhältlich sind. Sie müssen aber etwas vorbehandelt werden, bevor sie in den Komposthaufen kommen. Es ist daher am besten, sie in getrennten Haufen zu sammeln. Frischer Rasenschnitt neigt dazu, feucht oder schleimig zu werden und dann zusammenzubacken. Wenn der Rasenschnitt eine oder zwei Wochen getrennt liegenbleibt, kann er austrocknen. Sie können aber auch frisches Gras mit etwas Erde mischen und dann in den Komposthaufen geben oder den Rasenschnitt in sehr dünnen Schichten zugeben.

Trockenes Laub kompostiert von allein und ergibt deshalb auch einen guten Mulch. Es zersetzt sich aber sehr langsam und wird vom Wind davongeweht, wenn es nicht mit etwas Erde beschwert wird. Wenn das trockene Laub vorher zerkleinert wird, geht die Zersetzung schneller vor sich. Zugabe von etwas stickstoffreichem Dünger (Baumwollkuchenmehl oder Blutmehl) trägt ebenfalls dazu bei. Lauberde, das Endprodukt der alleinigen Zersetzung von Laub, ist im natürlichen Zustand im Wald zu finden. Es handelt sich um eine fruchtbare, schwarze, erdig riechende Substanz. In vielen Gegenden ist es mittlerweile verboten, Laub zu verbrennen, so daß man im Herbst leicht an große Mengen herankommt. Sie können es in Ihren Komposthaufen geben oder Ihre eigene Lauberde herstellen. Lauberde kann man zum Teil auch kaufen, sie ist aber sehr teuer.

Dann wird der Haufen mit etwas Erde und Stroh abgedeckt, damit er die Wärme hält und sauber aussieht.

- ☐ Stechen Sie mit einem Besenstiel von oben nach unten mehrere Löcher in den Haufen, damit Luft und Regenwasser eindringen können (Sie können auch beim Anlegen des Haufens Holzpfähle hineinsetzen, die Sie dann später wieder herausziehen).
- ☐ Wenden Sie den Haufen nach etwa einem Monat (je nach Klima) von innen nach außen und dann wieder 2 – 3 Wochen später. Bis dahin sollte der Haufen auf die Hälfte seiner ursprünglichen Größe zusammengefallen sein. Wenn Sie im Herbst beginnen, ist Ihr Kompost rechtzeitig zum Pflanzen im Frühjahr fertig.

Bevor Sie den Kompost im Garten verwenden, sieben Sie die benötigte Menge durch ein weitmaschiges Sieb. Wenn Sie auf große Stücke stoßen, die nicht völlig zersetzt sind, können Sie sie als Ausgangsmaterial für einen weiteren Haufen oder als Mulch für Obstbäume und -büsche verwenden.

SCHNELLKOMPOST FÜR MINIGÄRTEN

Sie können sogar Kompost für Pflanzkübel oder Blumenkästen in sehr kleinem Maßstab bereiten. Probieren Sie das folgende Rezept, wenn Ihr Garten winzig ist. Als Kompostbehälter nehmen Sie einen 20-l-Plastikeimer. Farbeimer, die natürlich gut ausgewaschen werden müssen, eignen sich sehr gut. Als Material brauchen Sie 20 l Blumenerde, einen kleinen Sack Baumwollkuchenmehl oder Blutmehl und etwas Knochenmehl oder Rohphosphat.

Zwei spezielle Strandgärten

Die beiden Gärten, die ich hier beschreibe, liegen nahe am Meer und nur ein paar Kilometer voneinander entfernt. Und trotzdem waren die Probleme für die Gärtner ganz unterschiedlich, und das gilt auch für die Lösungen. Der eine Garten entstand aus einem Dickicht von Unterholz und Unkraut, während der andere liebevoll aus einem trockenen, windumwehten Fleckchen Strandsand aufgepäppelt wurde. Heute sind beide blühende, bemerkenswerte Gärten, die in der ganzen Saison reichlich frisches Gemüse und Obst liefern.

CHRIS JAKIMAVICIUS UND MARIA BEQAJ

Die beiden sind Vater und Tochter und haben in bezug auf den Garten meist völlig unterschiedliche Ansichten, aber die Resultate sind bemerkenswert. Vorher gab es dort nur Sand, Giftsumach und zähes, tiefwurzelndes Unkraut.

Nicht weit vom Dorf entfernt haben die Nationalparkaufseher ein paar Pferde stehen, und von ihnen bekommen Maria und Chris umsonst soviel Dung, wie sie auf ihren kleinen Pritschenwagen transportieren können. Chris glaubt an richtigen Kompost, aber Maria hat Angst, daß er Ratten anlocken könnte, so daß sie einen Kompromiß geschlossen haben. »Ich habe meinen Komposthaufen«, sagt Chris stolz, »aber ich habe ihn in einem Abfalleimer, der bis zum Deckel im Sand vergraben ist. Maria macht es sich einfacher. Sie grenzt einfach einen bestimmten Bereich des Gartens ab, vergräbt dort die Essensreste mit etwas frischem Dung etwa 30 cm tief und beide Methoden funktionieren!«

Ihre Methoden funktionieren mit Sicherheit; das Haus ist von einem überquellenden Garten mit einer Fülle an Gemüse, Obst, Kräutern und Blumen umgeben. An der einen Seite des Hauses erstreckt sich ein rechteckiger Obstgarten. Dort gedeihen zwei Apfelbäume, zwei Birnenbäume, ein Pflaumenbaum und drei Pfirsichbäume, die aus weggeworfenen Pfirsichsteinen gezogen wurden. Dieser Teil des Gartens ist von Walderdbeeren eingefaßt. Eine Laube, die vor tief purpurroten Weintrauben überquillt, verschönert eine Terrasse an der Seite, und in einiger Entfernung dahinter liegt der Gemüsegarten. Der 8,5×18 m große Gemüsegarten ist auf drei Seiten eingezäunt, um Kaninchen und Schalenwild fernzuhalten (dazu trägt auch der Hund bei). Er enthält Tomaten, Gurken, Zucchini, Bete, Kohl und andere beliebte Pflanzen, die während der gesamten Saison immer wieder sukzessiv gesetzt werden.

Zwischen der Terrasse und dem Gemüsegarten liegen zahlreiche bepflanzte »Inseln« – formlose Beete um ausgewachsene Stechpalmen, Pechkiefern und hochbuschige Blaubeeren. Diese kleinen inselförmigen Beete sind mit Treibholz vom Strand und Betonstücken von einem Straßenbauprojekt in einem benachbarten Dorf eingefaßt. Sie erfreuen das Auge mit einer reichhaltigen Sammlung von Kräutern und Blumen. Die Inseln sind durch eine Reihe von Sandwegen verbunden, die wiederum von Himbeerbüschen, Quitten, Erdbeeren, Stachelbeeren, Johannisbeeren und Nektarinenbäumen umgeben sind.

Chris ist ein bemerkenswerter Mann, und Maria gibt zu, daß die Gärten ohne seine harte Arbeit möglicherweise nicht so aussehen würden. Wie ich glaubt er,

daß sich alles mehrfach verwenden läßt. Das ist der Grund dafür, daß die kleinen Garteninseln mit gebrochenen Gehwegplatten eingefaßt sind, die er nach und nach gesammelt hat. Maria und Chris sind zwar unterschiedlicher Meinung über Dinge wie Kompost, beharren aber beide fest darauf, keinerlei chemische Mittel zu verwenden. Sie sind beide der Meinung, daß man das natürliche Umweltgleichgewicht nicht schädigen oder verändern darf.

LORETTA LI

Das Haus von Chris und Maria war von dichtem Unterholz umgeben, das beseitigt werden mußte, um Platz für den Garten zu schaffen; das Haus von Loretta Li dagegen lag in einer großen Wüste, gepeitscht von Böen und gebraten von der heißen Sonne. Es gab keinerlei Bäume, und dennoch hat Loretta es geschafft, einen Garten anzulegen, wo vorher Sand das Sagen hatte. »Ich bin einfach der Meinung, es ist unmoralisch, Platz zu haben und ihn nicht zum Anbau von Nahrung zu verwenden«, erklärt sie. »Der Platz ist da und man muß ihn nutzen, weil das zum Leben gehört. Natürlich bedeutet das zu Anfang eine Menge Arbeit, aber es wird immer leichter, je mehr man darüber lernt. Außerdem habe ich es nicht eilig. Dinge, über die man sich freuen kann, müssen eine gewisse Zeit in Anspruch nehmen!«

Loretta legte ihren Garten vor etwa 10 Jahren an, zuerst nur mit Salat und Tomaten. Im Verlauf der Jahre experimentierte sie immer wieder etwas und jetzt quillt der Garten über mit 60 verschiedenen Gemüsesorten – allein 7 oder 8 Arten Tomaten – sowie einer aus Israel importierten Hybridmelone, die speziell für ein heißes, trockenes, sandiges Klima gezüchtet wurde.

»Man kann fast alles anbauen, und ich probiere alles aus«, erzählt sie. »In einem Jahr habe ich 12 chinesische Gemüsearten angebaut. Sand kann etwas Positives sein. Man weiß genau, was man hat und hat deshalb alles im Griff und weiß, was man in den Boden geben muß, um den Pflanzen zu helfen. Auf der anderen Seite dauert es sehr lange, Sand in Erde zu verwandeln.«

Auf dem Weg dahin hat sie auf dem Markt am Ort nach altem Gemüse zum Kompostieren gefragt. Sie bekommt Dung von einem Freund, der einen Reitstall in einem anderen Dorf hat, und zu Anfang hat sie Torf gekauft und Tang gesammelt. Loretta fing mit nur einem Gartenbereich an. Jetzt hat sie vier, wodurch es für sie leichter wird, einen Fruchtwechsel vorzunehmen. Sie setzt ihre Pflanzen außerdem sehr nah aneinander und verwendet keinen Mulch, so daß sich die Pflanzen ihr eigenes kühles, schattiges Umfeld schaffen. Sie gießt täglich wegen der Sommerhitze und hat im Gegensatz zu den meisten anderen Inselbewohnern kein Problem mit Schnecken, weil ihr Grundstück so hoch liegt und so trocken ist. »Wir pflanzen immer mehr, als wir essen können: etwas für uns, etwas für das Ungeziefer, etwas für die Vögel und etwas für das Wild!«

Das Rotwild ist auf dieser Insel geschützt und hat sich riesig vermehrt, seit das erste Tier vor etwa 300 Jahren über die Bucht geschwommen ist. »Im letzten Sommer haben die Tiere unsere Tulpen gefressen«, sagt Loretta. »In diesem Sommer haben sie sich über unsere Erbsen hergemacht. In diesem Jahr habe ich einen Pfirsichbaum, der zum ersten Mal eine Frucht trägt. Jeden Abend stülpe ich einen Plastikbeutel darüber, den ich am Morgen wieder entferne. Ich bin fest entschlossen, diesen Pfirsich selbst zu essen.«

□ Als erstes bedecken Sie den Boden des Eimers mit einer gut 1 cm dicken Schicht Blumenerde.

□ Als nächstes zerkleinern Sie alles, was sich bei Ihnen tagsüber an Gemüse- und Obstschalen, Kaffeemehl und anderen Dingen von der »ja«-Liste (siehe Seite 198) angesammelt hat. Geben Sie die Hälfte davon zusammen mit ein paar Eierschalen in eine Küchenmaschine und verarbeiten Sie es zu einem feuchten Brei. Lassen Sie die übrigen Essensreste grob zerkleinert, damit die Kompostmischung nicht zu naß wird.

□ Mischen Sie den Brei mit den übrigen Essensresten und bedecken Sie die Erde im Eimer 5 cm hoch damit. Darauf kommt wieder gut 1 cm Erde. Wiederholen Sie diesen Vorgang, bis der Eimer voll ist; als letztes kommt eine Schicht Erde.

□ Das Material darf nicht zu naß werden, weil sonst der Zersetzungsvorgang durch die Bakterien nicht ordnungsgemäß stattfindet. Der Inhalt des Eimers sollte nur so naß wie ein ausgedrückter Schwamm sein. Wenn die einzelnen Schichten nasser sind, geben Sie etwas Sägemehl zu.

□ Rühren Sie die Mischung oft um, damit sie gut durchlüftet wird. Wenn die Zersetzung nur langsam vor sich zu gehen scheint, streuen Sie etwas Blutmehl oder Baumwollkuchenmehl hinein. Mit etwas Knochenmehl oder Rohphosphat erhöhen Sie den Nährwert.

Bewahren Sie den Eimer in einem warmen Raum oder, wenn Sie Platz haben, im Freien auf. In etwa 2–5 Tagen sollten die pflanzlichen Bestandteile nicht mehr zu erkennen sein. Ihr Kompost ist fertig, wenn er dunkel und krümelig aussieht.

Wie auf dieser Schnittzeichnung zu sehen, entsteht guter Kompost aus abwechselnden Lagen von organischem Abfall und Erde. Das rankenbesetzte Spalier rechts dient als Sichtschutz für den Komposthaufen.

GRABENKOMPOST

Manche Gärtner legen Gräben oder Gruben für ihren Abfall an und lassen dem Kompostiervorgang einfach seinen Lauf. Sie behaupten, daß ihr Kompost verborgen und außer Sicht ist, und daß kleine Tiere nicht herankommen. Wenn Ihnen die Idee, Ihren Kompost völlig zu verbergen, gefällt, versuchen Sie es mit der folgenden Methode:

- ☐ Legen Sie mehrere Gruben, tiefe Löcher oder Gräben von 60 cm Tiefe, 45 bis 60 cm Breite und 90 cm Länge an. Fassen Sie die Seiten mit Brettern ein, die etwa 15 cm über die Erdoberfläche hinausragen. Wenn das Kompostmaterial zugegeben ist, müssen Sie diesen Bereich mit einem breiten Brett abdecken.
- ☐ Eine andere Methode besteht darin, einen verzinkten 120-l-Abfalleimer mit Löchern an den Seiten in einem tiefen Loch zu versenken. Die Abdeckung erfolgt mit dem Deckel des Behälters, einem Brett und etwas Stroh.

Unten in die Grube, den Graben oder den Eimer kommt eine Schicht aus zerkleinertem Abfall. Diese wird mit einer Schicht aus Erde, Rasenschnitt und Unkraut bedeckt. In dieser Reihenfolge geht es weiter, bis der Graben oder die Grube voll ist. Wenden Sie den Inhalt mehrere Male, damit alles gut durchmischt ist, bedecken Sie ihn mit dem Brett oder Deckel und lassen Sie ihn 4 bis 5 Monate ruhen (ich habe auf diese Weise zwischen November und März Kompost gemacht). Sie können einen zweiten Graben anlegen, während der erste noch »in Arbeit« ist.

Das ABC von WPK

Ein altes Sprichwort besagt, der beste Dünger für den Garten sei der Schatten des Gärtners. Es stimmt zwar, daß liebevolle Pflege die beste Nahrung für alles Wachsende ist, aber wir müssen auch an ein anderes Sprichwort denken, in dem es (unter anderem) heißt »nicht nur von Luft und Liebe!«. Pflanzen brauchen die gleiche gute Ernährung wie Menschen. Wenn Sie wissen, was sie benötigen, und wenn Sie lernen, die Frühzeichen der Unterernährung zu erkennen, können Sie sowohl Ihren Boden als auch Ihre Pflanzen bei Gesundheit halten. Starke und gesunde Pflanzen werden mit geringerer Wahrscheinlichkeit von Krankheiten und Insekten befallen als schwache und kränkelnde.

ORGANISCHE ERNÄHRUNG

Im Gegensatz zu chemischen Düngern, die die Pflanzen mit einem »schnellen Schuß« Nährstoffe versehen, wirken organische Düngemittel von Natur aus langsamer. Indem sie ihre Nährstoffe langsam freisetzen, sorgen sie für eine langsamere, aber kontinuierliche Ernährung der Pflanzen. Außerdem verbessern sie die Bodenstruktur und fördern das Auftreten von Regenwürmern und anderen hilfreichen Lebewesen im Boden.

Das Hauptanliegen des organischen Gärtners besteht schlicht und einfach darin, den Boden zu verbessern. Boden, der locker, krümelig und reich an organischer Substanz ist, enthält in der Regel die Nährstoffe, die die Pflanzen brauchen. Dieser gesunde Boden braucht nur wenig zusätzlichen Dünger. Wenn Ihr Boden gut in Form ist, brauchen Sie nach jeder Ernte nur diejenigen Nährstoffe zu ergänzen, die von den Pflanzen aufgebraucht worden sind. Natürlich gibt es viele variable Faktoren, die selbst in gesundem Boden den Nährstoffgehalt beeinträchtigen können. In einem besonders regnerischen Jahr können beispielsweise mehr Nährstoffe aus dem Boden ausgespült werden. Und manche Pflanzen entnehmen dem Boden beim Wachsen mehr als andere. Diese Variablen können sich auf die Häufigkeit Ihrer Bodenverbesserungsmaßnahmen auswirken, aber die zugrundeliegenden Prinzipien ändern sich dadurch nicht.

Wir wollen uns jetzt mit ein paar organischen Düngern beschäftigen, mit denen Sie Ihrem Boden zusätzlich helfen können, wenn es an der Zeit ist. Je nach den Nährstoffen, die Sie geben wollen, können Sie diese Düngemittel in verschiedenen Kombinationen anwenden. Sie können auch in den Komposthaufen gegeben werden, damit der Kompost fruchtbarer wird.

ORGANISCHE TROCKENDÜNGER

Kompost und zersetzter Dung sind zwar reich an dem Stickstoff, den gesunde grüne Blätter benötigen, enthalten aber keine ausreichenden Mengen an Phosphor und Kalium, das Blüh- und Wurzelpflanzen brauchen. Wenn Sie alljährlich im Frühjahr den Boden vorbereiten, müssen Sie die Nährstoffe ersetzen, die das Gemüse in der vorhergehenden Saison verbraucht hat. Ihr genaues Nährstoffauffrischungsprogramm richtet sich jedoch nach der Art Ihres Bodens und nach dem Gemüse, das Sie pflanzen wollen.

Die meisten organischen Dünger unterscheiden sich voneinander und zeigen ganz andere Eigenschaften als chemische Düngemittel. Daher kann man einfach nicht mit genauen Zahlenangaben arbeiten. Die Art des spezifischen Düngers an sich, wann und was Sie pflanzen wollen und die Art des Bodens und sein pH-Wert, all das übt nicht nur einen Einfluß darauf aus, wann Sie düngen müssen, sondern auch darauf, welche Art von Dünger erforderlich ist. Die Tabelle »Organische Trockendünger« zeigt die ungefähren Mengen der wichtigsten Nährstoffe in den verschiedenen organischen Düngemitteln. Diese Mittel enthalten auch andere Nährstoffe und Spurenelemente, die die Pflanzen benötigen. Die gebräuchlichsten Ausgangsstoffe für organischen Phosphor – Knochenmehl und Rohphosphat – brauchen mehrere Monate, bis sie aufgelöst sind, und werden nicht so schnell aus dem Boden ausgespült. Düngen Sie den Garten mit diesen Mitteln im Herbst, damit der Phosphor den Pflanzen im folgenden Frühjahr zur Verfügung steht. Da diese von Natur aus phosphorhaltigen Materialien für eine wirksame Zersetzung Boden mit einem pH-Wert von etwa 5,0 benötigen, ist es häufig angebracht, zur gleichen Zeit zu kalken.

Organischer Trockendünger

Dünger	*Menge pro 10 m² *	*Düngezeit*	*Vorteile*	*Bemerkungen*
Kompost	350–390 l	2–4 Wochen vor dem Pflanzen – dazu als Mulch und zur Seitendüngung	Ausgezeichneter Bodenverbesserer – liefert alle Nährstoffe	Vor der Anwendung durchsieben, um größere Stücke und unzersetztes Material zu entfernen
Dung (Kuh, Pferd, Schwein, Schaf, usw.)	5–7 kg	Frischen Dung im Herbst aufbringen; gut gealterten Dung 2–4 Wochen vor dem Pflanzen	Stickstoffreich, ausgezeichneter Bodenverbesserer	Gut in die oberen 15 cm des Bodens einarbeiten; weiterhin zu verwenden in Düngetee, als flüssiger Zusatzdünger während der Anbauzeit
Getrocknetes Blutmehl	2,25 kg	2 Wochen vor dem Pflanzen oder zur Seitendüngung	Stickstoffreich	Soll Kaninchen davon abhalten, die Setzlinge anzuknabbern.
Knochenmehl	1,5–3,2 kg	6 Wochen vor dem Pflanzen oder im vorhergehenden Herbst	Phosphorreich	Knochenmehl zersetzt sich langsam
Fischabfall (getrocknet)	2,25 kg	2 Wochen vor dem Pflanzen oder zur Seitendüngung	Gute Stickstoffquelle; enthält auch Phosphor und Spurenelemente	Fischemulsion, ein ähnliches Produkt in flüssiger Form, enthält viel Stickstoff und wird als Zusatzdünger verwendet
Holzasche	2,25–5 kg	Vor dem Pflanzen	Kaliumreich	Regen wäscht die Nährstoffe aus; hebt den pH-Wert an; soll Käfer, Milben und Blattläuse fernhalten
Grünsand	5–7 kg	Herbst	Kaliumreich	Setzt Nährstoffe sehr langsam frei
Granitstaub	5–7 kg	Herbst	Kaliumreich	Setzt Nährstoffe langsam frei
Rohphosphat	5–7 kg	Herbst	Phosphorreich	Setzt Nährstoffe sehr langsam frei
Gründünger (Wicken, Winterroggen, Luzernen usw.)	70 g Samen breitwürfig über geharkten Boden ausäen	Im Norden im Herbst und nach der Ernte, im tiefen Süden ganz zu Anfang des Frühjahrs	Schützt Mutterboden vor Erosion; verbessert die Bodenstruktur und liefert Nährstoffe	10–15 cm hoch wachsen lassen, dann untergraben

Natürliche mineralische Ausgangsstoffe für Kalium, wie etwa Grünsand und Granitstaub, brauchen ebenfalls recht lange, um sich zu zersetzen und für die Pflanzen zugänglich zu werden. Sie sollten ebenfalls im Herbst aufgebracht werden, damit die Frühjahrspflanzen etwas davon haben (wenn Sie in einer Gegend leben, in der die Vegetationsperiode sehr lang ist, können Sie diese Mittel auch nach jeder Ernte in den Boden geben, wenn Sie sukzessiv pflanzen). Tang und Holzasche, weitere Ausgangsstoffe für Kalium, setzen ihre Nährstoffe dagegen schneller frei. Holzasche kann außerdem Kalk enthalten und hebt den pH-Wert des Bodens an. Bringen Sie Holzasche zwei bis vier Wochen vor dem Pflanzen im Frühjahr auf und achten Sie darauf, daß sie gut im Boden verteilt wird.

Dung

Der Nährstoffgehalt von Dung schwankt je nachdem, von welchem Tier er stammt und womit das Tier gefüttert worden ist. Selbst das Alter des Tieres kann dabei eine Rolle spielen; ältere Tiere produzieren einen gehaltvolleren Dung als jüngere Tiere, die die Nährstoffe für die eigene Entwicklung und das eigene Wachstum benötigen. Frischer Dung ist manchmal wie im Fall von Geflügeldung sehr stark (d. h. sehr stickstoffhaltig), weil er aus Kot und Urin besteht. Geflügeldung muß kompostiert werden, bevor man ihn im Garten verwendet, und selbst dann sollte man damit noch sparsamer als mit anderem Dung umgehen (etwa 5 kg auf 10 m^2), weil der reichhaltig vorhandene Stickstoff sonst die Pflanzen verbrennen könnte.

Anderer frischer Dung, wie etwa Pferdedung, enthält etwas weniger Stickstoff, und die für die Zersetzung zuständigen Mikroben entziehen dem Boden bei der Arbeit zusätzlichen Stickstoff. Dadurch werden Ihre Pflanzen natürlich von Stickstoff entlastet. Außerdem wird Pferdedung manchmal mit Chemikalien besprüht, um die Fliegen im Stall zu reduzieren. Wenn Sie die Herkunft Ihres Pferdedungs nicht genau kennen, ist es deshalb besser, den Dung vor der Anwendung zu kompostieren. Außerdem ist kompostierter Pferdedung einer der besten organischen Dünger, die es gibt.

Obgleich Dung bei der Zersetzung einiges von seinem Nährwert verliert, wird er aus vielen Gründen immer noch lieber als frischer Dung genommen. Frischer Dung enthält einen hohen Prozentsatz an Wasser, und in Geflügeldung findet sich in der Regel etwas Stroh oder Sägemehl aus dem Stall. Wenn Sie den Dung kompostieren, kann das überschüssige Wasser verdunsten, und Sie erhalten einen kondensierten Dung, der einen höheren Nährwert pro Pfund hat. Außerdem ist der Stickstoff in gut verrottetem Dung durch Bakterien dermaßen verarbeitet worden, daß er von den Pflanzen einfach aufgenommen werden kann. Ein weiterer Pluspunkt ist, daß verrotteter Dung geruchlos ist.

Greifen Sie auf jeden Fall zu, wenn Sie frischen Pferde- oder Schafdung bekommen können. Häufen Sie ihn auf einer Plastikfolie auf, damit nichts ausgespült wird, und bedecken Sie ihn mit einer Schicht Erde, damit er nicht riecht und

Selbst zusammengestellte Düngemischungen

Hier sind ein paar Düngemischungen, die Sie selbst zusammenstellen können. Die ungefähren NPK-Analysewerte geben Ihnen einen Anhaltspunkt für die im Verhältnis zu verwendenden Mengen der einzelnen Zutaten. Machen Sie sich keine Sorgen über die genauen Zahlen – sie sind nicht wichtig. Mischen Sie eine Portion, damit Sie sie bereit haben, wenn Sie sie brauchen, und bewahren Sie sie in einem Plastiksack oder Eimer auf.

Es gibt auch ein paar organische Dünger zu kaufen. Aber wie beim Kochen mit Resten ist es am besten, die eigene Mischung zu wählen, damit man mit Sicherheit weiß, was darin enthalten ist.

ALLZWECKMISCHUNG FÜR WURZELGEMÜSE UND ALLGEMEINE VERWENDUNG

	N	P	K
1 Teil Fischmehl	10,5	6,0	0,0
1 Teil Blutmehl	12,5	1,3	0,7
2 Teile Knochenmehl	6,0	40,3	0,0
2 Teile Riementangasche	1,0	0,0	24,0
4 Teile Lauberde	2,4	0,8	1,6
10 Teile insgesamt	32,4	48,4	26,3
Analysewert	3,2	4,8	2,6

STICKSTOFFREICHE MISCHUNG FÜR GRÜNPFLANZEN

	N	P	K
2 Teile Blutmehl	25,0	4,0	2,0
1 Teil Fischmehl	10,5	6,0	0,0
1 Teil Hornmehl	14,0	2,0	0,0
2 Teile Knochenmehl	6,0	40,0	0,0
4 Teile Holzasche	0,0	6,0	28,0
10 Teile insgesamt	55,5	58,0	30,0
Analysewert	5,5	5,8	3,0

PHOSPHORREICHE MISCHUNG FÜR BLÜHENDE UND FRUCHTTRAGENDE PFLANZEN

	N	P	K
1 Teil Blutmehl	12,5	2,0	1,0
2 Teile Fischmehl	21,0	12,0	0,0
1 Teil Knochenmehl	3,0	20,0	0,0
1 Teil Rohphosphat	0,0	33,0	0,0
4 Teile Holzasche	0,0	6,0	28,0
9 Teile insgesamt	36,5	73,0	29,0
Analysewert	4,0	8,1	3,2

vor Sonne und Regen geschützt ist. Lassen Sie den Dung dann einfach liegen und ein paar Monate altern, oder geben Sie ihn in den Komposthaufen. Wenn Sie extrem ungeduldig sind und nicht warten können, verteilen Sie im Herbst eine Lage frischen Dung im Garten und arbeiten ihn sorgfältig in die oberen 10 cm des Bodens ein, wo er sich dann bis zum Frühjahr zersetzt.

Als letztes Mittel müssen viele Gärtner in der Stadt und Vorstadt zu abgepacktem Kuhdung greifen, den es kompostiert oder dehydriert in Säcken zu kaufen gibt. Dehydrierter Dung wird in Öfen getrocknet; er ist teurer und enthält etwas mehr Stickstoff. Für den Handel bestimmter kompostierter Dung wird hergestellt, indem man ihn auf Betonplatten verteilt, wo er regelmäßig 5 oder 6 Monate lang gewendet und angefeuchtet wird, bis er sich zersetzt hat. Dieser abgepackte Dung ist sterilisiert worden, und dabei wurden die Bakterien getötet, die einer seiner wertvollsten Bestandteile sind, wenn man einen Komposthaufen anlegen will. Zur Kompostbereitung kann er daher im Gegensatz zu frischem (oder teilweise verrottetem) Dung nicht verwendet werden. Aber wenn Sie das Glück haben, an Dung heranzukommen, sollten Sie sich die Vorteile dieses hervorragenden Düngemittels unbedingt zunutze machen.

Ein letztes Wort zu Dung: Die Ausscheidungen von Hunden und Katzen sind für den Garten nicht zu empfehlen. Katzenkot kann gewisse Mikroorganismen enthalten, die für den Menschen extrem gefährlich sind, und auch die Ausscheidungen eines kranken Tieres können für Ihre Familie gefährlich sein. Um sicher zu gehen, ist es am besten, die Ausscheidungen von zahmen Haustieren völlig zu meiden.

Flüssigdüngerzusätze

In gelöster Form werden die Nährstoffe von den Pflanzen schneller aufgenommen als in festem Zustand. Trockendünger tut seine Wirkung nur dann, wenn der Boden feucht genug ist. Sie kommen im allgemeinen Anfang des Frühjahrs in den Boden, und sobald die Pflanzen wachsen, kann man mit Dünger in trockener oder flüssiger Form eine sogenannte »Seitendüngung« vornehmen. Organische Flüssigdünger können den Pflanzen nicht dadurch schaden, daß sie sie verbrennen, und sind bequem anzuwenden. Sie lassen sich entweder unten an die Pflanzen gießen oder auf das Blattwerk sprühen. Flüssigdünger ist ein ausgezeichneter Wuchsverstärker, wenn er alle drei bis vier Wochen gegeben wird, und zwar besonders bei Pflanzen, die eng beieinander in einem kleinen, intensiv genutzten Garten wachsen. Zwei Flüssigdünger, nämlich »Düngetee« und »Komposttee«, können Sie selbst herstellen, und einen dritten, nämlich Fischemulsion, können Sie in den meisten Gartenläden kaufen.

DÜNGETEE

Düngetee würden Sie zwar nicht zum Nachmittagstee servieren, aber Ihr Gemüse wird davon begeistert sein. Füllen Sie zuerst einen großen Sack mit 3 Pfund frischem Pferde- oder Kuhdung. Wenn Sie keinen frischen Dung bekommen können, nehmen Sie getrockneten Kuhdung. Geben Sie ein paar Eßlöffel Knochenmehl und entweder Grünsand oder Holzasche zu. Binden Sie den Sack oben mit einem besonders langen Seil zu.

Bauen Sie als nächstes ein Dreibein aus drei 2,4 m langen Hölzern von 5×5 cm. Binden Sie die Hölzer oben zusammen und befestigen Sie das Seil Ihres »Düngeteebeutels« oben an diesem Dreibein. Ein nasser Sack mit Dung kann sehr schwer sein – aus diesem Grund brauchen Sie das Dreibein und die Seilaufhängung, damit Sie auch als kleine oder schlanke Person mit dem Gewicht fertig werden. Füllen Sie einen 20-l-Eimer mit Wasser und stellen Sie ihn unter das Dreibein. Lassen Sie den Teebeutel am Seil in den wassergefüllten Eimer herab, wo er etwa 10 Tage lang bleibt. Nach dieser Zeit sollte das Wasser im Eimer die Farbe von schwarzem Kaffee angenommen haben. Es ist jetzt Düngetee in konzentrierter Form. Verdünnen Sie das Gebräu, bis es die Farbe von schwachem Tee hat, bevor Sie es verwenden.

Gießen Sie etwa 1/2 l verdünnten Düngetee auf den Boden am Fuß jeder einzelnen Pflanze oder verwenden Sie ihn als Blattspray. Geben Sie den Dung aus dem Sack in den Komposthaufen, oder graben Sie ihn direkt unter.

KOMPOSTTEE

Einen weiteren organischen Flüssigdünger können Sie aus Kompost herstellen, wenn Sie etwas übrig haben. Mischen Sie in einem 20-l-Eimer eine große Schaufel Kompost mit ca. 8 l Wasser. Lassen Sie das Ganze drei bis vier Tage lang stehen, und gießen Sie es dann durch ein Sieb. Verwenden Sie pro Quadratmeter Gartenfläche etwa 5 1/2 l von der durchgeseihten Flüssigkeit.

FISCHEMULSION

Dieses leicht erhältliche flüssige Konzentrat ist ein milder Dünger, der während der Vegetationszeit einen ausgezeichneten Zusatz abgibt. Er enthält in der Regel etwa 5% Stickstoff und jeweils 2% Phosphor und Kalium. Lösen Sie einen Eßlöffel Fischemulsion in gut 4 l Wasser auf, und richten Sie sich nach den Anwendungshinweisen auf der Flasche.

All diese Flüssigdünger lassen sich in größeren Mengen zubereiten und in einem 200-l-Plastikbehälter mit Deckel aufbewahren. Binden Sie einfach eine große Suppenkelle an den Deckelgriff, damit Sie die Flüssigkeit leicht entnehmen können.

Zusatznahrung

Wenn Sie auf kleiner Fläche sehr viele Pflanzen anbauen, ist es angebracht, zu wichtigen Zeitpunkten für Zusatznahrung zu sorgen, nämlich bei der Bodenvorbereitung vor dem Pflanzen und etwa alle drei Wochen während der Vegetationszeit. In regelmäßigen Abständen konzentrierten organischen Dünger zu geben, ist besser, als nur einmal große Düngermengen zu verabreichen. Im Gegensatz zu Menschen, die zuviel Nahrung bekommen, werden Pflanzen nicht dick, sondern sterben ab. Denken Sie also daran, daß doppelt soviel nicht das Gleiche wie doppelt so gut ist, und lassen Sie es langsam angehen. Wenn die Pflanzen zu blühen und Frucht zu tragen beginnen, verabreichen Sie entweder einen Flüssigdünger oder Kompost in Form einer Seitendüngung.

Beispiel für einen Düngeplan Es gibt so viele Möglichkeiten, Gemüse zu düngen und ihm Nahrung zukommen zu lassen, daß man sich leicht verwirren läßt. Für den Fall, daß Sie nicht wissen, wann Sie organischen Dünger verabreichen sollen, folgt hier ein Musterplan, den Sie auf Ihren eigenen Bedarf abstimmen können.

- ☐ Im Herbst kommen organische Substanz, Dung, Kompost oder eine Kombination aus allen dreien in den Boden, um die Bodenkonstruktur zu verbessern und den Gehalt an Grundnährstoffen zu erhöhen. Am wichtigsten sind Kompost und andere organische Bodenzusätze, damit Ihre Pflanzen die ausgewogene Nahrung bekommen, die sie brauchen, um zu gedeihen.
- ☐ Wenn die Pflanzen zu blühen oder Frucht zu tragen beginnen, verabreichen Sie ihnen alle drei Wochen zusätzlich Flüssigdünger oder verwenden Kompost als Mulch oder Seitendüngung.

Denken Sie immer daran, daß Grünpflanzen einen Dünger mit höherem Stickstoffgehalt benötigen, und daß fruchttragende Pflanzen und Wurzelpflanzen einen höheren Prozentsatz an Phosphor und Kalium brauchen.

KAPITEL 10

Samen oder Setzlinge?

Wenn Sie ein gärtnerischer Anfänger sind, können Sie im Augenblick vielleicht Bohnen noch nicht von Bohnen unterscheiden, aber wenn Sie sich die Samenkataloge ansehen und einen Blick auf die Aufstellung mit den Gemüsesorten für kleine Flächen in Kapitel 6 werfen, sind Sie bald mit Bohnen und vielen anderen Gemüsearten vertraut. Sie lernen weiterhin, die individuellen Merkmale der einzelnen Sorten in bezug auf Ihren eigenen Bedarf zu beurteilen. Vor allem aber werden Sie feststellen, daß der Schlüssel zu einem Nonstop-Garten in der zeitlichen Abstimmung liegt. Und die zeitliche Abstimmung wiederum ist der Schlüssel für die Entscheidung, ob Sie direkt draußen im Garten aussäen oder den Samen vorher im Haus ansetzen, um Setzlinge für den Garten zu bekommen. Die Zeit, die die einzelnen Gemüsearten zum Reifen benötigen, und die Länge der frostfreien Vegetationsperiode sind die wichtigsten Faktoren, wenn Sie einen Pflanzplan erarbeiten.

Die auf den Samenpäckchen und in den Katalogen angegebenen Reifezeiten geben Ihnen eine ungefähre Vorstellung von der Zeit, die ein Gemüse vom Tag der Aussaat oder des Aussetzens bis zur Reife braucht (je nach Wetter und geographischer Lage können sich Abweichungen von mehreren Tagen ergeben). Darin ist auch die Zeit enthalten, die verschiedene Samen benötigen, um zu keimen (bei Auberginen beispielsweise 14 Tage und bei Kürbis und Tomaten nur 7). Zwischen den verschiedenen Gemüsearten und sogar zwischen unterschiedlichen Sorten der gleichen Art gibt es große Unterschiede in der Reifezeit. Die meisten Karotten brauchen bis zur Reife etwa 90 Tage, Sellerie 140 Tage. Radieschen sind in der Regel in etwa 23 Tagen reif und keimen schon nach nur 2 oder 3 Tagen. Sie sehen also, daß Sie Ihren Garten sorgfältig einteilen und Ihre Pflanzen mit Bedacht wählen müssen, damit alles auf Ihre Vegetationsperiode zugeschnitten ist; das gilt besonders, wenn Sie nur begrenzt Platz haben.

Einige Gemüsearten mögen es warm und andere lieber kühl. Erbsen und Spinat gedeihen beispielsweise nur bei kühlerem Wetter und müssen sehr früh gepflanzt werden, während Auberginen und Tomaten wärmere Tage und Nächte benötigen und beim ersten harten Herbstfrost absterben. Wenn Sie in einer Klimazone mit kurzer Saison ununterbrochen Gemüse ernten wollen, müssen Sie mehrere Wochen vor dem Auspflanzen ins Freie den Samen im Haus ansetzen. Sie können aber auch im Frühjahr Setzlinge in der Gärtnerei kaufen und dann zur richtigen Zeit im Garten auspflanzen.

Setzlinge verkürzen die Zeit, die ein Gemüse im Garten zubringt, und das gilt auch für das Aussäen zur richtigen Zeit. Ob Sie Ihre eigenen Setzlinge im Haus ziehen oder ob Sie sie kaufen, ist Ihre eigene Entscheidung, aber es hat viele Vorteile, sie selbst aus Samen zu ziehen:

- Sie können unter viel mehr Sorten wählen.
- Die eigene Anzucht ist billiger.
- Wenn Sie in bestimmten zeitlichen Abständen aussäen, haben Sie immer ein paar Setzlinge, die Sie an die Stelle der abgeernteten Pflanzen setzen oder abwechselnd mit Blumen oder Kräutern an verschiedenen Stellen im Garten verwenden können.
- Wenn Sie die Aussaatzeit selbst bestimmen, können Sie die Vegetationsperiode um mehrere Monate verlängern. Im Frühjahr können Sie schon frühe Pflanzen für den Garten haben, bevor in der Gärtnerei die ersten Setzlinge verkauft werden. Außerdem haben Sie genügend Setzlinge, um die Saison im Herbst zu verlängern, wenn es in der Gärtnerei schon keine Setzlinge mehr gibt.

Manche Leute betrachten das ganze Keimgeschäft als zu feucht, dreckig und unzumutbar für die Fensterbank. Ihnen fehlt es offensichtlich an dem erforderlichen Hege- und Pflegeinstinkt. Manche Gärtner haben auch einfach nicht den Platz oder die richtigen Lichtverhältnisse, um Samen im Haus zu keimen. In diesem Fall besteht die einzige Möglichkeit, zu einem Garten zu kommen, möglicherweise darin, die frühen und schnell reifenden Gemüsearten direkt im Garten auszusäen und nach der Ernte durch Warmwetterpflanzen, die in der Gärtnerei gekauft werden, zu ersetzen. Auf der anderen Seite gibt es dann wieder diejenigen, die nicht daran denken würden, auf den Anblick des zögernd auftauchenden Grüns zu verzichten, und denen es größte Freude bereitet, »ihre Babies« wachsen zu sehen und in den Wochen, die sie noch im Haus bleiben müssen, sorgfältig zu pflegen.

Wenn Sie ein Neugärtner sind, können Sie erst dann feststellen, zu welcher Kategorie Sie gehören, wenn Sie damit beginnen, Ihren eigenen Samen im Haus zu keimen. Es ist wirklich nicht schwierig, und wenn Sie es noch nicht gemacht haben, rate ich Ihnen dringend, sich diese unverzichtbare Erfahrung zu verschaffen. Sie bekommen nicht nur einen Sofortgarten, den Sie auspflanzen können, wenn es an der Zeit ist, sondern werden meiner Meinung nach auch feststellen, daß es am befriedigendsten ist, seine Pflanzen vom Samen bis zur Ernte selbst zu ziehen.

Damit Sie ein paar häufige Fehler vermeiden und sich darüber freuen können, wie trockener Samen sich wie ein Wunder in lebenspendende Nahrung verwandelt, finden sich in diesem Kapitel Hinweise, mit denen Sie Schritt für Schritt dem Kopfsprung in die Gartensaison nahekommen. Dazu gibt es Tips und Ratschläge, die ich zum größten Teil von erfahrenen Mitgärtnerinnen erhalten habe.

Wann soll ich pflanzen?

Nach der Entscheidung, was Sie anbauen wollen, müssen Sie überlegen, welches die beste Zeit für die einzelnen Pflanzen ist. Zwei wichtige Daten für alle Gärtner sind der letzte Frost im Frühjahr und der erste Frost im Herbst. Frühjahrspflanzen werden in der Regel eine bestimmte Anzahl von Wochen vor oder nach dem letzten zu erwarteten Frosttag gepflanzt. Späte Pflanzen werden eine gegebene Anzahl von Wochen vor dem erwartenden Datum des ersten Herbstfrosts gesetzt. Bei landwirtschaftlichen Beratungsstellen oder beim Wetteramt erhalten Sie Informationen über die Frostdaten in Ihrer Klimazone. Denken Sie aber daran, daß diese Daten von Jahr zu Jahr schwanken, und daß lokale Bedingungen sich beträchtlich auf die aktuellen Daten auswirken können. Es handelt sich bei diesen Informationen immer nur um Durchschnittswerte. Die tatsächlichen Daten in Ihrem Garten können um eine, zwei oder mehr Wochen schwanken.

Wenn Sie eine Vorstellung von Ihren Frostdaten haben, berechnen Sie die richtige Aussäzeit für die einzelnen Pflanzen. Zählen Sie vom Pflanztag an so viele Tage oder Wochen rückwärts, wie die Sämlinge brauchen, um stark und groß genug zum Auspflanzen zu werden. Dieses Datum liegt im allgemeinen nach dem letzten Frosttag, aber bestimmte Gemüsearten, die wie beispielsweise Brokkoli sehr kältefest sind, können schon einige Wochen vor dem letzten Frost ausgepflanzt werden, wenn sie bei sehr kalten Nächten etwas geschützt werden. Denken Sie bei der Berechnung daran, genügend Zeit für eine eventuelle Sonderbehandlung einzuplanen, die mancher Samen vielleicht braucht, damit er gut keimt (wie beispielsweise das Einweichen).

Statt all Ihre Samen zur gleichen Zeit auszusetzen, versuchen Sie, die Pflanzzeiten zu staffeln, damit nicht soviel auf einmal reift und Sie ununterbrochen ernten können. Mehr als einen Kopf Salat können Sie am Tag nicht essen, und es

Berechnung der Aussaatzeit

Hier ist ein Beispiel dafür, wie man die Aussaatzeit berechnet. Angenommen, Sie wollen Brokkoli pflanzen und das Datum des letzten Frosts liegt bei Ihnen um den 15. Mai. Sie stellen fest, daß die bestimmte Brokkolisorte, die Sie nehmen wollen, 112 Tage (16 Wochen) bis zur Reife braucht. Brokkoli ist recht robust und kann vier Wochen vor dem letzten Frost ausgepflanzt werden, d. h. etwa am 23. April. Der Samen braucht in der Regel etwa 1 Woche, um in der Wohnung zu keimen, und die Pflanzen sollten danach noch etwa 6 Wochen wachsen, bevor Sie sie nach draußen pflanzen. Wenn Sie jetzt vom Auspflanzdatum an 7 Wochen rückwärts zählen, stellen Sie fest, daß sie am 5. März im Haus aussäen müssen. Wenn alles wie geplant verläuft, können Sie dann 16 Wochen später, um den 25. Juni herum, mit der Ernte beginnen.

Diese Berechnung stellt eine gute Winterbeschäftigung für Neugärtner dar. Wenn Sie Erfahrung bekommen, wird sie zu einer zweiten Natur, und Sie wissen, wann Sie Ihre verschiedenen Gemüsearten aussäen müssen, ohne all diese komplizierten Berechnungen durchführen zu müssen.

gibt nichts niederschmetternderes als eine lange Reihe mit Salat, der geschossen ist. Ein gutes Motto für das Ansetzen von Samen lautet »wenig, aber oft«.

Versuchen Sie außerdem, die Samenmenge auf die vorhandene Fläche abzustimmen. Nehmen Sie aber etwas mehr Samen, damit Sie sukzessiv pflanzen können und für unvorhergesehene Fälle Ersatz haben (im letzten Jahr wurde die Hälfte meiner Paprikasämlinge von einem ausgelassenen Welpen abgeknabbert).

Anzucht im Haus

Besorgen Sie sich alles, was Sie brauchen: Samen (natürlich), ein krankheitsfreies Anzuchtmedium wie die beiden unten beschriebenen, Gefäße, ein Tablett zum Begießen von unten und zum Auffangen des Wassers (um Wasserflecke auf den Möbeln zu vermeiden) und etwas wasserlöslichen organischen Dünger wie etwa Fischemulsion.

DAS ANZUCHTMEDIUM

Das Anzuchtmedium muß vor allen Dingen pasteurisiert oder sterilisiert sein; nehmen Sie keinesfalls Erde direkt aus dem Garten. Neben der Tatsache, daß Ihre Gartenerde im Januar, wenn es an der Zeit ist, den ersten Samen anzusetzen, wahrscheinlich noch gefroren ist, enthält die Erde möglicherweise Bakterien, die für empfindliche Sämlinge schädlich sind. Sie kann außerdem Unkrautsamen enthalten, der zusammen mit dem Samen keimt und den Sämlingen dann lebenswichtige Nährstoffe entzieht.

Die Erde muß locker und krümelig sein, damit die Sämlinge leicht durchbrechen können. Nehmen Sie ein fertiges Anzuchtmedium (unter verschiedenen Markennamen erhältlich – achten Sie darauf, daß es keinen chemischen Dünger enthält) oder bereiten Sie sich das eigene Medium mittels der beiden folgenden Rezepte zu. Eine Kaffeedose kann als handliches Litermaß dienen.

Anzuchtmischung ohne Erde
2 l feiner Torfmull
2 l Vermikulit
2 l Perlit

Anzuchtmischung mit Erde
2 l sterile Blumenerde
2 l feiner Torfmull
2 l Maurersand, Perlit oder Vermikulit

Geben Sie alle Zutaten in einen großen Plastikbeutel, binden Sie den Beutel fest zu und schütteln Sie ihn, damit die Zutaten gut durchgemischt werden. Dann öffnen Sie den Beutel und geben 1 Teil Wasser für je 4 Teile Medium zu. Verschließen Sie den Beutel wieder und lassen Sie ihn etwa 30 Minuten lang stehen, bis sich die Feuchtigkeit gleichmäßig verteilt hat. Sie können die Mischung direkt in dem Plastikbeutel aufbewahren.

Warum hat Großmutter den Samen eingeweicht?

Mancher Samen erwacht und keimt, wenn er nur ein paar Tropfen Wasser erhält. Keimfähiger Samen ist sogar in den alten ägyptischen Gräbern gefunden worden, wo er kühl und trocken Jahrhunderte überdauert hat. Als der Samen in einem Labor befeuchtet wurde, sproß er! Der Samen, den Sie für Ihren Garten verwenden, keimt jedoch nicht immer so ohne weiteres. Beim Keimungsvorgang gelangt Wasser aus dem Boden an die Samenoberfläche und muß erst absorbiert werden, bevor die Samenhülle aufbricht und den Samenembryo freigibt. Weil Feuchtigkeit der Schlüssel für die Keimung ist, geht der Vorgang schneller, wenn Sie den Samen über Nacht in lauwarmem Wasser einweichen und Sie bekommen mehr Pflanzen, die schneller und gesünder wachsen. Großmutter hat es getan, und ich tue es – und es funktioniert!

Bei größeren Samen wie etwa Kürbis- und Gurkensamen erziele ich große Erfolge, wenn ich die einzelnen Samenkörner so weit einschneide, daß die Keimzelle gerade zu sehen ist und sie dann über Nacht einweiche. Der Samen sprießt in drei Tagen anstelle der normalen zehn bis vierzehn Tage.

ANZUCHTBEHÄLTER

Nahezu alles, in dem das Anzuchtmedium Platz hat, läßt sich in Behälter für die Sämlinge umfunktionieren. Sie können Trinkbecher aus Styropor, Margarine-, Joghurt- oder Butterbecher, Milchkartons, Bleichmittel- oder Milchflaschen aus Plastik verwenden – Pflanzen lassen sich in allen Arten von Gefäßen unterbringen. Achten Sie nur darauf, daß sich im Boden zwei oder drei Löcher befinden und daß die Gefäße vorher sorgfältig gesäubert werden. Zwei häufig verwendete Keimgefäße – Eierkartons und Eierschalen – sind meiner Ansicht nach nicht zu empfehlen, weil sie nur sehr wenig Erde fassen und schnell austrocknen. Wenn Sie die folgenden Tips beachten, sollten Sie Erfolg haben:

- ☐ Vergessen Sie nicht, die einzelnen Gefäße mit Sorte und Datum zu beschriften.
- ☐ Wenn Sie ein Gefäß mit der feuchten Erdmischung gefüllt haben, stoßen Sie es mit der Unterseite leicht auf eine ebene Fläche, damit der Inhalt sich setzt, und glätten dann die Oberfläche mit der Kante eines Lineals. Klopfen Sie die Erde leicht fest, so daß bis zur Gefäßkante noch gut 1 cm Platz ist (nicht zu fest klopfen, weil die Erde sonst zu fest wird).
- ☐ Verteilen Sie den Samen sparsam auf der Oberfläche und bedecken Sie ihn dann mit einer Schicht Anzuchtmedium, die doppelt so dick ist wie der Durchmesser des Samens. Denken Sie daran, daß es bei Samen sehr starke Größenunterschiede gibt – manche sind so winzig, daß sie bei einem kräftigen Niesen davongeweht werden, während andere so groß wie ein Fingernagel sind. Winziger Samen braucht nur in die Erde gedrückt und leicht mit der Anzuchtmischung bedeckt zu werden.
- ☐ Drücken Sie den Samen leicht an, damit er fest in der feuchten Erde ruht, anschließend bewässern Sie die Oberfläche mit einer Sprühflasche, damit der

Samen nicht durch einen kräftigen Wasserguß weggespült wird. Die Erde muß durch und durch feucht sein. Bis zur Keimung wird dann nicht mehr begossen (nehmen Sie immer lauwarmes Wasser, weil kaltes Wasser die Temperatur der Erde herabsetzt).

- □ Decken Sie das gesamte Gefäß einschließlich des Tabletts, auf dem es steht, mit Glas oder durchsichtiger Plastikfolie ab. Diese Abdeckung verhindert, daß die Feuchtigkeit verdunstet, und trägt dazu bei, daß die Temperatur der Anzuchtmischung im richtigen Bereich bleibt, d. h. bei den meisten Samen, die Sie im Haus ansetzen, zwischen etwa 20 und 27 °C.
- □ Wenn Sie Plastikfolie als Abdeckung verwenden, müssen Sie darauf achten, daß sie nicht aufliegt. Stützen Sie sie mit einer Unterkonstruktion aus Stökken oder gebogenen Drahtbügeln ab.
- □ Ein hübsches, aber sicher nicht unerläßliches Gerät ist eine abgedeckte Keimbox mit einem Heizkabel oder -kissen im Unterteil. Diese Geräte liefern die gleichmäßige, leichte Unterhitze, die für die Keimung ideal ist.
- □ Improvisieren Sie, wenn Sie keine Keimbox haben. Kostenlose Unterhitze für Ihren Samen bekommen Sie, wenn Sie die Keimgefäße auf einen Heizkessel, einen Wasserboiler, einen Fernseher oder einen Heizkörper stellen. Damit es nicht zu warm wird, legen Sie zwischen Keimgefäß und Untersatz ein paar Zeitschriften oder Zeitungen.
- □ Schauen Sie täglich nach. Sobald die Sämlinge die Oberfläche durchbrechen, entfernen Sie die Abdeckung und bringen das Gefäß an die sonnigste Stelle eines Zimmers.
- □ Wenn Sie Ihre Samen zu dicht gesät haben, ziehen Sie ein paar Planzen mit einer Pinzette heraus oder schneiden sie direkt an der Oberfläche mit einer Schere ab.

DIE PFLEGE VON SÄMLINGEN

Sobald der Samen gekeimt hat, müssen Sie die kleinen Pflanzen am Leben erhalten, bis es an der Zeit ist, sie ins Freie zu setzen. Hier sind ein paar Tips:

- □ Drehen Sie die Gefäße häufig, damit die Sämlinge nicht zum Licht hin wachsen und dünn bleiben.
- □ Pflegen Sie sie nicht zu Tode; gießen Sie nur, wenn die Erde bis unmittelbar unter der Oberfläche trocken ist. Gießen Sie von unten, indem Sie lauwarmes Wasser in das Tablett gießen, bis die Oberfläche der Erde feucht wird, was sich in der Regel dadurch bemerkbar macht, daß sie eine dunklere Farbe annimmt.
- □ Wenn in dem betreffenden Raum nicht sehr viel direktes Licht ist, können Sie die Lichtmenge für Ihre Sämlinge erhöhen, indem Sie die Gefäße auf reflektierende weiße Kieselsteine auf dem Tablett setzen. Sie können auch einen Spiegel oder ein Blatt weißes Papier oder Silberfolie hinter die Keimgefäße setzen, damit das von den Fenstern hereinfallende Licht reflektiert wird.

- ☐ Wenn Sie zu Hause kein sonniges Fenster haben, versuchen Sie es mit dem Büro. Ein guter Freund von mir zieht seine Sämlinge vor dem Bürofenster, wo das Licht besser ist als in seiner Wohnung und wo er sie tagsüber im Auge behalten kann.
- ☐ Wenn Sie überhaupt keine sonnige Stelle oder direktes Tageslicht haben, bleibt Ihnen nichts anderes übrig, als die Pflanzen 12 bis 16 Stunden am Tag dem Licht von Leuchtstofflampen auszusetzen. Auch wenn die Tage im Januar und Februar noch kurz sind, müssen Sie das natürliche Licht möglicherweise auf diese Weise ergänzen.

Wenn die Sämlinge abgehärtet sind und ausgepflanzt werden können, werden sie zunächst aus dem Gefäß geholt. Bei Plastiksechserpackungen auf den Boden drücken und die Pflanze mit der anderen Hand festhalten.

Die erforderliche Anzahl an Löchern im richtigen Abstand graben. Wässern, wenn die Erde trocken ist.

Die Pflanze vorsichtig in das Loch setzen und um die Wurzeln herum Erde einfüllen.

Beim Pflanzen zu Beginn des Frühjahrs die Setzlinge ein paar Tage lang mit Glas oder Plastik abdecken, bis sie sich an die Temperaturen im Freien gewöhnt haben.

- ☐ Die ersten beiden Blätter, die Keimblätter, haben noch nicht die Form, die für die ausgereifte Pflanze charakteristisch ist; sie sind so etwas wie die Milchzähne beim Menschen, die später durch die bleibenden Zähne ersetzt werden. Wenn die Sämlinge etwa 5 cm hoch sind und ihre richtigen Blätter ausgebildet haben, müssen Sie grausam und rücksichtslos sein und die schwächsten Pflanzen mit der Nagelschere abschneiden, damit nur die stärksten Pflanzen überleben. Das mag zwar eine schmerzhafte Angelegenheit sein, aber die Überlebenden erhalten dadurch den Platz, den sie brauchen, um gesund und stark zu werden. Außerdem sind schwache Pflanzen anfälliger für Ungeziefer und Krankheiten draußen im Garten.
- ☐ Dann erhalten die übriggebliebenen Sämlinge jeweils einen eigenen, 5 cm großen Topf oder werden vorsichtig gemeinsam in einen größeren flachen Behälter gesetzt, damit sie mehr Platz zum Wachsen haben.
- ☐ Um einen Sämling umzutopfen, nehmen Sie einen spitzen Gegenstand, mit dem Sie die Pflanze lockern und aus dem Topf holen. Mit der anderen Hand halten Sie die Pflanze vorsichtig an den Blättern, nicht am Stiel. Setzen Sie die Pflanze in den neuen Topf und drücken Sie die Erde vorsichtig um die Wurzeln herum fest. Dann gießen Sie abwechselnd eine Woche mit klarem Wasser und in der nächsten Woche mit Fischemulsion und Wasser im Verhältnis 1:4 oder etwas schwachem Düngetee. Halten Sie die Setzlinge 2 Tage lang von der Sonne fern, bis sie sich akklimatisiert haben, und setzen Sie sie dann wieder in die volle Sonne.

Hinaus in den Garten

Jungpflanzen können wie Menschen unter Sonnenbrand oder Wind leiden, wenn sie den Elementen zu plötzlich ausgesetzt werden. Ihre Zartheit verlangt ein paar besondere Überlegungen, bevor und nachdem sie ins Freie gesetzt werden. Das beginnt schon eine oder zwei Wochen, bevor Sie die Sämlinge tatsächlich nach draußen setzen wollen. Etwa 10 bis 14 Tage, bevor die Pflanzen in den Garten kommen, müssen Sie damit beginnen, sie abzuhärten, indem Sie weniger Wasser und Dünger geben, allmählich die Umgebungstemperatur senken und langsam die Lichtstärke erhöhen. Setzen Sie sie ein paar Stunden am Tag nach draußen an eine teilweise schattige, geschützte Stelle. Lassen Sie die Pflanzen jeden Tag eine oder zwei Stunden länger draußen, damit sie sich an Sonne und Wind gewöhnen. Draußen müssen die Pflanzen möglicherweise häufiger gegossen werden, weil sie sich noch in kleinen Töpfen befinden und mehr der Luft ausgesetzt sind. Nach etwa einer Woche können Sie unter der Voraussetzung, daß keine Frostgefahr mehr besteht, die Pflanzen die ganze Nacht draußen lassen.

Nachdem sie ein paar Nächte im Freien verbracht haben, sind Ihre Sämlinge für den Garten bereit, wenn das Wetter mitmacht. Hier sind ein paar Tips für ein erfolgreiches Auspflanzen:

- ☐ Pflanzen Sie die Sämlinge aus, wenn die Wetterbedingungen am günstigsten sind – an einem bewölkten Tag, kurz nach einem Regenschauer oder am Spätnachmittag, wenn die Sonnenstrahlen am schwächsten sind.
- ☐ Stellen Sie fest, in welchen Abständen Sie die Pflanzlöcher anlegen müssen.
- ☐ Etwa 1 Stunde vor dem Pflanzen graben Sie im Garten Löcher, die etwas tiefer als die Wurzelballen der Pflanzen sind. Gießen Sie Wasser in die Löcher.
- ☐ Setzen Sie in jedes Loch einen Sämling und füllen Sie mit Erde auf. Drücken Sie die Erde leicht an, um Lufttaschen zu beseitigen. Gießen Sie, und wenn das Wasser abläuft, geben Sie noch Erde zu. Lassen Sie am Fuß des Stengels eine kleine Vertiefung, in der sich das Wasser für die Pflanze sammeln kann.
- ☐ Tomaten und Gemüse aus der Kohlfamilie (Brokkoli, Blumenkohl, Senfkraut) sollten etwas tiefer eingepflanzt werden als die meisten anderen Gemüsearten. Diese Pflanzen sollten bis zu den untersten Blättern in die Erde gesetzt werden. Der in der Erde befindliche Teil des Stiels von Tomatenpflanzen bildet zusätzliche Wurzeln aus, und der Kohl braucht ein starkes Wurzelsystem, weil die Pflanzen oben so schwer sind.
- ☐ Wenn Sie Ihre Setzlinge in der Gärtnerei gekauft haben, gießen Sie sie sorgfältig und lassen das Wasser ablaufen, bevor Sie sie aus den Töpfen nehmen; auf diese Weise bleibt die Erde an den Wurzeln.
- ☐ Wenn die Setzlinge sich in Plastiktöpfchen, auf flachen Schalen oder in Sechserpackungen befinden, klopfen Sie unten gegen die Töpfe oder drücken mit dem Daumen gegen die weiche Unterseite einer Sechserpackung, damit sich die Pflanzen lösen und in die wartende andere Hand gleiten. Ziehen Sie die Pflanzen nie an den Blättern heraus.
- ☐ Denken Sie an Stützen für Kletterpflanzen oder Raupenkragen für bestimmte andere Pflanzen (wie etwa Tomaten und Kohl).
- ☐ Wenn Sie Ihre Anbauzeit verlängern, indem Sie früh pflanzen, müssen Sie Ihre Setzlinge vor der Kälte schützen. Im Süden oder bei sehr warmen Wetter müssen die Pflanzen vor der Hitze geschützt werden. Schutzvorrichtungen helfen den Pflanzen dabei, sich mit weniger Streß an das Leben im Freien zu gewöhnen.
- ☐ Die in Kapitel 13 vorgestellten Methoden zur Verlängerung der Anbauzeit lassen sich auch für Setzlinge anwenden.

Aussaat im Freien

Wenn Sie auf kleinen Flächen gärtnern, müssen Sie als erstes vergessen, was auf der Rückseite der Samenpäckchen über die normalen Abstände steht. Es ist ein unnötiger Luxus, Pflanzen im Abstand von 15 bis 30 cm zu setzen, wenn sie genausogut in einem Abstand von 10 cm wachsen – und das tun sie, nämlich in der fruchtbaren Erde, die Sie für Ihre Intensivgartenbeete vorbereitet haben. Die Qualität der Erde ist bei engen Abständen ungeheuer wichtig.

Wenn Sie den Samen sparsam und vorsichtig auslegen, anstatt ihn dicht zu säen, verschwenden Sie nicht soviel Samen und müssen die Pflanzen am Ende nicht auf die gewünschten Abstände ausdünnen. Die folgende vereinfachte Sämethode spart Zeit und Samen:

- ☐ Wenn Sie festgestellt haben, welchen Abstand die ausgereiften Pflanzen benötigen (siehe Aufstellung in Kapitel 6), machen Sie an den geplanten Stellen etwa 2,5 cm tiefe Löcher in die Erde. Machen Sie alle Löcher, bevor Sie den Samen einlegen.
- ☐ Füllen Sie die Löcher zur Hälfte mit Vermikulit oder einer beliebigen leichten Erdmischung. Bei kleinem Samen füllen Sie die Löcher zu 3/4 und bei winzigen Samen fast vollständig.
- ☐ Legen Sie in jedes Loch ein oder zwei Samenkörner. Bei dieser Methode brauchen Sie etwas mehr Zeit, als wenn Sie in einer Reihe aussäen, aber sie erspart Ihnen später die Arbeit des Ausdünnens.
- ☐ Bedecken Sie die Samenkörner mit Vermikulit, bis die Löcher gefüllt sind, und besprühen Sie die Stellen dann mit einer feinen Düse, bis die Erde mit Wasser gesättigt ist.
- ☐ Weichen Sie eine gefaltete Zeitungsseite ein und legen Sie sie über die eingesäte Stelle; beschweren Sie die Kanten mit ein paar Steinen. Auf diese Weise bleibt die Erde für den Samen feucht und warm, und die Samenkörner werden davor geschützt, von Vögeln oder bei heftigem Regen davongetragen zu werden.
- ☐ Schauen Sie nach ein paar Tagen nach, ob die Samen gekeimt haben. Wenn das der Fall ist, entfernen Sie die Zeitung. Lassen Sie alle Samenkörner, die noch nicht gekeimt haben, bedeckt. Wenn eine oder zwei Pflanzen nicht aus dem Boden kommen, säen Sie einfach neue – Sie haben jede Menge Samen übrig.

Übriggebliebener Samen

Samenpäckchen sind wie Milchtüten mit einem Frischedatum gestempelt. Aber anders als bei der Milch braucht man Samen nicht wegzuwerfen, wenn er nicht rechtzeitig gesät wird. Wenn Sie zuviel Samen gekauft haben – und das tun wir doch alle –, können Sie den Rest für einen späteren Zeitpunkt oder für das nächste Jahr aufbewahren. Bei richtiger Lagerung in einem luftdichten Gefäß an einem kühlen, trockenen Platz bleibt Samen meist mehrere Jahre keimfähig. Sie können sogar Ihren eigenen Samen von Ihren Pflanzen sammeln und aufbewahren, wenn es sich nicht um Hybridpflanzen handelt (diese Informationen stehen auf den Samenpäckchen oder in dem Samenkatalog).

Wenn Sie den übriggebliebenen Samen verwenden wollen und Zweifel haben, ob er noch keimfähig ist, machen Sie einen Keimtest. Rollen Sie etwa 20 Samenkörner in ein feuchtes doppeltes Papiertuch ein. Legen Sie die Rolle in einen Plastikbeutel und bewahren Sie das Ganze etwa 10 Tage lang an einem warmen Ort auf. Nach 5 Tagen feuchten Sie das Papiertuch gegebenenfalls wieder an. Wenn von den 20 Samenkörnern 15 keimen, gibt es keine Probleme mit der Lebensfähigkeit des Samens. Wenn nur 10 Körner keimen, säen Sie einfach die doppelte Menge wie normal aus. Wenn nur ein paar Körner keimen, kaufen Sie neuen Samen!

Jahr für Jahr werden begeisterte Gärtner rein aus Gewohnheit zu Samenpäckchensammlern. Aber all diese kleinen Päckchen haben es so an sich, daß sie wild verstreut in Schubläden oder Werkzeugkörben herumliegen. Wenn Sie sie ordentlich aufbewahren wollen, rollen Sie sie wie Zigarren auf und lagern sie an einer kühlen trockenen Stelle in Deckelgläsern. Wenn Sie gleichzeitig Samen aufbewahren und darüber Buch führen wollen, leeren Sie die Samenkörner in Tablettenröhrchen aus Kunststoff oder Kleinbildfilmdosen, die dann jeweils eine Nummer erhalten. Zu jeder Nummer gibt es dann eine entsprechende Seite in einem Aktenordner mit Transparenteinlagen, die in vier Taschen von jeweils 10×13 cm aufgeteilt sind – wie man sie in der Regel für Fotos verwendet. Auf jedem Blatt lassen sich vier leere Samenpäckchen unterbringen. Ein derart gut organisierter Aktenordner wird außerdem zu einem lebenden Gartenbuch, wenn man dazu noch eine Kartei mit den Leistungsdaten der einzelnen Sorten in der Vergangenheit anlegt. Im Verlauf der Jahre schaffen Sie sich so ein unschätzbares Nachschlagewerk, das auf die Bedingungen in Ihrem Garten zugeschnitten ist.

Weiterhin könnten Sie die Samenpäckchen nach ihren Pflanzzeiten einteilen. Nehmen Sie eine getrennte Seite für die Arten, die Sie zu einem früheren Zeitpunkt im Haus aussäen müssen. Eine andere Möglichkeit, dem jedes Frühjahr wiederkehrenden Suchen nach Samenpäckchen in der untersten Schublade zu entgehen, besteht darin, einen unterteilten Karton zu verwenden, in dem vorher Mineralwasser- oder Likörflaschen waren. Sortieren Sie den Samen nach den Pflanzzeiten und vermerken Sie auf der Kartoneinteilung »im Haus« und »im Freien«. Fassen Sie alle Pflanzzeiten in einer Liste zusammen, damit Sie später im Zeitplan bleiben.

KAPITEL 11

Hilfen für die Natur

Der Samen ist in der Erde, und die Natur hat auf ihre eigene bemerkenswerte Weise die ersten grünen Blätter sichtbar werden lassen. Voller Stolz auf die Leistung, etwas zum Wachsen gebracht zu haben, haben wir Gärtner jetzt das Gefühl, durch den Anblick dieser tapferen, feinen Sämlinge für unsere Frühjahrsplackerei mehr als belohnt zu sein. Gewiß könnte man sich jetzt zufrieden im Schaukelstuhl auf die Veranda setzen und auf die Erntezeit warten. Aber andererseits läßt sich noch vieles tun, um den Pflanzen zu helfen.

Seine »Babies« zu hegen, bis sie gedeihen und reifen, besitzt eine magnetische Anziehungskraft und liefert Hunderte von Gründen, während der Vegetationszeit immer wieder in den gepriesenen eigenen Garten zurückzukehren. Hier sind ein paar Entschuldigungen, mit denen Sie sich nach draußen in den Sommersonnenschein stehlen können, um nachzusehen, was Sie für Ihre Pflanzen tun können.

Stützende Funktion

Wer einen kleinen Garten hat, sucht dauernd nach neuen Möglichkeiten, die Anbaufläche produktiver zu machen. Die Lösung ist in der Regel gefunden, wenn der Betreffende anfängt, nicht mehr horizontal, sondern vertikal zu denken und Ausschau zu halten. Viele beliebte Gartenpflanzen lassen sich dazu bringen, an Spalieren emporzuklettern und damit weitaus weniger Bodenfläche zu belegen. Einige der am meisten verbreiteten Gemüsepflanzen – Tomaten, Stangenbohnen, Erbsen, Gurken und Kürbisse – sind es doch, die den meisten Platz im Garten einnehmen, wenn man sie sich ausbreiten läßt. Zum Glück sind sie auch die besten Anwärter auf einen vertikalen Anbau. All diese Gemüsearten haben wild wachsende Stiele oder Ranken. Manche klettern ohne Hilfe mit Greifranken, während andere an Schnüren oder Stützkonstruktionen befestigt werden müssen.

Es besteht keinerlei Notwendigkeit, auf diese Gemüsearten zu verzichten, wenn in Ihrem Garten nur wenig Platz ist. Vertikales Gärtnern ist die Lösung. Der Hauptvorteil dabei ist, daß man mehr Gemüse auf einer kleineren Fläche anbauen kann, aber das vertikale Gärtnern hat auch noch andere Vorteile, die weniger offensichtlich sind.

Es gibt viele Möglichkeiten, Kletterpflanzen zu stützen. In diesem Garten zu sehen sind (im Uhrzeigersinn von vorn) Spitzdachkonstruktionen aus Holz für wuchernde Zucchini, 1,8 m hohe Spitzzeltkonstruktionen für Stangenbohnen, ein Plastiknetz an Stangen für hochwachsende Pflanzen wie Zuckererbsen und feste Drähte an einem Metallrahmen für fruchttragende Pflanzen wie Gurken und Tomaten.

- ☐ Vertikal wachsende Pflanzen können als dekorative Abschirmung dienen, die beispielsweise einen Teil des Gartens von dem anderen abtrennt oder einen wenig schönen Anblick verbirgt.
- ☐ Pflanzen, die nicht auf der Erde aufliegen, sind weniger anfällig für Bodenfäule, Insektenbefall und Schnecken, was für Sie eine größere Ernte und sauberes Gemüse bedeutet.
- ☐ Kletterpflanzen sind leichter zu pflegen und abzuernten. Sie brauchen sich nicht zu bücken – eine Wohltat für einen schmerzenden Rücken.
- ☐ Luft und Sonnenlicht kommen besser an das Gemüse heran.
- ☐ Die Ungezieferkontrolle auf Augenhöhe ist ein weiteres Plus. Sie können Insekten leichter und schneller feststellen und beseitigen, bevor sie sich zu einer hungrigen Horde vermehren.
- ☐ Vertikal wachsende Pflanzen sehen attraktiv und hübsch aus.

Es gibt zwei unterschiedliche Arten vertikaler Stützkonstruktionen: Käfige und Stützpfosten für einzelne Pflanzen bzw. Zäune, Rahmen und Lauben in verschiedenen Ausführungen für mehrere Pflanzen. Letztere können entweder an einer Wand stehen, wie etwa bei einem Gitterspalier, oder es kann sich um freistehende Konstruktionen, wie ein Spalier in Spitzdachform, handeln. Spaliere, Lauben, Wände und Zäune dienen in der Regel als Stütze für Beeren, spalierte Obstbäume und Weinranken, können aber genausogut für rankende Gemüsearten wie Gurken, Stangenbohnen, Melonen oder Zuckererbsen verwendet werden.

Die Auswahl an Material, mit dem Gärtner diese vertikalen Stützen bauen, scheint unbegrenzt zu sein und richtet sich nur nach einem Faktor, nämlich dem Gewicht des Gemüses. Aus Schößlingen und Bambusstäben (im fernen Osten), Holz aller Art, stählernen Wasserrohren, Kabelschutzrohren und PVC-Rohren haben Gärtner Konstruktionen in Größen und Formen errichtet, die sich allein nach dem Wuchsverhalten und der erfolgreichen Stärke für ein bestimmtes Gemüse sowie nach der Fantasie des Konstrukteurs richten.

Diese vertikalen Stützen sind so persönlich wie Handschrift, Fingerabdrücke oder Haartracht. Jeder Gärtner, der innovativ denkt, scheint seine eigenen praktischen Lösungen für das gärtnerische Problem zu finden, dem wir uns alle gegenübersehen. Zu sagen, daß die eine Konstruktion oder das eine Material besser als alles andere sei, ist unfair; was für mich richtig ist, ist möglicherweise für Sie falsch. Außerdem freue ich mich immer wieder, wenn ich den einfallsreichen Geist sehe, der sich in der grenzenlosen Vielfalt von Materialien, Konstruktionen und Bautechniken in vielen Gärten widerspiegelt. Tatsache ist, daß sich Gärtner überall über diese erfindungsreiche gärtnerische Kreativität freuen müssen, denn sie haben alle möglichen geschickten Wege gefunden, um ein Höchstmaß an Nahrung aus einem kleinen Fleckchen Erde zu holen.

Ob Ihre Stützkonstruktionen die Form von Stangen, Käfigen, Zäunen, Schnüren, Türmen, Spitzzelten, Spitzdächern, Pfosten, Ziehharmonikas oder Blockspalieren, Leitern oder Lauben annehmen, sie dienen alle dem gleichen Zweck – die Pflanzen vom Boden wegzubekommen. Viele dieser Stützen spielen eine doppelte Rolle. Sie lassen sich als Rahmen verwenden, über den eine Plastikfolie gelegt werden kann, um die Pflanzen zu Beginn des Frühjahrs zu schützen (siehe Kapitel 13), und manche lassen sich als Stützen für Pflanzen verwenden, die in Gefäßen und Kisten wachsen. Es gibt unendlich viele Möglichkeiten. Und, wie es im Sprichwort heißt: »Wer zahlt, bestimmt die Musik!« In den Abbildungen auf den Seiten 225 und 227 finden Sie ein paar nützliche Stützkonstruktionen.

Jäten oder nicht jäten

Wenn ich in meinen Gärten Unkraut jäte, lasse ich mich manchmal von dem wilden Entschluß treiben, auch das kleinste grüne Unkraut zu beseitigen, das meinen Pflanzen die Nährstoffe stiehlt. Es gibt aber auch andere Zeiten, in denen der körperliche Rhythmus des Unkrautjätens ruhiger verläuft und ich tiefer in Gedanken versinke. Gelegentlich kommt es zu einer Art Hypnosewirkung, wenn ich ungebetene Pflanzen ausziehe oder einen aufgeschreckten Regenwurm sanft wieder in die Erde setze. In diesen Zeiten schalten sich die Arbeitsschaltkreise

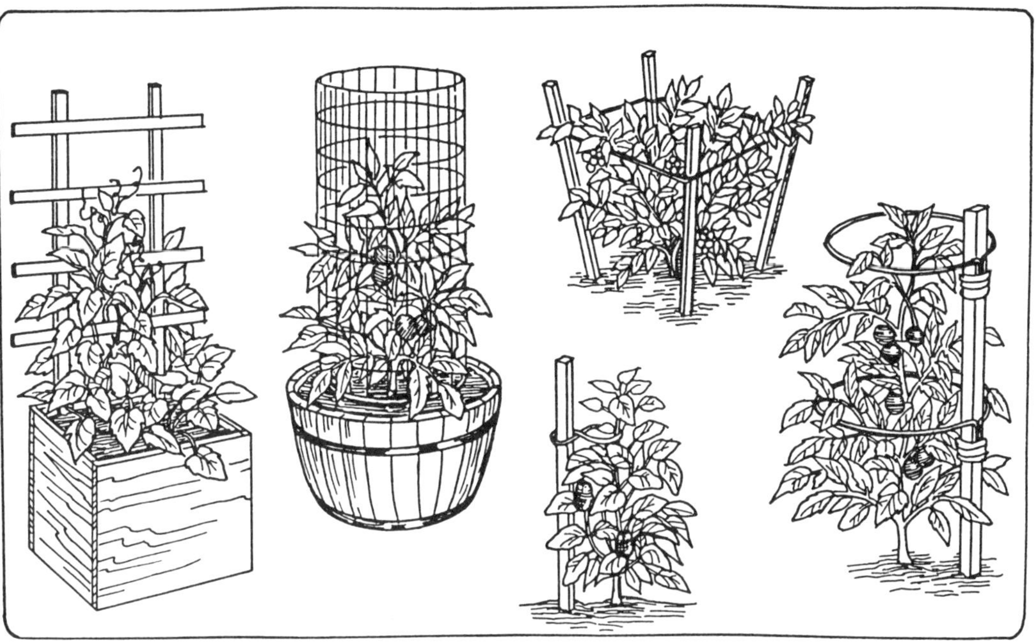

Einzelne Pflanzen lassen sich unter anderem dadurch stützen, daß man zwei Drahtringe mit Band an einem Pfahl befestigt, einen mehrstieligen Busch mit Stangen umgibt, die durch eine Schnur verbunden sind, eine Pflanze locker mit einem Tuchstreifen in Form einer Acht an einem Pfahl befestigt, eine Topfpflanze an einem einfachen Spalier hochzieht oder mit einem zylinderförmigen Drahtgitter umgibt.

meines Gehirns ab, und ich versinke in gelassenerem Nachsinnen, während meine Hände rein mechanisch arbeiten.

Unkrautjäten kann eine richtige Plage sein, aber es hat den großen Vorzug, daß es Ihnen eine glaubwürdige Entschuldigung dafür gibt, in den Garten zu gehen, wenn Sie eigentlich etwas anderes tun sollten. Die ambivalente Liebe-Haß-Beziehung, die ich im Laufe der Jahre zum Unkrautjäten entwickelt habe, ist nicht so selten, wie ich zunächst glaubte, denn viele Gärtner, die ich kennengelernt habe, empfinden das gleiche.

Emerson schrieb einmal, daß ein Unkraut eine Pflanze sei, deren Werte man noch nicht entdeckt habe. In einem Wörterbuch, auf das ich zufällig einmal stieß, wurde Unkraut snobistisch als »eine Pflanze, die das Wachstum überlegener Vegetation hindert« definiert. Ich denke an Unkraut lieber in einer etwas anerkennenderen Weise. Selbst wenn ich mich bücke und daran ziehe, bin ich dem Unkraut heimlich dankbar ddafür, daß es mir gestattet, meine Gedanken schweifen zu lassen.

Natürlich ist diese Art philosophischer Tagträumerei nicht für jeden etwas. Für manche Gärtner steht das Unkrautjäten ganz oben auf der Liste lästiger Aufgaben. Gärtner, die am Jäten keine Freude haben, können ein paar Tricks anwenden, damit das Unkraut erst gar nicht so wächst, d. h. sie können ihren Garten mit einer Schicht Mulch bedecken.

Mulch

Mulch ist nichts mehr als eine Schutzdecke aus neutralem Material, das auf den Boden um Ihre wachsenden Pflanzen herum aufgetragen wird. Durch Mulchen kann auch ein fauler Gärtner seinen Boden verbessern, denn wenn der Mulch altert, zersetzt er sich langsam und vergrößert den Gehalt des Bodens an organischer Substanz. Es gibt viele Gründe dafür, eine Schicht Mulch im Garten auszubringen:

- ☐ Mulch verringert die Erosion durch ablaufendes Regenwasser oder Berieselungsanlagen.
- ☐ Schwerer, prasselnder Regen kann dazu führen, daß die Bodenoberfläche hart wird und verkrustet. Mulch verhindert die Bildung einer solchen Kruste und verbessert somit das Eindringen des Wassers in den Boden.
- ☐ Bei heftigem Regen hält Mulch die Pflanzen sauber, weil keine Erde hochspritzt.
- ☐ Mulch bewahrt die Bodenfeuchtigkeit, indem er die Verdunstung reduziert.
- ☐ Er wirkt als Isolierschicht und hält den Boden um die Pflanzenwurzeln kühl und feucht.
- ☐ Wenn im Frühjahr um Obstbäume und Beerenbüsche eine dicke Schicht aus organischem Mulch mit etwas Knochenmehl, Kalk und verrottetem Dünger aufgetragen wird, bleiben nicht nur im Sommer die Wurzeln kühl, sondern es braucht auch nur noch einmal zusätzlich gedüngt zu werden.
- ☐ Rankende Pflanzen – wie beispielsweise Wassermelonen – liegen gern auf einem Kissen aus Mulch und verschimmeln oder verfaulen nicht, wie es der Fall ist, wenn sie auf dem Boden liegen.
- ☐ Der offensichtlichste Grund dafür, eine Mulchschicht aufzutragen, besteht darin, daß der Mulch das Wachstum von Unkraut unterdrückt, das sich mit Ihrem Gemüse um Wasser und Nährstoffe streitet.

VORTEILE VON WINTERMULCH

Im Winter hat Mulch besondere Vorteile. Hier sind ein paar:

- ☐ Der Schnee wird auch als »Mulch des armen Mannes« bezeichnet, weil er nichts kostet. Schnee schützt Obstbäume und die Wurzeln von Büschen und dient außerdem als Isolierung für winterharte Gewächse und kältefeste Gemüse. Der tauende Schnee bewässert die Wurzeln der Pflanzen.
- ☐ Sogenannter »Abfallmulch« aus abgestorbenen Gemüsepflanzen, Blumenstengeln und Ranken läßt sich kleinhacken, als schützende Decke bleibt er auf dem Boden liegen. Wenn dieses Material sich zersetzt, bietet es einen Unterschlupf für Regenwürmer, die organisches Material und Nährstoffe tief in den Boden hineintragen. Durch die dabei entstehenden Gräben kann auch das Wasser besser eindringen. Es sieht sogar so aus, daß Regenwürmer sterben oder in geschütztere Bereiche abwandern, wenn Sie im Winter keinen Mulch aufbringen.

- ☐ Eine dicke Schicht aus lockerem Mulch – wie etwa Stroh oder Heu – kann man um frostharte Gemüsearten herum aufbringen, damit die Wurzeln nicht erfrieren, und somit die Ernte verlängern. Mulch ist besonders nützlich bei Gemüse, das besser schmeckt, wenn es einmal Frost bekommen hat, beispielsweise Grünkohl, Rosenkohl, Pastinak und Gelbe Kohlrüben.

Denken Sie daran, Wintermulch zu Anfang des Frühjahrs zu entfernen (wie etwa Stroh) oder unterzugraben (Kompost oder Rasenschnitt), damit der Boden auftauen und sich erwärmen kann.

MATERIAL ZUM MULCHEN

In der richtigen Dicke aufgebracht, können Sie nahezu jedes biologisch abbaubare Material von Zeitungen bis zu Erdnußschalen als Mulch verwenden. Bestimmte Materialien, wie etwa landwirtschaftliche Nebenprodukte, bekommen Sie in der Regel an Ort und Stelle. Andere werden im Geschäft verkauft, und dann gibt es noch welche, die Sie mit ein wenig Einfallsreichtum umsonst bekommen können. In der Tabelle »Organischer Mulch« finden Sie ein paar Materialvorschläge und Tips zu Materialien, die etwas problematische Eigenschaften haben.

Plastikfolien stehen auf meiner Liste ganz am Ende, obgleich sie ganz spezifisch als Mulchmaterial verkauft werden. Das Plastik hält zwar tatsächlich die Feuchtigkeit und reduziert das Unkrautwachstum, aber genauso wichtig ist die Tatsache, daß es die Bodenqualität nicht verbessert, wie es bei organischem Mulch der Fall ist. Synthetischen Mulch gibt es teilweise von der Rolle, und dieser Mulch soll das Unkraut niederhalten und verhindern, daß kriechende Pflanzen wie Erdbeeren und Melonen faulen, wenn sie mit dem Boden in Berührung kommen. Plastikmulch ist zwar bequem, aber ich ziehe im allgemeinen organischen Mulch vor.

Trotzdem verwende ich manchmal synthetischen Mulch, und zwar für die folgenden Zwecke:

- ☐ Polyäthylenfilm: Durchsichtige Plastikfolie erwärmt den Boden um etwa 5 Grad, so daß man sie zur Förderung der frühen Keimung bei Gemüse für die kalte Jahreszeit und zur Beschleunigung der Produktion bei Pflanzen für die warme Jahreszeit verwenden kann. Weil die Folie durchsichtig ist, erstickt sie das Unkraut nicht, wie schwarze Plastikfolie es tut.
- ☐ Schwarze Plastikfolie: Erwärmt den Boden um 1 bis 3 Grad und beschleunigt das Wachstum wärmeliebender Pflanzen, indem sie die Sonnenwärme absorbiert und an die umgebende Luft abstrahlt, statt sie an den Boden weiterzuleiten. Sie eignet sich daher sehr gut zur Verlängerung der Anbauzeit bis in den Herbst hinein. Weil sie kein Licht durchläßt, erweist sich schwarze Plastikfolie auch auf Wegen als nützlich, wo sie in Form einer Unterlage das Unkraut erstickt.
- ☐ Hellblaue Plastikfolie: Hat die gleichen Anwendungsmöglichkeiten wie durchsichtige Folie, soll aber angeblich insektenabweisend sein.

Organischer Mulch

Manche Mulcharten kann man im ganzen Land kaufen. Andere sind nur regional als Nebenprodukte aus Landwirtschaft oder Industrie erhältlich. Sie haben unterschiedliche Eigenschaften und bei der Anwendung sind bestimmte Dinge zu beachten.

Mulch	*Bezugsquelle*	*Bemerkungen*
Gealterter Dung	Bauernhöfe	5–7,5 cm hoch aufbringen. Nur gealterten Dung verwenden; frischer Dung verbrennt die Pflanzen.
Apfel- und Traubentrester, Hopfenreste	Anbauer und Hersteller von Wein, Bier und Apfelsaft	10 cm hoch aufbringen; am Ende der Saison zur Bodenverbesserung untergraben.
Kompost	Do-it-yourself-Mulch (s. Kapitel 9)	Kompost durchsieben und nur die groben Reste als Mulch verwenden. 10 cm hoch aufbringen.
Trockenes Laub	Nicht käuflich zu erwerben, fällt aber jedes Jahr neu von den Bäumen	Am besten zerkleinern und in den Komposthaufen geben. Wird leicht davongeweht, wenn es trocken ist, und wird schleimig und backt zusammen, wenn es feucht ist. 15 cm hohe Laubschicht mit 5 cm Erde bedecken, damit es nicht davongeweht wird.
Rasenschnitt	Siehe Fundstellenverzeichnis in Kapitel 8; nicht käuflich zu erwerben	5 cm hoch aufbringen. Vorzugsweise locker und dünn auszubringen, damit es erst trocknet. Keinen Rasenschnitt nehmen, wenn vorher Unkrautvertilgungsmittel verwendet wurden. Frischen Rasenschnitt mit Baumwollkuchenmehl oder Blutmehl besprenkeln, damit mehr Stickstoff zur Verfügung steht.
Gemahlene Maiskolben, Bagasse (ausgepreßtes Zuckerrohr), Tabakstengel	Anbauer und Verarbeiter	Muß zerkleinert oder gemahlen werden. 7–10 cm hoch aufbringen. Stickstoffdünger zugeben.

- ☐ Aluminiumfolie: Wird zwar auch als Mulch verkauft, eignet sich aber besser dazu, in schattigen Gartenteilen die Menge an reflektiertem Licht zu erhöhen. Auf dem Boden ausgelegt, senkt sie die Bodentemperatur um etwa 5 Grad. Angeblich soll sie auch gegen Blattläuse helfen, die durch das reflektierte Licht verwirrt werden.
- ☐ Biologisch abbaubare Plastikfolie: Ein recht neues Produkt, das rollenweise erhältlich ist und am Ende der Saison in den Boden eingearbeitet werden kann. Dieses Produkt ist noch nicht überall erhältlich, so daß Sie sich ein wenig umschauen müssen, um festzustellen, wo es bei Ihnen zu bekommen ist.

Heu und Stroh; getrocknetes Gras	Bauernhöfe und Gartengeschäfte, Futtermittelgeschäfte	Guter Schutz, gerät aber in Brand, wenn ein Raucher nicht aufpaßt. 15–20 cm hoch aufbringen. Guter Winterschutz für Pflanzkübel.
Pilzkompost	Käuflich zu erwerben, wo Pilze gezüchtet werden	10 cm hoch aufbringen, am Ende der Saison zur Bodenverbesserung untergraben.
Zeitungen	Überall	In einer Dicke von 4–8 Seiten aufbringen und mit einer dünnen Schicht Erde bedecken. Keine Zeitungen mit Farbdruck verwenden, weil die Farben giftig sind.
Schalen von Mandeln, Pecan- oder Walnüssen	Anbaugebiete oder Verarbeitungsbetriebe	Halten lange; 10–15 cm hoch aufbringen. Auf den Schalen bildet sich manchmal Schimmel obere Schicht unterharken.
Torf	Für große Flächen teuer, aber leicht erhältlich	Wird trocken leicht weggeweht; schwer anzufeuchten, wenn es einmal trocken ist; bildet krustige Oberfläche und schwimmt auf. Muß feucht gehalten werden oder absorbiert die Feuchtigkeit, statt sie im Boden zu halten. Wird besser als Bodenzusatz verwendet.
Fichtennadeln	Alte Weihnachtsbäume besorgen. Trockene Nadeln in Plastikbeutel schütten oder Zweige als Wintermulch für Dachgärten verwenden.	15 cm hoch aufbringen. Gut für alkalische Erde oder säureliebende Pflanzen wie Blaubeeren
Sägemehl, Holzspäne, zerkleinerte Rinde	Sägemühlen, Tischlereien, Möbelfabriken, Holzhandlungen	Holzspäne 7–12 cm hoch aufbringen, Sägemehl 5 cm hoch. Zusätzlich Stickstoff in den Boden geben, weil diese Mulcharten der Erde bei der Zersetzung Stickstoff entziehen. Rinde 10–15 cm hoch aufbringen; grobe Rinde kann Ameisen beherbergen.
Gewaschener Tang	Kostenlos an Küsten und in Buchten	Zersetzt sich langsam, sehr attraktive dunkle Farbe. Gut waschen und 10–15 cm hoch aufbringen.

MULCHEN – WANN UND WIE

Das Mulchen ist die Lösung für viele Probleme im Garten, aber wie bei den meisten gärtnerischen Regeln (die es ja, wie wir bereits festgestellt haben, praktisch nicht gibt) unterscheiden sich auch die Regeln dafür, wie und wann Mulch aufgebracht wird, von Garten zu Garten. Hier sind ein paar allgemeine Tips für den Fall, daß Sie mulchen wollen:

☐ Bevor Sie zu Beginn des Frühjahrs Mulch aufbringen, warten Sie, bis der Bo-

Eine Kombination aus verschiedenen Plastikfolien zum Schutz der jungen Setzlinge. Eine Mulchschicht aus schwarzer Plastikfolie um die Pflanzen herum hält das Unkraut nieder und erwärmt die kühle Erde im Frühjahr, und eine Abdeckung aus durchsichtiger Plastikfolie nutzt das Sonnenlicht aus. Die Plastikabdeckung ist mit Wäscheklammern an einem Draht befestigt, der zwischen den Pfosten gespannt ist.

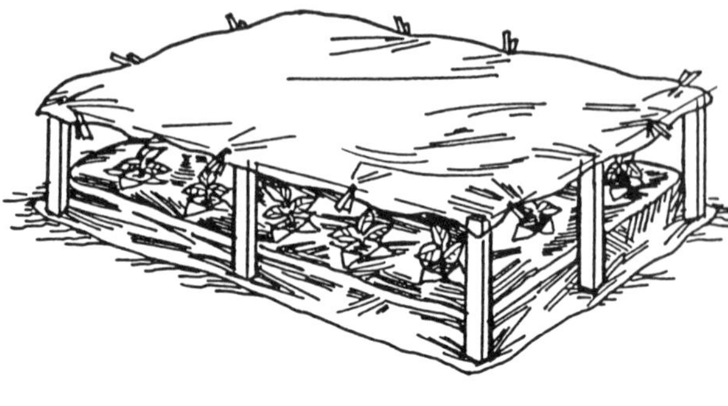

den warm ist, der Samen gekeimt hat und die Sämlinge ausgedünnt worden sind.

- ☐ In einer 10 bis 15 cm dicken Lage Mulch sind Ihre Sämlinge nur schwer zu finden, so daß Sie am besten zuerst alle Wege und unbepflanzten Stellen mulchen und dann warten, bis die Pflanzen mindestens 10 cm hoch sind.
- ☐ Als Faustregel gilt, daß die Lage um so dünner sein kann, je feiner der Mulch ist. 5 bis 7,5 cm feingemahlene Maiskolben sind beispielsweise in der Regel dick genug; eine Strohschicht muß dagegen mindestens 15 cm dick sein, weil sie gröber ist.
- ☐ Wenn die untersten Blätter der Pflanzen gelb werden, ist das in der Regel ein Zeichen dafür, daß der Mulch sich zersetzt und dabei dem Boden Stickstoff entzieht. In dieser Situation ist ein stickstoffreicher Flüssigdünger wie etwa Fischemulsion angebracht.
- ☐ Geben Sie neues Material zu, wenn der Mulch sich verdichtet. Die Mulchschicht sollte immer die gleiche Dicke haben.

Gießen: Zuviel zu früh oder zuwenig zu spät

Für manche Gärtner ist es etwas Wunderbares, wenn sie mit dem Schlauch in der Hand in den Garten gehen, um ihre Pflanzen zu wässern. Vielleicht befriedigt bei diesen Gärtnern das Gießen einen angeborenen Pflegeinstinkt – als wenn sie ein Baby füttern oder einen Welpen dabei beobachten, wie er seinen Napf leerfrißt. Für andere Gärtner ist das Gießen eine lästige, zeitraubende Arbeit, die man möglichst schnell hinter sich bringen sollte. Es ist keine Frage, daß das Wasser ein lebenswichtiges Element für wachsende Pflanzen ist, und ob es Ihnen paßt oder nicht, bei trockenem Wetter muß der Gärtner seine Pflanzen mit Wasser versorgen. In den vergangenen Jahren haben uns geringere Regenfälle als normal und vereinzelte Dürren erkennen lassen, daß wir allmählich mit dem Wasser sparsam umgehen müssen. Wir wissen jetzt, welch ein kostbares Gut frisches, klares Wasser ist. Das bedeutet, daß alle Gärtner über effiziente Gießtechniken Bescheid wissen müssen.

Die folgenden Vorschläge helfen Ihnen dabei, Wasser zu sparen und das verfügbare Wasser optimal zu nutzen:

- ☐ Geben Sie organische Substanz in den Boden, um die Wasserhaltefähigkeit zu verbessern. Wegen ihrer schwammartigen Struktur erhöht organische Substanz bei allen Bodenarten die Fähigkcit, das Wasser zu halten, und fördert außerdem die Entwässerung und Durchlüftung.
- ☐ Mulchen Sie alles, was sich mulchen läßt. Eine Mulchschicht erstickt nicht nur das wasserstehlende Unkraut, sondern hält den Boden auch kühl und verlangsamt die Verdunstung der Bodenfeuchtigkeit.
- ☐ Gießen Sie nicht von oben, sondern auf Bodenhöhe, um die Verdunstung zu verringern.
- ☐ Gießen Sie nur so schnell, wie die Erde Wasser aufnehmen kann; bei zu starkem Gießen läuft das Wasser nur ab und ist verschwendet.
- ☐ Gießen Sie früh am Morgen (die beste Tageszeit) oder am Abend. In der Hitze des Tages verdunstet das Wasser viel schneller.
- ☐ Leiten Sie das Wasser aus der Regenrinne möglichst in große Fässer, und gießen Sie Ihren Garten dann mit diesem Regenwasser.
- ☐ Wenn Sie unglasierte Tontöpfe verwenden, die porös sind und schnell austrocknen, stellen Sie jeden einzelnen Topf auf einen Ziegelstein, der bis zur Hälfte im Wasser liegt. Die ebenfalls porösen Ziegelsteine absorbieren das Wasser und leiten durch den Topf genügend Wasser weiter, um die Pflanzen für mehrere Tage feucht zu halten.
- ☐ Auf warmen, windigen Dächern oder Balkonen stellen Sie die Pflanzen eng zusammen, damit sie sich gegenseitig etwas Schatten spenden und die Luftfeuchtigkeit um das Blattwerk herum höher bleibt; beides verringert den Feuchtigkeitsverlust.
- ☐ Durchlöcherte Kaffeedosen, Plastikflaschen oder andere Behälter, die neben den Pflanzen eingegraben und mit Wasser gefüllt werden, eignen sich besonders gut für bepflanzte Abhänge, weil sie verhindern, daß das Wasser an der Oberfläche abläuft und dafür sorgen, daß es die Wurzeln erreicht, wo es am meisten gebraucht wird. Sie können diese Behälter auch direkt neben Melonen und Gurken setzen, die große Mengen Wasser benötigen.

Alle guten Gärtner fühlen sich dafür verantwortlich, ihre Pflanzen zu gießen, ohne Wasser zu verschwenden. Trotzdem wissen viele Gärtner nicht, wieviel Wasser die Pflanzen benötigen, wie oft sie es brauchen und wie am besten gegossen wird.

WIEVIEL WASSER?

Unter Gemüseanbauern besteht allgemein die Ansicht, daß die meisten Gartenpflanzen in der Woche mindestens 2½ cm Wasser benötigen, um richtig zu wachsen und sich zu entwickeln. Der Wassergehalt von Gemüse liegt zwischen 80 und 94%, bei den meisten Gemüsearten um 90%. Deshalb ist leicht zu begreifen, warum das Fehlen von Wasser selbst über einen kurzen Zeitraum ihre Eigenschaften ändert und zu Schäden führt, von denen sich die Pflanzen nie mehr voll erholen.

Das Wasser muß tief in den Boden bis zu den Wurzeln eindringen, damit die Pflanzen den größten Nutzen davon haben. Eine gute Grundregel lautet: »Mehr Wasser, aber nicht so oft«. Wenn Sie Ihren Garten jeden Tag kurz besprühen, werden nur die oberen Zentimeter des Bodens naß. Die Wurzeln wachsen auf der Suche nach Wasser näher an der Oberfläche, und ein plötzlicher Hitzeeinbruch könnte diese flachen Wurzeln beschädigen. Wenn das Wasser andererseits tief in den Boden eindringt, wachsen die Wurzeln weiter nach unten, wo es kühler ist. Wenn das Wasser knapp ist, fallen Blüten und unreife Früchte von den Pflanzen, und es kommt zu niedrigen Erträgen mit kleinen, mißgeformten, qualitativ schlechten Früchten.

WANN GIESSEN?

Die Pflanzen brauchen zwar während ihres gesamten Wachstums Feuchtigkeit, aber es gibt bestimmte kritische Perioden in ihrem Wuchszyklus, in denen Wasserknappheit äußerst schädlich ist. Bei den meisten Gemüsearten liegen die kritischen Zeiten während der Keimung, wenn die Sämlinge aus dem Boden kommen, und wenn die jungen Setzlinge in den Garten ausgepflanzt werden. Neu gepflanzte Obstbäume und Büsche brauchen ebenfalls viel Feuchtigkeit. Gleichmäßiges und stetiges Gießen ist in diesen kritischen Zeiten absolut unerläßlich. die Jungpflanzen haben noch keine tiefreichenden Wurzeln, die Erde an der Oberfläche trocknet schnell aus, und schon sind die Pflanzen hinüber. Achten Sie also besonders, wenn Sie während der heißen Sommermonate umpflanzen, darauf, daß die Pflanzen oder Samen gut gegossen werden.

Weiterhin wichtig sind die Zeiten, in denen die Pflanzen blühen und Frucht ansetzen. Bei manchen Gemüsearten ist die Fruchtentwicklung in bezug auf das Gießen der wichtigste Zeitraum. Brokkoli, Kohl, Blumenkohl und Salat brauchen Wasser, wenn sich die Köpfe bilden. Karotten, Radieschen und Rüben brauchen viel Feuchtigkeit, wenn die Wurzeln dick und rund werden. Bohnen und Erbsen brauchen Wasser, wenn die Schoten wachsen, und Mais muß gegossen werden, wenn sich die Kolben entwickeln.

Wasser geht nicht nur durch Transpiration aus den Blättern verloren, sondern auch durch Verdunstung aus dem Boden. Diese beiden Vorgänge bestimmen die Menge und Häufigkeit, in dem Ihr Garten Wasser braucht, und nur Sie sind durch wiederholte Versuche und Beobachtung in der Lage, das effizienteste Gießprogramm für Ihre Pflanzen herauszufinden.

Zu Verwirrung kommt es oft, weil die Regel von den 2½ cm Wasser pro Woche nicht für alle Gärten gilt, da sich der Wasserbedarf ändert und abhängig ist von der Bodenart, der Temperatur und Tageslänge, der Bewölkung, dem Wind, der relativen Luftfeuchtigkeit, der Art und Größe der betroffenen Pflanzen, der Dichte oder Anzahl von Pflanzen auf einer gegebenen Fläche, der Verwendung von Mulch und der Regenmenge in einer gegebenen Saison.

Ein paar Methoden, im Sommer Wasser zu sparen (im Uhrzeigersinn von rechts): Plastikmilchflaschen mit Löchern im Boden werden mit Wasser gefüllt und neben die einzelnen Pflanzen gesetzt; ein Berieselungssystem, durch das das Wasser dorthin gelangt, wo es gebraucht wird; eine Regenwassertonne, die mit Dachrinne und Fallrohr verbunden ist; Topfpflanzen, die in Gruppen aufgestellt sind, um eine höhere Luftfeuchtigkeit direkt um die Pflanzen herum zu erhalten.

Sie sehen also, daß es nicht reicht, einfach das Wasser laufen zu lassen. Den Wasserbedarf Ihres eigenen Gartens festzustellen und dann eine Gießmethode oder eine Kombination aus mehreren Methoden zu wählen, trägt dazu bei, Wasser zu sparen, ohne Ihren Pflanzen dieses lebenswichtige Element zu versagen.

Um festzustellen, wie lange Sie brauchen, um Ihrem Garten 2½ cm Wasser zu verabreichen, stellen Sie eine Reihe leerer Dosen fest auf die Erde. Stellen Sie Schlauch oder Sprinkler ganz normal an und stoppen Sie die Zeit, bis sich 2½ cm Wasser in den Dosen gesammelt haben. 2½ cm Wasser dringen etwa 15 cm tief in den Boden ein, obgleich sich auch dafür keine genaue Regel aufstellen läßt. Die folgenden Anhaltspunkte für das Gießen helfen Ihnen vielleicht dabei, die Wassermenge in diesen kritischen Zeiten festzustellen.

Frühjahrsbeginn: In dieser Jahreszeit sind viele Gärten Regenfällen, tauendem Schnee und Tauwetter ausgesetzt. In der Regel brauchen Sie nur einmal zu gießen, und zwar beim Aussäen oder beim Auspflanzen von Sämlingen. Wenn der Boden jedoch an den Pflanzstellen trocken aussieht, wässern Sie ihn leicht mit einer feinen Sprühdüse, damit der Samen nicht fortgespült wird.

Spätes Frühjahr und Frühsommer: Das sind die Monate, in denen zarte Setzlinge ausgesetzt werden (Tomaten, Gurken, Paprika und Auberginen). Bedienen Sie sich Ihres Urteilsvermögens – am besten ist es, die Pflanzfläche vor und nach dem Auspflanzen gründlich zu wässern.

Hochsommer: Das ist die Zeit, in der das meiste Wasser gebraucht wird, weil die Sommerhitze den Boden sehr schnell austrocknet. Die Pflanzen sind größer und daher durstiger. In dieser Zeit müssen Sie täglich im Garten nachschauen, ob gegossen werden muß. Wahrscheinlich gehen Sie aber sowieso täglich in den Garten, weil Sie zu dieser Zeit frühe Sorten ernten und anstelle der geernteten neue Pflanzen setzen.

WIE GIESSEN?

Es gibt zwei grundlegende Möglichkeiten, die Pflanzen zu begießen: von oben und auf Bodenhöhe. Manche Gärtner behaupten steif und fest, daß das Gießen von oben dem Regen näher kommt und daher eine natürlichere Gießmethode ist. Andere glauben fest, daß es am besten ist, das Wasser direkt auf den Boden zu geben. Beide Methoden haben ihre Vorteile und Nachteile, und Vorrichtungen und Geräte gibt es für beide Methoden im Überfluß. Es besteht durchaus die Möglichkeit, von einer Methode zur anderen überzugehen oder sich nur der einen Methode zu bedienen, weil es einfach praktischer ist.

Da eine beträchtliche Menge Wasser durch Verdunstung verlorengeht, sind hochstehende Sprinkler an windigen Tagen oder in windigen Gegenden eine Verschwendung. Unter diesen Umständen ist es besser, eine Art Sickervorrichtung oder Tropfberieselung zu wählen. Wenn Sie unbedingt von oben bewässern wollen, tun Sie das morgens oder abends, wenn es nicht so windig und die Verdunstungsrate niedriger ist. Wenn Sie am Morgen gießen, können die Pflanzen während des Tages etwas abtrocknen. In nebligen oder sehr feuchten Gegenden kann das Gießen von oben, besonders wenn es abends erfolgt, außerdem die Schimmelbildung begünstigen.

Das Bewässern von oben ist leichter und in der Regel billiger als die Bodenbewässerung, weil die Bodenbewässerungsvorrichtungen an sich billiger und in einer Vielzahl von Formen für viele bestimmte Zwecke erhältlich sind. Stationäre Sprinkler haben Löcher, durch die das Wasser über eine quadratische, rechteckige oder kreisförmige Fläche von bis zu 10 m^2 verteilt wird. Diese begrenzte Reichweite eignet sich perfekt für kleine Gärten. Als Schlauchvorsatz gibt es an-

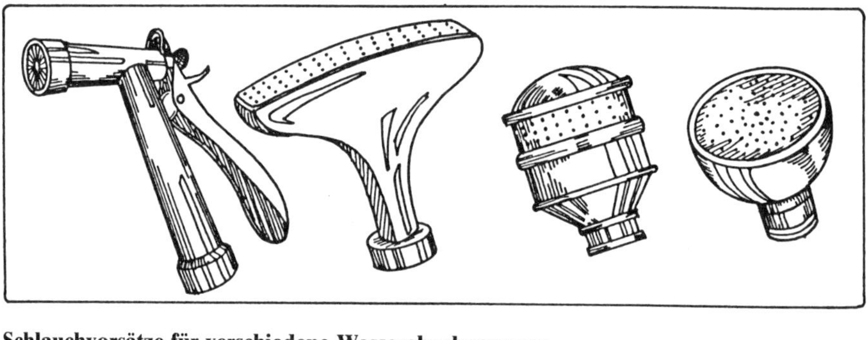

Schlauchvorsätze für verschiedene Wasserabgabemengen.

dere Geräte, die für eine oszillierende, rotierende oder pulsierende Wasserabgabe sorgen. Weiterhin finden sich Stäbe und Feinsprühvorsätze, aus denen ein leichter, sanfter Wassernebel für Samen und Sämlinge oder zum Abwaschen der Blätter in einem Dachgarten kommt. Es gibt für jeden etwas, man braucht nur in den Katalogen nachzuschlagen oder sich in den Geschäften umzusehen (siehe Zeichnung).

Die Befürworter der Bodenbewässerung behaupten, daß sie mit ihrer Methode im Vergleich zu einem Sprinkler etwa 50% Wasser sparen. Auch Bodenbewässerungsgeräte gibt es zuhauf: Schläuche mit porösen Rohrstücken, Tropfanlagen, einfache Wassergräben oder Schläuche mit Sprudelvorsätzen. Ein Punkt, den es zu beachten gilt, ist der, daß es bei der Bodenbewässerung länger dauert, bis eine gegebene Menge Wasser in die Wurzelzone vordringt, aber die zusätzlich erforderliche Zeit lohnt sich möglicherweise, weil der Verlust durch Verdunstung stark verringert wird.

Wie Sie auch Ihren Garten bewässern, der Schlauchdurchmesser beeinflußt den Zeitbedarf. Ein Schlauch mit 3/4 Zoll Durchmesser liefert beispielsweise mehr als 13 l in 10 Sekunden, während aus einem Schlauch mit 1/2 Zoll Durchmesser in der gleichen Zeit nur etwa 5 l Wasser kommen. Denken Sie daran, wenn Sie die Wahl treffen.

BESONDERER GIESSBEDARF

Wenn sie zu den Gärtnern gehören, die es als besondere Freude und gedankenfördernde Aktivität betrachten, am Ende des Tages mit dem Schlauch in der Hand alles zu besprühen, was in Sichtweite ist, werden Sie sich über die Mitteilung freuen, daß Sie sich dieses Vergnügen nicht versagen sollten, weil es Ihren Pflanzen nicht schadet. Überhaupt nicht zu gießen, ist schlimmer als gelegentliches Übergießen. Aber wenn Sie ein vielbeschäftigter oder ungeduldiger Mensch sind, der diese Arbeit absolut nicht mag, hat ein Berieselungssystem mit Zeitschaltuhr seine Vorteile. Die meiste Zeit ist der Wasserdruck auf einem Hochhausdach sehr niedrig, und es können Stunden vergehen, während das Wasser langsam in die einzelnen Pflanzkübel tröpfelt. Es ist schwierig, einen Nachbarn zu finden, der bereit ist, das lästige Begießen zu übernehmen, wenn Sie unterwegs sind. Dieses Problem hatte ich bei meinem eigenen Dachgarten. Die Installation zu Anfang war zwar teurer und zeitraubend, aber das Berieselungssystem mit der Schaltuhr spart mir jetzt jeden Tag vier Stunden Gießarbeit. Jetzt stelle ich die Uhr ein, bevor ich zu Bett gehe, und am Morgen werde ich wach und beobachte, wie in den Pfützen auf dem Boden Vögel baden – ein zusätzliches und unerwartetes Vergnügen.

Auf Dachgärten in der Stadt müssen Pflanzen außerdem mit einem feinen Wassernebel von Ruß und Schmutz gereinigt werden. Bei richtig heißem Wetter bewahrt ein leichtes Absprühen mit dem Schlauch das Gemüse in Pflanzkübeln davor, in der Hitze »ohnmächtig« zu werden. Das Absprühen erfolgt zusätzlich zum normalen Gießen. Wenn Sie niemanden finden, der die Pflanzen auf Ihrem Balkon oder Dachgarten gießt, während Sie unterwegs sind, gießen Sie ihn selbst am frühen Morgen oder spät am Abend und wickeln dann den Kübel (nicht die Pflanze) in Plastikfolie ein oder bedecken die Erde mit einem Pastikbeutel, damit die Feuchtigkeit nicht verdunstet. Kübelpflanzen sind der trocknenden Luft von allen Seiten ausgesetzt. Je kleiner der Kübel, desto anfälliger ist er für das Austrocknen, so daß Sie die Erde täglich prüfen müssen, indem Sie den Finger 2½ cm tief hineinstecken. Wenn der Finger trocken bleibt, gießen Sie gründlich mit einer Gießkanne oder einem Schlauch mit entsprechendem Vorsatz. In Eisenwarengeschäften gibt es Verbindungsstücke für Wasseranschlüsse im Bad oder in der Küche, an die Sie einen Schlauch anschließen können, wenn draußen kein Wasseranschluß vorhanden ist. Eine Wasserquelle läßt sich immer finden. Wenn Sie keinen Wasseranschluß auf Ihrem Dachgarten haben, können Sie vom Installateur einen legen lassen oder mit den Verbindungsstücken in Bad oder Küche arbeiten.

Indem Sie Ihr Gemüse gießen, erhalten Sie eine Chance, wirklich zu erleben, was mit ihm passiert. Sie entwickeln schließlich eine enge Beziehung zu ihrem Garten, wie es sonst nicht möglich wäre. Sie werkeln herum, zupfen hier und dort etwas Unkraut, pflücken ein abgestorbenes Blatt oder Insekt ab; es ist eine Zeit der Anteilnahme. Irgendwie werden wir irdischen Lebewesen immer zum Wasser hingezogen. Die Evolutionstheorie, nach der wir aus dem Meer gekommen sind, könnte zum Teil eine Erklärung für unsere Liebe zum Wasser liefern. Vielleicht ist es aber auch eine Art Erinnerung an unser komfortables, wasserumhülltes Schweben vor der Geburt, die uns immer wieder in einen traumhaften Zustand versetzt, wenn wir das Tröpfeln aus einem Schlauch, das Rauschen eines Flusses oder den Anprall der See hören.

Das Graben, das Pflanzen und die Bodenvorbereitung werden während der Vegetationszeit zu einer Tätigkeit, die man als »herumwerkeln« bezeichnen könnte. Aber dieses Herumwerkeln ist meiner Meinung nach das beste Gegenmittel gegen einen spannungsgeladenen Tag im Büro. Im Garten können Sie die täglichen Sorgen aus Ihrem Kopf verbannen und stattdessen voller Erwartung an die Ernte denken, die bald kommt . . . wenn alles gut geht.

KAPITEL 12

Nette Kerle und böse Buben

Gartenneulinge leben in einer einfachen und unschuldigen Welt von schwarz und weiß: Es gibt nette Kerle und böse Buben. Nett sind all das Gemüse, Obst, Kräuter und Blumen, die Vögel (die manchmal allerdings zu Eindringlingen werden können), die Raubinsekten und die Kröten. Die bösen Buben sind das Unkraut, die vierbeinigen fellbesetzten Plagen, alles Schleimige, das auf dem Boden kriecht, und die Krankheiten und das Ungeziefer.

Da das Leben draußen sich nun einmal nicht in bequem abgepackter Form abspielt, muß es in gewissem Ausmaß »zugeschnitten« werden.

Der Neuling ist sich möglicherweise nicht darüber im klaren, daß viele Insekten den Pflanzen nicht schaden, und daß eine große Anzahl sogar eine ausgesprochene nützliche Rolle als Bestäuber und Räuber spielen. Für viele Neugärtner sind alle Insekten niederträchtige Wesen, die sich ihren Weg durch den Garten kauen, beißen, saugen und wühlen. Sie sind ein Feind, der ohne Einladung gekommen und zum Bleiben entschlossen ist, deshalb müssen sie auf faire oder unfaire Weise, im Nahkampf oder mit chemischen Kampfmitteln bekämpft werden. Was das Problem für die Gemüsegärtner noch erschwert, ist die Tatsache, daß viele Lebewesen unsichtbare Feinde sind. Zumindest scheinen sie unsichtbar zu sein, und an einem Feind, der sich tagsüber versteckt und nachts in den Garten eindringt, der sich zwischen Blättern und Blüten verbirgt und ihre Formen und Farben abnimmt, ist etwas Unheimliches und Beunruhigendes.

Der wütende Gartenneuling verspürt oft den Wunsch, den Kampf mit diesen verborgenen Nachtkreaturen aufzunehmen, und sorgt in seiner Frustration durch Bestäuben, Besprühen und Vergasen dafür, daß sie alle einen vorzeitigen Tod sterben. Gute und böse Insekten werden gleichermaßen durch ein Arsenal an teuren und umweltschädlichen chemischen Pestiziden vernichtet. Siegreich beobachtet der Gärtner, wie seine Feinde zu Boden fallen. Das ist eine Möglichkeit mit Insektenproblemen fertigzuwerden. Aber aufgeklärte Gärtner wissen, daß es bessere Möglichkeiten gibt, die Erde mit den natürlichen Lebewesen zu teilen, und obgleich wir manchmal das ohnmächtige Gefühl haben, daß wir die einzigen sind, die nichts aus dem Garten zu essen bekommen, nehmen wir uns die Zeit zu lernen, die Umwelt nicht mit Chemikalien zu schädigen. Ein paar tausend natürliche Raubinsekten auszusetzen, insektenfressende Vögel in den Garten einzuladen und die sogenannte integrierte Ungezieferbekämpfung sind alles Möglichkeiten, die langsamer und ruhiger vonstatten gehen. Aber sie funktionieren, obwohl man davon in der Regel nichts sieht oder hört. Die organische Verteidigung

Andere Gartenfreunde

Neben den »nette Kerlen« (Insekten) und Vögeln gibt es noch ein paar andere Lebewesen, die das Ungeziefer in Ihrem Garten fressen. Diese anderen Gartenfreunde sollten in Ihrem Garten willkommen sein, wenn Sie auch darüber überrascht sein mögen, um welche Tiere es sich handelt.

Kröten: Eine Kröte fängt mit ihrer schnellen, klebrigen Zunge im Sommer etwa 10000 Insekten. Sie lebt etwa 10 Jahre und hat eine starke Standorttreue; sie bleibt in Ihrem Garten, so lange es ihr dort gut geht. Stellen Sie den Kröten ein paar »Krötenhäuser« zur Verfügung, damit sie im Garten bleiben und viel Ungeziefer fressen. Ein solches Haus besteht einfach aus einem Tontopf, der, mit einem Loch in der Seite, umgedreht auf den Boden gestellt wird. Stellen Sie die Töpfe an schattigen Stellen zusammen mit einem flachen Wassergefäß auf. Wenn Sie die Kröten fangen und in den Garten bringen, müssen Sie sie ein paar Tage lang »einsperren«, damit sie sich mit ihrer neuen Umgebung vertraut machen. Sie gewöhnen sich schnell daran und fangen mit der Arbeit an.

Eidechsen: Gibt es in manchen Tierhandlungen zu kaufen. Diese schnell laufenden Reptilien wollen nichts mehr, als frei zu sein und sich ihr Essen zu erjagen. Sie legen jeden Sommer zweimal Eier und ihre Nachkommen begeben sich auf die Wanderschaft, sobald sie etwa 2½ cm groß sind. Einmal fand ich eine Eidechse in meinem Dachgarten im 17. Stock mitten in der Stadt. Mittels eines Buches identifizierte ich sie. Wegen ihres scheinbar unnatürlichen Lebensstils wurde sie zu einem Anziehungspunkt für unsere Freunde. Louis, die Eidechse, wie sie genannt wurde, ersparte es uns den ganzen Sommer über, Fliegengitter vor dem Fenster anzubringen.

Schildkröten: Langsam, aber zuverlässig. Diese hübsch gemusterten Lebewesen brauchen nur Wasser. Sie fressen Raupen, Würmer, Schnecken und Käfer sowie alles Obst oder Gemüse, das auf den Boden fällt. Lassen Sie einfach ein paar Schalen oder etwas Gemüse oben auf dem Komposthaufen liegen, damit die Schildkröte zusätzlich etwas zu fressen hat. Wenn es kälter wird, graben sich die Tiere in den Boden ein, wo es wärmer ist und sie überwintern.

ist also genauso versteckt wie der Feind, aber sie berücksichtigt die Umwelt und bildet einen fairen Umgang mit der Natur. Für Sie besteht die Möglichkeit, gezielt gegen die schädlichen Insekten vorzugehen und die netten Kerle ihre Arbeit tun zu lassen.

Anhaltspunkte für die Insekten- und Krankheitsbekämpfung

Da der organische Gärtner selbst die beste Waffe gegen Ungezieferprobleme ist, besteht der erste Schritt bei jeder Art von Insekten- und Krankheitsbekämpfung immer in der Vorbeugung. Neben den Präventivmaßnahmen sollten Sie darauf abzielen, den Garten gut zu pflegen und natürliche Methoden und Mittel als Alternativen zu chemischen Pestiziden anzuwenden. Hier sind ein paar Maßnahmen, die Sie treffen sollten:

- ☐ Verbessern Sie Ihren Boden, bis er ein ausgewogenes Nährstoffverhältnis zeigt und voll von organischer Substanz ist. Fruchtbare, gut entwässerte Erde fördert in der Regel ein kräftiges und gesundes Pflanzenwachstum, und wenn die Pflanzen gesund sind, sind sie auch widerstandsfähiger gegenüber schädlichen Insekten und Krankheiten.
- ☐ Praktizieren Sie eine gute Gartenhygiene. Seien Sie ordentlich. Hinterlassen Sie keine Haufen aus Holz, Steinen oder Pflanzenabfällen im Garten, in denen sich überwinterndes Ungeziefer niederlassen kann. Beseitigen Sie befallene Pflanzen sofort, damit keine weiteren Pflanzen befallen werden. Kompostieren Sie keine kranken Pflanzen.
- ☐ Verwenden Sie Hochbeete, hängende Töpfe und Kübel, damit kriechende Insekten nicht in den Garten gelangen.
- ☐ Achten Sie darauf, daß ihr Garten viel Licht und Luft bekommt, damit Pilze, Schimmel und andere Krankheiten es schwerer haben.
- ☐ Entscheiden Sie sich für Gemüsesorten, die bekanntermaßen widerstandsfähig gegen bestimmtes Ungeziefer und bestimmte Krankheiten sind, die öfter in Ihrer Nachbarschaft auftreten.
- ☐ Gehen Sie mittels zeitlicher Abstimmung zum Gegenangriff über. Die Zeit, zu der Sie das Gemüse pflanzen, kann eine wichtige Hilfe bei der Ungezieferbekämpfung sein. Manchmal erweist es sich als nützlich, früher oder später zu pflanzen, zeitlich versetzt zu pflanzen oder frühe und späte Sorten zu verwenden. Mit diesen Methoden können Sie Zeiträume meiden, in denen das Ungeziefer Eier legt oder besonders reichlich vorhanden ist.
- ☐ Lernen Sie, wie die einzelnen Insekten aussehen, und achten Sie auch auf die weniger offensichtlichen Spuren, die sie hinterlassen. Untersuchen und beobachten Sie ihre Lebensart, d. h. wann sie auftreten, was sie bevorzugt fressen, und beschäftigen Sie sich mit ihrem Lebenszyklus.
- ☐ Machen Sie sich mit den Bekämpfungsmöglichkeiten verschiedener, häufig auftretender Ungezieferarten vertraut (siehe Aufstellung »Häufig auftretende böse Buben«). Sobald ein Insekt als schädlich identifiziert und groß genug ist, um es zu sehen und zu beseitigen, kommt als nächster Schritt das, was ich als »Pflücken- und Zertreten«-Methode bezeichne. Wenn sie nicht schnell beseitigt werden, scheinen Insekten Freunde und Verwandte zu drei Mahlzeiten am Tag einzuladen. Versuchen Sie es also mit den nächsten drei Vorschlägen, bevor die massenhafte Invasion beginnt.
- ☐ Inspizieren Sie Ihre Pflanzen täglich. Auch wenn Sie zimperlich oder kurzsichtig sind, gibt es keine Ausrede. Wer zimperlich ist, kann Handschuhe tragen und die Insekten mit der Pinzette entfernen. Der Kurzsichtige kann mit einem Vergrößerungsglas die winzigen Eier und Nachkommen der kleinen Ungezieferarten erkennen. Werfen Sie sie in eine Kaffeedose, die 3 cm hoch mit Alkohol oder Kerosin gefüllt ist.
- ☐ Praktizieren Sie den Fruchtwechsel. Selbst bei kleinen Gärten oder Behältern ist es möglich, die einzelnen Pflanzengruppen jedes Jahr in einen anderen Teil des Gartens zu bringen. Durch den Fruchtwechsel werden den Insekten ihre bevorzugten Wirtspflanzen entzogen.

□ Machen Sie sich den Zwischenfruchtbau zunutze. Es gibt zwar noch keinen wissenschaftlichen Beweis dafür, aber diese Methode wird von Gärtnern schon seit Urzeiten zur Insektenbekämpfung angewendet. Lassen Sie die insektenabweisenden Pflanzen in einem kleinen Garten doppelte Arbeit tun, und pflanzen Sie eßbare Zwischenfrüchte wie etwa Küchenkräuter und Mitglieder der Zwiebelfamilie (Schnittlauch, Zwiebeln) als Begrenzungen. Sie können diese Zwischenfrüchte auch zwischen Gemüse setzen bzw. einen ganzen Kräutergarten neben Ihrem Gemüsegarten anlegen, und erhalten so eine Sammlung verschiedener eßbarer und insektenabweisender Pflanzen.

Bestäubende Insekten und Raubinsekten konsumieren zusammen mit den größeren Lebewesen wie Vögeln, Eidechsen und Kröten jeden Tag ungeheure Mengen an schädlichen Insekten. Sie sind die netten Kerle im Garten, und kluge Gärtner wissen sie zu schätzen. Aber die wahllose Verwendung von Insektiziden kann auf den Urheber zurückschlagen und diese nützlichen, unerläßlichen und oft hübschen Lebewesen vernichten. Stellen Sie sich nur einmal einen Sommertag ohne flatternde Schmetterlinge oder einen Morgen ohne Vogelgezwitscher vor. Das wäre doch traurig. Es ist wichtig, daß Sie lernen, welche Insekten und Lebewesen nützlich sind, denn wenn Sie sie identifizieren können, sind Sie auch in der Lage, diese Wächter über den Garten willkommen zu heißen und zu schützen (siehe Aufstellung »Die netten Kerle«).

Allgemein kann man sagen, daß die meisten »Gartenbösewichter« Vegetarier sind, deren Nahrung überwiegend aus Blättern, Stielen, Wurzeln und Früchten besteht. Ironischerweise sind die netten Kerle nicht nur Fleischfresser und fressen andere Insekten, sondern zum Teil auch Kannibalen, die einander gegenseitig verspeisen. Die nützlichen Insekten fallen in zwei Kategorien, nämlich Raubinsekten und Parasiten. Die Raubinsekten gelten unter Insektenkennern als weitaus wirksamere biologische Bekämpfungsmittel als die Parasiten, weil sie während ihres Lebens eine große Anzahl von Insekten vernichten. Parasiten dagegen töten in der Regel nur ein einziges Opfer. Wie dem auch sei, sie sind alle Verbündete des Gärtners und bilden eine gute Abwehrfront gegen die Bösewichter (selbst wenn es schwierig sein mag, Kannibalen zu mögen).

EINLADUNG FÜR NÜTZLICHE VÖGEL UND ABSCHRECKUNG FÜR TAUBEN

Für fortgeschrittene Gartenfaulpelze bieten Vögel eine geschickte und wirkungsvolle Möglichkeit, den Bestand an schädlichen Insekten zu verringern, ohne einen Finger zu rühren. Vögel verleihen der Landschaft Farbe und Musik und kommen in Ihren Garten, wenn sie dort willkommen sind. Gut plazierte Futter- und Wasserstellen für heimische und Zugvögel führen nicht nur zu einem deutlichen Anstieg der Vogelpopulation, sondern auch zu einem Rückgang des Schadens durch Insekten. Und Sie haben den zusätzlichen Vorteil, mehr Zeit mit gemächlicher Beobachtung und weniger Zeit mit der Insektenbekämpfung verbringen zu müssen.

Ein paar »böse Buben«

Insekt	*Beschreibung*	*Befallene Gemüsearten*	*Freßverhalten und Symptome an den Pflanzen*	*Natürliche Bekämpfungsmittel*
Saugende Insekten				
Blattläuse 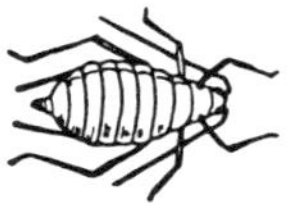	Grün, rosafarben, schwarz oder gelb; winzige, manchmal geflügelte Insekten ohne Panzer.	Fast alle	Leben in Kolonien, saugen an Stielen. Laub kräuselt sich, wird faltig und gelb. Pflanzen werden schwach und verkümmern. Knospen und Blüten deformiert. Verbreiten Viruskrankheiten.	Hausmittel: Mit milder Seifenlösung absprühen, und dann mit klarem Wasser nachspülen. Aluminiumfolie als Mulch. Natürlich: Raubinsekten, z. B. Marienkäfer. Käufliche Mittel: Rotenon, Pyrethrum.
Zikaden 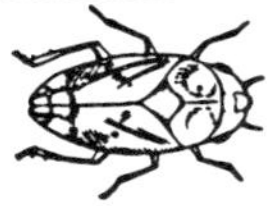	Kleine, keilförmige Insekten von grüner oder bräunlicher Farbe. Bewegen sich schnell und seitlich, halten die Flügel in einer zeltähnlichen Stellung über dem Körper.	Auberginen, Bete, Mais, Sellerie, Kartoffeln, Trauben, Tomaten und andere.	Puppen und ausgewachsene Insekten saugen die Blätter aus und übertragen verschiedene Krankheiten. Blätter werden gelb und fleckig, an den Rändern und Spitzen kraus und braun.	Hausmittel: Kleine Pflanzen im Frühsommer mit feinem Netz abdecken. Käufliche Mittel: Kieselgur, Pyrethrum, Rotenon.
Milben 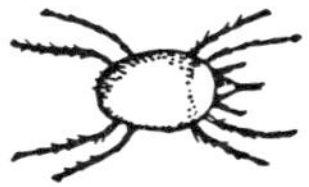	Oval, gelb, grün oder rot; nur 0,5 mm lang.	Bohnen, Erbsen, Tomaten, Sellerie, Obst.	Saugen den Saft der Pflanzen. Bei trockenem Wetter überaus produktiv. Feine silbrige Netze unter und über dem Laubwerk. Fleckiges, gekräuseltes und verwelkendes Laubwerk.	Hausmittel: Gartenabfall vernichten, damit Milben nicht überwintern können. Natürliche Raubinsekten wie Marienkäfer. Käufliche Mittel: Obst Anfang des Frühjahrs mit Ölspray behandeln.
Weißfliegen 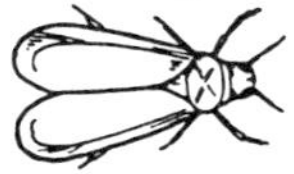	Weiße, bepuderte Körper, erinnern an kleine Motten. Fliegen bei Störung wie eine Schneewolke auf.	Paprika, Tomaten, die meisten anderen Gemüsearten.	Verbergen sich unter den Blättern und saugen an Blättern, Stielen und Blütenknospen. Die gelblichen Puppen haften an den Blattunterseiten; Pflanzen verkümmert und schwach, reduzierter Ertrag.	Hausmittel: Bretter gelb anstreichen, mit klebrigem Stoff überziehen und über betroffene Pflanzen hängen. Reflektierende Aluminiumfolie als Mulch verwenden. Seifenwasser. Marienkäfer als natürliches Raubinsekt. Käufliche Mittel: Seifenspray.

So füttert man nützliche Vögel, ohne Tauben anzulocken: Versuchen Sie es mit dieser Art von Vogelhaus, bei dem die Vögel auf einer Stange hocken. Tauben können die Stange nicht fassen, müssen sich also andere Nahrungsquellen außerhalb Ihres Gartens suchen.

Um besonders im Norden insektenfressende Vögel anzuziehen, muß man auch im Winter für sie sorgen. Nach dem Herbst finden sie nicht mehr soviel Nahrung, und obwohl sie zusätzliches Fett ansetzten, um über den Winter zu kommen, müssen sie täglich das Dreifache ihres Gewichts an Nahrung zu sich nehmen, um die Körperwärme zu halten. Wenn Sie sich im Winter der Vögel annehmen, helfen sie Ihnen und Ihrem Garten in den anderen Jahreszeiten. Außerdem macht es Spaß, diese »Blumen des Winters« zu beobachten, und die Fütterung ist ein lohnendes, zufriedenstellendes Vorhaben. Hier sind ein paar Tips, wie Sie Vögel über den Winter füttern können:

- ☐ Kaufen oder bauen Sie ein passendes Vogelhaus.
- ☐ Stellen Sie das Vogelhaus an einen sonnigen, windgeschützten Platz, wo die Vögel in der Nähe von Bäumen oder Büschen sind und fliehen können, wenn sie sich bedroht fühlen. Einen Futterplatz auf freier Fläche nehmen sie nicht an.
- ☐ Das in Supermärkten verkaufte Vogelfutter bleibt wahrscheinlich ungefressen liegen. Heimische Vögel nehmen diese Mischung aus Weizen und verschiedenen Hirsearten oft nicht an und bevorzugen Maiskörner, Erdnüsse, Sonnenblumenkerne und Schwarzdistel. Lesen Sie vor dem Kauf von Vogelfutter immer das Etikett.
- ☐ Stellen Sie etwas Talg oder Rinderfett als zusätzliche Wärme- und Energiequelle bereit, wenn es sehr kalt ist.

Ein paar »böse Buben«, Fortsetzung

Insekt	*Beschreibung*	*Befallene Gemüsearten*	*Freßverhalten und Symptome an den Pflanzen*	*Natürliche Bekämpfungsmittel*
Wanzen 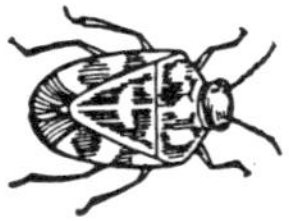	Überlappende Flügel mit transparenten Spitzen bilden Schutzschild. Dreieck auf dem Rücken.			Hausmittel: Abpflücken; Steckrüben zur Ablenkung neben Hauptpflanze setzen. Resistente Sorten pflanzen, Fruchtwechsel betreiben; Gartenabfall vernichten. Käufliche Mittel: Rotenon, Pyrethrum.
	Kohlwanze: Glänzendes rotes und schwarzes Muster, 6 mm lang.	Kohl, Blumenkohl, Radieschen, Rosenkohl, Kohlrabi.	Saugt an Blättern, hinterläßt weiße Flecken; Blätter verwelken und sterben ab.	
	Kürbiswanze: 12 mm lang, bräunlich schwarz, hellgraue Puppen.	Gurken, Kürbisse	Beschädigt Ranken, saugt an Blättern, läßt Pflanze verwelken und absterben.	
	Lygus Lineolaris: Bräunlich gelb, 6 mm lang.	Fast alle	Saugt an Spitzen von Stielen, Früchten und Knospen. Verursacht schwarze Stellen.	
	Grüne Baumwanze: 6 mm lang, hellgrün.	Hülsenfrüchte, Erbsen und Bohnen.	Saugt an Blättern und Stielen. Gestörtes Pflanzenwachstum, braune Flecken.	
Blattfresser				
Käfer 	Große Gruppe in unterschiedlichen Größen und Formen; haben alle harte, undurchsichtige Flügel, die in der Mitte geteilt sind.	Fast alle Gemüsearten.	Einige fressen die Blätter an und hinterlassen Löcher, andere die Stiele. Übertragen Virus- und Bakterienkrankheiten. Larven leben in der Erde.	Hausmittel: Abpflücken; Gartenabfall vernichten, damit sie nicht überwintern können. Knoblauch-Pfefferspray. Gottesanbeterin als natürliches Raubinsekt. Käufliche Mittel: Rotenon, Pyrethrum.

- ☐ Füttern Sie vom ersten Frost bis zum Frühjahr, und entwöhnen Sie die Vögel dann allmählich und ermuntern sie, sich ihre Nahrung selbst im Garten zu suchen. Achten Sie darauf, daß genügend Bäume oder Büsche mit Beeren, wie Maulbeeren, Feuerdorn und Stechpalmen, in der Nähe sind. In den meisten Büchereien finden sie Bücher, in denen Sie nachlesen können, was die heimischen Vögel fressen.
- ☐ Stellen Sie besonders in der Stadt, wo es keine Teiche oder Pfützen gibt, Wasser in einer flachen Schüssel bereit. Wechseln Sie das Wasser gelegentlich und achten Sie darauf, daß es nicht gefriert.
- ☐ Im Frühjahr suchen nistende Vögel nach Baumaterial für ihre Nester. Füllen Sie ein Netz mit Bindfaden, Garnfäden oder kleinen Tuchstreifen und einer oder zwei Federn und hängen Sie es an einen Baum oder Zaun; machen Sie es sich dann bequem und beobachten Sie die rege Aktivität der Vögel.

Ein Vogel, den Stadtbewohner hassen, ist die Taube. Viele Dach- und Balkongärtner respektieren vielleicht die Überlebensinstinkte der Tauben und ihre Anpassungsfähigkeit an eine städtische Umwelt, verbringen aber eine Menge Zeit mit dem Versuch, sie zu überlisten. Tauben kommen als nichteingeladene Essensgäste und drängen die kleineren insektenfressenden Vögel an die Seite. Sie ziehen neue Sämlinge aus dem Boden und hinterlassen überall ihre schmutzigen Ausscheidungen. Sie bauen ihre Nester an Stellen, an denen man es nicht erwarten würde, und, was am schlimmsten ist, sie fressen absolut keine Insekten. Es ist leicht zu sehen, was für ein Problem diese großen Tyrannen für den Gärtner in der Stadt darstellen, der das magere natürliche Futterangebot für die kleinen Vögel im Winter aufzubessern versucht. Um Ihnen zu helfen, die Tauben abzuschrecken und für die insektenfressenden Vögel zu sorgen, kann ich Ihnen ein paar Tips geben, die auf Tatsachen beruhen, die ich in meinem eigenen Dachgarten in der Stadt beobachtet habe:

- ☐ Tauben bedienen sich nicht an Futterplätzen, an denen die Vögel auf einer Stange hocken müssen, um an das Futter heranzukommen. Sie müssen flach auf dem Boden stehen, wenn sie fressen.
- ☐ Nützlich ist ein Futterplatz an einer Stelle, an der herunterfallendes Futter zwischen dichtstehende Pflanzen fällt – größere Vögel kommen nicht zwischen die Pflanzen, um das Futter aufzupicken.
- ☐ Ein tiefer, grober Mulch – wie etwa Rindenspäne – unter dem Futterplatz trägt auch dazu bei, keine Tauben anzulocken. Sie suchen nicht sehr angestrengt nach Futter und sehen die Körner zwischen den Spänen nicht.

Die vierbeinigen Genießer

So sehr Sie auch Tiere lieben mögen, manchmal ist es wichtig, diesen vierbeinigen Eindringlingen klarzumachen, daß sie im Garten nicht immer willkommen sind. Den Garten von den ungebetenen Essensgästen freizuhalten, kann das gan-

Ein paar »böse Buben«, Fortsetzung

Insekt	*Beschreibung*	*Befallene Gemüsearten*	*Freßverhalten und Symptome an den Pflanzen*	*Natürliche Bekämpfungsmittel*
	Kartoffelkäfer: Gelb mit schwarzen Streifen, dunkle Stellen hinter dem Kopf; 8 mm lang.	Auberginen, Paprika, Kartoffeln, Tomaten.	Käfer und Larven fressen Blätter.	Laufkäfer als natürlicher Räuber
	Erdfloh: Glänzend schwarz, springt davon; winzig – 2,5 mm lang.	Verschiedene Spezies befallen die meisten Gemüsearten.	Käfer und Larven fressen winzige Löcher in die Blätter.	Kieselgur, Rotenon.
Schnecken 	Weicher, brauner oder schwarzer Körper. Werden bis zu 7,5 cm lang.	Alle Gemüse- und Obstsorten.	Aktiv bei Nässe oder an bewölkten Tagen am frühen Morgen und am Abend. Verbergen sich am Tag unter Brettern, Mulchschichten. Hinterlassen silbrige Schleimspur. Können gesamte Pflanze auffressen. Machen Löcher in Blättern.	Hausmittel: Mit Pinzette aufnehmen. Mit Salz bestreuen. Schalen mit abgestandenem Bier auf den Boden stellen. Boden mit grobem Sand, Holzasche bestreuen. Mögliche Verstecke im Garten beseitigen.
Raupen und Würmer 	Larven von Motten und Schmetterlingen. Unterschiedliche Arten, einige glatt, einige haarig.			Hausmittel: Mit der Hand beseitigen oder mit Mehl oder Salz bestreuen. Käufliche Mittel: Bacillus thuringiensis, befällt nur Raupen. Bei schwerem Befall mit allen aufgeführten Raupen verwenden.
	Larve des großen Kohlweißlings: Glänzend grün mit einem gelben Streifen. 38 mm lang.	Alle Kohlarten.	Frißt Löcher in Blätter. Grüne Ausscheidungen.	Hausmittel: Abpflücken; Knoblauch-Pfeffer-Spray verwenden.

ze Jahr über eine Frustration für Tierfreunde sein, die den Vierbeinern nichts Schlechtes wünschen, es aber lieber sähen, sie würden bei wildwachsender Nahrung bleiben.

Immer mehr Lebensräume für wild lebende Tiere werden zerstört, weil sich die Städte immer weiter ausdehnen. Dadurch, daß wir in das Territorium dieser Tiere eindringen, scheinen sie plötzlich näher bei uns zu leben. In gewissem Maße können wir in dicht bevölkerten Gebieten koexistieren, die früher ihre eigene private Domäne waren. Aber unter diesen Bedingungen wird ihr Überleben schwieriger, und sie müssen sich näher an den Menschen anlehnen, um zu überleben. Wenn der Winter hart ist, wird das natürliche Futter schnell weniger, und den wilden Tieren bleibt nichts anderes übrig, als entweder zu verhungern oder in den Gärten auf Nahrungssuche zu gehen; manchmal geschieht beides. In manchen Jahren sind die Verluste an Pflanzen, und zwar besonders in Obstgärten, erstaunlich. Nach einer Reihe von Jahren, in denen er erlebt, wie seine Obstbäume angeknabbert werden und im Garten eine Invasion stattfindet, bekommt der Gärtner langsam das Gefühl, daß die Rehe, Kaninchen, Eichhörnchen und Mäuse immer irgendwo im Verborgenen lauern und auf ihre Chance warten, alles anzufressen, was in Sichtweite ist.

Keine Maßnahme ist zwar völlig narrensicher, aber es gibt mehrere Möglichkeiten, diese nächtlichen Räuber zu überlisten und zum Abendessen woanders hinzuschicken. Das Wissen, wer oder was für eine Gartenplünderung in Frage kommt, und was dieses Tier am liebsten frißt, ist der erste Schritt. Wir haben zwar nichts dagegen, hungrigen Tieren gelegentlich etwas aus unserem Garten abzugeben, widersetzen uns aber der Vorstellung, daß sie alles bekommen. Wenn also deutlich wird, daß außer Ihnen sich alle in Ihrem Garten bedienen, ist es an der Zeit, ein paar Möglichkeiten auszuprobieren, um dieses einfallsreiche Pack zu überlisten. Die hier vorgeschlagenen Methoden des »kalten Kriegs« haben nichts mit Chemikalien oder Töten zu tun – das ist nicht unsere Art. Die hier beschriebenen abweisenden Mittel sind eigentlich eher physische, optische, geruchsbezogene oder auf das Gehör wirkende Schranken. Alle sind einfach herzustellen oder zu kaufen, und wurden von Mitgärtnern schon erfolgreich angewandt. Hier ist unsere Liste.

GERÄUSCHE, OPTISCHE UND PHYSISCHE SCHRANKEN

Ein guter Zaun, der ein Stück in die Erde hineinragt, ist das beste Mittel, um alle Tiere mit Fell abzuhalten. Manche Gärtner hassen jedoch den Anblick eines Zauns und betrachten ihn als Gefängnismauer oder Schranke zwischen sich und der Natur. Für sie gibt es andere Möglichkeiten.

☐ Dornenäste vor Maulwurfsgängen zwingen die Maulwürfe möglicherweise dazu, ihre Wohnung aufzugeben. Maulwürfe ziehen sich nicht gern Schnitte und Abschürfungen zu, weil sie stark bluten. Eine Freundin schlug einmal vor, die Maulwürfe mittels Abführpillen in den Gängen dazu zu bringen, sich schleunigst davonzumachen!

Ein paar »böse Buben«, Fortsetzung

Insekt	*Beschreibung*	*Befallene Gemüsearten*	*Freßverhalten und Symptome an den Pflanzen*	*Natürliche Bekämpfungsmittel*
	Eulenfalterlarven: Grünliche Farbe, 38 mm lang.	Bevorzugt Mais, frißt auch Tomaten, Eibisch und Erbsenschoten.	Falter legt Eier auf Maisfasern, Larven fressen sich in die Körner. Frißt Stiele und Knospen anderer Gemüsearten. Pflanzen verkümmern, Ernte wird vernichtet.	Hausmittel: Sobald die Maisfäden erscheinen, Mineralöl mit einer Pipette darauftröpfeln.
	Schwärmerraupe: Grün mit Horn am Schwanzende; 8 diagonale Streifen an den Seiten, 7–10 cm lang.	Tomaten, Paprika, Auberginen.	Frißt Blätter und Früchte.	Hausmittel: Mit Handschuhen oder unter Verwendung einer Pinzette abnehmen.
Wühlende Insekten				
Bohrer 	Vielförmige Gruppe mit Pfirschbohrer			
	Europäischer Maisbohrer: Grau-rosa Raupe mit dunklem Kopf und Flecken auf den einzelnen Segmenten; 2,5 cm lang. Falter ist gelblich braun.	Bevorzugt Mais, frißt aber auch Stiele und Blätter anderer Pflanzen wie Bohnen oder Paprika	Gräbt sich in Stiele und Kolben, nachdem der Falter massenweise Eier gelegt hat.	Hausmittel: Abpflücken; resistente Sorten verwenden; Stengel aufschlitzen und Bohrer entfernen, Stengel nach der Ernte vernichten. Käufliche Mittel: Rotenon
	Kürbisbohrer: Larven eines Falters mit 2 Flügelpaaren – vorn undurchsichtig, hinten transparent. Glänzend rote Unterseite. Larve ist dick, weiß 2 ½ cm lang, mit braunem Kopf.	Kürbisse, Gurken, Melonen.	Nach dem Ausschlüpfen dringen die Bohrer auf Bodenhöhe in den Stiel ein. Sie ernähren sich von dem Gewebe dort und hinterlassen kleine Häufchen gelblicher Ausscheidungen. Ranken verwelken und sterben sehr schnell ab.	Hausmittel: In zeitlichen Abständen pflanzen. Ranke auf Bodenhöhe aufschlitzen. Bohrer mit Messerspitze entfernen und töten. Stengel umwickeln und Erde anhäufen, damit sich neue Wurzeln bilden. Befallene Pflanzen vernichten.

- ☐ Durchstöbern Sie das Spielwarengeschäft am Ort nach Windmühlen, die Sie in die Erde stecken. Vielleicht funktioniert es, vielleicht aber auch nicht, mit Sicherheit bekommt der Garten dadurch aber eine festliche Atmosphäre. Im Ernst, manche Gärtner hängen alles auf, was sich im Wind bewegt oder glänzt und das Licht reflektiert.
- ☐ Graben Sie drei leere langhalsige Flaschen in verschiedenen Größen in einer Reihe zwischen oder rund um ihr Gemüse ein, wobei noch 5 cm aus dem Boden herausschauen. Wenn der Wind über die Öffnungen streicht, führt das im Boden zu merkwürdigen Geräuschen, die angeblich Maulwürfe und Kaninchen erschrecken sollen. Überziehen Sie die Flaschenhälse mit reflektierender Farbe oder mit reflektierendem Klebeband, damit zweibeinige Lebewesen nicht darüber stolpern. Bauen Sie eine Vogelscheuche. Sie haben nicht immer eine abschreckende Wirkung, sind aber ein anderes »Hilfsmittel aus alten Zeiten«, das Gärtner immer noch gern verwenden.
- ☐ Spielzeugschlangen aus Gummi oder mehrere Stücke Gartenschlauch zwischen den Pflanzen, die wie Schlangen aussehen, haben schon Tiere abgeschreckt.
- ☐ Je nach Charakter des Tieres zeigt eine Katze oder ein Hund manchmal Wirkung. Wenn Ihr Hund sich durch nichts aufwecken läßt und nicht gern jagt, sollten Sie nicht damit rechnen, daß er die unerwünschten Kreaturen aus Ihrem Garten fernhält.
- ☐ Ein Transistorradio in einem Plastikbeutel (für den Fall, daß es regnet), das auf einen Sender mit einem redseligen Diskjockey eingestellt ist (nachts vorzugsweise leise zu stellen), schreckt entweder die Tiere ab oder sorgt zumindest dafür, daß sie nach der Musik tanzen können.

ZÄUNE

Die häufigste und wirksamste Mehtode, alle unerwünschten Tiere aus dem Garten fernzuhalten, besteht darin, einen Zaun zu errichten. Ein guter Zaun ist zwar zu Anfang teuer, scheint aber für die meisten Gärten auf lange Sicht die beste Lösung zu sein. Woraus der Zaun besteht, hängt von den jeweiligen Umständen ab, d. h. von der Art von Tieren, die sie abhalten wollen, von der Größe des Grundstücks und natürlich von Ihrem Budget.

Elektrozäune: Ein Elektrozaun hält all die flinken lästigen Tiere fern. Ein Niederspannungszaun ist zwar von der Anschaffung her am teuersten, aber auch am wirksamsten. Der Zaun wird mit einem Steuergerät verbunden, das seinen Strom entweder aus dem Netz oder von einer Batterie erhält. Das Tier erhält bei Kontakt einen leichten Schlag, der es zurückweichen läßt. Die Spannung ist aber nicht hoch genug, um dem Tier ernsthaft zu schaden. Die Drähte sollten in Abständen von 7, 20 und 75 cm vom Boden an Keramikisolatoren befestigt werden, die sich an Metall- oder Fiberglaspfosten befinden. Achtung: Diese Art von Zaun ist nicht zu empfehlen, wenn jemand einen Herzschrittmacher trägt oder wenn Kleinkinder im Haus sind.

Ein paar »böse Buben«, Fortsetzung

Insekt	*Beschreibung*	*Befallene Gemüsearten*	*Freßverhalten und Symptome an den Pflanzen*	*Natürliche Bekämpfungsmittel*
Ungeziefer im Boden				
Drahtwürmer 	Larven sind gelblich-braun, 38 mm lang. Schwarzer Käfer legt Eier im Boden.	Karotten, Radieschen, Beete, Kartoffeln, Zwiebeln und andere	Ernährt sich im Boden von Samen und Sämlingen – bohrt Löcher in Wurzeln und Knollen.	Hausmittel: Regelmäßige Anwendung von Kompost und Holzasche – Fruchtwechsel, Durcharbeiten des Bodens. Falle: Kartoffel aufschneiden, Stock durch die Mitte stecken, 2–3 Tage $2^1/_2$ cm tief in die Erde stecken, dann ausgraben und Drahtwürmer beseitigen.
Eulenfalterraupen 	Haarlose Raupen, viele verschiedene Arten: braun, schwarz, gefleckt oder gestreift. Ringeln sich bei Berührung. Bräunlicher Falter legt Eier in den Boden.	Alle Gartengemüsearten, besonders Sämlinge.	Versteckt sich tagsüber im Boden, frißt nachts. Nagt Sämlinge im Boden ab und zerstört die Pflanze.	Hausmittel: Sämlinge beim Aussetzen unten mit einem Kragen aus Papier oder Aluminiumfolie versehen. Käufliche Mittel: Kieselgur, Bacilus thuringiensis.
Maden 	Dicke, gräulich-weiße Maden mit braunem Kopf. Schwarzer oder brauner Käfer legt die Eier in den Boden.	Erdbeeren, Kartoffeln	Lebt im Boden, frißt die Wurzeln an.	Hausmittel: Vögel als natürliche Räuber. Käufliche Mittel: Bacillus popilliae.

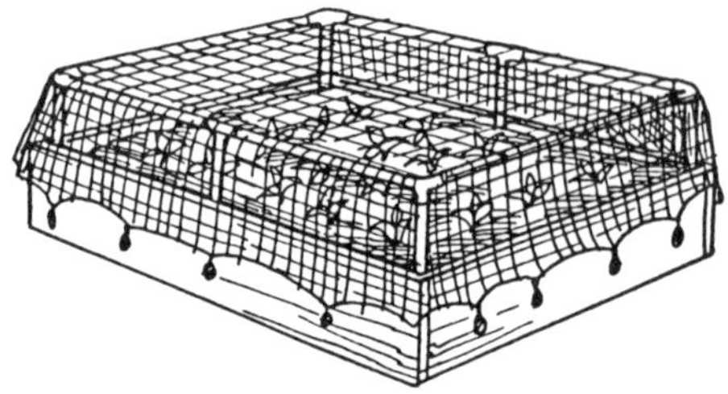

Zur Abdeckung eines einzelnen Beetes wird ein Rahmen aus Plastikrohren an dem Holzrahmen um das Beet befestigt und mit Netz abgedeckt. Das Netz wird mit Angelgewichten beschwert.

Zaun aus Nylongewebe und Plastikrohr: Mit Hilfe von 2 cm starken Plastikrohren kann man leicht einen Rahmen um ein Hochbeet legen. Legen Sie Nylongewebe über den Rahmen und beschweren Sie es mit Bleigewichten. Die Höhe der Rohrkonstruktion richtet sich danach, welche Gemüsearten angebaut werden. Dieser einfache Zaun schützt vor Vögeln, Schalenwild und Kaninchen.

Drahtbögen und Petticoat-Gewebe: Aus gebogenem steifem Draht läßt sich ein Schutz für kleine Flächen, Pflanztaschen oder Behälterpflanzen bauen. Decken Sie die Drahtstreifen mit steifem Petticoat-Gewebe aus Nylon ab. das Sie vom Meter in Stoff- und Kurzwarengeschäften kaufen können. Befestigen Sie das Gewebe mit großen Haarnadeln am Boden.

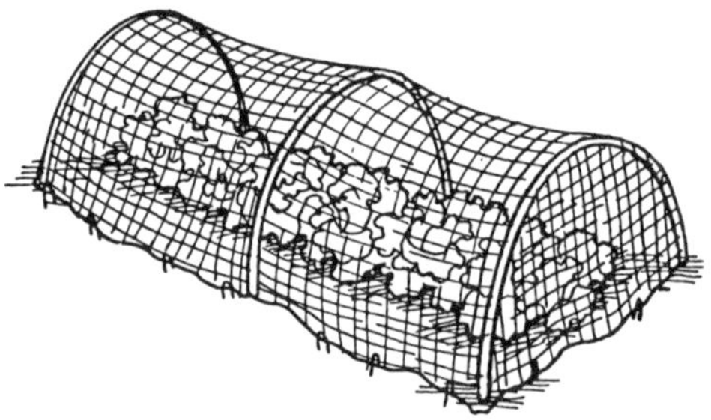

Zur Abdeckung einer Reihe von Pflanzen kommt ein Netz über Halbreifen aus festem Draht (Drahtkleiderbügel eigenen sich sehr gut).

Drahtkäfig: Ein kompletter Drahtkäfig mit Eingangstür ist eine weitere Möglichkeit. Nehmen Sie 2½ m hohe Pfosten und bauen Sie den Rahmen aus 5×10 cm starkem Kiefernholz in der erforderlichen Länge für den gesamten Garten. Eine alte Drahtgittertür mit Überfallriegel ergibt den Eingang. über den Rahmen kommt Siebdraht, Hühnerdraht oder ein Nylonnetz.

Wenn Sie einen kleinen Garten und viel Probleme mit Tieren haben, können Sie den ganzen Garten in einem Gitterkäfig unterbringen.

Ein paar »nette Kerle«

Netter Kerl	*Beschreibung*	*Nutzen*
Lauf- und Sandlaufkäfer 	Die meisten sind glänzend schwarz oder braun, es gibt sie aber auch in anderen Farben und Größen. Langer ovaler, Körper, schmaler Kopf. Ihre Raupen sind schlank mit zwei Vorsprüngen am Schwanzende.	Obgleich diese Käfer sich tagsüber verstecken und davonlaufen wenn sie gestört werden, sollten Sie sie in Ruhe lassen – besonders ihre Raupen, die mehr fressen als die Eltern. Besonders mögen sie andere Raupen.
Parasiten		
Raupenfliege 	Borstig, grau oder braun, etwa 12 mm lang. Sieht wie gewöhnliche Hausfliege aus.	Legt Eier auf das Opfer oder auf Laubwerk, das das Opfer frißt. Die Larven fressen sich durch den Körper und töten Wirtsinsekt, bei dem es sich um Maisbohrer, mexikanische Marienkäfer, Schwammspinner oder Raupen handeln kann.
Schlupfwespen 	Die ausgewachsene Wespe ist etwa 6 mm lang, hat einen dunklen Körper mit durchsichtigen Flügeln.	Wenn Sie eine todgeweihte Raupe (insbesondere eine Tomatenschwärmerraupe) mit winzigen, weißen, reiskornähnlichen Taschen daran sehen, töten Sie sie nicht. Die Schlupfwespe hat zugestochen und den Wirt gelähmt und ihre Eier in seinem Rükken abgelegt. Die Larven fressen das Wirtsinsekt dann auf.
Erzwespen 	Kleiner, gelblicher Körper mit bräunlichem Unterteil	Parasit für über 200 Insektenspezies; legt bis zu 25 Eier in ein Wirtsei. Das Wirtsei wird dann schwarz.
Bestäubende Insekten		
Honigbienen 	Vertrauter Anblick in den meisten Gärten. Bräunlichgelb, gestreift, mit dunklerem Thorax. Kleiner und schlanker als Hummeln (die auch weniger wirksame Bestäuber sind).	Wahrscheinlich der bestbekannte Bestäuber von Gartenblüten, einschließlich derjenigen von Gemüse, Kräutern und Früchten.
Schwebfliege 	4flügelige Fliege – die Unterseite der ausgewachsenen Fliegen ist schwarz und gelb gestreift.	Die meisten Fliegen haben zwar einen schlechten Ruf, das gilt aber nicht für die Schwebfliege. Sie sieht eher wie eine Biene aus, benimmt sich auch so und »schwebt« über den Blüten; dabei bestäubt sie die Blüten wie die Honigbiene, während sie Nektar saugt und Blütenstaub sammelt. Die weißen Larven dieser Fliege saugen Schildläuse oder Blattläuse aus.

GERUCHS- UND GESCHMACKSMITTEL

Der verstorbene Unterhalter Jimmy Durante sagte immer: »Keiner hat es gesehen, aber die Nase hat es gerochen«. Das gleiche hätte er von Tieren sagen können. Die meisten sind äußerst empfindlich gegenüber Geruch und Geschmack, und zwar besonders, wenn es sich um einen unerfreulichen handelt. Versuchen Sie es mit den folgenden behelfsmäßigen Mitteln:

- ☐ Schalenwild läßt sich mit einer ganzen Reihe von Maßnahmen vertreiben; dazu gehören unter anderem Nylonsäcke mit schmutzigem Haar, getrocknetem Blut, Mottenkugeln oder verfaulten Eiern. Die Säcke werden an Obstbäumen aufgehängt oder außerhalb des Gartens auf den Boden gelegt.
- ☐ Ein anderer Vorschlag ist Löwendung (Großkatzen sind die natürlichen Feinde von Rotwild, und unser Rotwild verfügt vermutlich noch über einen rudimentären Instinkt, der es vor dem Geruch zurückschrecken läßt). Freunden Sie sich also mit einem Dompteur oder Zoowärter an, wenn Sie es mit dieser exotischen Methode probieren wollen.
- ☐ Getrocknetes Blutmehl, das um die Pflanzen herum verstreut wird, soll Kaninchen und Schalenwild abhalten. Es muß nach dem Regen erneut aufgetragen werden. Da es gleichzeitig ein stickstoffreicher Dünger ist, sollten Sie es nur um Grünpflanzen herum aufbringen.
- ☐ Bauen Sie gegen Kaninchen eine Begrenzung aus Sojabohnen um den Garten. Der Zweck dieser »Falle« ist es, den Kaninchen viel Sojabohnen zu fressen zu geben (sie scheinen eines ihrer Lieblingsgerichte zu sein), damit sie nicht weiter in den Garten vordringen.
- ☐ Setzen Sie Ringelblumen, Zwiebeln oder Aurikel zwischen die anderen Pflanzen. Kaninchen hassen den Geruch und Geschmack dieser Gewächse.
- ☐ Weichen Sie ein dickes Seil, Filz oder Lumpen in Kreosot ein und hängen Sie sie um den Garten herum auf, um Schalenwild abzuweisen.
- ☐ Im ganzen Garten verstreute Mottenkugeln werden auch gegen Kaninchen angewendet, aber ich habe schon gesehen, wie Jungtiere einen Geschmack dafür entwickelt und sie mit offensichtlichem Vergnügen geknabbert haben.

Es gibt eine Vielzahl von Sprays, die Sie selbst zusammenbrauen können, um Schalenwild oder Kaninchen von reifendem Gemüse und Eichhörnchen aus Gärten in der Stadt fernzuhalten. Diese Sprays sollten von Blattläusen bis zu Kaninchen alles abschrecken.

Knoblauch-Pfeffer-Spray: Geben Sie eine ganze Knolle Knoblauch (nur die äußere Schale entfernen) in eine elektrische Küchenmaschine. Eine ungeschälte Zwiebel vierteln und zugeben. Dazu kommen zwei Eßlöffel Cayennepfeffer und zwei bis drei Tassen Wasser. Das Ganze zu einem Brei verarbeiten, mit etwa 4 Liter Wasser in einem Eimer vermischen und über Nacht stehen lassen. Die Mischung durch ein Tuch seihen, damit nichts übrig bleibt, was eine Sprühdose verstopfen könnte. Anschließend einen Eßlöffel mildes Seifenpulver zugeben, damit die Mischung haften kann. Mit einer tragbaren Spritze versprühen und nach

Ein paar »nette Kerle«, Schluß

Netter Kerl	*Beschreibung*	*Nutzen*
Raubinsekten		
Marienkäfer 	Der ausgewachsene Marienkäfer ist oval und etwa 6 mm lang; am häufigsten sind die glänzend braunen oder orangeroten Käfer mit schwarzen Flecken, wobei es allerdings 350 Arten dieser Käfer auf der ganzen Welt gibt.	Bekannt für ihre Rolle in der Ungezieferbekämpfung; fressen bis zu 40 Blattläuse in der Stunde.
Larven	Ihre Larven sind länglich, spitz zulaufend mit einer warzenartigen Oberfläche. Es handelt sich um flügellose Lebewesen, die ihren Eltern absolut nicht ähneln. Sie sind etwa 1,5 mm groß, haben 6 Beine und unterschiedliche Farben, nämlich gräulich, orange oder blau.	Die Larven des Marienkäfers haben einen unersättlichen Appetit; sie sind wie kleine Staubsauger.
Netzflügler 	Zerbrechliche Flügel und goldene Augen. Gelbgrüne Farbe. Zerbrechliche, haarähnliche Fühler; langer, schmaler, spitz zulaufender Körper. Sichelförmige Kiefer 10 mm lange, haarige graubraune Larven.	Nützlich als Hinweis auf ein wahrscheinliches Vorhandensein ihrer Larven.
Larven		Die Larven von Netzflüglern sind fähige Räuber, die sich von Blattläusen, Schildläusen, Milben und anderen Insekten ernähren. Sie fressen bis zu 100 Blattläuse am Tag. Die Larven anderer Netzflüglerarten bauen kegelförmige Gruben, in der Regel an trockenen sandigen Stellen, und warten am Grund dieser Gruben darauf, daß Insekten von oben herunterpurzeln und gefressen werden können.
Mordwanze 	Dunkelfarbig, manchmal gefleckt oder rotgestreift. Längliche Form (12 mm) mit schmalem Kopf und langen Beinen wie Spinnen, für die sie manchmal fälschlich gehalten werden. Zählen Sie die Beine; Mörderwanzen haben 6 – Spinnen 8.	Der Name stammt von der Art und Weise, wie sie ihre Opfer angreifen, stechen, mit Flüssigkeit füllen, die deren Inneres auflöst, und sie dann aussaugen. Ihre Beute ist unterschiedlich: Wespen, Raupen, Grashüpfer, sogar ein paar andere nette Kerle wie Bienen, Gottesanbeterinnen. Nicht anfassen – sie können schmerzhaft zubeißen.

jedem Regenfall erneuern. Nehmen Sie dieses Spray nicht für Gemüse, das ohne Schälen gekocht wird, weil ein Geschmacksrückstand bleiben kann. Gemüse sollte vor der Verwendung immer sorgfältig gewaschen werden.

Leberspray gegen Kaninchen: Lassen Sie gut 100 g frische, in Stücke geschnittene Rinderleber 1 Stunde lang in 4 l heißem Wasser stehen. Durchseihen und mit einer Handspritze versprühen. Es wird empfohlen, dieses Gebräu an Obstbäume und Brombeerbüsche zu sprühen. Sie können auch einfach ein Stück Leber an den Baumstämmen verreiben.

SCHNECKEN

Vielleicht aufgrund ihres Anblicks, des offensichtlichen Schadens, den sie verursachen, und ihres abscheulichen Verhaltens, stehen Schnecken ganz oben auf meiner Liste der am meisten gehaßten Gartenungeziefer. Wie wohlwollend ich auch den Lebewesen der Erde gegenüberstehe, ich finde es schwer, diese hermaphroditischen Gastropoden, diese schleimigen, hüllenlosen Weichtiere zu mögen. Gegen Schnecken führe ich einen persönlichen Kampf, der dem Hundertjährigen Krieg zwischen Frankreich und England in nichts nachsteht. Schnecken gedeihen, wo es feucht ist, und verstecken sich tagsüber an feuchten, dunklen Stellen. Man findet sie unter Steinen und Brettern, unter dichter Vegetation, zusammengedrängt unter Ziegeln und Pflastersteinen. Am Abend oder an düsteren Tagen kommen sie heraus und gleiten etwa 20 cm in der Minute auf einem flachen, muskulösen Organ mit der Bezeichnung Fuß über eine Spur von ekligem Schleim, den sie absondern. Wenn Sie diese Spur tagsüber sehen, wenn sie trokken und glänzend weiß ist, seien Sie auf der Hut. Sie bedeutet, daß Schnecken im Garten lauern und gefräßig jeden Tag das 30- bis 40fache ihres Eigengewichts von Kräutern, Blumen und Gemüsen verkonsumieren, die Sie so liebevoll gesetzt haben.

Im Verlauf der Jahre habe ich jede Menge verschiedener Schneckenvernichtungsmethoden ausprobiert. Die unten aufgeführten haben alle funktioniert. Ohne das geringste Schuldgefühl muß ich zugeben, daß Schnecken (zusammen mit meinen anderen »Lieblingen«) zu den wenigen Kreaturen gehören, deren sofortige Vernichtung mir große Freude macht.

- ☐ Setzen Sie in der Abenddämmerung flache Dosen bis zum oberen Rand in die Erde und füllen Sie sie mit abgestandenem Bier oder Sauerteigansatz (eine halbe Tasse Mehl mit einem Teelöffel Hefe und vier Tassen warmem Wasser mischen; mehrere Tage an einem warmen Platz stehen lassen, und dann die Dosen bis zum Rand füllen). Die Schnecken werden von dem Gärungsprozeß angezogen, fallen in die Dosen und ertrinken in dem Gebräu.
- ☐ Der direkte Angriff mit Salz ist eine weitere Methode. Schnecken schrumpfen zusammen, wenn man sie mit Salz bestreut, und können dann mit einer Pinzette aufgenommen und in ein Glas mit Wasser geworfen werden, auf dem Kerosin schwimnmt.

- ☐ Frische Gurkenscheiben, Kohl- oder Salatblätter oder Zitronenschalen auf der Erde ergeben gute Tagesverstecke für die Schnecken. Abends können sie die Blätter oder Schalen dann aufheben und die Schnecken in eine Dose mit grobem Salz schütteln.
- ☐ Wenn Sie die Schnecken fernhalten und nicht unbedingt töten wollen, legen Sie um den Garten herum einen 60 cm breiten Weg an, und zwar aus grobem Material wie Asche, zerkleinerten Muschelschalen oder Steinen. Schnecken bewegen sich nicht gern über grobe Flächen. In kleineren Gärten helfen auch zerkleinerte Eierschalen.

Ich habe es auch schon mit Sägemehl, Holzasche, gelöschtem Kalk, Tabakstaub und grobem Sand um meine Pflanzen herum versucht. Manchmal klappt alles und manchmal klappe nur ich – nämlich zusammen.

SPEZIELLE TIPS ZUM KAMPF GEGEN KÜRBISBOHRER

Ich kannte vor langer Zeit einmal eine junge Lehrerin an einer Volksschule, die am Ende eines harten Tages voller Zorn ausrief, sie sei wirklich sehr demokratisch, weil sie all ihre Schüler gleichermaßen hasse. Ein ähnlich demokratisches Gefühl habe ich gegenüber Kürbisbohrern und Schnecken – sie sind mir gleichermaßen verhaßt. Vielleicht, weil mein erstes Spezialitätenkochbuch sich mit den vielen Zubereitungsarten für Kürbis befaßte, gilt meine ganz persönliche Rache den Kürbisbohrern.

Kürbisbohrer scheinen ebenfalls sehr demokratisch zu sein – sie fressen alle Arten von Kürbissen, Gurken und Melonen. Die Bohrer sind die Larven eines kleinen Falters mit durchsichtigen Flügeln und einem hellroten Unterkörper. Der Falter legt Eier auf die Wirtspflanze, und diese Eier verwandeln sich in Larven. Die Larven bohren sich knapp über dem Boden in die Ranken, wo sie sich von dem saftigen Innengewebe ernähren; um die Löcher finden sich Massen von grünlichem Kot, und die Pflanze verwelkt fast über Nacht. Die Kürbisbohrer selbst sehen wie 2½ cm lange runzlige weiße Raupen mit braunen Köpfen aus.

Es gibt zwei Methoden, mit denen Sie Ihre Pflanzen erfolgreich schützen können (besonders, wenn Sie Wochenendgärtner sind, der nicht immer anwesend ist, um die ersten Anzeichen zu erkennen). Die eine besteht darin, das Kürbisbohrerproblem zu umgehen, indem Sie zwei Pflanzen setzen, und zwar eine im Frühjahr unmittelbar nach dem letzten Frost und die anderen später im Hochsommer. Die eine Pflanze fällt den Bohrern möglicherweise zum Opfer, aber die zweite sollte einen guten Ertrag bringen. Die andere Methode besteht darin, die Bohrer zu beseitigen, wenn sie erst einmal aufgetreten sind; schneiden Sie die Stiele, in denen sie sich verstecken, mit einer Rasierklinge unmittelbar über dem Boden auf, und entfernen Sie die weißen Kürbisbohrer mit einer Pinzette. Um den Einschnitt herum häufeln Sie die Erde dann wieder an.

Pestizide auf organischer Basis

Wenn alles andere fehlschlägt, muß man zu härteren organischen Methoden greifen. Es gibt mehrere Insektizide, die als ungefährlich für Wildtiere, Vögel, Kinder oder Hunde gelten und die Umwelt nicht durch Anlagerung belasten. Einige dieser Pestizide werden aus Pflanzen gewonnen. Die folgenden gehören zu den am weitesten verbreitenden Methoden:

- Pyrethrum (dalmatinisches Insektenpulver). Das aus den getrockneten weißen Blütenknöpfen einer Chrysanthemenart gewonnene Pyrethrum bekämpft dutzende Arten von Obst- und Gemüseungeziefer einschließlich Blattläuse, Blattspinnmilben, Minierfliegen, Schildläuse und so weiter. Es ist ungiftig für Säugetiere, Bienen und Marienkäfer.
- Rotenon. Dieser Extrakt von tropischen Hülsenfrüchten ist ein organisches Insektizid mit breitem Anwendungsspektrum, das für warmblütige Tiere nur schwach giftig ist. Es ist jedoch schädlich für Fische und tötet auch einige der Verbündeten im Garten, unter anderem Bienen. Setzen Sie es gezielt und vorsichtig gegen Kohlwürmer, Marienkäfer, Minierfliegen, Blattläuse und Schildläuse ein, und achten Sie darauf, daß der Wind es nicht zu fischbesetzten Gewässern treibt.
- Bazillus thuringiensis. Dieses Pulver läßt sich gegen Würmer, blattfressende Raupen oder andere Insekten einsetzen, die ein Puppenstadium durchlaufen (von der Raupe zum Falter). Das bakterielle Mittel lähmt das Verdauungssystem von Würmern.
- Quassia. Das aus dem Holz eines südamerikanischen Baumes gewonnene Quassia läßt sich zu einem harmlosen Spray verarbeiten. Nehmen Sie 60 g Quassia auf 4 l Wasser. Zwei Stunden kochen und durch einen Nylonstrumpf seihen. Ein Eßlöffel mildes Flüssigspülmittel zugeben und vor der Anwendung mit fünf Teilen Wasser verdünnen. Waschen Sie Ihr Gemüse vor dem Essen sorgfältig, wenn Sie dieses Spray verwenden. Es tötet zwar keine Marienkäfer und ist nicht schädlich für Warmblütler, verleiht dem Gemüse aber einen bitteren Geschmack.

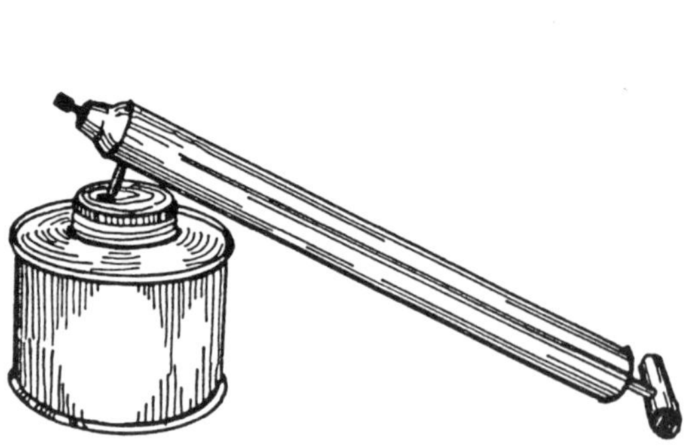

Eine einfache Handspritze wie diese ist leicht zu bedienen und kann für selbstgemachte organische Sprays Verwendung finden.

- ☐ Ölsprays. Ölsprays werden schon seit langer Zeit angewendet, um eine Unmenge von fressenden und saugenden Insekten auf Obstbäumen zu bekämpfen. Das Öl muß aufgesprüht werden, bevor sich die Knospen öffnen, und sollte 97% Mineralöl und keinerlei toxische Chemikalien wie Bleiarseniat enthalten. Es gibt auch neuere Ölsprays, die speziell für den Gartenbau entwickelt wurden. Die neueren Sprays sind nicht so dickflüssig und verstopfen die Blattporen nicht; sie können daher verwendet werden, wenn die Bäume voll im Laub stehen. Ölsprays sind unter verschiedenen Bezeichnungen in den meisten Gartengeschäften erhältlich. Achten Sie darauf, daß das Mittel keine toxischen Insektizide oder Fungizide enthält.

  Ich wäre nachlässig, wenn ich nicht ein paar Hinweise zur richtigen und sorgfältigen Anwendung dieser Sprays geben würde.
- ☐ Lesen und befolgen Sie die Anwendungshinweise sorgfältig.
- ☐ Bewässern Sie den Garten vor dem Sprühen gut.
- ☐ Sprühen Sie an einem windstillen Tag, damit nichts abgetrieben wird.
- ☐ Am besten sprühen Sie am Abend, wenn die meisten Insekten zu Hause sind und sich an Ihren Pflanzen gütlich tun (mit Ausnahme unserer Freundin, der Biene, die morgens am aktivsten und am Abend schon wieder sicher in den Stock zurückgekehrt ist).
- ☐ Für kleine Balkon- oder Terrassengärten reicht eine Sprühflasche mit 1 l Inhalt aus.
- ☐ Für größere Gärten oder Dachgärten ist eine Handspritze (siehe Abbildung auf Seite gegenüber) wirkungsvoller.
- ☐ Säubern Sie das Sprühgerät und sich selbst gründlich nach dem Sprühen.
- ☐ Bewahren Sie Insektizide, auch organische, außer Reichweite von Kindern und Haustieren auf einem hohen Regal oder in einem fest verschlossenen Schrank auf.

Denken Sie daran, daß über 95% allen Ungeziefers durch natürliche Mittel wie Wetter, Zwischenfruchtbau und Nutzinsekten, Raubinsekten oder mechanische Vorrichtungen wie Fallen in den Griff zu bekommen sind. Manchmal ist die Natur langsamer, als wir es gern hätten, und es gibt möglicherweise Insektenprobleme, die uns über den Kopf wachsen. Erst wenn alle anderen Methoden der Insektenbekämpfung nichts fruchten, sollten Sie zu den ungefährlichsten organischen Sprays greifen. Sie sollten Ihre letzte Abwehrfront bilden.

Über Krankheiten und Störungen

Unabhängig davon, wie lange Sie gärtnern, werden Sie wahrscheinlich niemals all die bekannten Ungezieferarten, Krankheiten und Störungen kennenlernen. Mit diesem Kapitel beabsichtige ich mit Sicherheit nicht, Sie vom Gärtnern abzuschrecken. Im Gegenteil, ich habe vor, Probleme, die Sie bemerken, aber nicht genau identifizieren können, zu entschärfen und Sie in die Lage zu versetzen, Probleme mit Ungeziefer und Krankheiten in den Griff zu bekommen, wenn sie wirklich auftreten.

Häßliche Pflanzenkrankheiten

Krankheitserreger	*Befallenes Gemüse*	*Symptome*	*Vorbeugung*
Bakterien			
Welke	Gurken, Melonen, Kürbisse	Wird in der Regel durch Gurkenkäfer übertragen. Blätter, Ranke, Ausläufer oder gesamte Pflanze verwelken und trocknen.	Die Bakterien überwintern in Gurkenkäfern, die in die Pflanze eindringen. Zu Anfang der Saison mit Rotenon bekämpfen.
Brand	Erbsen, Bohnen	Bei nassem Wetter entwickeln sich Wasserflecken auf Schoten, Blättern und Stielen und werden immer größer. Die Flecken trocknen bei trockenem Wetter ab.	Fruchtwechsel betreiben; nicht zwischen nassem Laubwerk arbeiten, weil die Krankheit dadurch verbreitet wird; keinen eigenen Samen verwenden, weil die Bakterien darin enthalten sein können. Abfälle der Pflanzen beseitigen – nicht kompostieren.
Weichfäule	Hauptsächlich Salat, Kohl, Zwiebeln; auch anderes Obst und Gemüse.	Rapide Veränderung innerhalb 3–5 Tagen nach Auftreten kleiner roter Flecken. Flecken vergrößern sich und werden weich und wäßrig.	Gut entwässerter Boden und ordnungsgemäße Luftzirkulation zwischen den Pflanzen. Infizierte Pflanzen vernichten und Abfälle beseitigen.
Schorf	Rüben, Kartoffeln	Korkartige rauhe Flecken an Wurzeln oder Knollen, die sich im weiteren Verlauf der Krankheit vergrößern.	Tritt eher in sandigen alkalischen Böden auf. Keinen Kalk, keine Holzasche und keinen Dung zugeben, wo Kartoffeln wachsen sollen. Knollen ausgraben und vernichten.
Pilze:			
Anthraknose	Feuerbohnen, Erbsen, grüne Bohnen	An den Schoten entwickeln sich eingefallene, dunkelbraune Stellen. Auch die Unterseite von Blättern und Stielen kann betroffen sein; dort tritt dann eine rosafarbene Flüssigkeit aus.	Fruchtwechsel betreiben; befallene Pflanzen vernichten. Krankheitsfeste Sorten wählen.
Schwarzfäule	Süßkartoffeln, Winterkürbis, Kohl	Beginnt als bleicher, unregelmäßig geformter Fleck, der schwarz wird. Das Fruchtfleisch unter der Schale fault ebenfalls.	Fruchtwechsel betreiben; befallene Pflanzen vernichten.
Kohlkopf	Kohl, Blumenkohl und die meisten anderen Arten der Brassica-Familie	Teile über der Erde verwelken besonders an heißen Tagen. Blätter sind blaßfarbig, verkümmerter Wuchs. Die Wurzeln vergrößern sich und bilden Knoten. Die Pilzsporen sind seßhaft und können viele Jahre im Boden bleiben.	Boden kalken, damit er alkalischer wird (pH-Wert über 7,2), wo Brassica-Pflanzen wachsen. Langfristig Fruchtwechsel betreiben.

Falscher Mehltau	Weintrauben, Gurken, Salat, Zwiebeln, Melonen	Besonders bei naßfeuchtem Wetter wird die Oberfläche gelb und die Unterseite zeigt einen weißen pelzigen Besatz. Blätter werden oft braun.	Krankheitsfeste Sorten pflanzen, Fruchtwechsel betreiben, befallene Pflanzen vernichten.
Echter Mehltau	Kürbisse, Gurken, viele Melonen, Bohnen	Gedeiht bei feuchtem Wetter. Pulvrige weiße Stellen auf Blättern und Stielen.	Krankheitsfeste Sorten pflanzen, nicht von oben begießen, befallene Pflanzen vernichten.
Frühbrand	Tomaten, Kartoffeln	Zuerst treten braune Flecken auf, die auf dem Laubwerk konzentrische Kreise bilden. Die infizierten Stellen breiten sich aus und gehen ineinander über, und gelegentlich wird die gesamte Pflanze entlaubt.	Nur gesunde Sorten pflanzen, weil in der Regel die Sämlinge befallen sind. Fruchtwechsel betreiben, befallene Pflanzen vernichten.
Spätbrand	Kartoffeln, Tomaten	Verbreitet sich bei kühlfeuchtem Wetter. Dunkle unregelmäßige Flecken auf den Blättern; leichter Schimmel an der Blattunterseite.	Wie oben
Fusarium und Verticillium	Tomaten, Paprika, rankende Pflanzen, Kartoffeln, Auberginen.	In der Tageshitze kräuseln sich die Blätter und verwelken – nachts erholen sie sich. Später verwelkt die Pflanze und stirbt ab. Braune Verfärbung.	Nur pilzresistente Sorten pflanzen. Infizierte Pflanzen am Ende der Saison vernichten.
Brand	Mais, Zwiebeln	An Kolben, Stielen, Blättern und Narbenfäden bilden sich kleine weiße und grüne Pusteln, die dann aufbrechen und weitere Pilzsporen freisetzen. In trocken-warmen Gegenden verkümmern und verdorren die Pflanzen.	Resistente Hybridpflanzen verwenden. Infizierte Pflanzen abschneiden und vernichten, bevor die Pusteln aufbrechen. Fruchtwechsel betreiben.
Viren			
Mosaikkrankheit	Paprika, Gurken, Mais; die meisten Pflanzen	Gelb und grün gesprenkelte Blätter. Die Pflanzen sind verkümmert und haben helle Flecken und eine unebene Oberfläche.	Krankheitsfeste Sorten verwenden; Blattläuse bekämpfen, weil die Krankheit durch sie verbreitet wird.
Vergilben (Mycoplasma)	Rüben, Kohl, Karotten, Salat, Spinat	Neue Blätter werden gelb und kräuseln sich; verkümmerter Wuchs; Salat schießt vorzeitig; Karotten werden dünn.	Wird durch Insekten, und zwar in der Regel durch Blattläuse oder Zikaden übertragen. Garten unkrautfrei halten, damit die übertragenden Insekten keinen Unterschlupf finden; Fruchtwechsel betreiben; anfällige Pflanzen nicht nahe beieinander setzen; resistente Sorten verwenden (bei Kohl); infizierte Pflanzen vernichten.

Kranke Pflanzen bieten einen häßlichen Anblick, und die Krankheiten haben entsprechend häßliche Bezeichnungen: Fäule, Schorf, Brand, Welke, Fleckenkrankheit. Die Krankheitserreger bei Pflanzen gleichen Pilzen, Viren und Bakterien, die den Menschen befallen. Sie werden in drei Hauptgruppen unterteilt. Bakterien sind mikroskopisch kleine Organismen, die durch beschädigtes Gewebe oder andere Öffnungen in die Pflanze eindringen. Zu den durch Bakterien verursachten Krankheiten gehören Welke und Trockenfäule, Weichfäule und Schorf. Pilze sind die häufigste Ursache für Pflanzenkrankheiten. Pilze pflanzen sich durch Sporen fort, und diese verursachen Schimmel, Welke, Rost, Baumkrebs und Blattflecken. Viren, die dritte Hauptursache, vermehren sich nicht so sehr durch direktes Eindringen, sondern, indem sie von Insekten in die Pflanze »injiziert« werden. Zu den häufigen Viruskrankheiten gehören Mosaikkrankheit, Ringbildung und »Gelbwerden«. Zur Zeit gibt es keinerlei Mittel, eine Pflanze mit einer Viruskrankheit zu heilen. Die einzige wirksame Verteidigung besteht in Präventivmaßnahmen. Die beste Art und Weise, in der organische Gärtner mit allen möglichen Krankheiten fertig werden können, läßt sich in einem einzigen Wort zusammenfassen: Vorbeugung. Das Schöne daran ist, daß die Chancen zu Ihren Gunsten stehen, wenn Sie in Ihrem Garten »Präventivmedizin« betreiben. Pflanzen können immer dann erkranken, wenn drei wichtige Faktoren gegeben sind, und zwar:

- □ Der Krankheitsverursacher (Bakterien, Schimmelpilzsporen usw.) muß im Boden vorhanden sein, wo er auf eine geeignete Wirtspflanze wartet.
- □ Im Garten muß eine Wirtspflanze wachsen, die anfällig für die Krankheit ist.
- □ Es muß die richtige Kombination aus Wetterbedingungen gegeben sein, damit die Krankheit durchbrechen kann. Hohe Luftfeuchtigkeit, sehr hohe oder niedrige Temperaturen und Mangel an Luftzirkulation begünstigen oft die Entstehung einer Krankheit.

Störungen sind ähnliche Probleme, mit denen Sie sich möglicherweise ebenfalls befassen müssen. Im Gegensatz zu Krankheiten, die durch lebende Organismen verursacht werden, die von einer Pflanze zur anderen übertragen werden, geht eine Störung in der Regel auf ungünstige Wachstumsbedingungen und Umwelteinflüsse zurück. Störungen können wie Krankheiten aussehen, wenn die Symptome ähnlich sind, aber die meisten Störungen lassen sich in der Regel beseitigen, indem man für das richtige Nährstoffverhältnis, eine bessere Entwässerung des Bodens oder durch einen besseren Schutz vor Sonne, Wind oder Frost sorgt. Ein Vorbeugungsprogramm aus allgemein anerkannten Gartenregeln hält Krankheiten und Störungen von Ihrem Garten fern; beachten Sie also die folgenden goldenen Regeln, um jedem Ärger aus dem Weg zu gehen:

- □ Bereiten Sie den Boden richtig vor. Geben Sie genügend Kompost oder anderes organisches Material, damit ein gesundes, kräftiges Wachstum und ein gutes Nährstoffverhältnis gefördert wird. Denken Sie daran, daß Kalium die Pflanzen widerstandsfähiger gegen Krankheiten macht. Eine gute Entwässerung ist ebenso wichtig für gesunde Pflanzen.

- ☐ Verwenden Sie krankheitsfeste Sorten von Samen und Setzlingen. Treffen Sie eine sorgfältige Wahl aus dem Samenkatalog.
- ☐ Pflanzen Sie nur gesunde Sämlinge aus. Dünne und schwache Setzlinge sind für Krankheiten anfälliger als robuste, starkstämmige Jungpflanzen.
- ☐ Gießen Sie richtig. Zu vielen Krankheiten kommt es, wenn das Laub naß ist und die Krankheitskeime Nässe benötigen, um sich zu verbreiten. Unabhängig davon, ob Sie von oben oder von unten gießen, die beste Gießzeit ist früh am Tag, weil die Pflanzen dann vor Einbruch der Nacht noch trocknen können.
- ☐ Arbeiten Sie nicht im Garten, wenn es naß ist. sie könnten leicht eine beginnende Krankheit weitertragen, wenn Sie sich von Pflanze zu Pflanze begeben. Besonders Bohnen und rankende Pflanzen sollten bei Nässe in Ruhe gelassen werden.
- ☐ Praktizieren Sie eine gute Gartenhygiene. Wenn Sie insgesamt auf Sauberkeit achten, erkrankte Pflanzen sofort vernichten und Gartenabfälle regelmäßig beseitigen, sorgen Sie dafür, daß Insekten und Krankheitskeime nichts finden, wo sie überwintern können.
- ☐ Halten Sie Ihr Werkzeug sauber. Desinfizieren Sie das Gartengerät mit Feuer, wenn Sie den Verdacht haben, daß es mit erkrankten Pflanzen in Berührung gekommen ist.
- ☐ Bauen Sie Ihre Pflanzen im Fruchtwechsel an. Wenn Sie Jahr für Jahr die gleichen Pflanzen an der gleichen Stelle anbauen, bekommen Sie Probleme mit dem Boden und mit Nährstoffmangel. Bei Fruchtwechsel können sich Krankheiten nicht einnisten. Ein leichter Krankheitsbefall in einem Jahr kann im nächsten Jahr schon verheerend sein, wenn die gleiche Wirtspflanze vorhanden ist. Krankheitskeime sterben ab, wenn man ihnen ihre Wirtspflanzen entzieht.

Schließlich sollten Sie sich noch bemühen, möglichst viel über Pflanzenkrankheiten zu lernen. Lernen Sie, sie zu erkennen, und machen Sie sich mit den gebräuchlichsten Heilmethoden vertraut. Die Tabelle »Häßliche Pflanzenkrankheiten« kann Ihnen als Neuling dabei helfen, ein paar häufig auftretende Krankheiten im Garten zu erkennen. Wenn Sie an Ihren Pflanzen Krankheitszeichen bemerken, müssen Sie vor allem schnell handeln, bevor sich das Problem ausbreiten kann.

KAPITEL 13

So wird die Saison verlängert

Die Sonne ist immer noch eines der besten Dinge im Leben, das nichts kostet, und die Kraft der Sonne läßt sich dazu einspannen, die Anbauzeit an beiden Enden zu strecken – Wochen vor dem ersten Frost im Herbst und Wochen nach dem letzten Frost im Frühjahr. Es gibt mehrere einfache, praktische und effektive Möglichkeiten, die Anbauzeit zu verlängern: Mulchschichten, Glasglocken und andere Schutzvorrichtungen, glasgedeckte Pflanzenkästen und »natürlich« Treibhäuser. Im wesentlichen werden all diese Dinge dazu verwendet, den Pflanzen ein warmes, geschütztes Umfeld zur Verfügung zu stellen, das das Licht und die Wärme der Sonne hereinläßt, den kalten Wind aber fernhält. Da all diese saisonverlängernden Methoden ihr Ziel auf leicht unterschiedlichem Weg erreichen, gebe ich Ihnen einen Abriß ihrer Fähigkeiten, damit Sie es leichter haben, die beste Wahl für Ihren Garten zu treffen. Das Thema Treibhäuser ist kompliziert und geht über den Umfang dieses Buches hinaus; deshalb beschränken wir uns hier auf Mulchschichten, Glasglocken und Abdeckungen sowie glasgedeckte Pflanzenkästen.

MULCH ALS SAINSONVERLÄNGERER

Mulch wird zwar hauptsächlich in der Vegetationsperiode dazu benutzt, das Unkraut niedrig und die Erde kühl und feucht zu halten, aber manche Mulcharten bieten mehrfache Vorzüge. Es gibt Mulch, der Wärme absorbiert und an den darunterliegenden Boden weiterleitet, und anderen Mulch, der die Wärme sammelt und an die Pflanzen abstrahlt. Das sind die Mulcharten, mit denen Sie im Frühjahr früher im Garten beginnen und das Leben Ihrer Pflanzen im Herbst verlängern können.

Dunkle flache Steine sind wahrscheinlich die primitivsten und billigsten Sonnenkollektoren, die Sie als Mulch einsetzen können. Sie werden in der Regel mit der flachen Seite nach oben auf ein Bett aus Heu oder Tang um und zwischen die Pflanzen und Reihen gelegt, wo sie dann tagsüber Sonnenwärme absorbieren, die sie nachts dann an die Pflanzen wieder abstrahlen. Steine haben leider den Nachteil, daß sie schwer und nicht überall erhältlich sind.

Einfallsreiche Gärtner bedienen sich eines Prinzips, das in Treibhäusern bei Wärmekollektoren angewandt wird – Wärmespeicherung in schwarzen, wassergefüllten Behältern. Auch dabei wird die Wärme nachts langsam freigesetzt, und manche Gärtner legen diese Kollektoren anstelle von Steinen überall in den Gar-

Ein paar Vorrichtungen zum Schutz später Pflanzen vor kaltem Wetter im Herbst (im Uhrzeigersinn von vorn): Tunnel aus Plastikfolie über Drahtreifen zur Abdeckung einer Reihe (Kanten der Folie mit Steinen beschweren), Dach aus zwei Glas- oder Plexiglasscheiben, die durch Scharniere zusammengehalten werden, Kegel aus durchsichtigem Wachspapier für einzelne Pflanzen und Plastikmilchkannen ohne Boden.

ten. Alle möglichen Dinge werden dafür benutzt – schwarz gestrichene und mit Wasser gefüllte Abfallbehälter, Wasser- oder Milchflaschen aus Plastik, in denen sich schwarzgefärbtes Wasser befindet, wassergefüllte schwarze PKW- und LKW-Reifen (Reifen können auch als Pflanzkübel verwendet werden, wenn der Boden wärmer sein muß). Ein Garten voller Flaschen oder Reifen mag zwar etwas merkwürdig aussehen, aber wenn sie ein paar Wochen länger frisches Gemüse genießen können, lohnt sich das ästhetische Opfer, zumal es nur eine vorübergehende Maßnahme ist.

Schwarze Plastikfolie ist ein weiterer beliebter Mulch, der die Sonnenwärme absorbiert und an das Gemüse abgibt. Sie hat den zusätzlichen Vorteil, Unkraut zu ersticken. Besonders beliebt ist schwarze Plastikfolie bei vielen Gärtnern, weil sie nicht nur die kurze Anbauzeit verlängert, sondern auch den Ertrag an Sommergemüse wie Tomaten, Auberginen und Paprika erhöht. Die Plastikfolie wird zwischen den Reihen und um die Pflanzen herum am Ende der Anbauzeit ausgelegt, wenn die Nächte kühl werden und der erste Frost droht. Schwarze Plastikfolie erwärmt den Boden und beschleunigt das Pflanzenwachstum am Ende der Saison, ist aber bei warmen Wetter nicht zu empfehlen, weil sie den Boden zu sehr erwärmen und den Wurzeln Schaden zufügen könnte.

Durchsichtige Plastikfolie ist ein guter Mulch für den Anfang des Frühjahrs, um den Boden für die frühen Pflanzen zu erwärmen. Durchsichtige Plastikfolie läßt das Sonnenlicht zum Boden vordringen und erwärmt die Erde zwei- bis dreimal so stark wie schwarze Plastikfolie. Sie kann verwendet werden, bevor die

Pflanzen gesetzt werden, um Krankheitskeime zu vernichten, die möglicherweise im Boden überwintert haben, und die zusätzliche Wärme verleiht außerdem den Sämlingen einen guten Anfang. Natürlich läßt sie auch das Unkraut wachsen. Durchsichtige Plastikfolie kann zwar als Mulch und Bodenwärmer Verwendung finden, wird aber von Gärtnern öfter dazu benutzt, improvisierte Konstruktionen und Schutzvorrichtungen zu bauen, die ähnlich wirken wie die komplizierteren und teureren Treibhäuser.

GLASGLOCKEN, ABDECKUNGEN UND ANDERE SCHUTZVORRICHTUNGEN

Auf den einfachsten Nenner gebracht, bedeutet die Verlängerung der Anbauzeit und der Schutz der Pflanzen vor Beschädigung durch Elemente, Vögel oder Insekten, daß man eine einzelne Pflanze, eine Reihe von Pflanzen oder sogar ein ganzes Beet mit irgendeiner schützenden Abdeckung versieht. Diese Vorrichtungen zur Milderung des Klimas verschaffen Ihnen den Vorteil, Setzlinge oder Samen im Frühjahr mehrere Wochen früher als normal (bis zu vier bis sechs Wochen vor dem letzten Frost) aussetzen zu können, und sorgen dafür, daß Sie sich in Ihrem Garten noch acht Wochen nach dem ersten Herbstfrost mit Gemüse bedienen können.

Im Grunde genommen ist jede mit Plastik bedeckte Konstruktion eine Art von Minitreibhaus. In all diesen Vorrichtungen fängt sich die warme Luft um die Pflanzen, wenn die Außenluft noch kalt ist.

Diese Schutzvorrichtungen reichen von den billigsten selbstgebauten Geräten bis zu den teueren und ausgefeilten Glasglocken.

Die billigsten, fertig zu kaufenden Schutzvorrichtungen sind eine Art Kappen aus schwerem Wachspapier. Aber am schönsten – und am billigsten – sind Vorrichtungen, die man selbst baut.

Bei den traditionellen Glasglocken, die aus Frankreich und England stammen, handelt es sich um glockenförmige Glasgefäße, die zum Schutz einzelner Pflanzen verwendet werden. Heute wird der Begriff »Glasglocke« oft für alle transparenten Schutzvorrichtungen gebraucht. Faktisch wird heutzutage meist Kunststoff verwendet. Der Umgang mit und die Aufbewahrung von Plastikglocken sind leichter, sie brechen nicht und wiegen weniger als Glas.

An dieser Stelle sollte man etwas zu den Kunststoffarten und ihrer Anwendung als Abdeckung sagen. Es gibt im wesentlichen zwei Arten, nämlich feste Platten wie etwa Fiberglas oder Plexiglas und flexible Folien in Rollen wie etwa Polyäthylen. Ich bevorzuge das recht neue, drahtverstärkte und UV-stabilisierte Polyäthylen in einer Stärke von etwa 1 mm. Der Kunststoff ist auf einem Drahtgeflecht befestigt, das ihn stabiler macht. Dieser robuste Kunststoff läßt sich mit der Schere schneiden und beliebig formen. Man kann ihn selbst als Abdeckung für einen Pflanzkasten verwenden.

Wenn Sie Kunststoff kaufen wollen, haben Sie im wesentlichen die Wahl zwischen festem und flexiblem Material. Fester Kunststoff ist teurer, aber wind- und regenfest und hält länger. Polyäthylen und andere flexible Weichplastikfolien dagegen sind billiger, können aber vom Wind beschädigt werden. Sie halten sich nicht so lange, lassen sich aber leicht verarbeiten und jedem beliebigen Rahmen anpassen.

Der Kunststoff kann an Maschendraht, Holz oder beliebig geformten ehemaligen Drahtkleiderbügeln befestigt werden. Findige Gärtner haben es auch schon mit einer Kombination aus schwarzer Kunststoffolie als Mulch, der von Maschendraht niedergehalten wurde, und einem Dach aus durchsichtiger Plastikfolie versucht, und zwar in der Hoffnung, daß die Wärme sowohl absorbiert als auch gespeichert wird. Die durchsichtige Plastikfolie schützt außerdem die Pflanzen vor dem Wind und vor Vögeln. Als Schutzvorrichtungen können Sie Kegel, Gläser oder Flaschen, Spitzdächer oder Tunnels wählen. Manche Vorrichtungen dienen nur dem Schutz vor Sonne und Wind und können deshalb aus undurchsichtigem Material sein. Es gibt sogar Modelle, die ein ganzes Hochbeet bedekken und umfassen können.

Setzen Sie Ihre Glasglocken im Frühjahr zehn Tage vor dem Pflanzen in den Garten, damit sich der Boden erwärmen kann. Lassen Sie die Glocken stehen, bis die Blätter der Pflanze die Seiten berührt. Sie müssen jedoch für Lüftung sorgen oder die Glocken in der wärmsten Tageszeit entfernen, damit sich nicht zu viel Wärme staut. Selbst in dieser Jahreszeit ist die Sonne stark genug, um zarte Sämlinge unter einer unbelüfteten Plastikabdeckung zu »kochen«.

PFLANZENKÄSTEN

Der einfachste Pflanzenkasten besteht schlicht und einfach aus einem Rahmen, der auf dem Boden steht und einen abnehmbaren, transparenten Deckel erhält. Erfahrene Gärtner betrachten einen Pflanzenkasten als unerläßliches Hilfsmittel, weil er die wärmenden Strahlen der Sonne einfängt und Schutz vor ungünsti-

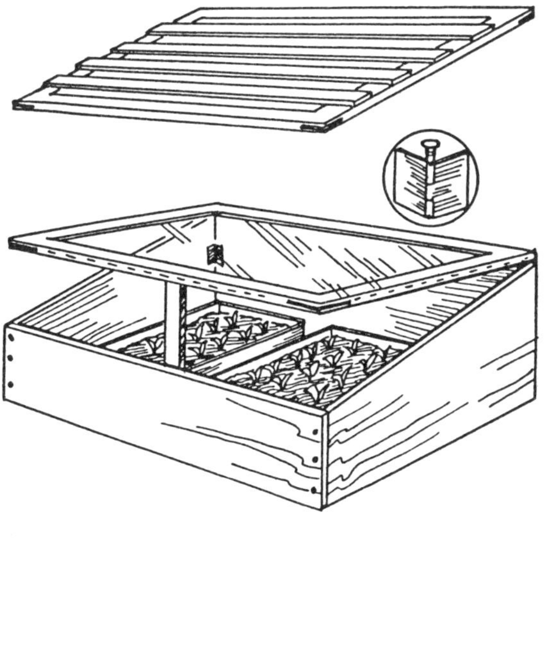

Bretter, die an den Kanten durch Scharniere mit Mittelstift zusammengehalten werden, ergeben einen einfachen, zerlegbaren Pflanzenkasten. Auswechselbare Deckel lassen sich aus Keilrahmen anfertigen.

gen Wetterbedingungen bietet. Pflanzenkästen arbeiten nach dem Prinzip der Wärmespeicherung, wodurch sich ein Treibhauseffekt ergibt. Das Sonnenlicht dringt am Tage durch den transparenten Deckel ein, und seine Wärme fängt sich im Innern, das dadurch beträchtlich wärmer wird als die Außenluft. Da der Pflanzenkasten seine gesamte Wärme von der Sonne bezieht, muß der Glas- oder Plastikdeckel abgeschrägt nach Süden zeigen.

An sehr sonnigen Tagen muß der Deckel ein paar Zentimeter offenstehen, damit die Luft durchstreichen kann und die zarten Pflanzen nicht durch die Wärme beschädigt werden. Am Spätnachmittag müssen Sie den Deckel dann wieder schließen, damit die Wärme über Nacht erhalten bleibt. Decken Sie den Pflanzenkasten bei wirklicher Kälte nachts zusätzlich mit einer Decke ab. Wenn Sie tagsüber nicht zu Hause sind, um den Deckel jeweils zu öffnen oder zu schließen, lohnt es sich möglicherweise, ein automatisches, mit Sonnenzellen betriebenes Steuergerät anzuschaffen, das den Deckel des Pflanzenkastens nach Bedarf hebt oder senkt.

Wie bei allen Hilfsmitteln für den Garten, bewegen sich Pflanzenkästen im Bereich zwischen dem teuren Gerät mit Solarantrieb und automatischer Belüftung – dem Rolls Royce der Pflanzenkästen – und dem Kasten, den Sie selbst aus beliebigem Material bauen können. Hier sind ein paar Anregungen, nach denen Sie selbst einen einfachen Pflanzenkasten bauen können.

13 mm dickes Sperrholz, wasserfest verleimt, kann als Rahmen dienen, muß aber vorher einen Schutzanstrich erhalten, damit es nicht fault. Wenn Sie ein altes Kellerfenster haben, das Sie nicht mehr gebrauchen, ist Ihr Pflanzenkasten schon halb fertig. Messen Sie das Fenster aus und bauen Sie einen passenden Rahmen dazu. Bei der Planung eines Pflanzenkastens sind nur ein paar allgemeine Dinge zu beachten.

Für den Deckel können Sie Glas oder Kunststoffplatten verwenden. Sie können auch alte Fenster nehmen. Durchsichtiges Acrylglas in verschiedenen Größen und Fiberglas mit 60, 120 und 180 cm Breite kommen ebenfalls in Frage. Flexible Plastikfolien müssen wahrscheinlich jedes Jahr ersetzt werden, sind aber am billigsten. Wenn Sie Plastikfolie nehmen, wird eine Lage auf dem Deckel und eine weitere Lage unter dem Deckel befestigt, so daß zwischen den beiden Lagen eine Luftschicht von 2½ cm zur besseren Isolierung ist. Wenn Sie im Sommer in dem Pflanzenkasten Setzlinge ziehen wollen, ersetzen Sie den Glas- oder Kunststoffdeckel durch eine Abdeckung aus Holzlamellen oder engmaschigem Draht, damit viel Luft hineinkommt.

Sie können sogar einen Deckel aus den Teilrahmen bauen, wie sie von Malern verwendet werden. Diese Rahmen haben an den Ecken Nuten und Kerben, so daß Sie sie ohne Nägel oder Leim zusammenbauen können. Kaufen Sie einfach ein paar Rahmen in der richtigen Größe für Ihren Pflanzenkasten, und bringen Sie dann für den Sommer Mull oder Nylongewebe, zum Schutz vor der Sonne Holzlatten oder undurchsichtiges Tuch, oder für kaltes Wetter Plastikfolie darauf an. Mit mehreren austauschbaren Deckeln können Sie den Pflanzenkasten häufiger verwenden als nur zu Beginn und zu Ende der Saison. Der Deckel läßt sich schnell anbringen oder austauschen, wenn Sie Scharniere mit einem herausnehmbaren Mittelstift verwenden. Ein Pflanzenkasten läßt sich zu den verschiedenenen Jahreszeiten folgendermaßen verwenden:

- □ Abhärten der jungen Sämlinge vor dem Auspflanzen und Schutz vor Wind und plötzlichem Frosteinbruch.
- □ Aussäen im Spätsommer für Herbstsetzlinge.
- □ Dauernder Nachwuchs von Sämlingen während der gesamten Anbauzeit und Wartebeet für Setzlinge, die an die Stelle anderer Pflanzen im Garten treten.
- □ Anbau von kältefesten Salaten und Kräutern selbst im Winter. Schutz vor Vögeln, Katzen und Hunden in der Stadt.

Nachwort

So detailliert schriftliche Anweisungen auch sein mögen, so lebendig eine Beschreibung auch klingt, so oft man es auch vormacht – ein Anfänger kann auf dem trockenen Land nicht schwimmen lernen. Der richtige Unterricht beginnt erst mit dem ersten Sprung ins Wasser. Dann kann man als Lehrer nur am Rand des Schwimmbeckens auf und ab gehen und hier und dort einen kleinen Tip geben – schwimmen kann nur derjenige, der sich im Wasser befindet.

So ist es auch mit den klügsten Gärtnern und den aufschlußreichsten Gartenbüchern. Auch ich lerne trotz jahrelanger Erfahrung immer noch. Ich kann nur hoffen, daß Sie mit der sanften Ermutigung durch dieses Buch »den Sprung wagen« und sich einige der hier vorgestellten Ideen und Methoden für Ihren eigenen Garten zunutze machen. Wie der Schwimmlehrer kann ich Ihnen nur von der Seitenlinie her Ratschläge geben und hoffen, daß Sie für Ihre gärtnerischen Bemühungen einen neuen Anreiz erhalten.

Am Ende liegt alles bei Ihnen. Sie müssen die dunkle, warme, krümelige Erde in Ihrem eigenen Händen und unter Ihren eigenen Füßen spüren. Sie müssen den Kampf um das Wachstum Ihrer Pflanzen durch alle Stadien mitmachen, und Sie müssen es selbst erleben. Erst wenn Sie zum ersten Mal Ihr Werkzeug in die Hand nehmen und damit beginnen, Ihrem Garten Form zu verleihen, werden Sie Mitglied einer Gesellschaft, die uralt und umfassend ist und sich in ununterbrochener Folge vom ersten Garten – Eden – zu Ihrem eigenen Garten heute erstreckt, der vielleicht nur ein paar Schaufeln Erde umfaßt. Eine grüne Hand ist eine arbeitende Hand, und es kann Ihre genausogut sein wie meine.

Fassen Sie sich also ein Herz. Weder die Kunst noch die Wissenschaft des Gärtnerns ist schwer. Die Kunst ist einfach, die Wissenschaft elementar. Das Werkzeug ist leicht, und Sie können in Ihrem eigenen Tempo arbeiten. Niemand drängt Sie weiterzumachen, wenn Sie nicht wollen. Sie können aufhören, wann immer Sie das Bedürfnis verspüren, sich auf Ihren Spaten oder Ihre Hacke zu stützen, um einfach nur den Himmel zu betrachten. In solchen Augenblicken befinden Sie sich an einem ruhigen Ort, wo Sie dem Gesang eines Vogels zuhören oder seinen Flug in den Himmel verfolgen können. Anders als der Bauer, der den Boden in der heißen Sonne um des Geldes willen bestellen muß, haben Sie als Gärtner die Vergünstigung, nur für das eigene Vergnügen und die Verbesserung Ihrer Ernährung zu arbeiten. Nehmen Sie sich die Zeit, das zu genießen.

Im Gegensatz zum Blumengarten ist der Gemüsegarten im wesentlichen ein Nutzgarten. Aber er kann ebenso dafür sorgen, daß Sie sich der Schönheiten der

Natur bewußt werden. Wenn Sie es sich selbst gestatten, werden Sie gerührt vor dem schlanken dunkelvioletten Oval einer Aubergine oder der krausen grünen Schönheit eines Salatbeetes stehen.

Jeder Garten, wo er auch ist oder wie klein er ist, ist ein lebendiger Beweis für unsere Fähigkeit, gegen anscheinend unmögliche Vorgaben zu gewinnen. Ihr eigener Garten ist ein privater Sieg über schlechten Boden, Insekten und launisches Wetter. Womit werden Sie für Ihre Arbeit und Sorge belohnt? Die letzte, endgültige Freude kommt dann, wenn auf Ihrem Tisch etwas steht, das Sie selbst gezogen haben – selbst wenn es sich nur um einen Zweig Petersilie handelt, der aus einem kleinen Topf stammt, Sie sind es, der ihn gezogen hat. Das ist eine Erfahrung, die mit keiner anderen im Leben zu vergleichen ist. Feiern Sie sie!